南充市
经济社会发展蓝皮书
（2017）

主编：蓝定香　沈一凡　　副主编：池瑞瑞　李洪君　王晋

BLUE BOOK

西南财经大学出版社
Southwestern University of Finance & Economics Press

图书在版编目(CIP)数据

南充市经济社会发展蓝皮书.2017/蓝定香,沈一凡主编.—成都:西南财经大学出版社,2017.7

ISBN 978 - 7 - 5504 - 3096 - 9

Ⅰ.①南… Ⅱ.①蓝…②沈… Ⅲ.①区域经济发展—研究报告—南充—2017②社会发展—研究报告—南充—2017 Ⅳ.①F127.713

中国版本图书馆 CIP 数据核字(2017)第 159188 号

南充市经济社会发展蓝皮书(2017)

NANCHONGSHI JINGJI SHEHUI FAZHAN LANPISHU

蓝定香　沈一凡　主编

责任编辑:汪涌波

封面设计:穆志坚

责任印制:封俊川

出版发行	西南财经大学出版社(四川省成都市光华村街 55 号)
网　　址	http://www. bookcj. com
电子邮件	bookcj@ foxmail. com
邮政编码	610074
电　　话	028 - 87353785　87352368
照　　排	四川胜翔数码印务设计有限公司
印　　刷	成都金龙印务有限责任公司
成品尺寸	185mm × 260mm
印　　张	19.25
字　　数	435 千字
版　　次	2017 年 7 月第 1 版
印　　次	2017 年 7 月第 1 次印刷
书　　号	ISBN 978 - 7 - 5504 - 3096 - 9
定　　价	98.00 元

序　言

南充市第六次党代会置身新的历史方位、站在新的历史起点、承载新的历史使命，确立了"155发展战略"，绘制了"南充新未来·成渝第二城"的宏伟蓝图，吹响了南充大城崛起的时代号角，开启了率先突破、跨越赶超的豪迈征程。2016年，南充市紧紧围绕"南充新未来·成渝第二城"的战略目标，锐意进取，积极作为，主要取得了四大成效。

第一，经济实力进一步增强。2016年全市实现地区生产总值（GDP）1 651.40亿元，比上年增长7.8%，增速比上年提升0.2个百分点，比全国平均水平高1.1个百分点，比全省平均水平高0.1个百分点，经济总量居四川省第五位。

第二，招商引资成效明显。2016年，南充市通过参加省级重大招商活动，举办C21论坛、融渝投资促进等活动，签约协议资金1 078亿元。成功引进中国重汽、当当网、甲骨文等181个重大项目。投资20亿元的鑫达二期项目正式签约。

第三，重大项目进展顺利。2016年，新开工中国重汽、新能源电池、绿地农业等重大项目178个；投资70亿元的吉利项目、新能源汽车产业园、营达高速、都京港嘉陵江大桥等150个重点项目加快建设；嘉陵江高等级航道建设、新能源汽车产业园等89个重大项目挤进国、省规划盘子；投资30亿元的鑫达首期项目竣工投产。

第四，民生建设稳步推进。2016年，南充全域启动嘉陵江（南充段）综合保护开发，精心打造西山城市公园和人民广场休闲公园，启动实施顺庆区燕儿窝旧城改造，抓紧启动南充国际高中，加快建设区域职业教育城，全面完成营山饮用水工程，加快建设市中心医院江东医院，大力实施蓬安漫滩湿地公园和西充海绵城市建设。

本书以南充建设"成渝第二城"为主线，以市第六次党代会精神为指引，以南充市统计局、市委政研室等提供的数据资料为依据，对南充市2016年经济社会发展概况进行了全面系统梳理，真实反映了南充市在产业发展、项目建设、社会民生、体制改革、区县治理等方面的主要成就，并有针对性地提出了对策建议。全书共分六篇，分别为众智谋城篇、产业立城篇、项目强城篇、民生惠城篇、改革活城篇、实干兴城篇。

众智谋城篇为全书的总报告，主要对2016年南充市建设"成渝第二城"的工作进行全面总结，对2017年经济社会发展进行预测，并在此基础上对"成渝第二城"建设进行专题研究。首先，总结2016年经济社会发展情况，南充取得了"七个明显"的主要成效，同时面临"五个最大"等问题和不足。其次，分析了2017年南充面临的诸多有利发展条件，同时也指出了面临的挑战，在此基础上预测了南充2017年的经济增速、投资、产业发展及居民生活等方面的指标。最后，对建设"成渝第二城"进行了专章研究，全面分析南充建设"成渝第二城"的基础、机遇及挑战，提出了"成渝第二城"建设的总体设计，并有针对性地提出了对策建议。

产业立城篇主要介绍南充"五大千亿产业集群"建设情况。分章介绍2016年南充汽车汽配产业集群、油气化工产业集群、丝纺服装产业集群、现代物流产业集群、现代农业产业集群发展情况，并对2017年产业集群发展进行预测，提出了对策建议。

项目强城篇主要记录南充"五大板块重大工程项目"建设情况。包括"印象南充"城市建设报告、区域性综合交通枢纽建设报告、教科文卫品牌建设报告、旅游三产重大工程建设报告、园区发展重大工程建设报告，共五个部分。报告分别介绍了南充"五大板块重大工程项目"的基础、2016年的建设概况，并提出2017年的建设思路、目标及重点等。

民生惠城篇共有三个报告：关于决战脱贫攻坚的报告，主要介绍2016年南充市采取的主要工作举措，包括精准识别贫困对象、推进"五个一批"精准落地、实施法治扶贫"十百千万"工程等情况，并提出2017年的工作思路与目标。关于生态建设的报告，主要介绍2016年南充市围绕生态环境建设，采取的一系列有力举措，并分析2017年南充市为进一步改善生态环境将采取的举措。关于加强社会治理的报告，主要阐述2016年南充市通过加强法治政府建设等举措加强了法治建设和安全管理，并提出2017年加强社会治理的基本思路、目标及对策建议。

改革活城篇包括供给侧结构性改革研究、农业农村改革研究、城市公立医院改革研究、行政审批制度改革研究、中小城市综合改革试点研究五个报告，分别介绍了南充市供给侧结构性改革、农业农村改革、城市公立医院改革、行政审批制度改革、中小城市综合试点改革的现状，并对南充各项改革的未来进行展望。

实干兴城篇对南充市9个县（市、区）2016年经济社会发展现状进行系统梳理，并对2017年经济社会形势进行分析，在此基础上提出2017年经济社会发展思路、目标与重点等。

"往者不可谏，来者犹可追。"希望通过本书的编写，对2016年南充市以"成渝第二城"建设为中心的各项工作进行系统梳理，对2017年经济社会形势进行预测，提出相应的思路、目标和对策，对未来顺利实施"155发展战略"，推进"南充新未来·成渝第二城"建设有所启迪。同时，也希望本书成为来南充考察投资的客商认识了解南充的一个窗口。

本书编写组
2017年6月

目　　录

第一篇　众智谋城

第二篇　产业立城

第三篇　项目强城

第四篇　民生惠城

第五篇　改革活城

第六篇　实干兴城

第一篇　众志谋城

第一章　2016 年经济社会发展情况

摘要： 2016 年，南充市采取科学确定"成渝第二城"战略定位、紧紧抓住产业发展转型核心要务、着力招引"五大重点工程"项目、强力推进全面深化改革、全面兼顾经济社会发展与生态环境保护、统筹推进精准扶贫与普惠民生等有力举措，取得了"七个明显"的主要成效，一些举措和成效产生了全省甚至全国性的良好影响。当然，南充市在前进的路上还面临"五个最大"等问题和不足。

关键词： 2016 年；经济社会发展；举措；成效

第一节　经济社会发展举措有力

2016 年，是南充发展极为特殊、极其艰难、极不平凡的一年，面对稳定经济增长、率先脱贫摘帽、决胜换届选举等多重挑战，全市上下认真落实中央和省委决策部署，始终坚持以决战全胜目标任务、决战全胜脱贫攻坚、决战全胜换届选举统揽各项工作，全力以赴稳增长，千方百计求突破，凝心聚力促和谐，南充经济提质向好、社会和谐稳定、民生显著改善、党建持续加强，呈现出重构政治生态、重塑南充形象、重振川北重镇雄风的良好态势，为全市"十三五"发展高点起步、强势开局写下了浓墨重彩的一笔。

一、科学确定"南充新未来·成渝第二城"战略目标

南充市按照省委"三大发展战略"总体部署，特别是"多点多极支撑发展"的要求，立足市情特点，在市第六次党代会上旗帜鲜明地提出了"南充新未来·成渝第二城"的目标定位，明确了实施"155 发展战略"的具体路径，特别是按照工作项目化、项目具体化、目标责任化要求，对汽车汽配、油气化工、丝纺服装、现代物流、现代农业"五大千亿产业集群"，对城市建设、交通枢纽、教科文卫、旅游三产、产业园区"五大板块重大工程项目"，对今后五年重点推进的"基础设施十大建设、产业发展十大项目、民生改善十大工程"等进行了全面安排部署，形成了可操作、可落地的任务书、时间表、路线图，体现了南充跳起摸高、跑起干事的责任担当。

确定"南充新未来·成渝第二城"这一战略目标，是南充抢抓发展机遇、借力高点起步的历史使命，也是南充厚植发展优势、加力率先突破的主动回应，更是南充应对发展考验、蓄力强势崛起的现实要求，其既符合国、省重大战略布局，又与历届市委建设区域中心城市发展定位一脉相承；既符合重振川北重镇雄风实际，又与全市人民大城梦想完全契合。围绕这一目标，南充明确了未来五年建设经济强市、中心城市、交通枢纽、开放高地、生态屏障的奋斗方向，力争五年初见成效、十年大见成效，实现"一个全面、两个突破、三个翻番"，即：2020 年与全国全省同步实现"全面小康"；地区生产总值在成渝城市群地级市中首批"突破 2 000 亿元"，社会消费品零售总额"突破1 000 亿元"；全社会固定资产投资、一般公共预算收入、规模以上工业企业销售收入实现"翻番"。

明确建设"成渝第二城"这个战略定位意义十分重大。一是统一了认识，明确了目标，为凝聚人心、整合力量奠定了基础。这一定位明确后，南充市各部门各方面工作一下子找到了方向，大家心往一处想、劲往一处使，较快地形成了发展合力。二是提振了士气，扭转了南充因为拉票贿选案受到严处而导致的干部群众士气低落的不利局面，为重塑南充形象营造了良好的氛围。这一定位明确后，南充市各级干部和广大群众看到了新的希望，很快与"过去决裂"，从过去的不良影响甚至痛苦中走了出来，向着新的战略目标砥砺前行。三是明确了奋斗方向，规划了发展战略，为"成渝第二城"战略目标的实现制定了行动指南。南充市各级各部门开展了深入学习、全面调研，并将广大干部群众的集体智慧凝练和上升为"155 发展战略"。

二、紧紧抓住产业发展转型核心要务

改革开放初期，南充市的产业发展以国有企业为主要载体，而且以丝纺服装等轻工业为支柱行业。随着国企改革的快速推进和丝纺服装等传统产业的国内外竞争不断加剧，南充市的国有企业和产业受到巨大冲击，产业发展进入全面转型的缓慢爬坡期，与其他许多同类市州的产业高速发展形成了明显反差，总体经济实力差距不断拉大。近年来，南充市咬住产业发展不放松，始终将产业发展和转型升级作为第一要务。从支柱产业来说，南充根据其产业基础和外部环境及发展趋势，确定了汽车汽配、油气化工、丝纺服装、现代物流、现代农业五大产业，并系统地编制了每一个产业的"十二五"发展规划，2016 年中共南充市委五届十三次全会又进一步将其作为"五大千亿产业集群"进行培育，并编制了"十三五"发展规划。从新兴产业来看，近年来南充市牢牢把握国内外产业发展大趋势，全面贯彻落实创新驱动发展战略、《中国制造2025》四川行动方案、互联网+产业发展战略及大众创业、万众创新等国、省重大战略，在电子商务、特色旅游、文化创意、健康服务等新兴产业培育方面取得了一定的突破，形成了一些龙头企业和嘉陵区创业小镇等一批特色产业小镇。2015 年南充市地区生产总值达 1 516.2亿元，2016 年上升为 1 651.4 亿元，其增速高于全省平均增速 0.1 个百分点。

三、着力招引"五大板块重大工程"项目

面对基础设施和公共服务相对薄弱而自身经济实力又明显不足的窘境，南充市多年来将借外力发展、招商引资作为其弥补短板的重要举措。特别是在 2016 年明确了将南

充建设成"成渝第二城"的战略定位并制定了"155发展战略"以后,南充市紧紧围绕"印象南充"城市建设、区域性综合交通枢纽建设、教科文卫品牌建设、园区发展重大工程建设等"五大板块重大工程",全力开展项目招商引资。2016年,新开工中国重汽、新能源电池、绿地农业等重大项目178个、总投资593亿元;新能源汽车产业园、营达高速、都京港嘉陵江大桥等150个重点项目加快建设;嘉陵江综合保护开发、新能源汽车产业园等89个重大项目挤进国、省规划盘子,9县(市、区)全部纳入《川陕革命老区振兴发展规划》,为南充"五大板块重大工程"的顺利推进以及经济社会的快速发展奠定了较好的基础。与此同时,重大产业项目的招商引资也卓有成效,2016年成功引进中国重汽、当当网、甲骨文等181个重大项目,到位资金480亿元,投资70亿元的吉利项目加快建设,首期投资30亿元的鑫达项目竣工投产、投资20亿元的鑫达二期正式签约。

四、强力推进全面深化改革

党的十八大以来,南充市全面贯彻落实中央和四川省委深改领导小组的各项决定,制定了系统的全面深化改革规划,"三化并举"推进改革落地落实,释放改革红利,增强发展动能。一是项目化管理。2016年明确了231项改革任务,并分项制定了任务书、时间表、路线图。二是规范化运行。建立了改革责任追究机制、挂图作战机制、容错纠错机制和改革专项资金等制度,出台了43条推进改革落实的具体措施。三是全程化跟踪。坚持党政一把手亲自抓改革,并层层建立改革任务台账和目标考核细则,同时针对231项任务制定了"2016年改革工作台账对账督察验收表",定期开展督查评估。例如,仅南充市发改委牵头的改革任务就有13项,每一项都有责任人、进度安排、成果检查形式以及年终考核验收意见。在此基础上,南充市相关机构对照深化改革的总体部署和各部门的具体安排,加大了评估督查工作力度,力求见到实效。总体来看,2016年,南充市全面深化改革精准发力、持续用力,在产业扶贫、现代农业产业园、公立医院改革等重点领域取得了阶段性成效。例如,在产业扶贫方面,推动"输血式"扶贫向"造血式"扶贫转变;在现代农业发展和农民增收方面,推动传统农业向现代农业转变;在统筹兼顾抓医改方面,推动效益化办医向公益性办医转变。

五、统筹实施精准扶贫与普惠民生

南充市领导班子坚持发展为了人民、发展依靠人民、发展成果人民共享的原则,多谋民生之利,多解民生之忧,统筹实施普惠民生与精准扶贫,让全市人民生活更有获得感、更有归宿感、更有幸福感。

一是决战全胜脱贫攻坚。实现同步全面小康,重点在脱贫、难点在脱贫、关键在脱贫。南充市把脱贫攻坚作为重大政治任务和最大民生工程,牢固树立"最关心的事"的政治意识、"最后堡垒"的攻坚意识和"冲在最前方"的责任意识,百倍用心、千倍用力,取得了显著成效。

——聚焦靶向精准发力。紧紧围绕"两不愁、三保障""四个好"目标,全面落实扶持对象精准、扶贫目标精准、资金使用精准、扶贫措施精准、驻村帮扶精准、脱贫成效精准"六个精准"要求，做到因村施策、因户施策、因人施策。

——扭住重点持续用力。紧扣产业扶贫"生命线"、技能培训"支撑线"和政策兜底"保障线"，深入实施产业培育、基础设施、新村建设、能力培训、公共服务"五大工程"，全面落实扶持生产和就业发展一批、生态扶贫和移民搬迁安置一批、低保政策兜底一批、医疗救助扶持一批、灾后重建帮扶一批的"五个一批"，大力推广"脱贫奔康产业园"模式，确保贫困群众稳定脱贫、长效脱贫、致富奔康。

——全民参与，共同出力。构建党政强力主导、群众自力更生、社会广泛参与的"大扶贫"工作格局，让广大干部热火朝天干起来，让贫困群众自力更生动起来，让社会力量倾情倾力帮起来，弘扬党政主旋律、放大群众最强音、奏响社会交响曲。

二是持之以恒改善民生。南充市把改善民生作为一切工作的出发点和落脚点，搞好基本民生、保障底线民生、关注热点民生。尽管财政支出压力很大，但该给群众办的实事一件也不少。2016年，南充市除了大力推进了民生改善的"十大工程"：全域启动嘉陵江（南充段）综合保护开发、精心打造西山城市公园和人民广场休闲公园、启动实施顺庆区燕儿窝旧城改造、抓紧启动南充国际高中、加快建设区域职业教育城、全面完成营山饮用水工程、加快建设市中心医院江东医院、大力实施蓬安漫滩湿地公园和西充海绵城市建设，还重点从以下三大方面发力：

——突出民生之本。大力实施就业创业促进工程，以创业带动就业，以政策扶持就业，以服务保障就业，努力实现更加充分、更高质量的就业，让全市人民生活得更加体面、更有尊严。

——夯实民生之基。坚持教育优先发展，普惠发展学前教育，均衡发展义务教育，逐步普及高中教育，支持发展高等教育，做大做强职业教育，大力发展民办教育，加强青少年思想道德教育。科学布局优质医疗资源，不断提升城乡医疗卫生服务水平。加强文化体育基础设施建设，扎实抓好文体活动开展、文化艺术创作和文化品牌打造，积极推动公共文化向基层倾斜、向农村延伸、向公众开放。

——织牢民生之网。大力推进城镇保障性住房建设、棚户区改造和农村危房改造，扩大各类社会保险覆盖面，积极构建覆盖城乡全体居民、更加公平可持续的社会保障体系。全面加强食品药品监管，积极发展社会福利和慈善事业，切实抓好人口、妇女、儿童、老龄和残疾人等方面的工作，努力让人民群众得到更多实惠。

三是深入推进社会治理。社会治理体现执政能力、关系群众切身利益。南充市努力提升社会治理水平，增强社会治理能力，推动社会治理现代化。

——构建法治良序。深入推进依法治市，全面开展"七五"普法，统筹推进科学立法、严格执法、公正司法、全民守法。纵深推进法治政府建设，自觉运用法治思维和法治方式推进工作。法定职责必须为，法无授权不可为。着力推进法治社会、法治城市建设，加快构建办事依法、遇事找法、解决问题用法、化解矛盾靠法的法治良序，支持和保证审计机关依法进行审计监督。

——建设平安南充。深化平安南充专项整治，依法严厉打击各类违法犯罪行为，加快建设立体化、信息化治安防控体系，深入推进依法治网，切实抓好安全生产，确保社会大局安定稳定。创新治理方式，构建党委领导、政府负责、社会协同、公众参与、法治保障的社会治理体系，健全稳定风险评估、矛盾纠纷化解、网格化服务管理等机制，实现政府治理和社会调节、居民自治良性互动。

第二节　经济社会发展成效显著

近年来，面对宏观经济持续下行的严峻形势，面对彻查严处南充拉票贿选案的特殊考验，面对重构政治生态、重塑南充形象、重振川北重镇雄风的艰巨任务，南充市广大干部群众负重前行，砥砺奋进，较好地完成了各项目标任务，取得了明显成效。

一、"七个明显"的主要成效

归纳起来，2016年南充市取得了"七个明显"的主要成效：

一是经济总量明显增长。地区生产总值在全省地级市中率先跨入"千亿俱乐部"、突破1 500亿元大关，位居全省第五、川东北第一。增长速度稳中有进，近年来主要指标增速高于全国、快于全省、好于预期，全社会固定资产投资、一般公共预算收入实现翻番。县域经济加快发展，9县（市、区）地区生产总值均超过百亿元，顺庆、南部双双突破250亿元，底部基础更加坚实。

二是产业支撑明显增强。工业发展提速转型，总投资70亿元的吉利新能源商用车项目落户建设，首期投资30亿元的鑫达新材料项目建成投产，工业园区建成区面积突破100平方千米。农业发展提质增效，现代农业、有机农业西部领先，国家现代农业示范区、国家农业科技园、中法农业科技园加快建设。第三产业提档升级，现代商贸、现代金融、现代物流、电子商务快速发展，南充现代物流园建成开园。

三是交通区位明显改善。铁路建设实现突破，兰渝铁路南充段建成通车，结束了阆中、南部没有铁路的历史。高速公路实现倍增，新建高速公路7条，通车里程位居全省第二，实现县县通高速。航空运力大幅增强，高坪机场改扩建完工，开通航线增至12条。水运建设稳步推进，"一港三码头"开港营运，嘉陵江航运配套工程进展顺利。

四是城乡面貌明显变化。城镇格局不断优化，"1+3+6+N"市域城镇体系基本形成，城镇化率年均增长1.6个百分点、达到43.8%。中心城区规模拓展，建成区面积120平方千米、常住人口120万人，成为全省首批3个Ⅱ型大城市之一。县域城镇加快发展，6个县城、23个国省重点小城镇、672个幸福美丽新村建设扎实推进。在城市化进程加快的同时，生态保护成效明显，已跻身国家生态文明先行示范区。

五是改革开放明显深化。全面深化改革扎实推进，供给侧结构性改革、农业农村改革、行政审批制度改革等重点领域改革取得突破，公立医院改革、新型城镇化改革等国、省改革试点步伐加快。创新活力充分释放，大学科技园、创业小镇等创新创业载体启动建设。开放合作成效明显，C21论坛（四川21个市州以"成渝城市群"为主题的大型论坛）、融渝投资促进等重大活动连战连捷，全市招商引资累计到位资金2 200亿元。

六是民生水平明显提高。脱贫攻坚"走在前列、做出示范"，54.6万农村贫困人口成功脱贫，"脱贫奔康产业园"发展模式、"9+5"常态督查暗访推进机制等经验在全国推广。群众生活不断改善，城镇登记失业率控制在 4.5% 以内，农村居民人均可支配收入超过全省平均水平，保障性安居工程建设成效明显，社会保障体系更加健全。社会事业持续进步，教育、科技、文化、体育、卫生事业加快发展，成功创建国家公共文化服务体系示范区。社会治理切实加强，安全生产和社会治安形势持续好转，社会大局和谐稳定。

七是发展合力明显汇聚。党员干部教育扎实有效，党的群众路线教育实践活动、"三严三实"专题教育、"两学一做"学习教育深入开展。民主法制建设全面加强，人大、政协依法按章程履职尽责，"法治南充"建设成效明显。统一战线不断巩固壮大，各民主党派、工商联、无党派人士积极参政议政，民族宗教、外事台侨工作取得新进展。群团工作有声有色。党管武装得到加强。

二、基本结论

总体来看，2016 年南充市经济社会发展呈现出"五个新"的良好开局。经济运行呈现出稳中有进、总体向好的新态势，产业支撑力度有所增强，产业结构有所优化；脱贫攻坚呈现出背水一战、众志成城的新局面，人民福祉增强，贫困摘帽计划稳步推进；全面深化改革呈现不畏艰险、大胆探索的新风尚，许多重点领域改革进展较快，劳动、知识、技术、管理、资本等要素的活力竞相迸发，发展新动能明显集聚；经济社会发展与生态环境保护呈现统筹兼顾、协同共进的新境界，宜居宜业的"成渝第二城"建设正在快速推进；政治生态呈现出风清气正、崇廉尚实的新气象，广大干部群众走出了阴影，步入了正轨，站上了新起点，正昂首阔步谋求新的突破。

当然，我们也要清醒地看到，南充市在前进的道路上还面临很多问题和不足，主要表现为"五个最大"：人口多、资源少，底子薄、基础差，财力弱、负担重，仍是最大市情；发展不快、动力不足，结构不优、层次不高，发展不够、实力不强，仍是最大差距；工业化和城镇化"双中期"阶段特征非常明显、二元结构矛盾非常突出、民生改善任务非常繁重，仍是最大实际；陈旧思想观念偏多、现代创新理念偏少，夜郎自大、故步自封，仍是最大障碍；政治清明、政府清廉、干部清正，正风肃纪、厉行法治、惩贪治腐，真抓实干、担当担责、干事创业，仍是最大考验。因此，南充市各级干部要进一步增强忧患意识和担当意识，下更大力气解决这些问题，始终以民之所望为施政所向，尽心竭力做好工作，不辜负人民重托。

第二章　2017 年经济社会发展预测及建议

摘要： 2017 年，南充面临着诸多有利发展条件。以中国为代表的新兴经济体发展势头强劲带来了更广阔的国际合作空间，国内深化供给侧结构性改革带来转型发展机会，长江经济带、成渝城市群、川陕革命老区建设带来政策红利，全省多项施政重点为南充带来更大发展动力。同时，南充也面临着国内外宏观经济形势震荡中调整、地区间竞争加剧以及特大城市的"虹吸效应"等三重挑战。根据做大经济总量加快"赶"和提升发展质量抓紧"转"的双重任务要求，本文预测了南充 2017 年的经济增速、投资、产业发展及居民生活等方面的指标。

关键词： 2017 年；经济社会发展；环境；指标预测

第一节　宏观经济发展环境分析

2017 年，是南充全面实施"155 发展战略"，加快建设"南充新未来·成渝第二城"的开局之年。尽管国内经济发展面临速度换挡、结构调整、动力转换的关键节点，但长期向好的基本面没有改变，南充发展面临诸多有利条件。

一、世界新兴经济体强劲发展带来广阔的合作空间

一是发达国家与发展中国家的经济呈明显分化趋势。美国、欧盟、日本等主要发达经济体在 2016 年表现疲软，美国虽实施了一系列产业振兴行动，但效果时强时弱，2016 年经济增速仅 1.6%，比 2015 年下降 1 个百分点；欧洲受英国脱欧、德意志银行濒临破产等因素影响，经济复苏日益艰难，欧元区 2016 年经济增速仅 1.7%，比 2015 年低 0.3 个百分点；日本经济一直疲软，2016 年经济增速仅 0.5%，有学者称其已进入"第三个衰退的十年"。新兴经济体总体表现较好，国际货币基金组织预测新兴经济体 2016 年整体增速可达 4.2%，较 2015 年增长 0.2 个百分点。

二是中国在世界的影响力日益增强。当前世界经济旧秩序已被打破，新秩序尚未建立，"中国因素"对国际经济形势的影响愈来愈大。"一带一路"战略推进效果明显，38 个国家与中国进行战略对接，亚洲基础设施投资银行（简称亚投行，AIIB）意向创始成员国达 57 个（域内国家 37 个、域外国家 20 个），中国市场与国际市场的一体化程

度不断加深，世界正进入以中国为代表的新兴经济体推动的全球化4.0时代①。

三是南充将获得广阔的国际合作空间。南充是"渝新欧"国际快铁的重要站点，是西南地区连接丝绸之路经济带的重要节点城市，具有开拓更广阔国际合作空间的地缘优势。在世界经济格局处于震荡中调整，资本、人才、信息技术所引导的资金流、商流、物流、信息流以及产业链、价值链等重新构建的背景下，南充更容易参与全球化资源配置和产业分工，在新业态革命、新组织管理模式以及新业态快速发展过程中增强核心化。

二、国内深化供给侧结构性改革带来转型发展机会

一是我国经济取得了"十三五"的良好开局。党的十八大以来，我国围绕落实"五大发展理念"，着力推动供给侧结构性改革，全国经济结构持续优化。2016年，我国地区生产总值增速6.7%，根据中国社科院宏观经济预测模型预测，2016—2020年我国的潜在经济增长率会降至5.7%~6.6%区间。由此可见，2016年我国在全球经济结构性减速的大通道中仍取得了较好成绩。

二是适应经济新常态的政策框架初步确立。2016年中央经济工作会议指出，当前经济形势"缓中趋稳、稳中向好"，稳中求进工作总基调将贯穿2017年经济工作始终，要求在认清需求结构变化的前提下，实施积极的财政政策和稳健的货币政策，以"去产能、去库存、去杠杆、降成本、补短板"五大任务为抓手，配合农业供给侧结构性改革、实体经济振兴和房地产市场的平稳健康发展，继续深化推进供给侧结构性改革。

三是南充获得转型发展"窗口期"。首先，供给侧结构性改革要求"去产能"，而南充可"去"的"落后"产能不多，包袱小、负担少，受本轮结构调整的影响很小。与此同时，国家在去产能的同时还推动一批新产能上马来促进工业的供给侧改革，南充已经布局的吉利新能源汽车、鑫达新材料等重大项目正是符合宏观产业发展项目的重大支撑，可以争取到更多产业政策支持。其次，"去库存"与南充建设"成渝第二城"密切结合，打造成渝城市群区域中心城市的核心正是通过加强城市基础设施建设，包括推进京蓉高铁项目落地、提高南充与特大城市的基础设施互联互通水平等硬环境建设，以及完善教育、医疗等软环境建设，提高南充的城市竞争力和吸引力。最后，"去杠杆""降成本""补短板"与相关领域改革有机结合，通过大力促进实体经济发展，打造鼓励创新、支持创业的社会环境，不仅可以增强改革的系统性和协同性，更使南充转型发展、弯道赶超成为可能。

三、长江经济带、成渝城市群、川陕革命老区建设带来政策红利

一是西部开发战略和长江经济带战略有利于南充发挥区位优势。西部开发、东北振兴、中部崛起、东部率先发展是当前我国的区域发展总体战略，长江经济带以其横跨东、中、西部的区位特征，成为我国新一轮改革开放转型、实施新区域开放开发的重要战略区域。南充虽不是长江黄金水道沿江城市，但地处长江重要支流嘉陵江的中游，其

---

① 一般认为，全球化1.0时代，即大航海时代。全球化2.0时代，即英镑和英国为主导的全球化时代。全球化3.0时代，即以美元和美国为主导的全球化时代。

阆中、南部、仪陇、蓬安、顺庆、高坪、嘉陵7县（市、区）沿嘉陵江呈带状分布，沿途地势平坦开阔、人口密度较高，"南西蓬"一体化发展将推动城镇布局优化，沿江产业集聚发展规模初现，既为市内各区县沿嘉陵江融合发展提供了充裕的城市布局空间，也为南充市参与长江经济带重点企业布局和产业分工提供了根本的区位竞争条件。

二是成渝城市群建设有利于南充聚集更多发展要素。成渝城市群作为长江经济带上游地区的战略支撑，既是西部大开发的重要平台，也是国家推进新型城镇化的重要示范区。南充作为成渝城市群人口规模最大的区域中心城市，既可利用长江经济带横跨东、中、西部的纵深优势，加强与东部沿海发达省份的区域合作，又可利用沟通丝绸之路经济带和长江经济带两大平台桥头堡的地位，在多个区域发展战略和国家重点规划中获得政策支持。

四、全省多项政策措施带来更大发展动力

一是全省坚持发展是第一要务的基本判断，为南充坚持加快发展带来更大信心支持。当前四川经济总量居全国第六、西部第一，但与东部沿海省份的差距仍然很大，加快发展仍然是四川第一要务。南充地区生产总值虽在全省地级市中率先跨入"千亿俱乐部"、突破1 500亿元大关，但"发展不足、发展不够、发展滞后"的最大市情没有得到根本改变，在坚定保持社会环境要"稳"的前提下，用加快发展来谋求"进"的表现，不仅是当前南充经济的内在要求，更与全省专注发展、转型发展的重心不谋而合，将会更加有利于南充具体发展战略的落实与对接。

二是多点多极支撑发展战略和"两化"互动、城乡统筹发展战略为南充重点产业和城市发展带来更大的历史机遇。多点多极支撑发展战略注重五大经济区的协同发展、加快发展，"两化"互动、城乡统筹发展战略注重工业化与信息化深度融合、城镇化与农业现代化良性互动。作为川东北经济区的核心城市，南充提出实施"155发展战略"，通过做大做强汽车汽配、油气化工、丝纺服装、现代物流、现代农业"五大千亿产业集群"，大力实施城市建设、交通枢纽、教科文卫、旅游三产、产业园区"五大板块重大工程项目"，既可将落后产能置换为先进产能，又可通过城镇化建设促进房地产业健康发展，有利于抓住宏观新平衡的调整空档期大力培育新的增长点、打造新兴增长极。

三是创新驱动发展战略与全面深化改革为南充培育新兴内生增长动力提供重要支撑。创新驱动发展战略关键是推动自主创新能力的提高、科技体制改革的深化、创新创造环境的优化，全面深化改革旨在通过政策设计、制度安排和资源配置，实现以改革推动创新、以创新促进改革，其有利于南充着力培育创新动能。一方面可通过坚持以企业为中心推动开展创新工程，实施重点企业帮扶计划、成长型中小企业培育工程、上市培育行动和"南充造"品牌创建推广战略；另一方面可推动"政产学研用"深度融合，打造创新创业平台，增强地方经济内生增长动力，实现经济发展由要素驱动向创新驱动转变。

四是脱贫攻坚重点工作为南充实现对贫困的标本兼治提供了重要支持。脱贫攻坚是"稳"的托底工作和最重大的民生工程。当前南充虽贫困面宽量大程度深，但可借助国、省脱贫奔康的系列政策支持，按照"六个精准"的要求，通过因村施策、因户施策、因人施策，大力发展"脱贫奔康产业园"等方式，实现贫困群众稳定脱贫、长效脱贫、致富奔小康。

同时，我们也要看到，2017 年南充市经济社会发展仍面临诸多挑战。

一是国内外经济形势在震荡中调整，对南充外部发展环境提出挑战。以发达国家消费、新兴经济体生产、资源富集国出口为主体的三角循环，于 2008 年美国次贷危机时被打破，2010 年欧洲主权债务危机进一步震荡世界经济格局，2012 年以后对新兴经济体生产和资源富集国出口的影响力逐渐显现，国际资源价格和产能结构至今都没有调整到位，世界经济和世界贸易都仍处于低谷状态。国际货币基金组织（IMF）2016 年 10 月发布的最新《世界经济展望报告》预测，2016 年全球经济和全球贸易增速分别为 3.1% 和 2.3%，分别较 2015 年相应指标减少了 0.1 个和 0.3 个百分点，2017 年全球经济增速预测为 3.4%，也不会出现迅速复苏的奇迹。同时，我国经济发展速度换挡、结构调整、动力转换的新常态特征和经济中长期的 L 形走势更加明显，宏观经济下行压力的持续存在，对南充加快发展的外部环境压力提出了挑战。

二是地区间竞争愈加激烈，对南充在区域中心城市建设中脱颖而出提出挑战。成渝城市群的区域中心城市除南充外还有四川的绵阳、乐山、泸州、宜宾以及重庆的万州和黔江，绵阳的经济总量在四川 21 个市州中位列第二，泸州、宜宾、万州作为沿长江干流城市更易接受长江经济带辐射，对南充在地区竞争中抢先突破、率先次级突破提出了重大挑战。

三是成都、重庆特大城市的虹吸效应，对南充借势发展的方式提出挑战。南充地处成、渝两大特大城市和国家中心城市的中心地带，经济上可以接受特大城市的扩散效应，但是特大城市的优质医疗、教育、基础设施、经济发展环境，也会对资本、人才、技术等重要经济发展要素形成强有力的"虹吸效应"。在快速城镇化阶段，特大城市的虹吸效应还会不断增强，如何在接受两大特大城市带动辐射的同时，避免"大树底下不长草"，对南充借势发展的方式方法提出了挑战。

第二节　经济社会发展主要指标预测及建议

当前，南充正处于从经济大市向经济强市跃升、从内陆腹地向开放前沿跃升、从川北重镇向成渝重镇跃升的关键时期。综合判断，2017 年南充经济社会发展既面临难得机遇，也面临严峻挑战，肩负着做大经济总量加快"赶"和提升发展质量抓紧"转"的双重任务，其主要发展指标预测如下：

一、主要指标预测

（一）经济增速

从经济走势的时间纵切面来看，1979 年以来南充市与四川省经济增长波动曲线图（见图 2-1）中可以发现，仅有两个时期（点）的波动情况不一致。一是 1990—1997 年时段，南充经济表现为向下凹的曲线，而四川省经济表现为向上凸的曲线；二是 2008 年前后，四川省受国际经济下行和汶川特大地震的双重压力，及后来国家 4 万亿元投资和省内灾后大规模集中重建等多重宏观刺激政策的集中出台影响，经济呈典型的 V 字形表现，而南充政策受益有限，经济发展相对平稳。因此，在新常态下，如无大的外部强刺激因素介入，南充经济在"十三五"时期的总体表现应是由"十二五"时期 10% 以上的高速增长转换至 8% 的中高速运行区间。

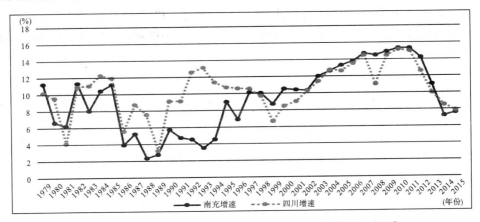

图 2-1　1979—2015 年南充市与四川省历年经济增速波动图①

从潜在经济增长率角度来看，因我国整体处于社会生产力快速发展的阶段，受劳动生产率影响，不同改革阶段潜在经济增长率也会有很大不同，通过与同时期四川全省的平均潜在经济增长率对比（见图 2-2），可以发现，南充的潜在经济增长率在 2008 年以后已超过全省平均水平。以此趋势类推，在"十三五"时期，南充的经济能够保持超过全省平均水平的增速。

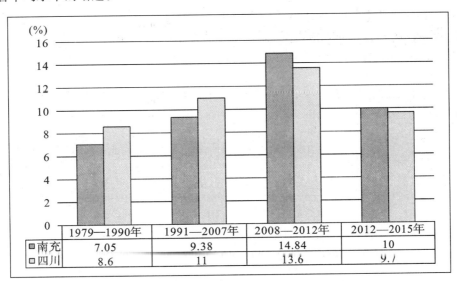

	1979—1990年	1991—2007年	2008—2012年	2012—2015年
南充	7.05	9.38	14.84	10
四川	8.6	11	13.6	9.7

图 2-2　1919—2015 年南充与四川潜在经济增长率对比图②

①　根据《南充统计年鉴》（2015）和《四川省统计年鉴》（2016）相关数据，按可比价格计算。
②　根据《南充统计年鉴》（2015）和《四川省统计年鉴》（2016）相关数据，按可比价格计算。

"十二五"末期，南充地区生产总值已达到 1 516.2 亿元，以此为基数进行匡算：

1. 若按照地区生产总值在成渝城市群地级市中首批"突破 2 000 亿元"、力争达到 2 200 亿元的"成渝第二城"建设目标①，以 2020 年实现地区生产总值达到 2 200 亿元计算，"十三五"时期年均增速必须保持在 8%以上的水平，方可保证 2019 年南充市地区生产总值突破 2 000 亿元。

2. 若按照"保持高于全国、快于全省的经济增速，到 2020 年地区生产总值和城乡居民收入比 2010 年翻一番以上"② 目标计算，"十三五"时期年均增速应保持在 9%以上，方可保证 2019 年南充市地区生产总值接近 2 000 亿元。

因此，可以将 8%~9%作为南充市"十三五"时期经济增速的合理区间。综合考虑南充 2016 年地区生产总值 1 651.40 亿元的发展基础和"五大千亿产业集群""五大板块重大工程项目"的支撑条件，预测 2017 年南充经济增速可保持在 8.2%~9%左右。

（二）全社会固定资产投资

南充处于快速工业化和加速城镇化的关键期，投资率逐年上升（见图 2-3），对经济增长的拉动作用非常明显，排除短期超常规因素影响，社会固定资产投资在较长时间内将保持相对稳定。

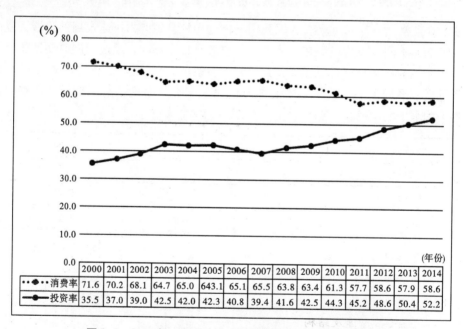

	2000	2001	2002	2003	2004	2005	2006	2007	2008	2009	2010	2011	2012	2013	2014
消费率	71.6	70.2	68.1	64.7	65.0	643.1	65.1	65.5	63.8	63.4	61.3	57.7	58.6	57.9	58.6
投资率	35.5	37.0	39.0	42.5	42.0	42.3	40.8	39.4	41.6	42.5	44.3	45.2	48.6	50.4	52.2

图 2-3　2000 年以来南充市消费率及投资率变动曲线图③

---

① 宋朝华. 开创南充新未来　建设成渝第二城　为决战全胜同步全面小康而努力奋斗［R］. 在中国共产党南充市第六次代表大会上的报告，2016-10-27.

② 2015 年 12 月 30 日《中共南充市委关于制定国民经济和社会发展第十三个五年规划的建议》（南委发〔2016〕14 号）。

③ 根据《南充统计年鉴》（2015）相关数据计算所得。

考虑到全社会固定资产投资受宏观经济波动影响较大，为避免物价、外部环境压力等特殊因素对特殊年份的干扰，用五年移动平均法对南充社会固定资产投资的弹性进行计算（见表 2-1），2010 年以后南充社会固定资产投资的平均弹性为 1.71，即"十二五"时期，南充社会固定资产投资每增长 1.71 个百分点，可带动地区生产总值增长 1 个百分点。

表 2-1   2000—2015 年南充市和四川省全社会固定资产投资弹性[①]

年份	南充	四川
2000	2.50	1.56
2001	2.47	1.56
2002	2.59	1.53
2003	2.35	1.31
2004	2.00	1.41
2005	1.81	1.57
2006	1.66	1.72
2007	1.40	1.77
2008	1.35	1.82
2009	2.16	2.41
2010	2.20	2.00
2011	1.90	1.59
2012	2.01	1.54
2013	1.95	1.52
2014	1.36	0.96
2015	1.33	1.15

根据历年统计年鉴及 2016 年统计公报数据，南充"十二五"时期社会固定资产投资在全省的年均占比为 5.1%，再加上前文预测 2017 年南充经济增速和近五年来的平均投资弹性，预测 2017 年南充全社会固定资产投资增速在 14%~16% 左右。

（三）三次产业增速及结构

近年来，南充产业结构持续优化（见图 2-4），在第二产业占比逐年提高的同时，第三产业占比也在调整中呈波动性走高。

---

① 根据《南充统计年鉴》（2015）相关数据计算所得.

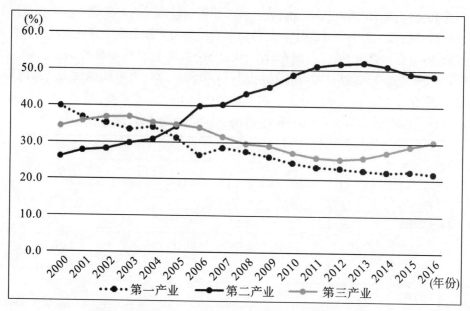

图 2-4　2000—2016 年南充市三次产业占比变动曲线图①

考察三次产业 2000 年以来的增速（见图 2-5）可以发现，第三产业增速最为稳定，第二产业增速受宏观经济影响最大。考虑 2017 年全国和全省经济持续呈中高速增长趋势，再加上南充通过培育"五大千亿产业集群"，吉利新能源商用车、鑫达新材料一期、

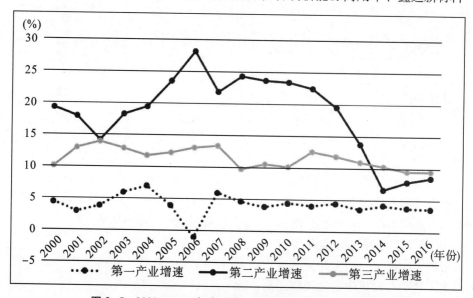

图 2-5　2000—2016 年南充市三次产业增速变动曲线图②

---

① 根据《南充统计年鉴》（2015）、《2015 年南充市国民经济和社会发展统计公报》以及《2016 年南充经济运行情况简析》相关数据计算所得。

② 根据《南充统计年鉴》（2015）、《2015 年南充市国民经济和社会发展统计公报》以及《2016 年南充经济运行情况简析》相关数据计算所得。

晟达、石达、联成等重大产业项目将相继投产见效，必将有力推动第二产业增加值较快增长。同时，随着农业"三百示范工程"的启动实施和千千米现代循环农业示范带的加快建设，将全面促进农业与工业、农业与服务业的深入融合式发展，使第一产业增速能够保持稳定。随着南充现代物流园城市城际物流配送中心、中国物流南充分中心、南充跨境电商平台等项目的启动建设，川东北粮食物流中心等项目的全面竣工，南充保税仓、海关监管场站的投入使用，第三产业增速可稳定在 10% 左右的水平。

因此，通过趋势外推，预测 2017 年南充第一产业增速为 4% 左右，第二产业为 9% 左右，第三产业为 10% 左右；三次产业结构将进一步优化，第二产业占比将稳中有升，维持在 50% 左右，第三产业占比持续小幅提升，在地区生产总值中的比重保持在 30% 左右，第一产业占比预计可保持在 20% 左右。

（四）其他指标

根据 2011 年以来南充市城乡居民收入及社会消费品零售总额的年均增速，以及"十三五"时期相关指标的年均目标增速[①]，预计 2017 年南充市城镇居民人均可支配收入为 29 000 元左右，农村居民家庭人均纯收入为 12 600 元左右，社会消费品零售总额为 890 亿元左右。

表 2-2　　　　2011—2016 年南充市居民收入及社会消费品零售品总额[②]

指　　标	2011 年	2012 年	2013 年	2014 年	2015 年	2016 年
城镇居民人均可支配收入（元）	14 798	17 225	19 206	21 223	23 950	25 994
农村居民家庭人均纯收入（元）	5 837	6 726	7 650	8 555	10 292	11 273
社会消费品零售总额（亿元）	411.68	477.80	550.30	624.21	698.82	785.62

二、总结及建议

根据上述宏观经济发展环境分析及主要指标的预测，可以判断，2017 年是南充经济企稳筑底的年份。若 2017 年基础扎实，则"十三五"后二年可实现明显回升的预期。因此，2017 年南充应紧紧围绕实施"155 发展战略"，按照"三个高于"的总基调和"三大突破"的总目标，以坚决打赢"三场必胜"攻坚战为路径，切实做好以下五篇文章：

（一）做好产业升级文章，夯实经济增长基础

坚持在提质增效中调优存量，在高端引进中做大增量，着力加强传统产业、新兴产业的技术创新和改造提升，有效促进科技创新与产业发展紧密结合。工业方面，要按照培育大企业、发展大产业、构建大集群的思路，以汽车汽配、油气化工、丝纺服装等产业为重点，推动产业层次向产业链、价值链高端攀升。当前尤其应全速推进吉利新能源

---

① 根据《南充市第十三个五年规划纲要》，城镇居民人均可支配收入、农村居民家庭人均纯收入、社会消费品零售总额的年均增速目标分别为 8%、9% 和 11%。

② 数据来源：《南充统计年鉴》（2015）、《2015 年南充市国民经济和社会发展统计公报》以及《2016 年南充经济运行情况简析》。

商务车、鑫达新材料二期、三环电子四期、都京丝绸特色小镇等项目建设，形成新的经济增长点。服务业方面，要以南充现代物流园建设为重点，大力发展服务贸易、互联网经济、物联网、信息消费等新兴服务业态，创新培育文化创意、会展楼宇、健康养老等特色服务业态，推进服务业整体提速、比重提高、水平提升。农业方面，要坚持以现代农业和有机农业为主攻方向，大力培育龙头企业、合作组织和家庭农场等新型经营主体，加快建设国家现代农业示范区、国家农业科技园区和中法农业科技园，着力增加绿色优质农产品供给，提高农业全产业链收益。

（二）做好基础建设文章，促进投资稳定增长

经过近年来的项目攻坚，南充的基础条件不断提升，但随着周边城市基础设施的改善，南充传统的基础优势正在削弱，必须把基础建设放在重要位置。城市建设方面，要坚持生产空间、生活空间、生态空间"三生合一"，大力实施城市畅通工程、生态绿化工程、风貌塑造工程、功能配套工程、数字智能工程的"五大工程"，不断提高城市宜居度和幸福度。交通建设方面，要结合实施"南充三年交通推进计划"，着力谋划建设城市轨道交通、城际铁路等重点交通项目，坚决打好国省干线改造、快速通道建设、农村公路联网、渡改桥"四大战役"，以大交通凸显大区位、承载大发展。信息基础建设方面，要加快云计算与物联网、移动互联网、现代制造业的融合发展与创新应用，逐步形成医疗、交通、社区、电子政务、金融、安全和城市管控新格局。农田水利基施建设方面，要加快大中型灌区续建配套与节水改造工程和五小水利工程建设，全速推进病险水库除险加固、南充嘉陵江防洪工程建设和中小河流治理。

（三）做好改革开放大文章，打造跨越发展引擎

坚持把改革开放摆在发展全局的核心位置，努力走出一条欠发达地区深化改革、内陆地区扩大开放的新路子。要蹄疾步稳推动改革。按照规定动作抢进度、特色动作创经验、自选动作出亮点的思路，抓实抓好公立医院改革、中小城市综合改革等国（省）改革试点，全面深化供给侧结构性改革和农业农村、国资国企、投融资体制、行政审批、司法体制等重点领域改革，努力创造可复制、可借鉴、可推广的鲜活经验，加速释放更多改革红利。要大力实施创新驱动。积极打造创业创新平台，壮大创新创业主体，务实推进校地合作，大力推动区域协同创新、"政产学研用"协同创新和大众创业、万众创新。特别应结合培育"五大千亿产业集群"，以产业园区为载体，加快引进一批综合管理人才、行业领军人才、实用技术人才，加快建设一批创新产业园、大学科技园、产业研究院和众创空间、创业小镇和创业孵化园，激发全社会的创新活力和创造潜能。要全面扩大对外合作。按照"全域开放、全程开放、全面开放"的思路，围绕实施"155发展战略"和做大做强"五大千亿产业集群"，加强与成渝地区多层次全方位交流合作，消除市场壁垒，加快建立开放统一的要素市场，实现南充与天府新区、两江新区深度融合发展，成为成渝开放的"桥头堡"。同时，要加快推动招商引资转型，大力开展专题招商、沿链招商、以商招商，努力招引一批大项目、大企业、大集团。

（四）做好精准脱贫文章，确保同步全面小康

南充是典型的丘区贫困大市，贫困面宽量大程度深，截至2016年年底尚有贫困村964个，贫困户6.64万户、贫困人口19.53万人，必须坚持把扶贫攻坚作为首要政治任

务和头号民生工程，聚焦"两不愁、三保障"和"四个好"目标，统筹实施"五大扶贫工程"和"五个一批行动"计划，切实打好脱贫摘帽攻坚战。要强化产业培育促增收。按照"村有当家产业、户有致富门路、人有一技之长"的思路，全面推广"脱贫奔康农民产业园"发展经验，探索创新"园区+脱贫""电商+脱贫""金融+扶贫"等扶贫模式，着力解决好贫困群众在产业发展中进入渠道窄、精准参与难、发展资金缺、市场风险大等问题。同时，要按照长短兼顾、种养结合、三产联动的原则，有针对性发展"四小工程"等短平快增收项目，确保贫困群众长期有保障、短期见效益、致富不返贫。要强化基础支撑强保障。南充属典型丘陵地区，广大贫困群众交通不便、住房破旧、信息闭塞，应锁定基础建设持续用力，结合幸福美丽新村建设，全力抓好贫困便民道路、安全饮水、农村电网、网络通信等基础设施建设，切实加大农村学校、卫生院（室）建设力度，不断提高贫困群众生产生活基本条件。要强化群众主体增动力。群众既是扶贫工作的服务对象、更是脱贫攻坚战的主力军，应坚持技能扶贫、文化扶贫、法治扶贫"三位一体"，全覆盖开展脱贫政策、文明新风、习惯养成、自力更生、感恩奋进"五项教育"，扎实开展孝老敬亲、忠厚诚信、勤劳致富、创业自立、庭院洁美"五项评比"，引导群众争当脱贫致富的带头人、遵纪守法的老实人、新风正气的引路人。要强化机制创新促效率。按照贫困群众与脱贫群众共同兼顾、财政投入与金融信贷共同参与、政府主导与社会帮扶共同发力的原则，着力构建专项扶贫、行业扶贫、社会扶贫互为补充的大扶贫格局。应健全完善产业发展风险基金机制、脱贫后扶机制和多元投入机制，探索创新金融扶贫机制和力量整合机制，实行产业培育、设施配套、政策支持、技能培训、干部帮扶"五跟进"，确保脱贫成效稳得住、提得高、不反弹。

（五）做好环境优化文章，厚植经济发展优势

始终坚持把优化发展环境放在突出位置，作为城市核心竞争力来打造，作为城市持续生命力来维护。全力打造自然生态环境。一以贯之地坚持走绿色发展之路，围绕建设"国家生态文明先行示范区"，积极推进资源节约集约利用，形成企业小循环、产业中循环、园区大循环格局；大力实施"蓝天、绿水、净土"行动，不断提升自然保护区、森林公园、湿地公园建设水平。全力打造人才发展环境。围绕建设区域人才高地，大力实施"嘉陵江英才计划"，突出建设高层次、专业型、技能型、创业型人才队伍，造就一批具有创新创业创优精神和能力的人才以及发展农村经济的实用人才；完善人才激励机制，建立健全适应现代企业制度和市场经济要求的选人、用人机制。全力打造法治政务环境。深入推进依法治市，不断加大法治社会、法治城市建设力度，加快构建办事依法、遇事找法、解决问题用法、化解矛盾靠法的法治良序。全力抓好"放管服"工作，不断提升行政审批效率，扎实构建"亲""清"政商关系，努力营造优质高效政务环境。

第三章　加快"成渝第二城"建设研究

摘要：南充市建设"成渝第二城"已有一定基础，又面临诸多机遇和挑战。南充市可借鉴德阳、绵阳、宜昌、遵义等省内外"第二城"的发展经验，结合自身特色优势，制定发展战略。在建设路径上，可以考虑采用深度融入成渝、培育支柱产业、优化营商环境、加强城际合作、发展新兴先导服务业等策略。建议以商引商、创新招商模式，主动学习、对接川渝自贸区，扩大城市规模、丰富城市内涵，为建设"成渝第二城"创造良好的软硬件环境。

关键词："成渝第二城"；经验借鉴；总体设计；建设路径

第一节　"成渝第二城"建设的基础

城市的历史文化是一个城市的根脉，是它的精神家园。悠久的历史和丰富的文化能增加一个城市的厚重感，提升城市的价值和内涵品质，而现实基础则是城市的硬件条件。南充具有深厚的历史文化底蕴，同时，也具备建设"成渝第二城"的基础条件。

一、历史文化底蕴深厚①

第一，南充开发很早，建城历史悠久。南充是川北重镇，四川历史文化名城，历来文化底蕴深厚。南充地区开发较早，早在新石器时代就有先民居住。南充城源自汉高祖公元前202年设立的安汉（县治今顺庆区舞凤镇清泉坝五里店），距今已有2 200多年的建城史。早在唐尧、虞舜之前便谓"果氏之国"，春秋以来历为都、州、郡、府、道之治所。清朝境内设有川北道（道治今阆中市），辖顺庆、保宁二府及7个县（州）。清顺治三年（1646年），清兵进入四川后，四川省治初设保宁府（府治今阆中市）。1912年，南充隶属四川省，境内置嘉陵道，辖南充（道治）、阆中、南部、西充、营山、仪陇、蓬安（蓬州改）等7县。1935年，境内置第十一行政督察区，辖南充（区治）、营山、蓬安、西充、仪陇、南部等6县，阆中隶第十四行政督察区。新中国成立

---

① 根据百度百科、广东百科信息网等相关资料整理。

后，南充是省级行政机构川北行署的驻地，胡耀邦同志曾任川北行署主任。

第二，南充是革命老区，有光荣的革命历史。1933—1935 年，中国工农红军第四方面军在陕西南部和四川北部一带建立了川陕革命根据地，先后在境内建立了阆南县、仪陇县、长胜县、营山县、德丰县和宗发市苏维埃政权，隶属于川陕省苏维埃政权。红四方面军总政治部和 33 军军部曾设在阆中，有 5 万多英雄儿女参加红军。

第三，南充文化内涵丰富多样，积淀深厚。三国文化、丝绸文化、红色文化等在南充交相辉映。南充自古民风淳朴，民俗优雅，文化底蕴深厚，是三国文化和春节文化的发祥地，三国文化、丝绸文化、红色文化和嘉陵江文化交融生辉，川北大木偶、川北灯戏、川北剪纸、川北皮影饮誉中外，孕育了辞赋大家司马相如、史学大家陈寿、天文历法巨匠落下闳和忠义大将军纪信等众多历史名人，三国时期蜀汉名将张飞也曾驻守阆中达 7 年之久。南充是川陕革命根据地的重要组成部分，涌现了不少革命家、军事家，朱德元帅、罗瑞卿大将、民主革命家张澜以及共产主义战士张思德均诞生于此。

二、现实基础良好

第一，经济基础较好。南充市已初步建成成渝经济区北部中心城市，主要经济指标位居四川省前列。2015 年，南充市实现地区生产总值（GDP）1 516.20 亿元，居全省第五，川东北第一，与居第二位的绵阳市仅相差 184.13 亿元。[①] 另外，根据《2014 中国城市竞争力报告》，南充市综合经济竞争力位列全国第 145 位，四川省第 5 位，川东北第 1 位。此外，南充市部分经济指标超过 GDP 排名，进入非省会城市前三名。如民营经济增加值达 922.19 亿元，居全省非省会城市第三；第三产业增加值为 439.63 亿元，居全省非省会城市第三；金融机构本外币各项存款余额达 2 568 亿元，位列全省非省会城市第二。[②]

第二，产业支撑增强。近年来，南充市工业发展提速转型，总投资 70 亿元的吉利新能源商用车项目落户建设，首期投资 30 亿元的鑫达新材料项目建成投产，工业园区建成区面积突破 100 平方千米。[③] 现代农业发展迅速，国家现代农业示范区、国家农业科技园、中法农业科技园加快建设。第三产业迅速崛起，现代金融、现代商贸、现代物流、电子商务快速发展，南充现代物流园建成开园。

第三，交通区位优势明显。南充市与成都、重庆的距离都在 200 千米左右，处于该区域的几何中心位置。从经济地理学的角度看，在 200～300 千米半径内应有一座特大城市，才能有效带动该区域的经济发展。[④] 南充市与成、渝两市成犄角之势，同时，南充市又是西三角（成都、重庆、西安）和成渝西昆菱形（钻石）经济圈的节点城市，是我国西南地区与西北地区沟通链接的枢纽城市。南充交通通达性好，是"渝新欧"

① 数据来源：《2016 四川统计年鉴》。
② 数据来源：《2016 四川统计年鉴》。
③ 数据来源：《宋朝华在中国共产党南充市第六次代表大会上的报告》。
④ 何常全. 论成渝经济区规划下的北部中心城市建设 [J]. 四川省干部函授学院学报，2012（1）：46.

国际快铁、京蓉高铁的重要站点，是兰海、沪蓉高速等大动脉的交汇城市，已建成高速公路 10 条，通车里程位居全省第二，实现县县通高速，开通国内航线 12 条。①

第四，教育卫生资源丰富。南充市是川东北教科文卫中心，全市有西华师范大学、西南石油学院、川北医学院等普通高校 4 所，2015 年末普通本（专）科招生 2.07 万人，在校生 7.04 万人，毕业生 1.84 万人。研究生培养单位 2 个，招生 1 117 人，在校生 3 053 人，毕业生 1 030 人。② 此外，南充还有科研机构 85 个和中职学校 42 家。全市卫生机构（含村卫生室）8 712 个，其中医院 132 家，基层医疗卫生机构 8 506 个，拥有川北医学院附属医院、市中心医院等优质医疗资源。③

第五，城市规模较大。南充市有富集的人力资源和较大的城市规模，中心城区人口 120 万人，建成区面积 120 平方千米，全市户籍人口 742 万人，人口规模在规划的 7 个区域中心城市中位列第一，全省第二，仅次于省会成都市。④ 根据国务院 2014 年 11 月 20 日发布的《关于调整城市规模划分标准的通知》⑤，南充市已达到 II 型大城市的国家标准，成为全省首批 3 个 II 型大城市之一。

第六，人居环境良好。南充四季分明，气候宜人，环境优美，有嘉陵江等重要河流过境，山水相融，生态宜居。境内森林覆盖率达 39.96%，空气质量优良，成功创建全省环境优美示范城市、省级环保模范城市。境内有阆中古城、朱德故里等著名风景区。市政公共服务设施完善，商业金融等配套完善。

第二节　"成渝第二城"建设面临的机遇与挑战

建设"成渝第二城"必须认清形势，把握机遇，直面挑战。近年来，《成渝城市群规划》获批、多点多极支撑发展战略、"一带一路"和长江经济带重大发展战略等为南充市发展提供了重大历史机遇，同时南充面临成都、重庆的双核虹吸、城市向心力不足等问题也为南充发展提出了严峻挑战。

一、主要机遇

（一）成渝城市群规划赋予南充核心城市功能

2016 年 4 月 12 日，国务院印发《关于成渝城市群发展规划的批复》（国函〔2016〕68 号），批复同意《成渝城市群发展规划》。该批复明确提出把南充市打造为川东北区域中心城市，带动川东北城乡均衡发展，这是对南充市建设区域中心城市地位从国家战

---

① 数据来源：南充市人民政府官网及《宋朝华在中国共产党南充市第六次代表大会上的报告》。
② 根据南充市人民政府网社会事业栏资料整理。
③ 根据南充市人民政府网资料整理。
④ 南充市统计局.2015 年南充市国民经济和社会发展统计公报［J］.2016-03-17.
⑤ 注：该通知以城区常住人口为统计口径，将城市划分为五类七档，城区常住人口 100 万人以上 500 万人以下的城市为大城市，其中城区常住人口 100 万人以上 300 万人以下的城市为 II 型大城市。

略层面的正式认可。该规划还提出到 2020 年，南充市中心城区城市人口达 150 万人，城市建设用地 150 平方千米，赋予南充市等七大区域中心城市分担核心城市功能、强化区域辐射带动作用、加快产业和人口集聚的重任，这是历史赋予南充市的重大发展机遇。

（二）多点多极支撑发展战略重塑四川区域经济版图

多点多极支撑发展战略的深入推进，有利于以南充市为代表的川东北地区城市发展，有利于"成渝第二城"的目标纳入全省总体战略规划。四川省"十三五"规划纲要中强调，深入实施多点多极支撑发展战略，培育支撑全省经济发展新的增长极和增长点，进一步推进区域协调发展。2016 年 12 月 26~27 日举行的四川省委经济工作会议中又提出，"要牢牢把握区域协同发展历史进程，深化拓展多点多极支撑发展战略，推动五大经济区协同发展、加快发展，持续用力做强市（州）经济梯队，激活县域经济发展潜力，进一步形成多点多极支撑发展新格局"。[①] 南充市提出的建设"成渝第二城"、实现次级突破的目标，符合全省的总体战略规划，有利于做强市（州）经济梯队，优化城市空间布局，塑造区域发展新版图。四川省"十三五"规划还明确提出培育壮大川东北经济区，建设川陕革命老区振兴发展示范区和川渝陕甘结合部区域经济中心。南充市作为该区域首位城市，将在四川省的区域发展战略中担当重要角色。

（三）"一带一路"等国家战略促进南充市参与国际国内分工

四川地区是南方丝绸之路的起点，又是唯一同时连接丝绸之路经济带、21 世纪海上丝绸之路及长江经济带的地域。为此，四川省政府制定了"一带一路"战略"251 三年行动计划"实施方案，鼓励南充市发展丝绸优势产业。省政府在"251 三年行动计划"[②] 中指出，支持川丝抱团"出海"，鼓励南充市等川东北地区发挥丝绸外向型产业优势，打造区域开放合作示范区。[③] 这是具有"中国绸都"称号的南充市发展丝绸优势产业的极大利好，南充市丝绸有望重振雄风，为建设"成渝第二城"提供产业支撑。

（四）川陕革命老区振兴发展战略为南充市发展带来新契机

2016 年 8 月 3 日，国家发改委正式发布《川陕革命老区振兴发展规划》（以下简称《规划》），提出依托区域性中心城市和主要交通通道，构建"三带三走廊"经济发展空间结构。南充市成为重要的节点城市，也是重点建设的区域性中心城市之一，有望在项目安排和改革创新试点等方面得到倾斜支持（见图 3-1）。

---

① 四川省委经济工作会议部署明年经济工作 [EB/OL]. 四川在线，2016-12-27.
② "2"指深度拓展 20 个重点国家市场，"5"是优先抓好 50 个重大项目，"1"指实施 100 家优势企业示范引领。
③ 南充丝绸担当勇闯"一带一路"急先锋 [EB/OL]. 中国经济网，2016-12-22.

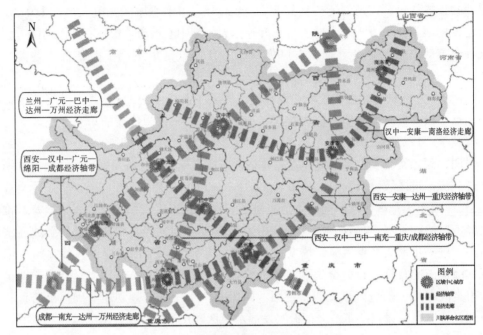

图 3-1　川陕革命老区空间布局示意图

资料来源：川陕革命老区振兴发展规划 [EB/OL]. 中华人民共和国中央人民政府网，2016-02-27.

（五）新型城镇化建设有利于南充市优化城镇布局

国家新型城镇化战略加快推进，为南充市释放内需潜力、激活内生动力提供了重要支撑。南充市以及阆中（国家级）、南部、西充被确定为国家级和省级新型城镇化建设试点市（县），有利于南充市优化城镇化布局和形态、提高城市可持续发展能力，将带动"南西蓬"一体化发展和南充市全域跨越发展。

二、面临的挑战

（一）经济实力有待提升

南充整体经济实力与绵阳、德阳比有一定差距，即使与同为川东北城市的达州相比优势也不大。2015 年，绵阳、德阳地区生产总值分别为 1 700.33 亿元、1 605.1 亿元，均高于南充市。人均 GDP、城镇居民人均可支配收入等指标，南充市与两市的差距更为明显。2015 年南充市城镇居民人均可支配收入为 23 950 元，而绵阳市则是 27 170 元。此外，与南充市处于同一区域的达州市 2015 年实现地区生产总值 1 350.76 亿元，仅比南充市少 160 多亿元，南充市的优势并不突出。

（二）缺乏支柱产业和龙头企业

根据四川省企业联合会、四川企业家协会发布的《2015 四川企业发展报告》，2015 年四川企业 100 强中，入围企业数最多的仍然是成都，绵阳、宜宾、乐山、德阳等地市均有企业入围，但南充市无一企业上榜。在产业方面，油气化工、汽车汽配虽然具有一定规模，但在全省的地位仍不十分突出。

（三）面临成都、重庆的双核虹吸

重庆、成都先后获批国家中心城市，加之两江新区、天府新区及川渝两地自贸区的设立，政策红利极大，极化效应凸显。成渝两市短期内扩散效应难以发挥，反而虹吸效可能还会加剧，对南充市等四川二级城市在招商引资、人才引进等方面构成了巨大挑战。

（四）人均经济指标较低

南充市由于人口众多，经济总量不大，人均经济指标排名并不理想。例如，2015年，南充市人均地区生产总值23 881元，远低于全省人均地区生产总值36 775元的水平，在全省21个市州中排名第18位，仅高于广元、甘孜藏族自治州和巴中三个市州。[1]此外，城镇居民人均可支配收入也比四川省的人均可支配收入低2 255元，比排名第二的攀枝花市低6 412元，仅高于广元、达州和巴中三市。[2]

（五）中心城市的向心力不足

南充市虽然是川东北地区第一大城市，被定位于区域中心城市，但在该区域的核心地位和带动作用并不显著。一个区域中心不是靠自封的，也不是单靠行政手段就能实现的，而是需要有强大的经济基础和较强的辐射能力。目前，南充市对周边的达州、广安、巴中等城市的辐射和影响力都较弱，离真正的区域中心城市还有一定的距离。

第三节　"成渝第二城"建设的经验借鉴

"他山之石，可以攻玉"。在省内外城市的竞争发展中，部分非首位城市能够审时度势，根据自身优势特色制定城市发展策略，取得积极成效，竞争力得以迅速提升，成为其所在省（市、自治区）的"第二城"。认真总结这些城市的发展经验，可以为南充市的"成渝第二城"建设提供借鉴。通过收集各省（市、自治区）2015年地区生产总值排名前两位（四川省前五位）的城市情况（见表3-1）并对比分析，选择了其中对于南充市具有一定可比性和参考价值的4个城市进行重点研究，提炼其经验，希望能够对南充市建设"成渝第二城"给予启发。

表3-1　　　2015年各省（市、自治区）前二位城市的地区生产总值情况　　单位：亿元

省（区、市）	市	地区生产总值	省（区、市）	市	地区生产总值
宁夏	银川市	1 480.73	新疆	乌鲁木齐	2 680
	石嘴山市	482.4		昌吉市	1 160
山西	太原市	2 735.34	河北	唐山市	6 103.1
	运城市	1 173.54		石家庄市	5 440.6

[1]　资料来源：《2016四川统计年鉴》。
[2]　资料来源：《2016四川统计年鉴》。

表3-1(续)

省（区、市）	市	地区生产总值	省（区、市）	市	地区生产总值
辽宁	大连市	7 731.6	黑龙江	哈尔滨市	5 751.2
	沈阳市	7 280.5		大庆市	2 983.5
江苏	苏州市	14 504.07	浙江	杭州市	10 053.6
	南京市	9 720.77		宁波市	8 011.5
山东	青岛市	9 300.07	广东	广州市	18 100.4
	烟台市	6 446.08		深圳市	17 503
贵州	贵阳市	2 891.16	海南	海口市	1 161.28
	遵义市	2 168.34		三亚市	435.02
云南	昆明市	3 970	内蒙古	鄂尔多斯	4 226.13
	曲靖市	1 630.3		包头市	3 781.9
甘肃	兰州市	2 095.99	西藏	拉萨市	389.46
	庆阳市	609.43		日喀则市	168
陕西	西安市	5 810.03	河南	郑州市	7 315.2
	榆林市	2 621.29		洛阳市	3 508.8
吉林	长春市	5 530.03	江西	南昌市	4 001.01
	吉林市	2 394.19		赣州市	1 843.59
安徽	合肥市	5 660.27	四川	成都市	10 801.2
				绵阳市	1 700.33
				德阳市	1 605.1
	芜湖市	2 457.32		宜宾市	1 525.9
				南充市	1 516.2
福建	泉州市	6 137.71	湖南	长沙市	8 510.13
	福州市	5 618.08		岳阳市	2 886.28
湖北	武汉市	10 955.6	广西	南宁市	3 410.09
	宜昌市	3 384.8		柳州市	2 298.62

一、省内"第二城"经验

　　从综合经济实力看，四川省内"第二城"长期在绵阳市与德阳市之间摇摆，同时南充、宜宾等城市也在奋起直追，努力争夺"第二城"定位。以下重点介绍绵阳市、德阳市的经验。

(一) 绵阳市：龙头引领、品牌兴市

近年来，绵阳市制定了通过龙头引进带动上下游企业配套跟进，促进产业迅速做大做强的发展战略，明确提出加快把长虹集团、九洲集团培育成为千亿企业和两百亿企业，力争更多企业跨上百亿门槛，取得了显著成效。绵阳市地区生产总值绝大多数年份位居四川省第二位，地级城市首位，2015 年 GDP 达 1 700.33 亿元。

绵阳市在四川省的经济地位较为重要，与长虹、九洲等大型龙头企业对城市经济的突出贡献密不可分。在公布的 2015 年四川百强企业名单中，四川长虹电子集团有限公司以 931.5 亿元的年营业收入位列川企百强榜首，四川九洲电器集团有限公司名列第 31 位，工业总产值超过 200 亿元，绵阳的富临集团、新华内燃机公司也榜上有名。

此外，绵阳市还拥有全国唯一一个由国务院命名的"中国科技城"。绵阳市特别注重利用这一名片，启动实施了两个"一号工程"，即把引进培育高新技术和战略性新兴产业作为绵阳产业发展的"一号工程"；把电子商务和"互联网+"作为绵阳现代服务业发展的"一号工程"，充分发挥绵阳科技城的资源优势。

(二) 德阳市：实施同城化战略，与成都协同发展

德阳市位于成都平原北部，与成都市毗连，经济基础较为雄厚，地区生产总值多年位居全省第二位或第三位。2015 年德阳市经济总量突破 1 600 亿元大关，居全省第三位，仅比居第二位的绵阳市少 100 亿元，主要人均经济指标位居全省前列。

近年来，随着成、德两市经济和人员往来的增多，德阳市适时提出了成德同城化战略，与成都协同发展，具体包括"五个协同"，即规划协同、交通协同、城市品质和功能协同、产业协同、政策机制协同，深度融入成都发展。2013 年 8 月，成、德两市共同签署成都德阳同城化发展框架协议和关于共建工业集中发展区的协议，确立了同城化发展关系。2016 年 11 月 10 日，天府大道北延线开工，这是成德同城化的标志性工程，未来将成为成都、德阳两个城市间的主轴线，成德同城化步伐取得重大实质性进展。

目前，德阳正在规划编制全面对接成都的立体轨道交通网，包括地铁、轻轨、有轨电车等，未来成德同城化进程将进一步加快。同时，德阳在实施同城化战略过程中，又坚持自身的特点，强调与成都的互补性，充分发挥其在重大装备制造、职业教育方面的优势，做到"协"而"不同"。

二、省外"第二城"经验

由于北京、上海、广东、浙江等东部发达省份的一线城市对于南充市"成渝第二城"建设的参考价值不太大。这里，重点介绍与四川同处中西部的贵州、湖北等具有"可比性"省份的"第二城"（以 2015 年的地区生产总值省内排位第二为标准）之发展经验。

(一) 湖北宜昌市：打造四大平台，优化发展环境

2015 年，湖北省经济总量排名全国第八，紧追四川、河北之后，与四川同属首位城市独大型，省会武汉市的首位度高达 3.2，仅次于四川成都。[①] 宜昌为湖北西南部的

---

① 27 个省会城市首位度排行榜：谁是中国最强势的省城？[EB/OL]. 腾讯财经网，2016-03-28.

重要地级市，历史悠久，综合实力在湖北仅次于武汉，是湖北省的"第二城"。近年来，湖北省提出了"一主两副"的区域发展战略，将宜昌建成省域副中心城市，取得显著成效。2015 年，宜昌市地区生产总值达到 3 384.8 亿元，在中部地区同等城市位列第 2 位，综合实力跃居全国百强城市第 57 位，是四川省绵阳市、德阳市的 2 倍左右。"十二五"期间，宜昌经济占湖北全省的比重提高 1.7 个百分点。宜昌建设"第二城"的经验值得四川的地级市学习。

近年来，宜昌市提出了建设"既大又强、特优特美"的现代化特大城市的目标，打造宜昌新区、宜昌高新区、三峡枢纽港区和三峡旅游新区四大平台。宜昌布局沿江"万亿经济走廊"，宜昌新区、宜昌高新区等四大平台，引导产业向园区集中、生产要素向优势产业集中，突出高端产业发展和区域创新功能，推进科技项目向"四大平台"聚集，发挥了集群效应，取得积极成效，使"四大平台"成为宜昌实现跨越式发展的重要载体。

宜昌市在搭建城市发展的平台载体、打造产业集群同时，也高度重视制度环境建设，提升城市软实力。2014 年，宜昌入选"中国最佳营商环境十大城市"，是湖北省唯一上榜的城市。在近几年的政府工作报告中，多次提出要学习对接上海自贸区的做法，深化行政审批制度改革，破解制约发展的体制机制障碍，推进简政放权，着力打造新的制度优势和环境优势。宜昌市积极推行行政审批、简政放权、市场准入、投资制度、社会信用、行业监管等重点领域改革，不少领域的改革走在全省的前列。在全省率先实行"先照后证、三证合一、网上注册、简易注销"。宜昌高新区、黄柏河等跨区域的综合执法体制逐步形成，成为全国综合执法体制改革试点城市。[①] 这些举措提高了行政效率，促进了法治建设，优化了城市商务环境，为宜昌发展提供了有力的制度支撑。

（二）贵州遵义市：统筹区域协调发展，促进差异化竞争

贵州与四川同为西部欠发达省份，尽管省会城市贵阳与成都综合实力差距较大，但贵州省 GDP 排名第二的遵义市经济总量却远高于四川省排名第二的绵阳市，且近五年来一直保持两位数的高速增长态势，其经验值得研究。

遵义市近年来深入实施四大区域发展战略，经济发展迅速，经济总量稳居贵州省第二位。2015 年，遵义市完成地区生产总值 2 168.3 亿元，比上年增长 13.2%，实现五年翻番，年均增长率达到 15%。2016 年上半年，遵义市实现地区生产总值 1 060.15 亿元，经济总量在西部 31 个非省会城市中居第三位，比上年同期排名向前推了 2 位，同比增长 12.1%，增速连续 3 个季度蝉联西部非省会城市第一。[②]

2009 年，遵义市根据本市的实际情况，提出了"四大区域"发展战略，促进区域同质化合作、差异化竞争，该战略在实践中得以推进和完善，逐步形成"中部崛起、西部突破、东部开发、北部攻坚"的区域协调发展思路，其主要内容为：遵义市中部六县区将着力提升城市带动和工业支撑能力，进一步发挥引领作用，加速中部崛起；西部三县（市）发挥名优白酒产业和生态资源优势，进一步发挥转型带动作用，实现新一轮

---

① 2016 宜昌市政府工作报告［EB/OL］. 宜昌政府网，2016-02-04.
② 数据来源：遵义市统计局，2016 年 12 月 23 日.

转型突破；东部三县依托生态引领，把生态文明建设融入经济建设，进一步创新示范，实现提速开发；北部三县将强化扶贫开发和基础设施建设，进一步加速攻坚，尽快实现减贫摘帽。

"四大区域"发展战略以产业园区为载体，突出特色了比较优势，统筹区域产业协调发展，完善了区域产业布局规划，促使中部、西部区域率先在工业转型升级方面走在全省前列，推动东部、北部区域在发展区域特色优势产业方面取得突破。

第四节　"成渝第二城"建设的总体设计

中共南充市第六次党代会提出建设"成渝第二城"，是引领南充市未来的大政方略，必须进行战略设计，精心谋划，制定具体的行动纲领。

一、建设目标

聚焦"南充新未来·成渝第二城"，推动南充市在成渝之间强势崛起、次级突破，把南充打造成以"南西蓬"① 一体化为基础、沿江融合发展的城市共同体。通过 5~10 年的努力，建成国家新型城镇化综合发展样板区、连接"一带一路"和长江经济带的内陆开放高地、全国内河流域综合保护开发先行区、全域生态人文旅游目的地，社会公共服务创新示范区，使南充成为要素集聚度高、辐射带动力大、综合竞争力强的成渝城市群第三增长极。

二、建设重点

建设"成渝第二城"的重点是，实施"155 发展战略"，即紧紧围绕"成渝第二城"这一总体目标，做强"五大千亿产业集群"，实施"五大板块重大工程项目"。做强"五大千亿产业集群"，就是通过重点推动汽车汽配、油气化工、丝纺服装、现代物流、现代农业产业五大产业集群的发展，将南充市的优势产业做大做强，为建设"成渝第二城"提供强有力的产业支撑。实施"五大板块重大工程项目"，就是要建设特质鲜明的宜居宜业城市、内畅外联的次级交通枢纽、区域领先的教科文卫品牌、特色靓丽的旅游三产名片、实力突出的现代产业园区五大板块重大系统工程，是"成渝第二城"建设的基础性工程，也是通过良好的基础设施和公共服务这个战略抓手，筑牢"成渝第二城"这个"巢"，进而引来并留住大批产业和人才的"金凤凰"，加快南充市的"成渝第二城"建设。

此外，要建设"成渝第二城"，开创南充市新未来，还必须深入推进改革创新，全面扩大对外开放，切实改善民生，坚持改善生态环境，为建设"成渝第二城"提供体制机制保障，营造有利的内外环境，筑牢群众基础，优化空间环境。

---

① "南西蓬"，指南充市主城区和南充市下辖的西充、蓬安两县。

三、建设路径

（一）深度融入成渝，实施错位发展

随着《成渝城市群发展规划》的获批，南充市与成渝城市群核心城市一体化发展的重要性凸显，南充市必须深度融入成渝两市，采取借势借力、错位发展战略。

首先，借助成都、重庆的优势资源促进南充市发展。成都和重庆作为成渝经济区的核心城市，也是国家中心城市，聚集了大量优质资源，南充市应充分借助两市人才、科技等方面的资源促进南充市经济发展。目前，南充市与重庆市的合作已有一定成效，营山已成为重庆重要的产业配套基地，在人员技术等方面加快了交流合作，但在融入成都方面还有待加强。成都作为四川省的省会城市，成南合作更具有行政上的便利性，四川省"十三五"规划又明确提出壮大培育川东北经济区，建设川陕革命老区振兴发展示范区和川渝陕甘结合部区域经济中心，南充市首当其冲，与成都协作发展，更有利于南充市融入四川省的总体发展战略，享受政策红利。同时，成渝虽同为国家中心城市，但各有特点、优势。成都在软件研发、信息技术方面具有领先优势，在教育、现代服务业方面也有较强竞争力。南充市应加强与成都的交流合作，加强与成都优势产业的对接，借助成都科技教育方面的优势，推动南充市的经济社会发展。

其次，实施错位发展策略，做强做大南充市的特色优势产业。融入成渝两市发展，一方面要承接两市的产业转移，另一方面更重要的是要实施错位发展的策略，发展南充市的优势产业，不满足于单纯做成渝两市产业的转移地。集中全市资源先培育一两个在全省、甚至全国有影响力的优势产业，与成渝两市形成优势互补、协同发展的局面。

（二）推进"南西蓬"一体化发展，优化城市空间布局

南充市"十三五"规划和南充市第六次党代会都把都把推进"南西蓬"一体化发展作为优化南充城市格局的重要战略，有利于提高南充城市化水平，拓展区域中心城市的发展空间，为建设"成渝第二城"提供更为广阔的发展腹地。在总体设计上，应立足主城、拓展新城，组团式、放射性、特色化推进"南西蓬"一体化，新城"一体两翼"的城市新格局。"南西蓬"一体化发展还要求统一规划，统筹推进，实现规划同筹、制度同构、产业同链、交通同网、信息同享、环境同治。同时，优化城市空间布局，调整产业机构，适当疏解主城区功能，提升产城融合发展水平。

（三）推进绿色发展，改善生态环境

大力实施绿色规划引领、绿色产业培育、绿色城乡建设、绿色环境治理、绿色文化培育、绿色制度创新"六大工程"，深入实施"蓝天、碧水、净土、绿地、田园"五大保护修复行动。率先发布《嘉陵江综合保护宣言》，协调制定《嘉陵江综合保护公约》，保护江岸、江湾、江岛、江滩、江水资源。设立"南充市现代城市发展投资基金"，推动生态环境和智慧城市建设，打造宜居宜业的新型城市。

（四）培育支柱产业，打造知名品牌

大企业大集团和知名品牌往往是一个城市的代表，对提升企业形象和城市竞争力至关重要。南充市应着力培育在全省、全国有重大影响力的大型企业集团，打造一两个知名品牌。具体可采取以下方式：

首先，做强本土的优势产业，培育龙头企业。南充市的石油天然气精细化工、丝纺服装是传统的优势产业，石油天然气精细化工还纳入了《成渝城市群发展规划》，南充市应充分利用国家和省的政策红利，加快培育优势产业，培育大企业集团。在具体措施上，要加大对企业的研发创新的支持力度，对入库的大企业集团的研发经费进行税前扣除，鼓励大企业大集团申报设立企业博士后科研工作站，并给予配套经费支持，鼓励大企业申报南充市专利试点企业，并给予专利申请费用资助。鼓励企业通过兼并、重组、上市等方式进行规模扩张，实现资源和生产要素的优化重组，为企业改制和重组提供政策便利，鼓励金融机构对大企业的信贷需求进行优先安排和重点扶持。

其次，引进国内外知名企业集团。根据南充市的产业规划，重点引进对南充市有支撑引领作用的优质企业。南充市虽然不是省会城市，但是，土地、人力资源的要素成本相对较低，如果出台更好更优的政策，全力打造"投资洼地"，可以增强对外来企业的吸引力。

（五）优化营商环境，提升制度软实力

建设"成渝第二城"，不仅需要强化经济硬指标，更应注重提升城市软实力。招商引资、谋划项目固然重要，做大做强产业集群也势在必行，要实现南充市可持续发展，提升南充市的城市竞争力，最根本的还是要靠良好的营商环境、提高政府及各部门在管理和服务中的廉洁度和透明度，创造宜商宜居的环境。习近平总书记强调，要开拓当代中国马克思主义政治经济学新境界。在发展城市经济过程中，可以学习运用政治经济学的有关原理，创造良好的制度软环境，为经济发展服务。

南充市应在优化营商环境，提升软实力上下功夫。应全面贯彻落实国家和四川省关于行政审批等行政管理改革的相关政策文件，进一步推行政务公开，简化行政手续，提高行政效率，打造建设高效、廉洁、法治的政府，创造公平的市场环境。正确处理政府和市场的关系，营造尊商、亲商、安商、富商的市场氛围，厘清"亲"与"清"的政商关系，让各类市场主体受到尊重，感受公平，获得机遇，着力营造法治化、市场化、国际化的营商环境，让南充市成为企业投资和运营的乐土，让更多的优质企业进得来、留得住、长得大。

注重现代契约精神的培养。重合同、守信用的现代契约精神，是商业文明的精髓。一个宜商宜业的社会，必定是一个诚实守信、注重契约的社会；一个不讲商业规则，注重关系人情的社会，必定会增加商业运营成本，抑制正常的商业发展。相对于沿海发达城市，内地城市的契约精神较差。政府可以在打造诚信社会方面有所作为，适当加以引导、宣传，对诚信、守约的企业进行褒扬，对违法、失信的商家进行曝光，加强征信体系建设，在全社会营造尊重规则、信守契约的商业氛围，打造重契守信的城市名片。

（六）加强城际合作，促进沟通交流

一是加强与成渝城市群内部各城市的交流合作，尤其是川东北经济区城市之间的合作。南充市应大力倡导并率先垂范坚持和完善川东北经济区联席会议制度，在争取政策和项目时加强城市之间的沟通协调，密切配合，避免恶性竞争和资源的重复配置。统筹区域产业规划，整合优势，共同打造区域产业链，提升川东北地区的产业竞争力。培育社会领域的参与合作。应大力发展民间组织，并支持其优秀者牵头搭建公益性第三方交流平台，引导与区域协调相关的利益相关方积极参与利益协调，在参与沟通中实现共赢，寻求最大公约数。

二是加强与沿海发达城市的交流合作。南充市是西部欠发达城市，与沿海发达城市有很强的互补性。南充市应加强与沿海发达城市的联系，主动承接沿海地区的产业转移，与沿海共建产业园区。发挥南充市在人力资源、要素成本上的优势，利用将帅故里、阆中古城等独特资源，打造南充市的城市名片。

三是加强与海外友好城市的交流合作。增加互派与友好交流，增进民间的互动往来，促进学术交流，宣传南充形象，讲好南充故事，学习借鉴国外发达城市的先进管理理念和管理经验，促进经贸往来，实现互补共赢，鼓励有条件的企业"走出去"，积极拓展海外市场。

（七）实施创新驱动策略，发展新兴先导服务业

借势重庆建设西部创新中心、成都打造西部科技中心和具有国际影响力的区域创新中心，吸纳创新资源和创新项目。依托南充创新驱动发展试验区，以潆华工业园区、西充多扶工业园区为主体，连片打造战略性新兴产业基地、现代农业科技服务基地、文化创意产业基地、生物科技和精密制造基地，着力打造创建国家级高新技术产业开发区，建设一批具有全国竞争力的创新型企业和产业集群。

另外，服务业的发展水平是衡量现代经济社会发达程度的重要标志，尤其是以电子商务、现代金融、科技服务等为代表的新兴先导服务业能够推动工业、农业生产向精细化和个性化转变，促进产业转型升级。南充市服务业基础较好，2015 年的第三产业增加值达 439.63 亿元，居全省第 4 位，金融机构本外币各项存款余额达 2 568 亿元，位列全省第 3 位。南充市应结合自身实际，推动电子商务、养老健康、科技服务、现代金融等新兴先导服务业发展，促进南充市产业转型升级。充分利用现有的科教、商贸基础，积极推进服务产品、技术、业态、模式创新，促进现代服务业与工业、农业的融合发展，推进制造业服务化，发展"互联网+"协同制造、数字制造、智能制造，提升生产性服务效率。

第五节 "成渝第二城"建设的建议

为顺利推进"成渝第二城"建设，提高南充城市竞争力，建议树立以商招商的理念，创新招商模式，主动对接川渝自贸区，在扩大城市规模、促进人口向中心城市集聚的同时，注重丰富城市内涵，提升城市品质。

一、以商引商，创新招商模式

以商引商是由现有"存量"优势企业根据其自身乃至整个产业发展的需要，采取"缺什么引什么"的策略，有针对性地引进新的投资商。这样引入的新增投资与其他招商方式相比，不仅能够很快落地、见效，而且其所新增的地区生产总值是有产业基础的"成熟"的地区生产总值。因此，南充市应强化以商引商的理念，通过营造良好的商业

氛围，把已入驻的企业服务好，形成口碑，形成"乘数效应""蝴蝶效应""羊群效应"，吸引更多优质企业落户南充市。在具体招商模式上，积极创新招商模式，推行产业链招商、网络招商、代理招商、"资本+产业"招商、"订单+制造"招商，强化专业招商，提高招商能力，提升招商质效，形成政府推动、园区带动、企业主导、中介服务的招商新格局。同时，挖掘"存量"，引导已入驻企业利用现有空间增资扩建、通过技术改造增加投资。

南充市可借鉴成都引入英特尔公司的经验，重点突破，招大引强，创造强大的"头羊"示范效应和产业聚集效应。2003 年作为行业国际标杆的英特尔公司成功入驻成都高新西区后，摩托罗拉、中芯国际、友尼森、西门子、通用电气等跨国巨头纷至沓来，"羊群"效应凸显。

二、主动学习，对接川渝自贸区

2016 年 8 月，中国（重庆）自由贸易试验区、中国（四川）自由贸易试验区获批设立，四川自贸区将以成都为主体，这意味着两地将进一步对接高标准国际经贸规则，达到更高水平的对外开放。南充市应主动研习相关资讯，提前做好各种准备，力争在区域对接、通道对接、招商对接、服务对接等方面有所作为，在观念意识上自觉与自贸区看齐，在新一轮发展浪潮中求得主动，为建设"成渝第二城"最大限度地争取政策红利。

三、拓展城市规模，丰富城市内涵

南充市常住人口达 636.40 万人，居四川省第二位，但城镇化率仅为 43.82 %，① 不仅远低于省会成都和工矿业城市攀枝花，也低于同为成渝城市群的自贡、泸州、德阳、绵阳等城市，中心城市规模不占优势，这也意味着南充中心城市还有很大的扩张空间。应引导人口向中心城市聚集，做大中心城市体量，促进南充中心城市规模成为成渝"第二城"。同时，注重丰富城市内涵，不断提升城市品质，以大城市的文明标准来完善城市。一是提升市民素质，提倡文明用语，使用全国通用语言；二是提高城市外向度，公共场所除用中文外，同时使用英文标识和语音提示；三是倡导包容开放的城市文化，尊重和接纳各种生活方式，对先进文化兼收并蓄；四是尊重公共生活规则，遵守社会公德，建设现代文明城市。

---

① 数据来源：《2016 四川统计年鉴》。

第二篇 产业立城

第四章 2016 年汽车汽配产业集群发展情况及 2017 年发展预测

摘要：2016 年，南充市全力支持新能源汽车产业发展、积极推动汽车汽配产业转型升级、高度重视关键技术突破，在产业规模与体系、园区集群发展、技术创新等方面均取得了显著成效。2017 年，南充市将围绕打造西部新能源商用车研发生产基地、完善新能源汽车零部件配套产业链条、构建新能源汽车推广应用体系、创建国家级新能源汽车研发平台，实施空间集聚、主体培育、创新引领、环境提升等专项行动，培养人才，组建产业发展联盟，打造多业态"汽车园"。为此，本文提出了相应的建议。

关键词：汽车汽配产业；2016 年发展情况；2017 年发展预测

第一节 2016 年汽车汽配产业集群发展情况

回望 2016 年，南充市为实现汽车汽配产业总产值千亿元目标，实施了多项发展举措，取得了显著成效，但也存在一些问题，有待解决。

一、发展举措

（一）全力支持新能源汽车产业发展

2016 年 8 月，南充市通过《南充市"十三五"新能源汽车产业规划》提出："将鼓励重点零部件企业兼并重组中小配套企业，用 3～5 年时间培育 5 家以上国内零部件细分行业的领军企业，开展电机、电动空调、电动转向、电动制动等关键产品和机电耦合、能量回收、轻量化等关键技术以及新能源汽车基础设施关键技术的研发"，积极推动南充市汽车汽配产业发展。同时，为使政府补贴更"接地气"，改变目前行业补贴大都集中于终端制造企业，中间企业所获支持较少的情况，南充市还将出台《南充市新能源汽车补贴实施细则（暂行）》，优先保障新能源汽车项目的用地需求，全力支持南充市汽车汽配产业的发展，力争到 2020 年，全市新能源汽车及其零部件产业销售收入超过 1 000 亿元。

（二）积极推动汽车汽配产业转型升级

2016 年 2 月，南充市新能源汽车产业园被列入全省重点产业园区发展规划，推动了川东北发展新能源汽车产业转型升级。同年 4 月，吉利南充市新能源商用车配套项目投资推介会在南充市召开，共推出项目 40 个，总投资达 151.8 亿元，涵盖车身车架、汽车电子、新能源电池等多个领域，南充市汽车汽配企业纷纷发力。

（三）高度重视关键技术突破

南充市政府十分重视关键技术突破，鼓励企业进行研发，大力推进"产—学—研"一体化进程，鼓励开展电机、电动空调、电动转向、电动制动等关键产品和机电耦合、能量回收、轻量化等关键技术以及新能源汽车基础设施关键技术的研发。支持整车及关键零部件的研发，集中力量加强关键零部件模具的设计开发，提高计算机辅助设计、计算机辅助制造、工艺编程计划的应用水平，推动汽车零部件生产向自动化、现代化、智能化方向发展。开展对汽车自动变速器零部件、发动机零部件、底盘零部件及车辆内饰等汽车关键零部件的技术攻关，形成自主配套能力。采取"政府支持+机构运作+社会投资"的方式，促进吉利新能源汽车研究院与中国测试技术研究院、中国汽车技术研究中心、中国汽车工程研究院等重点汽车检验检测机构合作，支持吉利汽车在南充市率先打造新能源汽车检验检测中心。鼓励和支持企业与科研院所及国内外高校院所联合开展新能源汽车前沿技术研究和应用研究，建立成果转化产业化平台。

二、发展成效

（一）产业规模持续增长，发展成果显著

2015 年年底，全市汽车产业规模以上企业 102 户，占全部规模以上企业的 15.8%，产值占全部规模以上企业的 24.5%，行业从业人员近 3 万人（见图 4-1）。[①]

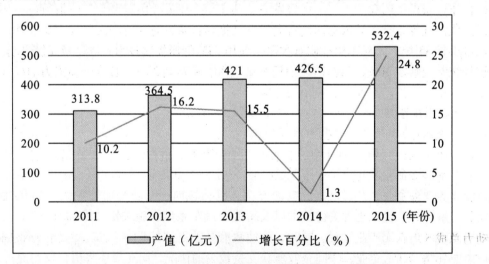

图 4-1　2011—2015 年南充汽车汽配产业总产值及增长百分比

（二）产业体系基本形成，构筑快马扬鞭的发展态势

南充市汽车产业实现从零起步，达到 532.4 亿元的总产值，已发展成为四川省重要

---

① 数据来源：南充市经信委。

的汽车产业基地，汽车产业体系基本形成。从发展基础看，整车生产企业各具特色，零部件配套基础良好，科研人力资源富集，园区承载能力较强。汽车产品品种齐全，发动机、车厢、车身、底盘、车架、车桥等"6 大总成"均已实现本地化生产，基本形成了以轻中型载货汽车、天然气汽车、改装车等整车为龙头，以发动机、车桥、滤清器、热交换器、车身及覆盖件、气门座、轴承、钢圈等关键零部件为配套的汽车产业体系。拥有吉利四川、嘉宝汽车、中专汽车 3 户整车生产企业，鑫达控股、重汽王牌、日上车轮、江苏旷达、人本轴承等 99 户零部件生产企业，具备年产 5 万台整车的生产能力，长期为成都、重庆、陕西、湖北等地知名整车企业配套。

（三）园区配套设施完善，集聚效应逐步显现

目前，南充市已形成"一中心四基地"，即以市新能源汽车产业园为中心，顺庆区、南部县、营山县、蓬安县为配套集聚地的发展格局。南充市新能源汽车产业园总规划面积 20 平方千米，一期规划面积约 6 平方千米，目前园区已具备企业落户条件，拟在 5 年内建成国内重要的新能源商用车生产基地和专业化协作配套的汽车零部件生产基地。顺庆工业集中区被评为"成渝经济区'最具投资价值'百强产业园区"和"四川省知识产权试点园区"，南部工业集中区、四川蓬安工业园列入四川省"51025"重点产业园区培育计划；营山工业集中区为重庆长安、庆铃等汽车企业配套，成为融入重庆发展的排头兵。因此，随着园区配套设施的不断完善，集聚效应将进一步释放。

（四）技术创新能力提升，核心竞争力不断增强

南充市汽车汽配企业拥有省级企业技术中心 12 家，还拥有全省首个新能源商用车研究院——吉利新能源商用车研究院，中国重汽南充市分公司与重庆大学等国内科研院所合作，获得发明专利 1 项、申报发明专利 1 项，完成实用新型专利申报项目 7 项，工程液压油缸等 3 类产品入选四川省名优产品推荐目录，完成新产品开发 150 余种，实现批量供货 85 个；天喜车用空调自主研发使用 24V 低压控制技术，制冷量无极自动可调，较传统空调节能 30%，目前国内商用车市场占有率达到 30%。技术创新能力的提升，促使南充市汽车汽配产业核心竞争力不断增强。

（五）新能源汽车发展良好，市场潜力不断释放

南充市作为全省五大汽车汽配产业基地之一，是成渝经济区汽车及零部件重要生产基地，也是国内 CNG/LNG 等清洁能源整车和发动机产品的发源地。目前，已成功引进吉利新能源商用车研发生产、欧度（南充市）新能源汽车零部件、天喜车用空调等项目，实现新能源整车和零部件布局。吉利南充市商用车研发生产项目应用吉利全新的分布式、智能化集成的新能源动力系统和轻量化车身技术，建成新能源商用车 10 万台和动力总成 5 万台的生产基地，公司正在研发的纯电动轻卡、纯电动客车等车型也即将面世；2016 年 9 月，天喜空调收到在新三板挂牌的函件，成为南充市唯一一家在新三板挂牌的企业，也是全国客车空调行业中第二家挂牌的企业。

三、存在的问题

目前，南充市汽车汽配产业发展迅猛，已拥有产业基础和龙头项目，成果显著。但若要走向千亿级产业，其仍存在着不少现实问题。

（一）企业数量多但龙头少，产业带动效应不强

南充市汽车汽配产业发展起步相对较晚，虽然生产企业数量较多，但龙头少；同时，在数量众多的本土企业中，许多本土企业不仅技术关难过，甚至在供应链、财务、人事管理等方面也无规范流程，企业成熟度偏低，这是导致其与上市公司难以开展合作的重要原因之一。除此之外，本土企业还存在产业集中度低，普遍规模偏小，产品结构单一，无法形成规模效应和整体竞争优势问题。目前，全市整车及零部件生产企业中，产值超过 10 亿元的尚未破"零"，全市最大的整车生产企业吉利汽车正处于建设周期，与之协作配套的本地企业所占产值比重较小，龙头企业的培育任重道远。同时，缺少关键节点型企业，新能源汽车产品尚未投放市场，汽车零部件企业生产经营困难。

（二）本地配套企业发展不足，产业链条尚不完整

作为汽车产业链条上的重要一环，南充市汽配生产企业尚未形成专业化、系统化的分工合作体系，重复性技术和低端化产品在产业链上仍占有较大比重，产业链条脆弱，断缺环节较多。同时，气动元件、密封件、链与链轮、传动联结件、紧固件、弹簧等机械基础件发展不充分，涉及汽车安全、环保、节能、节材的新技术产品和汽车电子、传感器、液压元件等附加值高、技术含量高的产品严重缺失。目前，全市汽车产业本地配套率不足 30%，远低于重庆 60% 左右的水平。特别是作为南充市未来发展重点的新能源汽车，尚未形成完整的产业链条，缺乏电机、电控等骨干企业，动力电池核心技术仍未突破，充电设施配套服务滞后。

（三）企业技术研发投入不足，自主创新能力较弱

南充市汽车汽配企业技术研发投入普遍偏低，专项经费投入不足。重点企业主要以装配加工为主，自主研发能力不足，大多数主导产品开发还处于跟踪、模仿阶段，缺乏标准认证，主要部件优质品牌不多，特别是具有自主知识产权的核心技术缺乏，难以满足行业发展的标准要求。目前，全产业还没有一家国家级的企业技术中心。同时，行业高级技术人才、管理人才以及高级技师、高级技工十分短缺，远远不能满足行业和企业快速发展的需要。尤其是高中级技术人员比例偏低，影响企业新产品的开发和新工艺、新技术的推广应用。目前，全市汽车汽配产业共有技能型人才约 2 000 名，仅占产业工人的 7%，产业技工人才严重不足。

（四）产品种类虽然多，但整体档次不高

南充市汽车汽配企业的产品种类虽然较多，但仍然集中在附加值较低的零部件一端，属于劳动密集型产品。一些生产企业多以冲压件、铸造件、覆盖件、工程塑料等低端初级产品为主，汽车发动机、离合器等核心零部件还无法配套，企业产品附加值低、竞争力弱。同时，大部分企业缺乏自主品牌，主要给周边整车企业配套，扮演着"来料加工厂"的角色，受外部整车市场行情影响波动大。高科技含量、高附加值的关键产品如发动机系统、电喷系统、制动防抱死系统、电子控制自动变速系统等机电一体化产品有待加快开发。部分生产高技术产品的企业，在南充市也只是完成产品部分工序的加工生产，其核心部件和研发还主要依靠外地采购或母厂提供。

第二节　2017 年汽车汽配产业集群发展预测

2017 年，南充市汽车汽配产业发展面临许多机遇与挑战，并大步迈向千亿元目标。

一、环境分析

（一）面临的机遇

一是国内市场潜力巨大。目前，我国汽车保有量持续快速增长，而且旧车进入报废期。一方面，我国汽车保有量持续增加，市场潜力大。2016 年年底，中国民用汽车保有量约 1.94 亿辆，千人平均汽车保有量为 194 辆，不仅远低于欧美发达国家水平，而且还低于世界平均水平。随着居民收入和生活水平的提升，消费需求升级，未来五年中国汽车销量年均增长率将达到 13% 以上，市场前景广阔（见图 4-2）。

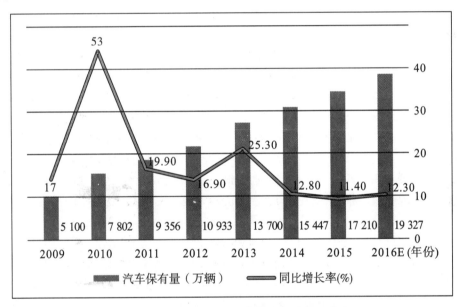

图 4-2　2009—2015 年中国汽车保有量及增速

另一方面，旧车进入报废期，消费者更新换代需求强烈。在汽车市场相对成熟的发达国家，汽车的报废率（报废量/保有量）平均为 6%，对应 16 年左右的平均使用寿命。考虑到我国正处于汽车消费的快速增长期，当前的汽车报废率显然达不到该水平，但参考我国汽车行驶里程一般为 50 万~60 万千米，推算出我国汽车使用年限一般为 8~10 年，预计中国汽车报废高峰已临近，2017 年废旧汽车理论报废量将突破 800 万辆，2019 年左右将超过 1 300 万辆，并保持高速增长。[1] 巨大的市场潜力，使南充市汽车汽配产业打造千亿产业充满无限可能（见图 4-3）。

---

[1]　2016 年中国汽车保有量现状及报废量预测［EB/OL］. https://sanwen8.cn/p/18aZhE6.html，2016-11-01.

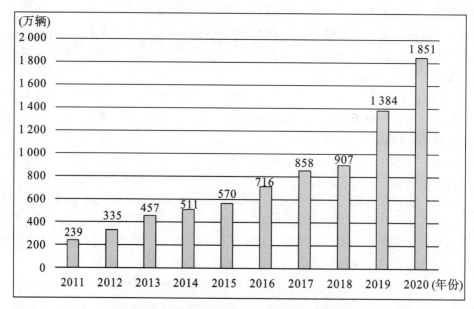

图 4-3　2011—2020 年中国汽车理论报废量

二是国、省的有力支持。新能源汽车是《中国制造 2025》重点发展的十大领域之一；"一带一路"、长江经济带等战略，为南充市的对外合作找到了更为宽阔的发展空间。南充市是国家规划的成渝经济区北部中心城市，《成渝城市群发展规划》定位的南遂广城镇密集区区域中心城市。《四川省工业"7+3"产业发展规划（2008—2020 年）》把南充市列进成德绵南资汽车产业带发展，明确把南充市新能源汽车产业园列入全省重点产业园区发展规划。2017 年，南充市为加快发展汽车汽配产业，将推进中国重汽南充海乐生产基地建设、推动天喜空调扩产扩能以及建设新能源车用空调研发生产基地作为工作重点。

三是新能源汽车加速普。我国新能源汽车产业仍处于初级阶段，为加快其发展，国家出台了《关于 2016—2020 年新能源汽车推广应用财政支持政策的通知》《电动汽车充电基础设施发展指南（2015—2020 年）》等文件，来引导和推动新能源汽车产业加快发展。此外，根据国家发布的新能源汽车产业发展规划，新能源汽车的数量将从2015 年的 50 万辆增加至 2020 年的 500 万辆，市场前景广阔；加之，四川省正大力支持川东北发展新能源汽车产业，并于 2016 年 2 月将南充市新能源汽车产业园列入全省重点产业园区发展规划，这为南充市新能源汽车产业的发展提供了良好的机遇。

四是产业转移不断加速。当前，中国、印度等新兴汽车市场已成为世界上市场容量最大、最具增长性的汽车消费市场，同时这些国家劳动力资源丰富、劳动力成本较低、劳动力素质不断提高。随着国际汽车及零部件行业竞争日趋激烈，为了开拓新兴市场，有效降低生产成本，汽车及零部件企业开始加速向中国、印度、东南亚等国家和地区进行产业转移。南充市依靠资源禀赋，有机会从中获取红利。

五是"鲶鱼"搅动整个产业。根据与南充市政府签署的协议，吉利南充市新能源商用项目投产 3 年后，将可能促使南充市本地零部件配套率达到 50%，年营业收入可达到 216 亿元，年纳税 15 亿元，为南充市汽车整车产业发展注入充沛活力。2016 年 4 月，吉利南充市新能源商用车配套项目投资推介会在南充市召开，共推出项目 40 个，总投资达 151.8 亿元，涵盖车身车架、汽车电子、新能源电池等多个领域，刺激南充市汽车汽配企业纷纷发力，搅活了整个产业。

（二）面临的挑战

一是区域内竞争对手众多，挤压发展空间。从产业发展的区域格局上来看，重庆、成都两地基本上已经形成了门类齐全、产业链完善、整体规划和发展较完整的汽车产业园区，形成了标准化、规模化、专业化的生产分工体系，吸附效应巨大，不利于南充市集聚整合外部资源。同时，周边绵阳、资阳、达州、遂宁、泸州、德阳等地也在积极发展汽车产业，且已形成一定规模和影响力，对南充市汽车汽配产业的发展形成巨大挤压。

二是补贴政策不够"接地气"，诸多企业成为"漏网之鱼"。为支持新能源汽车产业的发展，政府已出台多项相关政策，但落地还需"接地气"。目前，政府的行业补贴大都集中于终端制造企业，而客车类作为定制型产品，且涉及诸多企业，却未被视为补贴对象，这对于南充市打造汽车汽配产业立城的目标实现是极为不利的。因此，政策能否进一步细化，让中间企业也获得支持，对减少"漏网之鱼"至关重要。加之，国家新能源汽车补贴退坡、《新能源汽车推广应用推荐车型目录》重审、准入门槛提升等一系列动作，可能会成为影响 2017 年新能源汽车在新阶段发展的重要因素。

三是缺少系统的宣传媒介，不利于招商引资。放眼当下，在互联网媒体高速发展的今天，宣传的作用越来越大，宣传可以在一定程度上提高一个地方的软实力，进而提升该地方的竞争力，带动经济、文化等多方位发展。当前南充仍缺少一个专门的宣传窗口向世人展示"新南充"，向外界传达南充优势，从而吸引投资。从细节上讲，外界获取较为有效、翔实的南充市投资信息是较为困难的，这也就更不利于招商引资，促进当地经济发展。

二、发展思路与目标

（一）发展思路

紧密对接"一带一路"、长江经济带、中国制造"2025"等国家战略，紧紧抓住川陕革命老区振兴发展、成渝城市群建设等重大机遇，始终保持"创新驱动、转型发展"战略定力，以"突出重点、整车带动、完善链条、配套川渝、辐射全国"为基本原则；按照做强龙头、集聚配套、辐射带动、专业服务齐头并进方式，大力实施"四个一工程"和"四个专项行动"，统筹增强汽车制造、交易、文化、物流等综合功能，推动汽车汽配产业强势崛起，为建设创新、开放、生态、法治、繁荣的区域中心城市提供强有力的产业支撑。

按照"一核两区五片"的空间布局，努力把汽车汽配产业培育成为带动力强、覆盖面广的千亿产业集群，加快把南充市打造成为支撑川渝、引领西部、辐射全国的汽车汽配产业高地，打造打响"西部新能源汽车城""西部汽配城"的城市名片（见图 4-4）。

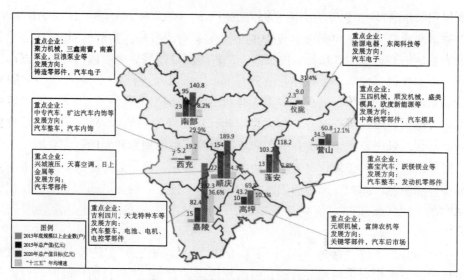

图 4-4 南充市汽车汽配产业布局图

（二）发展目标

2015 年南充现有八区县汽车汽配产业产值为 519.6 亿元，现有正在实施的汽车汽配项目在 2018 年都会投入运营，将产生 251.3 亿元的产值，2017 年南充汽车汽配产业产值将达到 675.6 亿元，增速 14.1%，从而保证到 2018 年实现产值 770.9 亿元，完成"汽车千亿产业集群"第一阶段目标（见表 4-1）。

表 4-1　　　　　　　　　南充市汽车汽配产业产值测算表　　　　　　　　单位：亿元

区、县	2015 年规模以上企业数（户）	2015 年产值	新实施项目贡献产值	2018 年产值	2016 年推出包装项目贡献产值	未来 4 年招引项目贡献产值	2020 年产值	平均增速（%）
顺庆区	22	154	12.8	166.8		23.1	216.7	4.3
嘉陵区	15	82.4	220	302.4	61	28.9	336.5	36.6
高坪区	10	43.2		43.2		26.6	79.5	10.1
南部县	23	95	4.2	99.2	26.8	14.8	137	8.2
西充县	7	5.2	5	10.2	3.4	5.6	19.3	29.9
蓬安县	13	103.2	1.5	104.7		13.5	148.1	2.8
营山县	4	34.3	7.8	42.1		18.7	62.9	12.1
仪陇县	2	2.3		2.3		6.7	9	31.4
合计	96	519.6	251.3	770.9	91.4	137.9	1 000	14

三、发展重点

（一）打造"一个基地"：西部新能源商用车研发生产基地

贯彻落实四川省汽车产业"十三五"规划中对于南充市汽车产业的发展定位，优先发展以电动商务车、清洁能源汽车等新能源汽车。加快推进吉利南充新能源商用车研发生产项目建设，力争在2017年7月底前，建成年产10万台新能源商用车和5万套新能源动力总成的制造基地。依托吉利技术、品牌和资金优势，瞄准国内外汽车零部件百强企业，加大变速箱、车桥总成制造、发动机缸体、缸盖制造以及转向系统、制动系统、传动系统、悬挂系统、电控系统等各型乘用车、商用车零部件的招引，推动国内外新能源汽车电机、电控等核心部件和相关配套项目向新能源汽车产业园聚集，培育更多纯电动、增程式轻中重卡、大中型客车等新能源商用车龙头企业。同时，大力支持嘉宝汽车、中专汽车等专用车企业申请新能源公告目录产品，开发生产安全可靠、维护方便的纯电动专用车（含绿化、环卫、邮政快递、旅游景区等）等新能源汽车整车产品，提高新能源专用车生产能力，奋力将其打造成全市汽车产业、工业"千亿集群"和经济重要增长极。

（二）完善"一个链条"：新能源汽车零部件配套产业链条

坚持整车、关键零部件和零部件企业同步发展，充分发挥新能源汽车产业园载体优势，进一步加大新能源汽车零部件配套企业招引力度，加快发展上下游关键零部件配套产业，丰富产业内容，延伸产业链条。坚持以整车为龙头，以产业分工、市场竞争对零部件企业开展专业化、规模化整合，促进南充市重点零部件企业分工专业化、市场细分化、产品高质化、功能模块化、系统集成化。鼓励重点零部件企业兼并重组中小配套企业，全面进入国内外优势整车企业生产配套体系，合力发展大型零部件企业或集团，用3~5年时间培育5家以上国内零部件细分行业的领军企业。

同时，注重与成都、重庆汽车产业的合作，深度融入成渝经济圈，找准产业定位，做好协作配套，实现差异化发展和优势互补，进一步巩固同原有企业的配套合作关系，同时大力搜集成渝两地的配套产品需求信息，建立信息发布机制，促使南充市更多汽配企业与成渝两地整车企业和汽配企业的合作，引导南充市零部件企业建立起以产业链为纽带共生共聚、优势互补、集约发展的较为完整的产业链条。加快引进新能源汽车相关零配件企业，通过吉利带动新能源汽车电机、传感器、控制器、电动制动系统等关键零部件的研发和生产，发展电驱动系统、电驱动动力总成等集成化产品。

（三）构建"一个体系"：完整的新能源汽车推广应用体系

一是大力拓展新能源汽车推广应用领域。以新能源汽车在城市公共服务领域的应用为突破口，在市内公交车、出租车、市政和邮政快递等行业领域优先推广使用本地造新能源汽车，推动市县两级政府及公共机构逐年加大新能源汽车采购规模。鼓励有条件的县（市、区）开展私人购买新能源汽车补贴试点工作。二是大力开展配套设施网络建设。按照适度超前原则，积极开展智慧充换电设施网络和智能充电系统建设和服务，力争到2017年，南充主城区新能源汽车充（换）电网络基本形成，满足城市公交、物流用车需求，到2020年，新能源汽车充（换）电网络实现全域覆盖。三是大力培育发展现代服务业。研究租赁业务发展和商业模式创新可行性，开展新能源汽车租赁业务。探索发展固定场所充电、移动充电、无线充电等多种服务模式，在推动建立立体化充电网络布局和服务体系基础上，大力发展充电服务业。

（四）创建"一个平台"：国家级新能源汽车研发平台

依托吉利南充新能源汽车研究院，以新技术、新材料、新标准为支撑，建立和完善新能源汽车产业科技公共服务平台。支持现有省级技术中心完善和提升实验设施及条件，以企业为主体建立新能源汽车研发平台，争创国家工程技术中心。鼓励和支持企业与科研院所及国内外高校院所联合开展新能源汽车前沿技术研究和应用研究，建立成果转化产业化平台。鼓励开展电机、电动空调、电动转向、电动制动等关键产品和机电耦合、能量回收、轻量化等关键技术以及新能源汽车基础设施关键技术的研发。加强关键零部件模具的设计开发，提高计算机辅助设计、计算机辅助制造、工艺编程计划的应用水平，推动汽新能源车零部件生产向自动化、现代化、智能化方向发展。

四、发展建议

为顺利迈入"千亿产业"行列，通过以上分析，建议南充市汽车汽配产业紧抓新能源汽车发展战略机遇，依托现有产业基础，通过对外招商引资和对内培育本地企业，在较短的时间内实现汽车汽配产业的改造升级，打造川东北城市群中重要的新能源汽车应用基地，争取成为省级新能源汽车生产和研发示范基地。

（一）实施空间集聚专项行动，进一步扩大规模效应

深入贯彻落实四川省"十三五"汽车产业发展规划，结合南充市汽车产业发展实际，按照"错位发展、特色发展、成链发展"的发展思路，切实抓好千亿级汽车汽配产业集群建设，统筹协调各区县要素资源，加快推进区域联动互补发展，实现区域产业发展的专业化和集约化，形成嘉陵新能源汽车产业园一个核心基地，顺庆、高坪两个中心配套区，西充、南部、营山、蓬安、仪陇五个不同的零部件配套片区的"1+2+5"汽车汽配产业发展集群布局。以嘉陵区新能源汽车产业园为重点，依托吉利汽车、天龙特种车、嘉宝汽车、中专汽车等企业，大力发展汽车整车和汽车核心零部件生产；以南部县河西工业园为载体，重点发展汽车铸造零部件；以顺庆潆华工业集中区为平台，大力发展汽车零部件中心配套区；以营山县机械汽配产业园的规划建设为契机，打造营山汽车专业模具研发生产基地和中高档零部件生产基地；以蓬安河舒工业园区为中心，打造汽车车身和发动机零部件生产基地。规划建设汽车物流项目，打造汽车物流集散中心；加快规划嘉陵新能源汽车"三电"（电池、电动机、电控系统）、高坪关键零部件、仪陇汽车电子及元器件等一批汽车零部件产业园区，积极引入电动汽车零部件配套企业。

（二）实施主体培育专项行动，以大企业推动大发展

强化对吉利新能源商用车的要素保障和"一对一"服务，推动吉利汽车尽快建成投产，为企业重建销售渠道提供便利与支持。注重技术的引进和消化吸收，增加本地零部件企业的技术含量，促进企业产品和技术的转型升级。加快吉利新能源商用车研发生产项目建设，抓好纯电动客车和轻卡的市场开发，促进龙头企业尽快达产见效。围绕产业链布局招商链，以新能源汽车为重点方向，瞄准国内外大型汽车企业，围绕制造、销售、物流、服务等各个环节开展精准招商、联合招商，积极洽谈引进变速箱、车桥总成制造以及发动机缸体、缸盖制造，转向系统、制动系统、传动系统、悬挂系统、电控系

统等各型零部件项目，促进关键零部件的本地化生产；支持本市企业引进高科技汽车技术和装备项目、收购兼并市外有核心技术的新能源汽车企业和研发机构，对于获得相对控股权或在本市落地的重点项目，实行"一企一策"。鼓励落户企业同时将总部和销售结算中心布局南充市，加快培育更多"有根企业"。

（三）实施创新引领专项行动，增强产业核心竞争力

大力实行创新驱动战略，把创新驱动发展作为汽车产业转型升级的核心战略，以技术创新为动力，围绕汽车汽配产业，着力实施重大科技成果转化、企业创新主体培育、产业创新牵引升级、区域创新发展示范、"产学研用"协同创新等五大工程，推进制造业科技创新、产品创新、管理创新、市场创新、商业模式创新五项工作。

一要加快研发平台建设。围绕电动汽车"三电"系统等技术领域，倾力打造一批高水平协同研发及应用平台，加快推动产业核心技术攻关，布局发展汽车产业新技术、新产品。依托吉利新能源汽车研究院的技术和人才优势，以新技术、新材料、新标准为支撑，联合中专汽车、天喜空调、重庆大学以及西华大学等周边单位，建立和完善新能源汽车产业科技公共服务平台及应用创新平台。积极促成汽车研发中心落地南充市，改善整车企业缺"脑"，零部件企业缺"芯"的现状，着力提高产业整体竞争力。

二要加快关键技术突破。鼓励开展电机、电动空调、电动转向、电动制动等关键产品和机电耦合、能量回收、轻量化等关键技术以及新能源汽车基础设施关键技术的研发。支持整车及关键零部件的研发，集中力量加强关键零部件模具的设计开发，提高计算机辅助设计、计算机辅助制造、工艺编程计划的应用水平，推动汽车零部件生产向自动化、现代化、智能化方向发展。开展对汽车自动变速器零部件、发动机零部件、底盘零部件及车辆内饰等汽车关键零部件的技术攻关，形成自主配套能力。

三要加快"产学研"一体化进程。加强"产学研"合作，加快科技成果转化，提高企业自主创新能力，鼓励企业争创国家级技术中心和省级技术中心，提升南充市汽车汽配产业创新研发能力。采取"政府支持+机构运作+社会投资"的方式，促使吉利新能源汽车研究院与中国测试技术研究院、中国汽车技术研究中心、中国汽车工程研究院等重点汽车检验检测机构合作，支持吉利汽车在南充市率先打造新能源汽车检验检测中心。鼓励和支持企业与科研院所及国内外高校院所联合开展新能源汽车前沿技术研究和应用研究，建立成果转化产业化平台。

（四）实施环境提升专项行动，改善产业的发展生态

汽车汽配产业链条长、涉及要素广、市场依赖强，对政策环境变化较为敏感，需要良好的产业功能支撑和配套环境。因此，打造汽车汽配千亿产业集群，必须统筹用好政府和市场的力量，既要充分发挥市场在资源配置中的决定性作用，充分尊重市场规律，还要更好发挥政府作用，有效实施政策调控，着力培育高效有序的产业生态。

一要深入推进简政放权，进一步改善政务服务环境。目前，有关汽车生产企业的准入审批大约涉及四至五个管理部门，但有的管理部门并没有批准权限，也在执行审批权力。应改革汽车行政管理行为，争取归口管理。应简化汽车汽配产业及关联项目的立项、审批、核准、备案等行政审批手续，完善汽车产业项目快速落地服务流程，变"绿

色通道"为常态审批机制，建立产业项目落地一站式服务机制。对符合条件的入驻企业在项目审批（核准、备案）、资金、土地、人才和产业配套等方面予以支持，并优先保障新能源汽车配套服务，保障重点引进项目稳步落户南充市，推进新能源汽车相关产业发展。

二要着力打通金融血脉，切实解决企业融资问题。鼓励和引导金融机构创新服务理念，提高服务质量，支持以新能源汽车为重点的南充市汽车汽配产业发展，为符合条件的汽车及零部件研发和产业化项目、产业基地基础设施和公共服务平台项目提供信贷、担保等支持。鼓励金融机构加大对汽车消费信贷、保险等方面的支持力度，为符合条件的汽车项目提供融资担保。积极支持天喜空调等重点汽车企业的上市工作，鼓励企业通过发行企业债券、短期融资券和中期票据等方式融资，优先保障其增资扩能的资金需求。鼓励学习奔驰金融租赁、上海大众融资租赁以及东风融资租赁等领先企业的汽车金融运营模式，探索吉利四川等本地龙头企业融通资金的经营模式，推动汽车产业良性发展。

三要积极培育消费热点，不断拓宽市场空间。在党政机关和事业单位公务用商务车中率先推广使用新能源汽车，2018 年起占新购商务车的 30%。在旅游景区、城市商业区、学校、医院等公共场所大力推广新能源汽车，在城际及县际区间，开通新能源客车线路。积极引导城市仓储、物流、机场等固定场所的特种车辆采用新能源汽车。加强电动汽车充（换）电设施规划，在公交站、大型停车场和居民小区等区域试点建设一批电动汽车标准化智能充（换）电站、充电桩等配套设施。鼓励支持各类企业参与充电站、充电桩的示范建设。推进融资租赁、车电分离、充换电服务等商业模式的探索与创新，探索形成具有商业可行性的电动汽车运营模式。支持建立完善的新能源汽车保险、租赁、物流、售后服务、二手车交易、动力电池梯级利用与回收再利用等配套服务体系。

（五）推进人才培养计划实施，增强产业发展支撑

重点围绕企业需求统筹做好外引、内培、留才等工作，加快形成高、中端有序配置和研发人才、技能人才合理分布的人才结构。深入实施"嘉陵江英才工程""归雁计划"，大力引进汽车专业高端人才，在研发项目支持、住房、医疗、子女就学等方面给予优先保障，对为产业发展做出突出贡献的，给予重奖。鼓励开展"订单式""定向式"等校企人才合作培养模式；鼓励国内外知名高校与南充市联合办学，兴办汽车分校或独立学院。鼓励企业借"脑"借"智"，定期聘请汽车行业专家指导培训，积极创造条件引进国内外优秀领军人才和技术团队。

（六）加快产业发展联盟组建，创新产业发展体制

成立由市政府主要领导任组长的全市汽车产业发展推进领导小组，下设专职行政或事业机构——南充市汽车产业发展办公室，统筹谋划全市汽车汽配产业规划、聚集等重大思路，研究制定支持汽车汽配产业发展的政策措施。整合有关部门、企业家、专家、高科技人才资源，组建南充市汽车汽配产业专家顾问团队；支持由汽车汽配龙头企业牵头，联合产业协会、高校、研发机构等单位组建南充市汽车产业发展联盟。

（七）加快完善园区功能分区，打造多业态"汽车园"

建设规模化、集成化、现代化、专业化的"汽车园"，是实现千亿元目标必不可少的有效载体。南充市汽车汽配产业由于起步较晚，所以本土企业存在产业集中度低，普遍规模偏小，产品结构单一，无法形成规模效应和整体竞争优势问题。因此，为丰富产品，南充市应积极完善园区功能，打造集生产、交易、物流、检测、售后、会展、租赁、仓储、金融、咨询、文化体验等于一体的、业态多样的"汽车园"。

第五章　2016 年油气化工产业集群发展情况及 2017 年发展预测

摘要：南充市是四川省规划建设的三大石化基地之一，同时，油气化工产业也是南充市四大传统优势产业之一。2016 年，南充市油气化工产业集群发展从树立具有前瞻性的园区规划理念、推动产业转型升级、推进重点项目等方面发力，效果显著。2017 年，南充市将采取促进产业转型升级、加快生物医药产业发展、重点发展新能源产业、发展新材料产业等举措，加快油气化工产业集群发展。为此，本文提出了相应的建议。

关键词：2016 年油气化工产业集群；发展情况；2017 年发展预测

第一节　2016 年油气化工产业集群发展情况

2016 年，南充市为实现油气化工产业总产值千亿元目标，实施了多项发展举措，取得了显著成效，但也存在一些有待解决的问题。

一、发展举措

（一）树立具有前瞻性的园区规划理念

园区规划理念先进，在建设之初就按照"低碳、循环、生态"的"三园"及产品项目一体化、公用辅助工程一体化、物流传输一体化、环境保护一体化和管理服务一体化的"五个一体化"理念进行打造，严禁引入高污染、高耗能及产能过剩行业。目前，园区承接四川石化下游产业，重点发展石油化工、新能源、新材料和生物医药产业，并着力建设西部重要的新能源、新材料和生物医药基地。按照减量化、再利用、资源化原则，园区以石油化工、碳化工、农产品加工、生物医药等行业为重点，推进重大节能环保、资源综合利用、低碳技术应用示范和企业技术改造，实现能源资源循环利用、综合利用和梯级利用。实施再生资源回收利用工程，支持节能环保服务和城市静脉产业发展，打造循环产业集群。① 当前，南充市正处于由传统比较优势向新竞争优势转型，资源、环保、土地、劳动力等传统比较优势正在不断弱化。在此背景下，前瞻性的园区规

---

① 资料来源：《中共南充市委关于推进绿色发展建设美丽南充的决定》，2016 年 8 月 18 日。

划理念的构建，有利于帮助南充市顺利度过转型期，促进其在高级生产要素上形成新的竞争优势，实现园区的长期发展。

（二）积极推动产业转型升级

当前，南充市油气化工产业发展面临新一轮西部大开发、全省推进"7+3"产业快速发展、南充市全面融入重庆发展等多重机遇，此时培育"油气化工千亿产业集群"正当其时。随着技术的进步、产业的竞争，新能源、新材料发展的成本将不断下降，国家已经把新能源技术作为新一轮产业技术革命突破口，新能源新材料等新兴产业的前景非常广阔。加之，新能源、新材料等新兴行业的产业需求表明，在全球经济调整的背景下，正面临新一轮增长。因此，为承接多重机遇，南充市积极推进产业转型升级，以南充经济开发区为龙头，大力发展新能源、新材料和生物医药产业，打造以高端成长型产业和战略性新兴产业为引领的绿色工业集群。

（三）积极推进重点项目

2016年，南充市积极推进重点项目的引进，扶优扶强重点企业，精准招引优质企业，期望以培养"领头羊"为抓手带领整个产业实现腾飞。重点推进鑫达新材料、宜华木业、联成化学等35个项目，加快其竣工投产的速度（首期投资30亿元的鑫达新材料项目竣工投产），全力冲刺千亿大关。

二、发展成效

（一）油气化工产业全面开花，整体发展态势良好

南充市是四川省规划建设的三大石化基地之一，也是南充市四大传统优势产业之一，基于其良好的基础，经过多方共同努力，南充市油气化工产业整体发展态势良好。据相关数据显示，到2015年，南充市全市规模以上石化企业共26户，年收入116亿元，主要产品为化肥与农药、化学添加剂、火工品化工、天然气加工等低端基础产品，产业发展态势良好。

新材料方面，截至2015年年底，全市33户规模以上新材料企业总产值89.07亿元，占全市规模以上工业总产值的4.19%，从业人员8 000余人。同时，南充市新建、在建还未投产新材料项目10余个，预计投产后将新增产值近200亿元，主要有特种工程塑料等化学新材料和碳纤维、芳纶1414等高性能特种纤维等产品，战略性新兴产业发展迅速。生物医药方面，南充市目前有药品生产企业16户，其中，规模较大的企业有投资3亿元的阆中康美药业项目、投资2亿元的西充太极集团南充制药有限公司项目。此外，顺生制药有限公司是省内为数不多的生化制剂药品生产厂家，生产的胰酶肠溶胶囊为全省独家品种。总的来说，油气化工产业的四大产业整体发展态势良好，正努力逼近千亿大关。

（二）产业转型取得新进展，集聚效应初步显现

"4+3"产业是南充市工业经济的主要支撑，按照"支持发展、转型升级、控制淘汰"的发展思路，2016年南充市围绕新能源汽车研发生产、新材料、节能环保等重点领域，实施了一批工业和技改项目，并取得了明显进步。2016年，"4+3"产业产值占规模以上企业总量的78%，其中，新能源、新材料、电子信息三大新兴产业产值占规模

以上企业销售收入14%以上；鑫达新材料等11户企业技术中心被认定为市级企业技术中心，技术创新获得认可；经过近几年大力实施项目推动、工业强市和科教兴市三大战略，目前南充市产业层次和技术水平都有了较大提升，新能源、新材料、生物医药、节能环保等新兴产业已具备了一定的产业基础，形成了一定的集聚效应，为促进新兴产业进一步发展创造了有利条件。

（三）主导园区配套日渐完善，为产业发展打下了良好基础

南充经济开发区作为以石油化工、生物医药、新能源、新材料四大产业为主导的专业化学工业园区，基础条件属于全省一流水准，在发展中得到了省委、省政府和南充市委、市政府的高度重视。目前主导园区配套日渐完善，园区内铁路专用线及化工专用码头即将投入使用，供水、排水、供电系统及天然气供气管网相对完善，三废处理设施基本齐备，为承接南充市发展石化、生物医药、新能源、新材料产业打下了良好基础。

三、存在的问题

2016年，南充市油气化工产业全面发力，整体发展态势良好，取得了较大发展，但仍存在一些问题。

（一）石化产品附加值低，缺乏市场竞争力

现南充市石化产品多为液氨、尿素等初加工产品，附加值低；加之，行业产能过剩，使得大多企业长期处于亏损或微利状态，进而影响企业的投入能力；再加之企业布局分散，又缺乏资金充裕、技术力量雄厚的龙头企业带动，技术创新、可持续发展能力明显不足，导致难以形成产业聚集效能，市场竞争力被大大削弱。同时，各县（市、区）在产业培育、产业招商方面缺乏科学规划，园区企业同质化、区域产业同构化问题比较严重。此外，全市各产业企业间关联度不高，高精产品少，产业链条短，产品市场占有率低，缺乏市场竞争力和规模优势，难抱团参与更高层面的竞争。

（二）缺少大型龙头企业，不利于目标实现

新兴产业具有"高技术、高投入、高风险、高收益"等典型特征。南充市为实现"成渝第二城"发展目标，在产业布局上以"一心多极"结构为方向，而石油化工、生物医药、新能源、新材料等为主导的产业大多是"多资金、高技术、高要求"型产业。尽管，目前南充市集聚了晟达、联成、石达、蜀能等一批石化企业，但单体规模与世界先进水平相比仍有一定差距，要达到南充建设以石化、生物医药、新能源、新材料的千亿产业集群发展目标仍有较大压力。

（三）产业链条延伸不长，爆发力尚显不足

现石油化工和天然气化工产品多为初加工产品，附加值低且行业产能过剩，企业长期处于亏损或微利状态，企业规模小，受制于城市规划调整，部分行业准入管理的标准提升，发展空间非常有限。生物医药产业还未发展成熟，技术也尚未掌握核心，新能源和新材料产业也还处在起步阶段，加之各企业产品间基本无关联度，产业链条短，未形成良好的长链式产业发展态势，对于打造千亿产业的目标来说，爆发力尚显不足。

（四）生产要素日益紧张，制约园区优化发展

目前，大部分产业园区尚未形成市场化运作开发模式，投资主体单一，投资成本过

高，大量的政府投资、补贴及政府担保使政府承担过多的投资风险，而园区融资渠道又不畅通，缺少资本金和有效抵押物，加之国家货币政策调整对政策性融资平台融资工作的影响，很难再大规模融资进行园区基础设施建设，造成配套基础设施、公共服务建设投入不足，功能不完善，对客商缺乏吸引力。同时，受国家土地政策和用地指标等因素影响，园区内标准厂房、入园项目建设等土地供需矛盾日趋突出。一方面，部分新上项目因选址不符合规划，需进行土地规划调整和土地报征审批；另一方面，一些园区土地低效闲置现象较为严重，土地集约节约水平低，成为制约产业园区布局优化调整的一大短板。

第二节　2017年油气化工产业集群发展预测

展望2017年，油气化工产业将面临更加复杂多变的内外部环境，宏观环境、国际油价、产业政策变化等都将给产业发展带来深刻影响。综合分析，南充市油气化工产业将稳中求进，可以延续稳中向好态势。

一、环境分析

（一）面临的机遇

一是多重政策机遇叠加。南充市正处于新型工业化和新型城镇化进程"双加速"推进时期，为加快培育和发展战略性新兴产业，制定了《2013—2017年南充市战略性新兴产业发展规划》，明确指出重点发展新材料、新能源两大产业，出台优惠政策，优化招商引资结构，以南充经济开发区为龙头，大力发展新能源、新材料和生物医药产业，打造以高端成长型产业和战略性新兴产业为引领的绿色工业集群。

二是开放合作战略清晰。南充市是国、省规划确定的成渝经济区北部中心城市，是西南与西北沟通的重要节点城市，处于"一带一路"和长江经济带交汇区域。西部大开发、"一带一路"、长江经济带等国家战略的实施，为加快建设成渝城市群带来了重大机遇，也为南充的对外合作找到了更为宽阔的发展空间。以兰渝铁路为依托，可紧密强化与重庆、兰州、西安的战略合作；以嘉陵江航道为纽带，可快速融入长江黄金水道，参与川陕甘旅游合作试验区建设，便于承接产业转移，推动沿江沿线城市交通、产业、文化旅游等协同发展，扩大与长三角、珠三角、环渤海、港澳台等国内沿边沿海地区的经济与技术的交流合作，实现发展联手、产业联合、经济联动的格局。

三是自身积累和后发优势将集中释放。南充重点发展的石化、生物医药、新能源、新材料是全市十大产业支柱产业的重要组成部分，《南充市工业产业布局规划》更明确了产业发展的要求和方向。目前，南充市把石油天然气精细化工基地作为了特色资源加工业基地布局，南充经济开发区列入成渝城市群计划打造34个产值千亿园区之一，蓬安工业园区被列入百亿级园区。南充主动参与长江经济带建设，对外开放合作水平将得到全面提升，南充企业、"南充造"产品走出去的步伐将不断加快，将培育一批承接产业转移示范区和加工贸易梯度转移承接地，形成集聚度高、竞争力强的现代产业走廊，南充市的自身积累和后发优势将在未来一段时期集中释放，为南充市产业发展奠定良好基础。

四是承接重大产业转移的机遇多。随着东部沿海发达地区越来越受土地、劳动力等生产要素供给的制约和环境容量的限制，促使产业陆续向西部进行战略调整和梯度转移。经过"十二五"以来的发展，南充市优势产业培育初见成效，尤其是随着南充化学工业园区承载能力全面提升，为南充市有针对性地招引油气化工产业"龙头"，带动配套企业跟进，推动油气化工产业链条完善，促进油气化工产业迅速崛起创造了良好条件。

五是全省推进"7+3"产业发展带来机遇。目前，新能源、新材料等新兴行业的产业需求表明，在全球经济调整的背景下，正面临新一轮增长。南充市在全省"7+3"产业带布局中处于重要位置，省政府已把南充列进成德绵南资汽车产业带、川东北油气化工产业带、成遂南达纺织服装鞋业产业带。省"5785"战略工程将南充列入万亿新材料产业带、饮料食品产业带、电子信息产业带。省"1525"工程将南充经济开发区、蓬安工业园区、南部工业园区列为省重点培育的千亿、百亿产业重点园区。

（二）面临的挑战

一是石化产能过剩仍待化解。2015 年世界油气行业步入景气周期低谷，呈现出了原油、成品油、天然气供大于求，油价、气价两跌的"三大两跌"趋势。数据显示，2016 年，我国石油和化工全行业增加值同比增长 7%，较上年回落 1.5 个百分点，利润总额 6 444.4 亿元，与上年基本持平。综合来看，行业呈现出生产放缓、需求平稳、价格回升、效益好转、外贸不振、投资疲软等特点。[①]

二是新形势下的经济转型升级压力大。受宏观大环境的影响，当前行业经济运行的基础仍不稳定，矛盾和问题还比较突出，主要表现为：产能结构性过剩、企业运营成本上升、油气开采业效益恶化、投资总体疲软、国际化工市场压力增大、安全环保问题仍较突出等，我国总体处于经济增长的速度换挡期、结构调整阵痛期、前期刺激政策消化期三期叠加共振，经济下行压力较大。在这种新常态下，全国将面临大范围、深层次、长时间的产业转型升级和生产力布局的再调整，粗放型的发展方式将被彻底取代。南充部分石化、生物医药、新能源、新材料产业发展处于"产业关联度低，产业链短，产品科技含量不高，企业规模小，竞争力低下"的境地。在新形势下，能否抢抓"弯道赶超"有利时机，主动适应经济新常态、转变经济发展方式、加快转型升级、增强经济发展的动力，将是南充打造千亿产业集群发展面临的严峻挑战。

三是产业发展与环境保护有一定的矛盾。长期以来，经济快速增长所产生的巨大资源需求和对环境的破坏性影响已对我国的可持续发展构成了严重威胁。南充工业集群发展决定了其产业发展的高度资源依赖性，特别是石化产业与生物医药产业对资源及环境的影响较大，虽然严格规定了各种污染物处理方式，但不可避免地还是对环境有一定的影响，使南充在产业选择、园址确定、能源消耗、环境保护、生态建设等诸方面受到较

---

① 资料来源：《2016 年石油和化工行业经济运行和 2017 年预测报告》，中国石油和化学工业联合会，2017 年 2 月 16 日。

大制约。

四是产业创新技术供给不足。随着国家五大新发展理念的提出，各行业都把创新放在重要地位。中国石化产业转型升级必须依靠技术创新，推进并适应原料多元化的趋势，开发应用先进适用技术，进而对传统石化产业进行转型升级和优化调整。除了生产技术要求创新外，在当今时代，企业大可利用数字化技术提升市场营销和责任关怀，以及推动业务模型创新与革新。但目前南充大部分油气化工企业技术创新供给无法满足社会需求，为打造千亿产业集群带来了不小的挑战。

二、发展思路与目标

（一）总体思路

围绕建设"成渝第二城"总体目标，实施"155发展战略"，以南充经济开发区为主导园区，以"高端化工产业集群+战略性新兴产业集群"为发展方向，着力推动石化产业转型升级，加快培育新材料、新能源产业，积极谋划生物医药产业形态，积极引进知名跨国企业，建立战略合作伙伴，完善产业链条，带动南充市其他各县（市、区）积极对接发展，打造石化、生物医药、新能源、新材料千亿产业集群，实施重大工程项目，实现产业集聚集约发展。加强区域合作，融入成渝发展，构建特色鲜明、竞争力强、开放合作的川东北产业集聚发展新高地。

（二）发展目标

以石油化工、生物医药、新能源、新材料四条产品链为主链，以南充经开区为主要载体，承接四川石化下游产业，发展高附加值的化工新材料产业，努力打造省内一流、西部领先的化工新材料基地。

石化产业：不断优化石化产业结构，加快发展石化深加工产品，实现从发展基础化工原料向发展精细化工品转变；从发展初级化工产品向发展高附加值化工产品转变；从粗放型向资源节约型、环境友好型转变，建设西部重要的清洁能源化工基地，重点发展石化下游深加工合成材料、精细化工及化工医药领域，建设化工交易平台。

生物医药：通过"石化—化工—医药化工—医药中间体—医药原料药"的产业链条，形成产业聚集的动力，逐渐引入包材、植物药、化学药制剂、保健品和基因工程药物、辅助产业的完善产业链体系，构建新的竞争优势和产业增长点。

新能源：积极培育发展生物质气化及发电、生物质成型燃料、生物柴油、燃料乙醇、沼气利用，数字化变电站、储能调峰电站关键配套产品，智能电网自动化调度系统和智能输变电装备等行业，发展压缩天然气（CNG）和液化天然气（LNG）等高效节能利用技术和装备。

新材料：在南充经开区建设高分子材料产业园和化纤产业园，形成西南地区主要化工新材料产业基地；在顺庆区突出高性能、高可靠性及环境友好型的塑料合金、轻合金材料、特种功能金属材料等产品的研发、中试及产业化。

三、发展重点

（一）推动油气化工产业高点起步，促进产业转型升级

深入推进石油化工产业转型升级，做好对四川石化"三苯""两烯"的综合开发利用，加快石油化工重点项目建设，形成规模效应。推动晟达 PTA、联成化学等项目尽快投产，加快以鑫达新材料为龙头的新材料基地建设。重点发展精细化工（新型农药、工业涂料、胶粘剂、电子化学品、表面活性剂、水处理化学品等）、医药化工（医药专用化工原料、药物原材料、药物中间体等）、石油化工下游深加工合成材料（涤纶纤维、工程塑料对苯二甲酸丁二醇酯、己内酰胺、苯酐及增塑剂、聚酯尼龙等）等产业，补充发展天然气制甲醇（甲醇制烯烃、芳烃）、天然气制乙炔（聚四氢呋喃、氨纶）、天然气制氢氰酸（氢氰酸、甲基丙烯酸甲酯、乙二胺四乙酸、高档染料及中间体）产业。重点建设南充化工交易平台、环氧丙烷、子午轮胎、醇酸树脂涂料、特种树脂、尼龙聚酯、重油催化热裂解等项目。

（二）加快生物医药产业发展，建成西部生物医药基地

加快推进中国西部生物医药产业园、西充太极生物医药谷等项目建设，重点发展医药专用化工原料、药物原料材料、药物中间体、临床检验检疫用试剂及生命科学用材料。以太极集团、康美药业、香雪制药、星火生物等为龙头，重点发展生物制药、中药饮片、中成药、食（药）用菌研发及生产等项目，推动生物质能、生物医药等战略性新兴产业发展壮大，建成西部生物医药基地，提升品牌影响力。

（三）重点发展新能源产业，促进新兴产业集群发展

抓住国家能源发展行动计划机遇，稳步推进新能源发展和应用；加快发展新能源电池，推动电动汽车充电设施建设，促进电动汽车产业集群发展。重点发展清洁能源装备制造（天然气、核电、风电等可再生能源装备）、储能电池（消费电子用小型锂电池、新能源汽车用动力电池、太阳能和风电用储能电池、超级电容器）、生物质能（生物质固体成型燃料、生物质液体燃料、生物质能装备）产业。积极发展生物质气化及发电、生物质成型燃料及沼气利用。重点建设秸秆发电等生物质发电项目，积极发展压缩天然气（CNG）和液化天然气（LNG）等高效节能利用技术和装备。

（四）推进新材料产业发展，打造新材料产业链

重点选择先进高分子材料（聚氨酯、特种橡胶、工程塑料等精细化学品）、高性能纤维及复合材料（芳纶纤维、碳纤维、聚甲醛纤维和超高分子量聚乙烯纤维等高性能纤维及复合材料）、新型无机非金属材料（新型墙体材料、新型防水密封材料和新型保温隔热材料）、纳米新材料（纳米碳管、纳米磁性液体材料、纳米半导体、纳米隐身材料、纳米环境净化材料、纳米功能涂层、纳米功能薄膜等材料）产业。重点建设高分子材料产业园、铝型材生产线项目、低辐射节能玻璃生产线项目，形成一批具有较强市场竞争力的新材料产业集群，积极促进产业链延伸，提升上下游产业的配套能力。

四、发展建议

（一）坚持高端化的定位，匹配成渝市场

作为以打造"成渝第二城"为发展目标的南充市，在培养和发展千亿产业集群时应该更多地考虑和成都、重庆的对接，尽可能地与两地的市场相匹配，做到"人无我有，人有我精"。当前南充市在培育油气化工千亿产业集群中，应该引进互供性、相关性较强的龙头企业作为支柱产业，以此来连接产业的上下游，形成覆盖面广的产业链，以此提高南充市油气化工产业的发展质量，避免走弯路。

（二）加强财政扶持力度，促进园区发展

加大政策扶持力度，园区规划内工业项目用地的出让收入，全额作为园区财政体制分成收入，主要用于园区基础设施建设。市、县（市、区）两级人民政府安排产业园区建设扶持资金，支持所属产业园区的建设和发展。市财政每年安排产业园区建设引导资金，重点用于支持园区项目建设、贷款贴息、招商引资、技改贴息、科技创新、节能减排等，特别要对财力困难产业园区的公用工程、基础设施建设、融资平台建设和园区重大课题研究及重点项目前期工作给予政策倾斜。

（三）完善金融支持体系，灵活企业发展

积极搭建政、银、企沟通合作平台，促使银行加大对产业园区建设的信贷扶持。鼓励各产业园区平台公司，通过盘活土地存量，以土地换资金、实行滚动开发。鼓励园区内有条件的企业在境内外上市融资。探索建立面向园区内企业的小额贷款公司，积极探索发行园区企业集合债券和建立创业投资引导基金。

（四）强化用地保障政策，提高用地效率

新增建设用地年度计划指标应向产业园区倾斜，优先用于做好重点产业项目土地要素保障，对符合产业规划的重大产业项目需调整土地规划的，依法予以调整。落实最严格的节约集约用地制度，加强土地供后日常监管，实行建设项目用地标准控制制度，对实际投资规模和实际建设强度达到一定标准的项目，各园区管委会可给予适当鼓励，建立低效用地退出机制，对土地利用效率低、经济效益差的企业，应督促其提高土地投资强度，提高用地效率。

（五）加快完善招商政策，营造良好环境

完善招商政策，极力营造良好的招商环境促进经济的发展。加快调整完善南充经济开发区招商政策，强调"绿色"招商，增加对大项目、大企业在用地、税收等方面的优惠政策。对全市产业发展具有辐射带动作用的新能源、新材料项目，按照"一企一策"的原则确定扶持措施。优化政策环境，建立市县（市、区）联动机制，统筹项目审批实施，提高审批效率，促进重大项目落地。不断完善利用外资服务体系，推进工业园区保税区、物流园区保税仓库等特殊监管区域建设。开展降低实体经济企业成本行动。

（六）实施招大引强战略，发挥龙头效应

更新招商理念、创新招商方式，注重招商引资质量，有针对性开展专题招商、沿链招商，着力招引有利于促进产业集聚、形成"产业链"的龙头项目，引进技术含量高、

市场前景好的优质中小型企业和重要节点型项目以及新兴先导型服务业项目，引进国内外技术创新人才、研发团队。

（七）大力强化人才保障，留住优秀人才

强化人才保障可以从以下三点着手：一是加大专业性人才引进力度。支持和引导企业采取长期聘用、短期聘请等多种方式引进国内外专家、创新型科技人才和创新团队，帮助企业开发项目、解决技术难题；大力引进懂国际惯例、具有相关行业国际运作经验的高级管理人才。二是加大适应型人才培养力度。增强政策支持和经费投入，加强与南充高校和省内外高校的合作，根据产业发展需要开设特色专业，加速培养所急需的高层次人才和技能型人才。三是营造效率优先的人才使用环境。着力创造事业留人、待遇留人的小环境，建立高素质的管理人员队伍。畅通干部流动渠道，形成以岗定酬的分配机制，其政策着重向优秀人员、重点工作、关键岗位和复杂劳动倾斜，充分体现机制留人、待遇留人。

第六章　2016 年丝纺服装产业集群发展情况及 2017 年发展预测

摘要：2016 年，南充市实施龙头培育、集成创新、品牌创建等工程，开发丝绸文化旅游、开展对外合作，大大促进了丝纺服装产业集群的发展。2017 年，南充市将围绕优化产业结构、培育知名品牌、提升创新能力、推进智能制造、走绿色发展之路等重点，进一步加快丝纺服装产业集群发展。为此，特提出建设好蚕桑综合开发利用基地、建设好西部丝纺服装产业集散中心、打造中国蚕桑丝绸文化旅游名城、通过创新提升产业竞争力、创响绸都品牌等建议。

关键词：丝纺服装产业集群；2016 年发展情况；2017 年发展预测

第一节　2016 年丝纺服装产业集群发展情况

南充丝纺服装产业历史悠久，是南充传统优势和出口创汇产业，涵盖了丝绸、棉纺织、服装、鞋类、化纤及其他五大类。经过多年的发展，南充市基本形成了桑、茧、缫丝、织造、染整、生产加工、出口贸易、丝绸文化旅游等"农工贸"一体化的完整产业链条。

一、发展举措

在培育丝纺服装千亿产业集群中，2016 年，南充市拓展"大纺织"视野，实施大项目战略，走转型升级、改革创新、开放合作之路。

（一）发展龙头企业培育工程

一是重抓四大专业园区。南充市政府按照"同类企业抱团发展、同链企业融合发展"的基本思路，加快建设高坪都京丝纺服装产业园、嘉陵工业集中区丝纺服装产业园、仪陇光华制鞋产业园，规划建设"南充化纤纺织园"，不断完善基础设施，集中配套环保设施，将其建成千亿产业集群的"四根台柱"。

二是重育四类产业龙头。重点发展一批服装加工龙头，推动服装产业由"来料加工"向"自主研发"转型；重点发展一批化纤纺织龙头，推动生产原料由"丝绸"向"混纺"转型；重点发展一批高端丝绸生产龙头，推动丝绸产品由"低端"向"高端"

转型；重点发展一批蚕桑综合开发龙头，推动资源开发由"单一"向"多元"转型，将其打造成千亿产业集群的"四大增长极"。

三是重突四个主攻方向。抓招商，承接产业转移，借力产业巨头，培育"领头雁"；抓扶持，做强优势企业，做大成长型企业，增强内动力；抓融合，深入推进上、中、下游企业的互补性配套、战略性联盟，形成农工贸一体化"铁三角"；抓重组，鼓励引导优势资本对中小微丝纺服装企业进行资源整合或兼并重组，组建大集团，发展总部经济。

（二）大力实施集成创新工程

深化校企合作，采取政府购买服务、实行专项奖补等方式，支持企业引进高层次管理人才、技术人才和创新团队；加强技术创新，支持有条件的大中型丝纺服装企业创建产品研发中心、组建战略联盟，在市辖三区择地建设集研发、设计、销售于一体的丝纺服装专业大楼，发展楼宇经济；抓营销创新，在顺庆建设丝纺服装 B2B 电子商务平台，在高坪建成西部规模最大、品种最全的丝纺服装产品交易中心，在高坪、嘉陵建设丝纺服装出口基地和跨境电子商务综合试验区，引导丝纺服装企业大力发展电子商务、建设VR 体验店，拓展网上产品市场，形成"线上线下+直营店+专柜"的营销格局。通过抓两端、强创新，构建产业发展呈"微笑曲线"的竞争形态。

（三）加快品牌创建工程

打造"中国绸都·南充"丝纺服装区域品牌，使"南充制造"成为丝纺服装行业的一张响亮名片。打造国际品牌，深挖"百年六合""依格尔丝绸""银河""嘉纺"等品牌价值，鼓励本地丝纺服装企业申报"中国名牌""中国驰名商标""高档丝绸标志"和地理标志产品，支持"借船出海、借牌入市"，培育一批国际国内著名品牌的生产商和经销商；加强品牌宣传保护，充分利用西博会、行业峰会、国际非遗节、国际丝博会等平台，加大南充丝纺服装品牌宣传展示。争取在南充设立国家级丝纺服装知识产权快速维权中心，加大自主品牌、专利技术保护力度。

（四）促进丝绸文化旅游开发

在主城区以丝绸文化为主题建立城市地标，让"中国绸都"名副其实。重抓"一园一区一走廊"平台建设。"一园"：在高坪都京建设一个产业、小镇、文化、旅游、生态五位一体的丝绸文化产业园，开发丝绸源点博物馆、丝绸特色风情街、万亩生态桑园、丝纺服装工业园等项目，建成一个 10 平方千米 4A 级风景区，打造"南充丝绸文化城市会客厅"。"一区"：完善依格尔丝绸博物馆，在金富春公司建设中国蜀绘文化展示馆，在尚好桑茶公司建设中国"桑茶之都"文化馆，进一步建设好中国丝绸文化公园和千年绸都第一坊，形成嘉陵蚕桑生态和丝绸工业旅游区。"一走廊"：结合丝绸源点文化，融入蜀绣文化、巴蜀文化、三国文化、红色文化和嘉陵江流域文化，培育一批以互动体验、贸易为主体的"绸都小镇""丝绸精品馆""丝绸精品社区"，以及仿古丝绸一条街等丝绸旅游文化景点，打造丝绸文化精品旅游环线。

（五）积极对外开展合作

向东突破。加强与广东、苏杭等地区的开放合作，采取产业联盟、技术合作、引资嫁接等多种模式，承接产业转移，带动产业转型。

向南突破。鼓励丝纺服装企业发挥外向型产业优势，引导企业抱团"走出去"，在东南亚建立区域开放合作示范区。

向西突破。对接亚欧物流大通道，利用渝新欧快铁专线，构建丝纺服装国际物流体系，支持丝纺服装企业在海外联合建立保税仓库，加快拓展丝纺服装跨境电子商务。

二、发展成效

（一）丝纺服装业已形成较为完整的产业链条

经过多年的发展，丝纺服装产业已发展成为南充市主要出口创汇产业。目前已初步形成了桑、茧、缫丝、纺纱、织造、染整、生产加工、服装服饰、家居用品、旅游制品、制鞋、出口贸易、丝绸文化和工业旅游等"农工贸"一体化、较为完整的产业链条，涵盖了丝绸、纺织、服装、鞋类、化纤及其他（含产业用纺织品）五个行业，重点分布在高坪、嘉陵、阆中、仪陇等地，产品远销 40 多个国家和地区。到 2016 年年底，全市桑园面积近 6.67 万公顷，拥有省级蚕桑基地县（市、区）5 个、市级蚕桑基地乡镇 50 个、蚕种场 4 个（其中省属场 3 个）、省蚕研所 1 个、中等蚕丝学校 1 所。

（二）积累了较好的技术水平

南充市丝纺服装产业积累了一定的技术优势，研制出全国首台智能化自动养蚕机和高效节能环保自动循环热风烘茧机，技术水平、机械结构和智能化调控系统达到国内领先水平。现有丝绸行业国家技术中心研究室 1 个、省级技术中心 3 个、市级技术中心 4 个。拥有丝纺服装产品自主品牌 22 件（丝绸类自主产品 13 件），其中丝绸类中国驰名商标 2 个、地理标志保护产品专用标志 3 个，获得国、省发明专利 20 余项。已建成高坪都京丝纺服装工业园、嘉陵工业集中区丝纺服装产业园、仪陇光华制鞋产业园 3 个特色专业园区，都是行业技术水平比较高的园区，正逐步向配套沿链集聚发展推进。

（三）产业规模逐年增加

到 2015 年，全市规模以上丝纺服装企业 72 户，从业人员 3 万余人，实现销售收入 302 亿元，利润 9.9 亿元，税金 2.6 亿元，出口创汇 4.9 亿元人民币。南充市的丝绸总量、服装产能居四川省第一，南充市也是国内最大的真丝绸面料生产基地。

（四）丝纺产业项目加快推进

目前，南充市丝纺服装产业已建、在建项目 9 个，总投资 135.9 亿元。都京丝绸特色小镇建设列入全市推进产业发展十大项目之一。由广西桑界文化发展有限公司与南充尚好茶业有限公司倾力打造，投资 2.5 亿元的西河流域万亩国家级标准化桑茶基地及加工配套建设项目成功签约。

（五）丝绸工业文化旅游如火如荼

为了丰富绸都和丝路源点内涵，举办"丝绸之源"研讨会，与新华社合作"一带一路"走进"丝绸源点"的南充主题活动，编辑出版《南充茧丝绸》文集，不断完善和打造中国绸都丝绸博物馆，进一步加强与成都、重庆等旅行社的合作，2016 年共接待游客 25 万人次，销售收入达 4 000 多万元，在西安、阆中、都江堰等地建立了丝绸文化展示馆。

（六）积极拓展营销市场

借力"惠民购物全川行动""川货全国行""万企出国门"等市场拓展活动，南充丝绸产业积极巩固和开拓国内外市场，努力促进消费，提升绸都品牌影响力。积极参加"川货全国行·苏州丝绸站"活动，在杭州国际丝绸博览会设立的中国绸都南充丝绸馆参展，宣传推广南充丝绸。大力实施"互联网+"战略，实行线上线下同步营销，入驻中法跨境电商平台、在阿里巴巴建立旗舰店、京东商城建立战略联盟、联网"融 e 购"商城。南充长叶纺织品进出口有限公司通过互联网不仅将南充丝绸销到了欧洲，还为"阿玛尼"等全球奢侈品牌供货，成为全国主要的丝绸面料出口商之一。2016 年全市丝纺出口创汇 7 000 万美元，占全市出口创汇 70%以上。

三、存在的问题

（一）产业规模不大

南充市丝纺服装虽位居省内第一，但从全国来看，行业占比例不高。2015 年南充市规模以上丝纺服装产业销售收入仅占全国的 0.42%，只相当于浙江 4 户龙头企业（凯喜雅、万事利、达利、金富春）的产值；而产值过亿的丝纺服装企业仅有 7 家，最高的年销售收入仅 4 亿元左右，大部分属于中小企业，尚无一家具有行业带动作用的大企业或大集团。虽然建有专业的丝纺服装产业园、制鞋产业园等 3 个园区，但全市缺乏统一的产业布局，造成生产企业相对分散，未形成产业规模效应，集聚平台作用未充分发挥，加之缺乏龙头企业的带动，致使产业的集聚程度不高，规模不大。

（二）产业结构不优

南充市丝纺服装产品主要以坯绸坯布、生丝、纱线等原料性产品，服装代加工为主，产品品种单一。其中缫丝、织绸、纺纱等初级产品产值占全行业 70%，服装、家纺、旅游制品产值仅占全行业的 30%。同时，化纤功能性、差别化产品及产业用纺织品开发进展缓慢，实用性纺织品、产业用纺织品、新兴纺织品等生产企业明显缺乏；高新技术、功能环保型产品少，中高档面辅料、拉链、衬布、纽扣等服装服饰所需的零配件无法就地配套。特别是印染环节很薄弱，从事印染业务的企业仅有 3 户，且设备落后、技术水平低、成本高，大多数丝纺服装企业产品主要靠外地（如苏杭等地）染色、印花，增加了企业生产成本，制约了产业发展。产业结构不优成为阻碍了产业发展和产业聚集。

（三）创新力度弱

南充市现有的 50%丝纺服装设备主要是 20 世纪 70、80 年代的产品，生产效率低下、自动化程度不高。处于内陆西部地区，信息获取有一定的滞后性，加之企业对技术和研发资金投入不足等因素，导致品牌建设与科技关联度不紧密，自主品牌产品比重低，尚无知名度高及市场占有率可观的品牌。2015 年全行业研发投入强度仅为 0.13%，远低于全国纺织行业 0.47%的水平，同发达国家 2%的平均水平相比差距更大，高素质的设计及产品开发人才缺乏。创新不足导致丝纺服装产业整体上主导品种结构单一，中低档次产品居多，精、深加工以及高档次、高附加值产品生产方面，尤其是原始创新与集成创新能力还不强，加之长期以量制胜的同质化、粗放式发展模式，导致在国内外一直没有知名度较高的品牌。

（四）资源要素制约多

南充全市蚕茧原料处于供需失衡状态，首先是蚕茧原料严重不足。南充本土蚕茧质量较差，解舒率仅为 40%，受蚕茧市场价格波动大、蚕农生产效益不高及农村劳动力缺乏等因素影响，蚕茧产量逐年减少，每年有 50% 以上的原料缺口需要外购，制约了丝纺服装产业的健康、稳步发展。其次，劳动力供给不足。丝纺服装企业招工难、留人难和用工荒现象逐年凸显，企业融资压力大，中小企业只能靠自筹资金滚动发展。最后，专业人才比较缺乏。特别是服装设计人才缺失，虽然与一些院校、协会进行合作，但是现阶段大部分的设计人员所设计的产品还处于中低端。尤其是高端创意设计人才，如服装设计师、面料设计师、花样图形设计师等人才更是严重缺乏。

第二节　2017 年丝纺服装产业集群发展预测

一、环境分析

（一）面临的机遇

一是国家发展战略的新契机。"十三五"期间经济一体化将加快全球纺织产业的整合，再加上国内实施供给侧结构性改革和去产能的政策方针，低中端纺织品的竞争将进一步加剧。在《纺织工业"十三五"发展规划》中，明确要进一步巩固提高我国纺织工业在生产制造和国际贸易中的优势和地位，形成创新驱动发展、质量效益提升、品牌效应明显、国际合作加强的纺织工业发展格局。纺织工业增长方式从规模速度型向质量效益型转变。再加上东部地区生产成本增加，有比较优势的产业会向西部地区转移，纺织工业将逐步形成东中西部优势互补、良性互动的产业梯度格局。西部地区将以纺织天然纤维和石油等资源为依托，逐步成为我国纺织服装工业原料加工基地。

二是国内外纺织市场蕴含新空间。人口增长和经济复苏将支撑全球纤维消费需求继续增长，预计"十三五"期间全球纤维消费量年均增速为 2.5% 以上。内需扩大和消费升级将是我国纺织工业发展的最大动力，城乡居民收入增长、新型城镇化建设以及"全面二孩"政策的实施等发展红利和改革红利叠加，将推动升级型纺织品消费增长，预计国内居民服装与家纺消费支出年均增长 8% 左右。随着国内基础设施建设、环境治理、医疗健康等方面投入稳步增长，产业用纺织品纤维消费将继续保持快速增长。

三是区域经济整合有利于产业发展。"一带一路"、长江经济带、成渝城市群等战略的实施，不仅有利于我国经济发展，南充市也将因此而受惠，为促进纺织服装业发展提供了新机遇。南充市"155 发展战略"，以及全力"培育五大千亿产业集群"等一系列政策实施，将推动南充纺织服装业发展迈上新台阶。推进新型城镇化建设，特别是引导 1 亿人在中西部就近城镇化，将增强中西部纺织工业发展的内生动力。全球纺织分工体系调整和贸易体系变革加快，将促进企业更有效地利用两个市场、两种资源，更积极主动地"走出去"，提升纺织工业国际化水平，开创纺织工业开放发展新局面。

四是纺织服装业具备一定基础。南充市丝纺服装产业正处于蓄势待发的关键时期，产业发展有较好基础。一是南充市丝纺服装产业历史悠久。通过长期发展，南充丝纺服装产业具备了产业发展所需的人才、技术、资产、设备等基础资源。特别是南充作为"中国绸都"和全国重要的蚕茧丝绸服装生产基地，在客商的集聚和引进企业、资金进行改造重组方面有较大吸引力。同时，棉纺、麻纺、锦纶等多种纤维纺织在南充也具备一定的基础，拥有一批基础稳固的骨干龙头企业。二是技术优势较强。现有专门从事本行业科研和教学的四川省蚕研所和省属重点中专蚕丝学校（服装艺术学校）以及重点企业技术创新中心等科研机构，从事丝绸科研、服装设计、教学的专业科教、技术人员近千人，具有完善的产业配套体系，产业基础优势突出。六合集团、依格尔公司、市茧丝绸公司等生产企业年开发新品种40多个，丝绸面料和副产品的研发能力居全国前列。三是人力资源丰富。丝纺服装产业的长期积累和发展，为丝纺服装产业提供了相对稳定的企业经营管理人才和技能型人才队伍。南充是欠发达地区，也是全省第二人口大市，在相当长的一段时间内仍具有劳动力成本优势，适宜丝纺类劳动密集型产业的发展。四是区位优势明显。南充位于成渝经济区的重要节点，是四川省确定的川东北商贸物流中心，也是全省"十二五"规划建设的4个特大城市之一。南充是全国二级交通枢纽城市，水陆空立体交通网络已形成，川东北区域中心城市的地位初步确立。海关、商检等配套服务完备，进出口货物可直接在南充报关、封签，进出口贸易十分便利。

（二）面临的挑战

一是品牌的挑战。长期以来，南充市丝纺服装产品主要以坯绸坯布、生丝、纱线等原料性产品，服装代加工为主，产品品种单一。其中缫丝、织绸、纺纱等初级产品产值占全行业70%，服装、家纺、旅游制品产值仅占全行业的30%。丝纺服装产业整体上主导品种结构单一，中低档次产品居多，精、深加工以及高档次、高附加值产品生产方面，长期以量制胜的同质化、粗放式发展模式，导致在国内外一直没有知名度颇高及市场占有率可观的品牌。缺乏龙头企业和品牌的带动，南充市纺织产业要素聚集能力将大打折扣，不利于产业集群的发展。

二是绿色发展的挑战。从目前国际、国内丝纺服装业的发展来看，南充市丝纺服装企业的工艺技术和设备与国内外先进水平相比存在较大差距。南充市现有的50%丝纺服装设备主要是20世纪70~80年代的产品，设备旧、效率低，大多数资本构成不高。和发达国家和国内发达地区相比，除了设备的因素外，南充市丝绸行业的整个效率、能耗、环保等方面也比较落后，污水处理、排放大多不符合环保要求，清洁生产推进缓慢，绿色发展能力较弱，没有真正形成循环经济。这是南充市丝纺服装业发展面临的挑战。

三是创新的挑战。高端人才的缺乏和创新投入不足，是南充市丝绸纺织业普遍面临的困境。这也导致了南充市丝绸纺织服装业在精、深加工以及高档次、高附加值产品生产方面，尤其是原始创新与集成创新能力还不强。技术和创新的短板，成为南充市优质丝纺服装产业集群发展的挑战。南充市要发展丝绸纺织服装业，必须寻找新的动力源。通过科技创新的支撑和引领，带动产品创新、管理创新、品牌创新等诸多创新。

二、发展思路与目标

（一）发展思路

坚持围绕国家《建设纺织强国纲要（2011—2020）》《纺织工业"十三五"规划》和市委"155 发展战略"，抓住西部大开发、"东桑西移"和建设川东北区域中心城市及成渝经济区北部中心城市的机遇，依托区域、资源等优势，抢抓新一轮产业转移和"一带一路"、川陕革命老区振兴发展等重大机遇，以适应国内外产品市场需求为导向，以全面实施创新驱动为动力，以加快推进产业转型升级为主线，以做大做强产业基地和工业园区为载体，通过不断优化产业结构，延伸产业链条；全面扩大区域合作、"产学研"合作，努力承接国内外先进产业转移，推进传统产业向时尚产业转变，高污染、高能耗向节能减排和循环绿色经济转变，推进产业和互联网结合。着力推广新技术、新工艺、新产品，培育创建知名的自主品牌，力求形成特色突出的产业链，建立纺织服装创新设计研发平台和西部纺织品交易中心，整体构建"1521"大纺织产业体系，全面提升区域产业核心竞争力，确保大纺织产业体系产值比重超过 60%，为将南充丝纺服装产业培育成为带动力强、覆盖面广的千亿产业集群打好基础。

（二）发展目标

行业增长目标。规模以上丝纺企业工业增加值保持增速在 10% 以上，纺织品服装市场份额保持稳定增长。纺织工业增长方式从规模速度型向质量效益型转变，持续壮大产业集群。全市桑园面积进一步扩大，丝、纱、棉、纤、交织品、丝织品等主要产品生产能力进一步提高。2017 年，丝纺服装产业实现总收入达到 350 亿元以上，丝绸工业生产值突破 90 亿元，丝纺出口创汇进一步增加。

科技创新目标。大中型企业研究与试验发展经费支出占主营业务收入比重增加。纺织行业发明专利授权量逐年增加，规模以上企业全员劳动生产率年均增长 8%。高性能纤维、生物基纤维整体达到国际先进水平。两化融合能力增强，成套智能纺织技术装备实现产业化应用，智能制造成为推动纺织工业转型升级的重要力量。

结构调整目标。高品质、功能性、智能化产品比重大幅提升，大规模个性化定制、服务型制造等新型生产模式和产业形态快速发展。

质量品牌目标。2017 年，纺织服装产品质量进一步提高，国际标准转化率提高 10 个百分点；纺织行业品牌培育管理体系进一步完善，品牌人才队伍逐步壮大，品牌服务水平显著提升，品牌运营能力明显增强，形成一批市场认可度高、美誉度好的知名品牌。培养 2 家上市公司，规模以上丝纺服装企业主营收入达到 500 亿元。

绿色发展目标。制定丝纺服装绿色发展规划，推动纺织行业绿色制造体系形成，推广清洁生产技术普遍应用，2017 年争取纺织单位工业增加值能耗累计下降，主要污染物排放总量有效控制。绿色生产技术有所发展，循环利用纺织纤维量占全部纤维加工量比重继续增加。丝纺服装业产业附加价值更高，技术水平有所提升，产业生产更加绿色可持续，形成完善的产业链。

三、重点任务

（一）优化产业结构

围绕优势产业，重点打造丝纺服装产业链。包括：茧丝绸产业链、棉麻纺织产业链、服装、家用纺织品产业链、产业用纺织品产业链、化纤产业链。充分利用"中国绸都"品牌效应，主动承接产业转移，大力推广先进生产技术，解决产业链中薄弱环节和技术难题，提升丝绸产品自主开发能力。大力引进资金、技术、品牌和企业，扩展南充市在丝纺服装产业中、高端产品生产，努力丰富产品门类，促进产业链就近协作配套，促进产业结构进一步优化调整。

（二）培育知名品牌

建好高坪都京丝纺服装产业园、嘉陵工业集中区丝纺服装产业园、仪陇光华制鞋产业园、化工园区化纤纺织产业园等"四大产业园区"，利用规模优势，筑巢引凤，扶优扶强，招引名企，推进上中下游企业融合发展、结成联盟，打造丝纺服装产业航母战斗编队。鼓励支持丝纺服装企业发展品牌名牌，加强品牌宣传和品牌保护，推动建立"中国绸都·南充"区域品牌体系，将"南充制造"打造成丝纺服装行业内的一张响亮名片。

（三）提升创新能力

加快科技创新体系建设。进一步加强以企业为主体、市场为导向、"产学研用"相结合的纺织科技协同创新体系建设。加强行业关键技术突破。把握全球纺织发展趋势，跟踪前沿和高端技术，加强行业科技创新研发。大幅提高纺织绿色制造技术及应用水平，加大纺织智能装备（生产线）及智能产品的研发推广，开发纺织专业应用软件。推动互联网、大数据、云计算、物联网在纺织行业的融合应用，促进要素资源优化配置，推动制造模式和商业模式创新，形成纺织经济发展新动力。以提高企业生产效率为重点，调整优化制造流程，发展基于互联网的协同制造新模式。

（四）推进纺织智能制造

推动自动化、数字化、智能化纺织装备开发。提高装备的生产效率、性能功能以及自动化、数字化水平。推动信息化技术在纺织生产、研发、管理、仓储、物流等各环节的广泛运用。研究制定纺织智能制造体系架构、数字工厂（车间）参考模型、通用技术条件、评价验证等智能制造标准。在棉纺、印染、化纤、服装、针织、家纺等行业，开展以自动化和智能化生产、在线工艺和质量监控、自动输送包装、智能仓储、智能管理为主要特征的数字化、智能化工厂（车间）试点示范。通过智能化生产和信息化集成管理，提高劳动生产率和产品质量稳定性。

（五）走绿色发展之路

加强纺织绿色制造基础管理，推进纺织行业绿色制造。按照国家统一的绿色产品合格评定体系建设要求，推进包括原液着色纤维、循环再利用化学纤维、生物基化学纤维等产品在内的"绿色纤维"及绿色纺织品的认证。开发推广先进绿色制造技术。推广先进无水少水加工技术和装备，推广清洁绿色生产工艺。推进纺织企业燃煤锅炉除尘脱硫脱硝综合治理等技术改造，实施集中供热替代和燃煤锅炉煤改气工程。扩大原液着色化纤应用，再生纤维素纤维绿色制浆及新溶剂法纺丝技术应用。推广无 PVA（聚乙烯醇）上浆、无涂层防钻绒织造技术等。

四、发展建议

（一）建设好蚕桑综合开发利用基地

把蚕桑产业作为生态绿色和扶贫攻坚产业来抓，纳入优势特色产业重点支持，加强蚕桑基地建设和科技推广，大力实施蚕桑资源综合开发，加快发展蚕桑立体循环产业。建立现代蚕桑发展机制，以龙头企业带动，大力发展"公司+合作社""公司+专重大户""公司+基地+农户"的发展模式，利用好国、省、市、县对蚕桑产业发展的项目投入资金，高起点规划、高标准建设、高水平管理一批蚕桑基地和专重大户，形成示范带动效应。鼓励和支持更多的丝绸龙头企业加大对蚕桑产业的投入，建设蚕桑基地，大力吸引社会闲散资金投入蚕桑产业，推动蚕桑产业大发展，为南充市实现千亿丝纺服装产业集群发展打下坚实的原料基础。加大蚕桑资源综合利用开发，大力发展桑叶茶、桑叶粉、桑葚酒、桑葚饮料、桑葚醋、桑菇菌、制药僵蚕、食用蚕蛹、蚕虫草等蚕桑食品医药产品，提升蚕桑的综合效益和蚕农的收入。力争在蚕桑综合开发利用上走在全国的前列，打造中国桑茶之都。

（二）建设好西部丝纺服装产业集散中心

南充市作为中西部地区重要的丝绸产地，目前还没有形成与之匹配的丝绸市场。政府应加快这方面的规划和建设，支持依格尔、六合、尚好桑茶打造百家中国绸都专卖店，进入全国各大旅游城市和景点，加快规划建设中国绸都丝绸市场城和丝纺服装一条街，努力建成中西部地区最大的丝纺服装交易市场中心。鼓励南充商家"走出去"，发展连锁店、专卖店，使南充丝绸走向全国，走向世界；竭尽全力把外面的商家"请进来"，招引全国各地丝绸商家来南充市经商创业。充分重视"互联网+"的重要作用，发挥好互联网交易平台的作用，建设跨境电子商务试验区，加快南充市丝纺服装电商平台建设，支持中国茧丝绸产业网和西部绸都网建设。同时加快丝纺产业物流建设，通过丝绸交易中心辐射整个中西部地区，形成较大影响力，为企业发展提供良好的市场环境。

（三）打造中国蚕桑丝绸文化旅游名城

编制南充丝绸文化旅游产业规划，设计丝绸文化旅游标志、形象口号及视觉识别系统、旅游商品。重点打造以六合、嘉美印染为中心的高坪都京丝绸文化产业园暨都京丝绸特色小镇建设；打造以依格尔、顺成、尚好为中心的嘉陵城南蚕桑和丝绸工业文化旅游品牌生产基地；打造以阆中银河地毯、阆中蚕种场、卓尚丝绸为中心的丝绸文化旅游聚集区。加快丝绸小镇建设，规划建设南充丝绸历史博物馆和丝绸文化景区景点，举办南充丝绸节、桑茶节或在适机成熟时恢复中国西部国际丝绸博览会或举办中国西部蚕桑丝绸文化旅游节，加大绸都对外宣传力度，建设绸都形象标志建筑。

（四）创响绸都品牌

充分发挥和利用好丝绸产业集群度高，产业链齐全这一优势，打好全国第一家"丝绸制品外贸转型升级专业型示范基地""中国绸都""丝绸源点""中国茧丝优质生产基地”这四张名片，树立大纺织、大项目、大开放、大产业观念。注重服装品牌建设和品牌的保护，促进更多的南充品牌进入中国名牌、四川名牌、丝绸高档标志、中国驰名商标等名品称号，进一步提升市场占有率。打造国内外知名品牌 10 个，建成中国绸都，南充区域品牌体系，争取在南充设立国家级丝纺服装中西部交易市场知识产权快速维权中心。积极申报国家高档丝绸标志的使用权，大力争创名牌产品、驰名商标，提升产品附加值和市场竞争力。

（五）通过创新提升产业竞争力

加强“产学研”平台建设，注重与国内外科研机构和大型企业合作，瞄准世界丝绸工业技术发展方向和市场发展趋势，重点研发一批具有市场前景和实用价值的新技术、新产品。依托骨干企业和主导产品，加快技术改造和技术创新，引进先进技术装备，采用新材料、新工艺。推广“互联网+”技术运用，努力提升行业智能制造服务水平。推动信息化与工业化深度融合，提升产业数字化、网络化、智能化水平，加强产业链协作，发展基于互联网的协同制造新模式。大力推进信息化与工业化的融合，利用信息化提高企业管理现代化、科学化水平，提升企业整体实力。鼓励有条件的丝纺服装企业，建立企业资源计划（ERP）、计算机辅助设计和制造系统（CAD/CAM）、电子设备仪器自动监测控制系统以及面向供应链上下游合作的信息系统，促进生产流程和业务过程优化。

第七章　2016 年现代物流产业集群发展情况及 2017 年发展预测

摘要： 2016 年，南充市围绕物流产业发展编制相关规划，推进重点项目建设，培育现代物流企业，组织参加各类促进活动，现代物流产业集群总体态势发展良好、网络体系不断完善。但是，仍然存在基础薄弱等"四大"问题。2017 年，南充市建设千亿现代物流产业集群面临重要机遇与挑战，需要在畅通大通道、构筑大平台、构建大业态、实现大飞跃方面发力。为此，本文提出了相应的建议。

关键词： 2016 年现代物流产业集群；发展情况；2017 年发展预测

第一节　2016 年现代物流产业集群发展情况

物流业作为融合运输、仓储、货代、信息等产业的复合型业态，已成为支撑我国国民经济发展的基础性与战略性产业。加快推进南充市现代物流业的发展，培育千亿物流产业集群，对促进南充市产业结构优化调整、助推特色优势产业集群发展、改善城市招商投资环境、保障城乡居民生活消费、加快供给侧结构性改革、全力支撑南充市"155 发展战略"，都具有十分重大的意义。

一、发展举措

（一）完成相关规划编制

首先，完成了对各县（市、区）物流集聚区规划建设情况的调研，摸清了全市物流发展基本情况，尤其是对物流集聚区建设乱象情况的调研，并形成了调研报告。在此基础上，编制完成了《南充市物流业发展"十三五"规划》。其次，按照市委"155 发展战略"，在完成南充市现代物流千亿产业集群课题研究的基础上，出台了《关于促进南充市现代物流千亿产业集群发展的实施意见》等指导性文件。最后，区县方面，西充完善了《物流业发展规划（2014—2020）》，仪陇县编制了《"十三五"物流发展规划》。

（二）推进重点物流项目

首先，加大物流园项目建设支持力度，积极协调用地指标、推进拆迁等工作，确保总投资达 6.2 亿元的友信龙二期、南鑫国际钢材区、中国物流南充项目、粮油加工项目等顺利实施。其次，铁路专用线开工建设，保税物流中心一期项目 2016 年完成投资 1.28 亿元，1#、2#仓库、综合楼正在进行装修，有望 2017 年建成投入营运。南泸高速公路、南充过境高速公路广南至南广段、巴南广、绵西和营达高速公路加快推进，川东北公路物流优势进一步提升。高坪机场航站楼二期改扩建工程加快实施，年客运吞吐量达 60 万、货运吞吐量达 3 000 吨。嘉陵江航运配套工程、南充港都京作业区一期后续工程加快推进，通江达海的内河物流网初步形成。最后，努力争取省上项目支持，顺庆区城市共同配送、现代牧业农资农产品双向流通等项目纳入全省重点物流支持项目，获得财政专项补助资金 340 万元。

（三）培育现代物流企业

首先，落实资金支持，按照《南充市商务和粮食局、南充市财政局关于 2016 年度现代商贸流通服务业发展资金项目申报工作的通知》（南商粮函〔2016〕174 号）文件要求，2016 年全年安排落实的物流业专项财政补助资金达 320 万元，同时，认真贯彻落实国、省物流支持政策，积极兑现招商引资优惠承诺，对传化公路港、南鑫国际等大型物流企业，征收的税收地方留存部分实行全额返还。其次，主动关注物流企业发展中存在的困难和问题，比如南充市政府办公室物流与口岸科针对物流业企业反映"营改增"后物流企业税负不减反增的问题，进行了专题调研并向省上做了汇报。

（四）组织参加促进活动

相关部门组织市商务粮食局、高坪区、现代物流园等单位先后到遂宁、成都、德阳、绵阳等地考察学习促进现代物流业的支持政策，进一步拓宽了发展现代物流业的眼界。组织县（市、区）物流主管部门、重点物流企业参加了四川省物流服务联盟发展大会、第三届中国国际物流发展大会暨第四届中国（四川）国际物流博览会、第十六届西博会等重要物流促进活动，先后成功签约北京万里伟业、成都新成储和花都商贸物流 3 家中型物流企业，项目协议投资达 8 亿元。积极引导浙江传化、友信崧峰、南鑫国际等知名物流企业以商招商、沿链招商，1 200 多家电商快递、批发零售企业入驻园区。

二、发展成效

（一）物流业总体态势发展良好

南充市 2016 年社会物流总额达 3 270 亿元，同比增长 15.1%，物流业增加值达 100 亿元，同比增长 17%，社会物流总费用占地区生产总值比重达 17.5%，比 2015 年下降 0.3 个百分点。现共有物流经营市场主体 1 000 余家，其中，独立法人物流企业 183 家，物流营业收入 1 000 万元以上的企业 15 家，国家 A 级物流企业 7 家，货运车辆达 36 000 余辆。

（二）物流网络体系不断完善

立足于以成南、巴南、成德南等高速及 G212、G318 国道等为依托的公路物流网、以达成铁路等为依托的铁路物流网、以高坪机场为依托的航空物流网、以南充港为依托的内河物流网，南充市物流产业已拥有纵横交错、相互补充、相对完善的运输网络。在此基础上，规划和在建的主要物流集聚区已达 14 个，规划面积约 2 668 公顷。其中，位于高坪区的南充现代物流园规划占地 11.6 平方千米，是全市规模最大的综合性物流产业园区，2016 年，其功能配套进一步完善，被授予"2016 年全国优秀物流园区""四川省最具投资价值产业园区"和"四川物流先进单位"，成功创建"中国物流实验基地"和"中国西部物流装备产业基地"。传化公路港、南鑫国际建成并投入营运。顺庆区的川东北农产品交易中心、嘉陵区的烟草配送中心、高坪区的食盐配送中心已建成运营。南充经济开发区物流园等项目已部分建成并启动营运。嘉陵现代物流中心、南部火车站物流园、阆中现代物流园、营山城南物流园、西充有机农产品物流配送中心等正加快建设。"一园两带五节点"的物流网络体系正逐步形成。

（三）物流业集群特征初步显现

聚集式发展成为物流业发展主要趋势。首先，主城区的物流企业有序向现代物流园流动，目前现代物流园集中了 6 家大型快递企业、63 家大型物流企业，分别占三区的90%、70%，浙江传化、深圳友信崧峰、重庆大川等一批知名物流企业均落户于此。其次，邮政及快递物流产业集群、农产品及冷链物流产业集群、以公路为主的枢纽型物流产业集群已具备一定的发展基础。其中，邮政及快递方面，依托邮政与供销社系统，覆盖城乡的配送服务网络已基本建成，邮政营业网点达 519 处，实现乡镇全覆盖，建成村电商邮站共计 469 个；农产品及冷链物流方面，以川东北农产品交易中心、友信崧峰农产品冷链物流为龙头，形成一定的农产品仓储与运输服务能力；公路集散方面，位于南充现代物流园区内的传化公路港引进京东、顺丰、圆通等电商、快递、零担商家 156户，有效整合货运车辆 10 000 余辆，日均车流量达 800 余台次。

三、存在的问题

（一）物流基础设施仍然薄弱

南充市物流园区和物流通道的建设正加紧实施，但从总量、进展和运营情况来看，与成都、重庆差距大，也在一定程度上滞后于周边一些城市，总体上存在"全而不强"的发展困局。航空、水运基础设施还不够完善，尚未形成核心优势，铁路、货运配套基础设施也较为薄弱，公路、航空、铁路、水运、通信等基础设施尚未完全实现互联互通，仅建成公路港和部分水运码头，并没有进行功能整合，多式联运体系尚未完全形成。由物流园区、中心、配送站组成的节点体系以及快速路、集疏运通道和货运大道组成的通道体系还不完善。城乡配送网络覆盖度不高，农村物流基础设施较为缺乏，尤其是县、乡、村级公路及城市交通"毛细血管"不畅，致使城乡配送、城市配送存在"最后一公里"难题。缺乏必要的公共物流信息平台，无法实现资源共享、数据共用、信息互通。

（二）物流市场空间支撑不足

南充市三次产业总体体量较小，仅依托和服务本地市场，无法支撑物流产业的快速发展。对川东北、成渝经济区等区域物流需求市场挖掘不够，区域协同发展、联动发展以及差异化发展不足。物流业融入"一带一路"沿线经济走廊的深度、广度不够，依托南充高坪机场、兰渝铁路和都京港的航空、国际铁路和水运通道还需进一步打通。农村物流受基础设施和服务体系的限制，物流需求还未大规模释放。

（三）物流产业与其他产业融合滞缓

南充市产业融合程度不高、联动发展不足。新型物流服务主体成长缓慢，农业物流市场缺少专业的农产品物流服务商，制造业物流外包比例较小，既导致制造成本高，又导致制造物流企业市场不足，更难以为南充制造业产品提供集成化、精细化的物流解决方案。传统商贸与物流的融合发展模式处于初级阶段，电子商务与物流的融合发展模式创新不足。

（四）集群主体质量与体量均偏弱

物流行业总体仍处于产业链中低端，"小、散、弱"现象仍未明显改善。据不完全统计，注册资金 500 万元以上的物流企业不足全市物流企业总数的 15%，A 级物流企业仅占全市物流法人企业总数的 3%。除重点引进的传化公路港等物流企业外，全市没有一家国家 4A 及以上物流企业。国际知名物流企业入驻数量不足，与南充市优势产业如汽车汽配、油气化工、丝纺服装、特优农产品等相配套的专业化物流企业引入不够，本土物流领军型企业缺乏。物流企业信息化、专业化程度不高，经营模式比较落后，自动化、智能化水平较低，物联网、GPS、无线视频监控以及物流自动化设备等先进物流技术应用较少。物流企业提供服务以传统仓储、运输为主，流通加工、物流金融和物流信息等增值服务能力不强。

第二节　2017 年现代物流产业集群发展预测

2017 年是"开创南充新未来，建设成渝第二城"，奋力实施"155 发展战略"的开局之年，更是决战决胜脱贫攻坚、全面建成小康社会的关键之年，作为五大千亿产业集群的现代物流业需要努力成为助推三次产业融合发展的重要纽带，成为大城崛起的重要支撑。

一、环境分析

（一）面临的机遇

1. 全面创新战略推进产业升级

随着国家大力实施"双创"战略，物流领域的全面创新方兴未艾，给南充物流产业发展带来了新的机遇。

一是服务创新。物流行业逐渐深化和细化，专业化、定制化、精益化等高端物流服务需求日益突显，"互联网+"、线上线下（O2O）、平台型服务等新业态不断涌现和发展。

二是产业创新。物流业与制造业"两业联动"逐步走向物流业与商贸业、农业和金融业等"多业联动"，逐步形成以物流为"第三利润源"的"产业生态圈"，以现代物流为核心的"产业融合体"。

三是技术创新。电子数据交换、物联网、大数据、云计算、无人机、机器人等现代网络信息技术和物流装备技术、自动化技术，以及供应链一体化技术等不断发展。

2. 政策环境释放市场潜力

从宏观战略看，国家大力实施"一带一路"战略，务实推进东盟自贸区和孟中印缅经济走廊的建设，深入实施西部大开发战略，加快建设"长江经济带"和成渝经济区，南充物流产业发展空间空前扩大，为发展物流市场、拓展区域物流、打通国际物流提供了广阔的空间。

从区域规划看，《全国流通节点城市布局规划（2015—2020）》《成渝经济区区域规划》分别将南充定义为区域级流通节点城市、北部中心城市，南充市现代物流产业在区域规划的地位逐渐凸显，发展的政策红利会逐步释放。

从省级布局看，《四川省物流业发展中长期规划（2015—2020年）》提出打造"一核、五极、多点"①的物流空间布局，以南充为主的川东北物流增长极正是全省五极之一，同时，在全省农产品冷链物流发展布局中，南充位于冷链物流的东向发展带上。随着川东北地区经济的进一步发展与开放，对物流市场的需求必将进一步增大，居于地区桥头堡和领头羊地位的南充市现代物流产业市场需求必将不断扩大。

3. 交通网络增强辐射能力

南充地处成渝腹地、"西三角"②核心地带，接入国家交通网络的综合交通枢纽建设不断完善，使得物流服务范围逐步扩大，物流辐射能力逐步增强。高坪机场航线拓展、都京港嘉陵江航道升级、连接中东欧和东南亚的物流通道形成，增强了物流长距离运输的辐射能力，与国外搭建起双向贸易的桥梁，物流服务范围逐步向境外发展。达成铁路和兰渝铁路在南充交汇，沪蓉、兰海等10条高速公路通向各地，为南充壮大区域物流和国内物流打下坚实基础。

（二）面临的挑战

1. 新常态对物流发展提出新的挑战

当前，我国正处于经济增速换挡期、结构调整阵痛期、前期刺激政策消化期"三期叠加"阶段，经济增速整体有所回落，国家经济总体步入新常态，经济增速将放缓，不确定性风险增加。特别是实体经济面临着高税负、虚拟经济的高速增长、房地产化挤占资本空间"三座大山"，作为实体经济的现代物流产业面临更大挑战。

2. 区域竞争加剧对做优做大提出挑战

一是成渝虹吸效应明显。由于现代物流业的聚集性和规模特性，成都、重庆等大城市对周边地区的虹吸作用十分明显，在较多层面上占有周边地区的物流市场。

二是区域同质发展严重。南充周边各个城市都在依托自身特色全力发展现代物流业，一定程度的同质化竞争局面已悄然形成，达州、广安、巴中、广元、遂宁等周边地区都十分重视现代物流业的发展，相继提出了明确的发展目标和规划，物流聚集区规划面积已超过14 274公顷（见表7-1）。采用波特钻石模型对周边地区物流发展要素条

---

① 《四川省人民政府关于印发四川省物流业发展中长期规划（2015—2020年）的通知》（川府发〔2015〕18号）"一核、五极、多点"指，进一步强化成都作为全国性物流节点城市和全省物流主枢纽的核心地位，发展沿江物流增长极、川北物流增长极、川东北物流增长极、攀西物流增长极和川中物流增长极等五极，依托周边毗邻经济大县（市、区）和人口大县、产业集中区、交通枢纽型货站，培育辐射型省际物流节点和商贸流通型、产业配套型、交通运输型物流节点。

② "西三角"：指涵盖成渝经济区和关中—天水经济区，由成都、重庆、西安三个西部地区中心城市构成的经济圈。

件、物流需求、产业基础等进行综合比较分析，显示各市综合得分差异较小，南充市物流业区域竞争优势并不明显（见表7-2），南充市物流业正面临不聚合辐射就会被吸附的巨大压力。

表 7-1 　　　　　　　　　川东北地区及遂宁市物流业发展情况比较

城市	发展定位	发展重点	总体布局	规划和政策措施	规划规模（公顷）
南充	打造川东北物流中心城市	重点打造南充现代物流园等物流项目	"一园区、四中心、七配送中心"	《南充市物流发展规划2010—2020》	2 419
达州	建设川渝鄂陕结合部区域中心城市和秦巴地区生产性服务业中心	主要发展农副产品物流、农业生产资料物流、城市消费品物流、集装箱物流、机电产品物流和大宗商品物流	"一园区、八中心"	《达州市"十二五"商贸和物流业发展规划》《达州市现代物流发展规划》	835
广安	成渝经济区现代物流重要节点城市	主要发展能源化工物流、装备制造物流、建材物流、有色金属加工物流、农产品物流、汽贸日用品等物流、第三方物流	"全域广安"	《广安市物流业发展规划》《广安市现代物流试点示范市建设实施方案》	7 554
巴中	四川省三级物流节点城市、川陕接合部重要的区域物流中心、川东北结合部商贸物流中心	主要发展日用消费品、农产品、化工、建材物流为主	"一园区、三中心、多节点"	《巴中市"十二五"商务发展规划》《巴中市综合交通枢纽发展规划》	593
广元	建设成为川东北地区的综合交通枢纽、川陕甘三省接合部的商贸物流中心以及四川省的"绵阳—广元"次区域物流中心城市	主要发展能源、电子机械、建筑建材、医药、农副产品加工	"一园区、四中心、四配送中心"	《广元市物流产业规划》《广元市物流业发展四年行动计划实施方案》	509
遂宁	成渝腹地流通领域现代物流中心城市	主要发展商贸物流、医药物流、冷链物流、三方物流、粮食物流、电子商业配套产业	中国西部现代物流港	《遂宁市物流港规划》	2 367

表 7-2 　　　　　　　　　物流产业区域竞争力分析

序号	区域城市	物流发展要素条件	物流需求	关联产业基础	企业选择	外部机遇	政府行为	综合评分
1	南充	10	9	10	10	10	10	59
2	广安	10	6	8	10	10	10	54
3	达州	10	10	10	10	10	10	60
4	巴中	9	7	7	9	10	10	52
5	广元	9	9	10	10	10	10	55
6	遂宁	10	8	9	10	10	10	57

3. 资源环境约束对发展模式提出挑战

随着全市工业、商贸业、物流业规模的快速扩大，能源消耗和环境污染日趋加重、城市交通压力日益增大，经济转型、结构升级迫在眉睫，倒逼物流产业发展由传统走向现代，专业化、精细化、集群化的发展方式成为必由之路。

二、发展思路与目标

（一）发展思路

坚决贯彻落实中央、省委决策部署，牢固树立"五大发展理念"，大力实施"155发展战略"，坚持"大平台、大通道、大通关"的思路，以推动企业集聚、产业集群为重点，以改革开放、创新创造为动力，以培育市场主体、实施项目攻坚为支撑，着力推动全市现代物流业转型发展、抱团发展，不断完善综合立体物流网络体系，不断补齐专业物流链，不断挖掘市域内外物流市场潜力，不断拓张物流产业辐射范围，不断构建现代物流服务体系，努力为"开创南充新未来·建设成渝第二城"提供强有力的产业支撑和物流保障。

（二）发展目标

力争全市物流业增加值同比增长 15% 以上，物流总费用占地区生产总值的比重达 17.5%，为建设川东北物流增长极核心城市、成渝经济区智慧物流创新城市、内陆国际物流枢纽城市夯实基础。

三、发展重点

切实抓住产业发展机遇，积极应对产业发展挑战，2017 年现代物流千亿产业集群建设，需要从以下方面着力推进：

（一）加快完善交通基础设施，着力畅通物流大通道

公路、航运方面，按照《南充交通 2016—2018 年公路水路三年攻坚推进方案》，着力推进"两环（内环、外环绕城高速）、六联（巴南广、遂西、成巴、绵巴、营山—达州、营山—阆中高速）、七射（广南、南大梁、南广、南渝、南泸、成南、南绵高速）、多联"的高速公路网建设工作，围绕南充港相关作业区码头建设积极融入长江经济带。空运方面，积极推进高坪机场新航站楼改扩建项目。同时，推进县、乡、村道路、物流配送站点、公路应急保障中心、公路桥、公路养护站等物流基础设施建设，切实改善县、乡、村物流基础条件，实现"工业品下乡"和"农产品进城"双向流通，打通农产品的"最前一公里"和消费品的"最后一公里"。

（二）加快建设物流集聚区，着力构筑物流大平台

突出《南充市物流业发展"十二五"规划》《关于促进南充市现代物流千亿产业集群发展的实施意见》等文件的刚性约束，重点推进南充市现代物流园建设，加快推进经开区物流园、都京港经开区物流园、南部物流园区等建设，有序推进西充物流中心、阆中物流中心、营山物流中心、蓬安物流中心和仪陇物流中心等建设，逐步构筑"一中心、三园区、五中心"的南充千亿现代物流产业集群发展主体。同时，进一步明确各县（市、区）物流功能定位，加快推进各县（市、区）物流集聚区建设，引导市域内各物

流平台的互补合作，避免同质性内耗。

（三）加快实施重点物流项目，着力构建物流大业态

以重点物流项目为抓手，努力构建汽车及零部件、油气化工、丝纺服装、农产品及冷链、商贸零售、邮政及快递六大联动型、专业型物流产业集群，逐步实现一、二、三产业的融合发展。

（四）加快推动物流创新创造，着力实现物流大飞跃

大力实施"互联网+物流"战略，引导和支持企业进行物流智能化建设，推广先进物流技术，加快食品、冷链、医药、烟草、机械、汽车、干散货、危险化学品等专业物流装备的改造更新，提升物流装备的现代化水平。支持各类物流企业在运输、包装、装卸、仓储、信息及资金结算等方面按照国家和行业标准进行物流标准化操作。推动条形码等物流技术以及托盘、集装箱等物流装卸设施设备标准化，加快对仓库、转运设施和运输工具的标准化改造。

四、发展建议

（一）加强制度保障

着力健全物流业管理体制，构筑从市级到区县的物流产业常设管理服务部门。按照责权统一、职责明确、分工合作的原则，明晰与物流产业发展相关职能部门的权责界限，提高管理部门的执行力。

（二）提高规划约束力

一方面在有效衔接城乡总体规划、土地利用规划、综合交通发展规划、产业发展规划等上位及相关规划的基础上，不断优化和完善物流节点体系与空间布局规划、物流园区或物流中心总体规划与控制性详细规划；另一方面，加强规划文件的刚性约束，严格执行规划，避免重复建设和资源浪费。

（三）优化利用要素资源

在发展要素的有限性与产业增长的无限性之间，探索一条效益最大化之路。政策方面，逐步完善支持物流园区和中心建设的行政管理、财政支持、税赋优化等政策，优化调整交通收费管理、货运代理、物流市场规范、鲜活农产品运输"绿色通道"、配送车辆入城作业等相关政策。土地方面，分类梳理地块性质，执行符合相关国家规定的管理标准，统筹安排土地利用年度计划，优先保障骨干龙头项目。资金方面，一方面积极争取四川省物流节点建设、城乡配送服务体系建设、国际物流服务平台建设、物流市场主体建设等多个方向的专项资金，比如衔接《四川省促进现代物流发展专项资金管理办法》，采用以奖代补、贷款贴息、保费补贴、特定补助等多种方式，对重点物流项目给予支持，另一方面可以通过设立物流产业投资平台的做法对社会资金予以带动，推动符合条件的物流企业发行债券直接融资，支持物流企业与金融机构合作开展仓单质押、存货质押、融资租赁、金融仓储、供应链金融等物流金融服务等，多渠道吸纳社会资金。

（四）建设专业人才队伍

搭建人才服务平台，大力引进物流专业人才，实行对物流管理人才、新技术应用人才优先提拔、重用，物流专家学者纳入市委市政府的人才工程等政策。加强在岗培训，与高校和研究机构合作，对在岗物流管理人员及技术人员进行定期培训，不断提高专业水平。

第八章　2016年现代农业产业集群发展情况及2017年发展预测

摘要： 2016年，南充市围绕现代农业产业集群进行了科学规划、推动空间合理布局、制定支持政策、做响农业区域品牌、培育新型农业经营主体，加快对外开放合作，取得了较好效果。2017年，南充市将围绕现代农业产业集群发展的规划目标，重点加大土地流转力度、培育新型农业经营主体、创建集群的产业网络、构建区域农业创新体系。为此，本文建议培育壮大农业龙头企业、加强农产品流通体系建设、健全农业社会化服务体系、政府及有关部门加大推动力度、合理利用与保护农业自然资源。

关键词： 2016年现代农业产业集群；发展情况；2017年发展预测

第一节　2016年现代农业产业集群发展情况

南充是四川省的农业大市，也是国家重要商品粮基地、四川省农副产品生产和加工基地，粮油、水果、蚕桑、畜牧、林业等资源丰富，主要农产品产量连续多年位居全省前列。2016年，南充市建成各类特色农业产业基地36.69万公顷，粮食总产突破315万吨，生猪规模化养殖率突破75%，不断推动现代农业产业集群做特做精。

一、发展举措

（一）明确发展思路

坚持"园艺化、科技化、设施化"的思路，以现代农业和有机农业为主攻方向，围绕生态粮油、特色果业、蔬菜和中药材、现代蚕桑、现代林业、现代畜牧等重点产业，着力打造现代循环农业产业示范带，深入实施"农业加工能力提升三大工程"，通过招商引进一批国内外农业产业化龙头大企业、大集团，通过技改扩能、增容增量，壮大保宁醋、张飞牛肉、西充百科等一批本地重点农业龙头企业，着眼农业业态拓展、三产融合互动，重点实施农林畜产品营销、配套服务和农旅结合项目，加快打造全国有机农产品价格指数平台、全国休闲农业样板、西部农产品物流枢纽，建成全国有机农产品交易中心、西部最美丘陵乡村旅游中心和成渝西农产品物流集散中心。

（二）推动合理布局

立足本地资源和产业，推动农业产业空间合理布局，优化产业结构调整，打造"一基地两组团三中心"，即积极建设千千米现代循环农业示范基地，强化培育100家产值过亿元的农业龙头企业、10家产值过10亿元的农业企业集团"两大农业企业组团"，精心打造全国有机农产品交易中心、西部最美丘陵乡村旅游中心和成渝西农产品物流集散中心"三大现代农业服务业中心"，确保现代农业千亿产业集群建设目标圆满实现。奋力推进"五百一千"六大产业工程和"脱贫奔康产业园"建设，围绕农业投入品和农业机械生产加工、农产品初加工、农产品精深加工"三大能力"提升，招大引强，抓大扶强，培育"两大农业企业组团"，以大企业、大集团带动现代农业大发展。

（三）制定支持政策

南充市为现代农业产业发展探索完善土地、财政、金融、人才和服务体系等方面政策，强化要素保障，切实改善南充现代农业投资环境和发展基础。探索建立高标准农田建设南充地方标准，提高建设质量和使用效益。积极探索农民土地承包经营权、农民宅基地使用权、农民住房所有权、业主流转土地经营权等农村产权有偿退出机制，适度放大重点龙头企业农业设施建设用地指标，支持农业配套建设。出台财政奖补政策。严格执行"突出重点、填空补缺、以奖代补、多建多奖"的财政资金激励办法，增加财政支农资金预算，足额保证奖补资金。探索财政资金注资政府投资基金支持产业发展机制，设立南充农业产业投资引导基金。继续加大投入，充实市、县（市、区）两级农业担保公司资本金，强化抗风险能力。对现代农业专题招商引进的特大型农业龙头企业（集团），奖补政策实行"一事一议"。

（四）做响区域品牌

围绕"有机南充"，做响区域品牌。充分发挥南充有机农业基础优势，实施农产品品质提升、"三品一标"创建和区域品牌打造三大工程，不断提升南充农产品市场竞争能力。

（五）培育新型主体

推进土地适度规模有序流转，推进农村资源变资本变资产，推进新型农业经营主体培育，引进培育一批产值过亿元的大企业、大集团，支持重点龙头企业挂牌上市，推进龙头企业集约集群集聚发展。坚持"民建、民管、民受益"原则，引导成立各类型农民合作社，鼓励创建国、省、市级农民合作社示范社。

（六）加快对外开放合作

持续快速推进南充现代农业专题招商活动，瞄准行业龙头企业、高等院校、科研院所、行会、商会、杰出乡友，主动对接国内外大企业、大集团，敲门招商沿海经济发达地区，精准承接京津冀产业转移，全方位加速融入成渝经济区。积极推进中法农业科技园区、台湾农业创业园建设；组织筹办"有机农业""中国甜橙之乡""中国绸都""猪峰"等行业、联盟高峰论坛；积极组织展销展览、投资考察、对外推介、扩大交流等活动，努力搭建南充农业与国内外农业发达地区的交流合作平台。支持新型经营主体在国内大中型城市开设南充特色农产品旗舰店、直销店，积极参加"农交会""西博会"等展销活动；对接国家"一带一路"战略，积极支持南充有机农产品出口欧盟等地，增加出口创汇，提高南充特色农产品综合产值。

二、发展成效

（一）农业规模逐渐增大

全市农业产业经济持续、快速、健康的发展，为现代农业集群奠定了良好的基础。2016 年，全市建成各类特色农业产业基地 36.69 万公顷，粮食总产突破 315 万吨，生猪规模化养殖率突破 75%。全市建成万亩农建综合示范片 9 个，高标准农田 12 006 公顷。一些龙头企业先后在北京、上海、广州、深圳、成都、重庆等大中城市建成农产品直销放心店 85 个，在地（市、州）中率先建成开通"田桌网"等鲜活农产品电子商务平台，如龙兴公司、百科公司和大唐农业等农业开发企业基本上都做到了生产上有基地、加工上有分拣包装、物流上有冷链设施、销售上有直销店和直销车等网络体系、三产上有休闲旅游，形成了现代农业开发的完整产业链条。

（二）已培育适度规模新型农业经营主体

新型农业经营主体在改造传统农业，转变农业发展方式上起到了引领作用，成为现代农业建设的新亮点。如西充县扶君乡凤凰种养殖家庭农场流转土地 46.29 公顷，进行粮食、蔬菜、水产养殖、乡村旅游一体化开发；四川省航粒香米业有限公司采用"公司+基地+合作社+农户"运作模式，已流转土地 2 801 公顷，建成 5 个种植示范基地，组建 26 家专业合作社，发展社员 4 800 多人，辐射带动周边农户 11 800 户，种植优质有机水稻 2 668 公顷；西充县百科有机种养殖有限公司等以"龙头企业+合作社+农户"等形式流转土地 33.35 公顷，有力推进了适度规模经营的发展。

（三）农民收入持续稳定增加

南充市成功探索出"农民产业园""劳务承包"等经营模式和土地入股、二次返利等利益联合机制，增加了农民收入。但从全市看，虽受困于宏观经济下行压力增大的大背景，2016 年南充市农民人均可支配收入仍然增至 11 273 元，增速 9.3%，增幅升至全省第 9。

三、存在的问题

虽然取得很好的成效，但是南充市由于现代农业产业发展起步较晚，基础比较薄弱，现代农业产业集群建设仍然存在不少问题。

（一）产业规模较小

一是从专业合作社发展情况看，规模小，规范化和组织化程度低。在全市 3 486 个专业合作社中，社员及带动农户仅占总农户数 39.19%，比全省平均水平低 4 个百分点；社均成员 59 户，比全省社均少 2 户，国家级、省级、市级占比分别为 0.77%、2.18%、5.08%，实施标准化生产的仅占 7.05%，开展"农超、农社和农商对接"的仅占 5.02%，30% 左右的合作社发挥的作用不大，还存在少数只挂牌不合作的"空壳合作社"。

二是从种养大户和家庭农场发展情况看，规模小，效率偏低。目前 70% 以上的种养大户和家庭农场规模不到 6.67 公顷，人均纯收入仅比普通农户高 6% 左右；家庭农场场均劳动力 4 个，比全省平均水平少 1.1 个；场均销售产值 9.42 万元，仅占全省平均销售水平的 44.86%；场均带动农户仅 6 户。

三是从产业化龙头企业发展情况看，规模小，发展水平不高。目前南充市各类涉农企业销售收入达 500 万元以上的企业仅占 33.93%，比全省平均水平少 1.81 个百分点，销售收入过亿元的仅占 7%，比全省平均水平少 2.27 个百分点。

（二）专业人才缺乏

目前南充市农村实用人才仅占农村劳动力的 3% 左右，受过中等及以上农村职业教育的不足 4%，生产经营型人才严重缺乏。大部分新型农业经营主体领头人综合素质不高，市场经济意识和能力不强，严重缺乏懂技术、会管理、市场开拓能力强的复合型人才。从事农业生产的劳动力年龄基本都在 50 岁以上，农忙时节雇工较难。缺乏充足的生产经营主体后继人才。

（三）农业经营主体融资困难

新型农业经营主体生产经营投资大、周期长、见效慢，前期资金的注入是必不可少的。受宏观经济下行影响，南充市农业企业普遍反映融资难、融资贵。银行虽加大了对"三农"的信贷支持，但主要是 3 万~5 万元的小额贷款，对新型农业经营主体来说只能是杯水车薪。目前农村集体土地承包权缺乏物权属性，农业机械均不能作为有效抵押物，加上手续多、程序烦琐和要求抵押、授信担保困难，且银行能够提供的贷款有限，同时资产评估费、合同公证费、抵押登记费、保险费、手续费等涉贷收费多，民间融资贵，使有限的资金来源和持续的巨额资金需求之间形成了一对尚待破解的难题。

（四）基础设施差

一是路网不配套，机械化率低。南充市多丘陵，耕地田块小、落差大，且深泥脚田多、机耕路少、路面状况差，不利于农机作业，影响规模化生产。

二是设备老旧缺乏。生产用水、用电设施缺乏，排灌设施和山坪塘少且陈旧，机耕设备缺乏。

三是农产品收储难，销售价低。粮食生产实现规模化后，粮食晾晒、烘干、收储问题突出，为减少仓储损失和运费投入，不少种粮大户不得不低价销售给粮食经销商，导致利润损失巨大。

四是由于地块不集中、土地流转期限较短（大多是 3~5 年），加大了对种植管理和长期投资利用土地的难度。

（五）农业服务体系不健全

一是保险服务缺位。虽然推进了生猪等种类的农业保险，但由于保险覆盖面、保险种类、防灾避灾机制和赔付水平上的局限，难以对现代农业形成强力支撑。二是公益性技术服务缺位。乡镇农技人员学涉农专业的少，有新形势下生产实践经验的更少，服务难以跟上新型农业生产经营发展需要。三是财政扶持政策面窄。比如 2014 年获得财政扶持的专业合作社仅占 5.69%。

第二节　2017 年现代农业产业集群发展预测

南充市正处于结构转型向高速发展关键时期，2017 年南充市成功创建全国首批国家现代农业示范区，现代农业产业集群发展前景广阔。

一、环境分析

（一）面临的机遇

随着西部大开发、革命老区和贫困地区加快发展、成渝经济区建设等国家战略的深入实施，南充作为农业大市和国家、四川省主要的农产品生产供给基地，农业发展面临难得的历史机遇。特别是《成渝经济区区域规划》的启动实施，将支持南充建设区域内粮油、蔬菜、优质商品猪、优质肉牛和肉羊、优质柑橘等现代特色农业产业基地和有机农产品加工基地。同时，南充的交通区位优势明显。南充位于嘉陵江中游，与成渝三城鼎立，是成渝经济区的重要节点城市之一，是四川内陆交通、通讯枢纽，已经形成公路、铁路、航空、航运四位一体的交通网络，为农业产业集群发展增添了更多优势。

（二）面临的挑战

南充市农业发展仍然面临谁来种田和如何种田的"双重难题"、成本上升和价格触顶的"双重挤压"、资源趋紧和环境压力的"双重制约"等三大挑战，结构调整压力大，产品增值竞争强，环境资源受限较多。

二、发展思路与目标

（一）发展思路

围绕建设"成渝第二城"的战略目标，坚持"园艺化、科技化、设施化"的思路，以现代农业和有机农业为主攻方向，围绕生态粮油、特色果业、蔬菜和中药材、现代蚕桑、现代林业、现代畜牧等重点产业，着力打造现代循环农业产业示范带，深入实施"农业加工能力提升三大工程"，加快发展保宁醋、张飞牛肉、西充百科等重点企业，建设全国有机农产品价格指数平台和交易中心、农产品质量检测中心，建成有机农业强市。

（二）发展目标

2017 年，建设辐射全市的千千米现代循环农业示范基地，打造全国有机农产品交易中心、西部最美丘陵乡村旅游中心和成渝西农产品物流集散中心"三大现代农业服务中心"，培育产值过亿元的农业龙头企业 100 家、产值过十亿元的农业企业集团 10 家。建设工厂化农业示范推广基地，积极推进粮食生产功能区、核心区建设，建成特色农业产业基地 38.69 万公顷。着力建设"中国甜橙之乡"，以嘉陵江流域为主轴，重点打造8 大特色果业产业规模基地。建成标准化主城区保障性蔬菜基地 6 670 公顷，继续建设百万人口大城市城郊专业蔬菜保障基地，以嘉陵江沿线、国道 212 线和国家现代农业示范区"两线一区"为重点区域，实施城郊专业蔬菜基地建设项目。以阆中、南部、仪陇三县（市）为重点，着力建设省级中药材基地县。依托康美药业、木兰郡、百草庄园等龙头企业，实施中药材原料基地建设项目，建成阆中、南部、仪陇三大中药材产业片，中药材标准化生产基地达到13 340公顷。夯实"中国绸都"产业基础，积极推进国家级蚕桑标准化示范基地、省级优质蚕茧基地县建设。继续实施现代畜牧产业增量提质工程，培育多家产值过亿元的农业龙头企业，建设全国有机农产品价格指数平台和交易中心、农产品质量检测中心，建成有机农业强市，全市现代农业产业集群产值突破800亿元。

三、发展重点

（一）加大土地流转力度

探索鼓励土地流转方式，农民以土地承包经营权入股，发展土地股份合作社，农民以土地承包经营权进行互换和委托代理，对细碎化、分散化的承包土地，村民之间可以互换地块，实现集中连片经营，非家庭承包土地以招标、拍卖土地承包经营权等方式向专业大户、家庭农场、农民合作社、农业企业等新型经营主体流转，实现农业的规模化、专业化和开放化生产经营，建设农产品生产、加工、销售和休闲观光旅游的专业村、专业镇（含农场）。

（二）构建区域农业创新体系

区域农业创新体系包括农业创新主体、创新网络和创新环境三个部分。农业产业集群中的创新主体包括农户、企业、大学、科研机构、政府及非政府机构等。除了重视龙头企业、高校科研机构在新产品、新技术的研发成果外，还要重视农户在长期的实践过程中形成的丰富生产经验和技术创新作用。鼓励"土专家"不仅在农业创新成果的推广中起示范作用，还在应用过程中参与到农业创新环节中来。重视创建知识网络和创新网络，加快"官产学研用"结合，共建创新与产业化联合体。重视保护知识产权，规范竞争，培养信任机制，营建能培育企业家精神的区域创新环境。

（三）加强农产品流通体系建设

按照交易方式现代化、运营管理专业化、物流网络高效化、市场经营品牌化的原则，建立发达的农产品流通体系。积极发展专业市场，培育农产品产销组织、行业协会、流通企业以及农民经纪人，有效解决农产品销售难题，拉动农业产业集群整体需求，以"互联网+农业"为契机，加快发展农产品电子商务。

（三）健全农业社会化服务体系

鼓励和支持与农业产业相关的农产品加工、物流营销、文化创意、科研创新、教育培训等支持性产业协同发展，增强其对产业集群的支撑，同时可以提升农业全产业链的附加值。辅导和支持重点产业的合作社发展，提升合作社服务质量水平，同时加快发展经营性社会化服务组织，探索商业化有偿服务，推动发展扩大服务规模、拓展领域、形式多元模式，构建涵盖农资供应、土地流转、技术服务、信息发布、质量认证、物流保鲜、市场拓展、营销策划等全产业链的全服务链。发挥现代农业园区的集聚、带动和示范作用，以园区为核心载体，强化对周边地带的辐射，形成与周边地区协同发展的格局。

第三篇 项目强城

第九章 "印象南充"城市建设报告

　　摘要： 围绕建设"成渝第二城"，2016 年，南充市进行了一系列城市项目建设，成效初显，城市空间有序扩展、城市功能进一步提升、城市生态文明和文化建设效果显著。2017 年，南充市将进一步拓展城市规模，形成"一城五区"新格局；加快推进在建基础设施的竣工并大规模开展绿化行动，建成西河景观长廊工程等标志性生态景观。为此，本文提出以下建议：规划引领，科学布局；找准定位，明确功能；全民参与，保护生态；积极探索，文化创新；开源节流，保证资金；过程监控，保证实施；重视沟通，化解矛盾。

　　关键词： 印象南充；2016 年城市建设；2017 年预测

第一节 "印象南充"的过去

　　南充市历史悠久，始于新石器时代，千年的变迁，赋予了南充市深厚的历史文化底蕴。嘉陵江畔的地理位置提供了丰富的自然资源。新中国成立以来，改革开放的契机将南充市塑造成了一座现代化的大城市。

一、南充市的历史轨迹

　　南充夏朝时属有果氏之国，今南部禹迹山即为夏禹治水遗迹。殷商属巴国，周为巴子国属地。其阆中市为战国时期巴子国都城，秦惠文王更元九年秦灭巴，十一年置阆中县，隶巴郡（今重庆市）。西汉初，阆中县分为安汉、充国县。

　　南充市设郡始于东汉，东汉兴平元年（公元 194 年）境内置巴郡，辖安汉（郡治）、阆中、西充国（充国更名）、南充国县（析充国置置）。三国蜀汉时，境内所设郡县未变，该时期陈寿作《三国志》，其故土成为三国文化发源地。魏晋南北朝时期政权更替频繁，郡县设置混乱。

　　隋朝结束了南北朝分裂割据的局面。隋初清理省并了滥设的州、郡、县。境内设有蓬州、隆州及 14 县，其中安汉县在开皇十八年（598 年）更名为南充县。隋炀帝大业三年（607 年）调整政区设置，改州为郡，境内仅设有巴西郡（郡治今阆中市）及 13 县。唐、宋时，境内设果州（州治今顺庆区，南充市别称"果城"由此得来）、阆州

（州治今阆中市）、蓬州（州治今营山县安固乡）及十余县。

元朝境内设有顺庆路（路治今顺庆区）、保宁府（府治今阆中市）、蓬州（州治今蓬安县）及 7 个县。明朝境内所设府（州）、县基本未变。清顺治三年（1646 年），清兵进入四川后，四川省治初设保宁府（府治今阆中市），清顺治十七年（1660 年）四川省治迁至成都。

"民国"初，境内置嘉陵道，辖南充（道治）、阆中、南部、西充、营山、仪陇、蓬安（蓬州改）等 7 县。民国 24 年，境内置第十一行政督察区，辖南充（区治）、蓬安、营山、仪陇、西充、南部等 6 县。阆中隶第十四行政督察区。

新中国成立后，隶川北行署区，境内辖南充（区治、区直辖）、西充、南部、仪陇、营山、蓬安等，属南充专区（区治今岳池县九龙镇）。1952 年撤川北行署区，隶四川省，南充专区治迁南充市，辖县未变，南充市改属南充专区。1953 年撤剑阁专区，划阆中县隶属。1968 年南充专区更名南充地区。1991 年 1 月阆中撤县建市。1993 年 7 月撤南充地区，设立南充市（地级），辖顺庆（市治）、高坪、嘉陵 3 区及西充、南部、仪陇、营山、蓬安 5 县，阆中市由省直辖，南充市代管。

二、南充市的当代发展

改革开放的契机让南充市焕然一新。利用沿江而建的地理优势和地处要冲的区位优势，南充市已建成中心城区面积 120 平方千米、城市人口 120 万的全省（除成都外）首批 3 个特大城市之一。

作为一座历史文化底蕴深厚的城市，南充市珍视自身拥有的宝贵精神财富，并将其继承和发扬光大。20 世纪 80 年代，南充市开设了朱德同志故居纪念馆、拍摄了第一部以南充市为背景的电影。1986 年，经国务院批准，南充市成为对外开放城市。此后，南充市以自己的特色文化如皮影艺术、木偶艺术、丝绸等多次参加国际文化交流活动。2005 年，中国丝绸协会授予南充市"中国绸都"的金色牌匾，南充市成为中西部唯一获得此称号的城市。2006 年，南充市获得中国优秀旅游城市称号，为进一步打造城市名片，精心规划的朱德故居琳琅山风景区和阆中古城景区先后成为国家 5A 级景区。

随着城镇化的推进，人口不断增多，为满足居住和就业的需要，南充市对新老城区进行重新改造。2008 年，经国家住房和城乡建设部审批，南充市获得国家园林城市称号。2009 年，南充市进行史上最大规模的城中村改造，将 165 万平方米的土地建设成南充市最繁华的城区。连接新老城区的望天坝曾经常年受洪涝侵袭，随着西河的"截弯取直"，该地区成为"建设生态宜居新城区"的良好示范，其良好的生态系统和多种功能的有机结合，丰富了南充市的城市景观。

第二节　"印象南充"的现在

为塑造"成渝第二城"，南充市在 2016 年对城市规模、城市功能以及城市生态和文化方面进行了一系列建设，初见成效。

一、2016 年建设的举措

城市建设的内容主要包括城市规模布局、城市功能、城市生态文明和文化建设。2016 年，南充市实施重点城建项目 28 个，年内计划完成投资 9.4 亿元，包括 17 个城市基础设施建设项目、7 个民生及社会事业项目、3 个代建项目、1 个城建专项维护项目。

（一）市区有机链接，做大城市规模

在"全域南充"的理念下，促进南西蓬一体化发展，形成"一主两副"的都市区空间发展构架。三区作为城市中心区，构筑资源合理配置、功能综合协调的大都市格局。西充副中心形成"一城三片"开放型布局结构。蓬安副中心形成"一江三脉、一城两镇三园"的田园型布局。

（二）完善基础设施，提升城市功能

按照省政府"城市基础设施建设年行动"要求，力争通过 3 年努力，明显提升城市基础设施建设质量和水平，进一步完善城市基础设施体系。2016 年启动的主要项目为顺庆区滨江中路接清泉坝双层互通工程、火车北站综合交通枢纽建设工程的南充市北站站前广场项目、人民广场改善提升工程；四馆一中心（规划展览馆、地方志馆、科技馆、青少年活动中心）主体工程建设以及图书馆改扩建工程、旧城更新工程规划起步、地下综合管廊建设工程；北部新城一路延长线地下综合管廊工程、城市污水处理及配套管网建设工程、智慧城市建设工程启动。总建筑面积 6.9 万平方米，计划完成投资8 000 万元。

（三）山体水系相融，美化城市生态

南充市因嘉陵江穿城而过，环境优美、气候宜人、山水人文和谐相融、现代山水田园城市特质明显。借此优势，南充市欲打造集中展现南充市历史文化名城和现代滨江城市形象特色的城市会客厅。

一是西河生态旅游景观长廊工程。西河生态旅游景观长廊工程全长约 11 千米，规划总面积 156 万平方米，其中水域面积 98 万平方米。根据改造方案，西河顺庆城区段生态景观长廊将打造为生态水岸、活力水岸、印象水岸 3 个主要功能区。2016 年计划完成总工程量 50%。二是将嘉陵江（南充段）湿地保护与修复工程纳入"十三五"重点城建项目，完成《嘉陵江流域南充段绿色生态走廊建设总体规划》等系列规划编制。通过对嘉陵江南充段进行绿化建设、生态保护、景观打造、产业发展，实现经济发展、生态保护和文化弘扬的多重目标。三是西南石油大学南充校区周边环境整治工程。南充市人民政府支持西南石油大学建设，改变以往脏乱差的环境，恢复高校作为城市名片之一的美好形象。四是建设城北公园、虎头公园等一系列绿化工程。五是保护周边古村古镇，注重文化传承。

（四）传承优秀历史，突出城市文化

南充市作为"三国文化"的发源地，历史底蕴深厚，且具备阆中古城、将帅故里等丰富的旅游资源。南充市将自然条件与文化特色结合起来，打造"印象南充"的特色景观，加快龙门古镇项目建设。

二、2016 年建设的成效

（一）城市空间有序扩展

一是中心城区建成面积达到 123 平方千米、人口 122 万人。全市新增建成区面积 9.21 平方千米。二是在百镇建设行动中，完成村镇基础设施建设投资 21.5 亿元。阆中市柏垭镇成功入选全省"十三五"文化创意型特色小城镇，西充县多扶镇入选全国首批特色小镇，高坪区东观镇、仪陇县马鞍镇等试点城镇吸引力、集聚力全面增强。三是美丽新村建设中，完成农村危房改造 3.6 万户。

（二）城市功能加速提升

一是滨江中路接清泉坝双层互通工程在充分的前期准备后，2016 年 7 月正式开工建设，预计 2018 年完成。二是火车北站广场项目建设完成主体工程的 50%。三是"四馆一中心"主体工程提前 30 天完工，在发挥文化活动中心功能的同时，成为南充新的文化名片。四是地下综合管廊建设工程中，北部新城一路延长线地下综合管廊工程于 2016 年 5 月正式开工建设。五是城市污水处理及配套管网建设工程中的文峰污水处理厂一期工程开工建设，2016 年 12 月已具备进水运行条件。

（三）生态环境明显改善

一是西河生态旅游景观长廊工程完成电力工程施工以及重点区域场地的整理、景观节点建设、部分植物栽植等，展现初步景观形象。二是嘉陵江南充段绿色生态走廊建设项目已完成造林面积 1 334 公顷，栽植香椿、栾树、香樟、桤木、樱花、红枫等植物 160 余万株。三是西南石油大学校周边环境整治工程 2016 年 4 月竣工，开创了"校地合作"新模式。四是城市（县城）建成区绿地率达到 36.9%，绿化覆盖率达到 42%，人均公园绿地面积达到 11.6 平方米。19 个单位（小区）被市政府评选为"南充市园林式单位（小区）"。

（四）文化建设初步启动

龙门古镇开发至 2016 年 6 月已累计完成投资近 10 亿元。其中，滨江广场及护岸、城墙、城门楼工程项目已完工。小龙一期还房工程、城中村还房已经竣工；游客接待中心已完成投资 2 600 万元。华龙大道南延线及龙湖路、骑龙路共 3.3 千米，目前已完成路基及管网施工，即将进行稳定层施工。骑龙桥、环岛东路正在加紧建设。小龙二期还房、核心区土地开发、龙湖公园建设等项目年内将启动建设。

三、2016 年建设中存在的问题

（一）部分项目推进缓慢

由于项目种类多，且需同时进行，部分项目推进相对缓慢。特别是地下综合管廊建设投入成本大，需考虑对道路通行效率、环境的影响，施工期间受限较多，从而影响了项目的进度。

（二）项目管理有待加强

项目建设需要大量的劳动者，施工现场安全文明事关重大，此方面监督还需加强。此外，在施工进度的管理和安排上还需要更加专业化和规范化。

（三）项目建设过程中与群众产生矛盾

项目建设的最终受益者是群众，对建设过程中部分利益受损的群众予以补偿，由于群众需求不一、沟通不畅等问题，出现了少数群众阻挠一些项目进展的问题。

第三节 "印象南充"的未来

一、2017 年建设的思路及目标

2017 年是南充市确立"项目年"，是全面实施"155 发展战略"、加快建设"成渝第二城"的发力之年。政府工作报告对今年计划实施的重大项目作出安排部署，在城市建设方面，让一切围绕项目看、一切围绕项目转、一切围绕项目干，推动南充市蓄力高位起跳、加速跨越式赶超。

总体思路为全面贯彻党的十八届六中全会和中央经济工作会议精神，全面落实省委十届九次全会和省委经济工作会议各项决策部署，全面执行市委六届二次全会暨经济工作会议安排部署。以人的城镇化为核心，科学规划为引领，推进农业转移人口就地就近落户城镇，稳步提升城镇化质量和水平。以城镇群为主体形态，促进各级城镇协调发展。以农业产业化为基础、工业化为先导、第三产业为后续动力支撑城镇化，推进产城融合，实现城园一体。以城乡统筹为方向，建设丘陵河谷城镇，实现组团发展，推进城乡一体。坚持生态文明为引领，强化城镇建设空间管控，优化城镇人居环境。

二、2017 年建设的重点

（一）I 型大城市框架基本形成

进一步拓展城市规模，优化城市布局，推进新型城镇化进程。一是统筹谋划跨江东进、拥江发展、三城同构，全力推进西充、蓬安撤县设区，加快"南西蓬"一体化发展，着力形成"一城五区"城市发展格局，力争中心城区建成区面积超过 200 平方千米、常住人口超过 200 万人，基本奠定 I 型大城市框架。二是更好发挥项目对百镇建设行动和美丽新村建设的支撑作用。在百镇建设中，抓好 31 个重点小城镇，坚持"多规合一""一镇一规""绿色优先"原则，充分发掘各镇的特色，找准各自的定位，发挥百镇建设的示范带头作用。推进 500 个美丽新村建设，按期完成 1.1 万户 C、D 级农村危房改造、对口脱贫帮扶任务。

（二）城市功能继续提升

加快推进"155 发展战略"城市建设板块五大系统工程项目，推进基础设施建设。一是加快推进将军路嘉陵江大桥、南充市滨江中路接清泉坝互通工程等城市干道、人民广场休闲公园等城市公园和城市地下综合管廊建设。二是加快推进清泉坝、下中坝等城市新区功能配套。三是建成"印象嘉陵江"城市会客厅、国际会展中心和高铁商务区、"顺庆府"特色商业街区，加快建设南充市国际高中、区域职业教育城、市中心医院江东医院。四是推动实施老旧住宅小区电梯改造，合理规划建设中心城区停车场（库）。五是全面完成"四馆一中心"建设，方便市民开展各种文化活动。

（三）生态文化景观焕然一新

2017年，南充市将通过重点生态建设，开展大规模绿化南充行动。一是继续开展嘉陵江南充段绿色生态走廊建设。推进两岸绿化恢复和整体生态建设，营造优质蓝带（嘉陵江）、绿带（两岸绿化带）生态基底，启动两岸重要节点生态绿化景观带、景观点建设。其中，将在建设现有森林公园前提下，规划建设西山—白溪河、东河—灵城崖、金顶山、三台山、阆苍河、嘉陵第一曲流、大营山风景区，以及阆中古城城市国家湿地公园、姚溪坝省级湿地公园、太阳岛湿地公园、月亮岛湿地公园、长梁柳林坝江心岛鸟类湿地公园、清泉湖湿地公园。二是加大立体绿化、邮票绿地、公园绿地、绿道绿廊建设力度。将城市中一些地理位置不佳、形状不规整且不具有商业开发价值的土地，利用其空间，打造成市民活动休闲、停车的场所，改善城市形象。三是完成南充市西河景观长廊工程。2017年，将完成西河景观长廊总面积148万平方米，"一环、三带、八景"年底竣工，届时，西河景观长廊将成为南充市标志性公共绿廊。

三、措施建议

（一）规划引领，科学布局

良好的规划设计、完善的布局，能够帮助城市创造更多的就业机会，拉动城市的经济创新增长。反之，欠佳的城市设计可能导致城市过度扩张，造成浪费、低效、污染等问题。在城市建设过程中，为避免因"面子工程"而导致的就业严重不足、城市基础设施滞后、基本服务短缺等"城市病"，南充市应该紧跟"成渝第二城"的目标，向成都和重庆的城市建设靠拢，但同时结合自身情况，科学规划。

（二）找准定位，明确功能

城市建设有三种主要的模式：特色功能主导型、功能互补分工型、功能提升型。南充市应根据自身的自然条件、经济水平和"成渝第二城"的目标明确自身发展的模式，使城市更有特色，集中资源优势，对周边地区甚至相邻城市起到良好的辐射作用，同时也能更好地支撑其他中心城市的发展。

（三）全民参与，保护生态

在生态文明建设方面，城市生态系统的建设并不真正意味着生态城市的建成，市民的一举一动都关系着生态文明建设的成败。树立市民的生态意识，让每个人成为城市的主人，共同维护生态环境；加大生态保护的宣传与知识普及，培养市民生态化的生活方式；加强行政监管，对破坏生态的行为进行严格的规制。

（四）积极探索，文化创新

作为"三国文化"的发源地和丝绸之都，南充市可以发掘出更加丰富的文化历史素材、发挥创造能力，将文化内容与商业结合，做好本市文化宣传、规划特色的文化参观路线、影视产品开发，避免与其他地方同质化。举办多样化的文化活动，加强对外进行文化交流。

（五）开源节流，保证资金

一方面合理利用城市建设资金，提高资金利用效率。对难度大、影响广的项目应给予政策支持，避免出现推进缓慢的现象。另一方面，应通过各种融资渠道，筹集社会资金。此外，为实现效益最大化，应尊重市场规律，适应市场需求，创新投入机制，破解投入难题，比如建立城市污染经营治理权拍卖制度，实现双赢发展。

（六）过程监控，保证实施

加强工程项目建设监控。每实施一个建设项目，应确立明确的质量目标、成本目标和进度目标，选择合适的项目管理方式。实施过程中做好绩效考核。在动态中进行项目监控，做好偏差的预防和改正。明确施工规范，做好安全保障。项目后做好评价，为其他项目的实施总结经验。此外，城市建设应该得到配套制度的保障，一方面完善的制度可以避免在长久的项目建设过程中的短期行为，另一方面，有了配套制度，已完成的项目才能得到更好地维护。

（七）重视沟通，化解矛盾

规划再完美的项目，若与群众沟通不畅，则只能成为空中楼阁。因此，应该建立健全公共参与机制，把权力交给群众。在城市建设征地拆迁中的矛盾实质是市场经济条件下对于资源配置的争夺。现代经济学已经表明，只有通过合作解决争端才能使效率最大化，无数次的竞争博弈最终还是会转向合作。因此，在城市拆迁中，应该建立一个让各利益群体的代表通过充分的利益表达渠道，达成公共利益与个人利益、经济效益和社会公平的平衡，尤其是保障被拆迁方的合法利益，达到各方利益的帕累托最优。

第十章　区域性综合交通枢纽建设报告

摘要：为建设"成渝第二城"交通枢纽，2016 年南充市修订完善了一系列规划，分别提出了高速公路、国省干道、农村公路的建设目标。截至 2016 年年底，南充市已修建 10 余条高速公路，港口桥梁建设进入正轨，农村交通扶贫工作顺利完成。2017 年南充市应以抢抓机遇、加快推进、强化保障为重点，进一步了解交通需求、兼顾对周边的影响以及充分利用信息技术，加大区域性综合交通枢纽建设力度。为此，本文提出了相应的建议。

关键词：区域性综合交通枢纽；2016 年建设；2017 年预测

第一节　区域性综合交通枢纽建设的基础

南充市作为一座历史悠久的城市，"千年绸都"的地位使南充市水陆交通发达。经过多年建设，南充市交通条件不断改善，基本形成了以公路、铁路运输为主，航空运输为辅，嘉陵江水运为补充的连接东西、贯通南北、通江达海、城乡一体的综合交通运输格局。

一、交通发展的历史沿革

南充市自古以来被誉为川北重镇，居于"西通蜀都、东向鄂楚、北引三秦、南联重庆"的特殊地理位置。蜀道中的米仓道是古代陕西汉中翻越米仓山入蜀之古道，起于汉中，止于成都，在川东北地区呈网络状分布，其陆路和水路皆经过阆中。米仓道是蜀道之一金牛道开通前唯一一条关中平原与成都平原相连的通道，是我国最早的国道。此外，南充市是历史上极负盛名的丝绸产地，得嘉陵江中段的水运之便，货船溯流上行可至四川广元或者陕西略阳取道陆路金牛道直抵长安，另道亦可从阆中入东河上陆道米仓道越米仓山过汉中达长安，这就是南充市作为丝绸源点通往北方丝绸之路起点地西安的一水二陆通道。

新中国成立以来，南充市交通条件不断改善。1997 年 12 月，达成铁路通车仪式在成都火车站隆重举行，达成铁路全长 395 千米，其线路在南充市境内长 118 千米。1999 年，四川省发文批准《嘉陵江渠化规划报告》，确定开发从广元至重庆的 16 个梯级航电枢纽,通航标准为四级。同年,成南高速公路正式开工建设,2002年开放交通试运营,总里程215.45千米,至此成都至南充市行车时间由6小时缩短为2小时。2004年,南充市高坪机场正式通航,该机场为4C级民用机场。2004—2007年,绕城高速公路全线通车。

二、交通发展的现实状况

当前,南充市交通基本形成了以公路、铁路运输为主,航空运输为辅,嘉陵江水运为补充的连接东西、贯通南北、通江达海、城乡一体的综合交通运输格局。

——铁路。已建成达成铁路118千米、兰渝铁路150千米;境内动车经停南充市站、火车北站、蓬安站、营山站、南部站、阆中站,日均66趟列车经过南充市。

——航空。4C级高坪机场为军民两用机场,已开通北京、上海、广州、深圳、三亚、杭州、昆明、西安、拉萨、贵阳、天津、南宁等航线12条,年旅客吞吐量达60万人次以上。

——高速公路。建成成南、南广、南渝、绕城、广南、成德南、巴南、南大梁、遂西、巴南广等高速公路10条511千米,居全省第二位,实现了县县通高速公路。

——国省干线。有普通国、省道13条2 200千米(国道5条、省道8条),实现了各县(市、区)均有普通国省道过境。

——农村公路。建成农村公路23 200千米,实现了100%的乡镇和98%的行政村通水泥(油)路。

——水运。嘉陵江南充段九级航电枢纽全部建成,通航能力有效提升,构建了对外水运大通道;南充市港都京作业区、南充市旅游客运码头、南充市化工园区专用码头3个水运枢纽建成投入运营。

三、区域性综合交通枢纽建设的提出及定位

2008年3月,四川省正式提出全面打造西部综合交通枢纽的战略目标,明确将南充市定位为12个区域性次级枢纽城市之一,配合成都主枢纽扩大交通网络的覆盖范围,实现多种运输方式在次级枢纽和节点城市间的互动、联运和有效衔接,形成一张有效连接的网络。

2009年,南充市交通局正式编制《南充市区域性次级交通枢纽建设初步规划方案》,指出至2020年,南充市将建成"一纵、三横、两环"高速公路网络和嘉陵江高等级航道。二级路网全面高级化,农村公路实现乡村通油路、水泥路,组组通公路。完成枢纽站点、港口(码头)建设,实现综合配套,由此形成以高速公路为骨架,二级路网为支撑,农村公路为基础,高等级航道为补充,枢纽站点、港口码头为依托的连接城乡、畅通周边的水陆交通网络。

2016年,围绕"成渝第二城"的目标,南充市第六次党代会提出"155发展战略",将交通枢纽列为"五大板块重大工程项目"之一,未来7年南充市将概算投资1 100亿元,实施"一场、二铁、三轨(三桥)、四港、五路、九高"27个重大交通项目,构建畅通高效综合交通运输体系,打造四川第二、西南第七、川东北最大交通枢纽中心,使南充市成为四川、重庆、陕西三地的交互中心。

第二节　2016 年区域性综合交通枢纽建设情况

2016 年，南充市在区域性综合交通枢纽建设上完成了两项重要规划的修订。在规划的指引下，完成了一系列交通建设融资，修建了 10 条高速公路，综合性交通体系全面提升。交通执法行政管理水平大幅提升。

一、建设的举措

（一）修订完善规划，引领交通发展

《2016—2018 年南充市公路水路交通建设推进方案》于 2016 年 3 月经省政府批准印发，规划实施"2+4"高速公路项目（新改建高速公路 6 条。建设绵西、营达 2 个项目，境内总长 64 千米，建设南充经重庆至泸州、南充市城市过境高速公路北段、成南高速公路扩容改造、阆中经仪陇至营山等 4 个项目，境内总长 233 千米。）《南充市综合交通枢纽规划》围绕实现"155 发展战略"，打造南充市综合交通枢纽的总体目标和工作任务，计划实施"一场、二铁、三轨（三桥）、四港、五路、九高"等 27 个重大项目，概算投资 1 100 亿元。具体包括：新建机场 1 个，启动建设京蓉高铁和汉巴南铁路 2 个项目，建设东、西、北 3 条城市轨道交通项目和 3 座嘉陵江大桥，建设嘉陵江 4 个港区，建设 5 条一级公路和 9 条高速公路。《扶贫攻坚交通运输专项实施方案（2016—2020）》共争取到上级补助资金 10 亿元。

（二）推动项目实施，加快建设步伐

一是综合交通体系的建设。加快实施高速公路建设，缩短与省内外城市的距离，具体项目包括：巴南广高速公路南充段、南绵高速公路南充段、营达高速公路南充段、南充市至潼南高速公路南充段、南充市过境高速公路广南至南广段等建设。全面提升国、省干线提升改造，包括 G212 线阆中至苍溪界公路、G244 营山县城绕城段、G244 线 S412 线南充市营山县增产至木桠段改建工程、S305 线南部定水至升钟至思依等 17 个全市国省干线公路项目开工建设（含续建）。港口码头和桥梁建设，包括：嘉陵江黄金水道和港口码头建设、南充市都京港作业区多用途码头建设、嘉陵江南充段航运配套工程建设、都京港嘉陵江大桥建设、都京港进场道路建设。推进客运枢纽全覆盖工作，包括：阆中汽车站迁建项目、高坪汽车站迁建项目、营山县枢纽项目、南部汽车站迁建项目。

二是加大交通扶贫工作。实施乡道改造、村道改造、渡改桥改造等项目，满足贫困群众出行和运输便利，打通脱贫攻坚的道路。

（三）加强行业管理，提升服务质量

一是为规范运输市场秩序，出台《关于深化改革推进出租汽车行业健康发展的实施意见》和《南充市网络预约出租汽车经营服务管理实施细则》两个方案，规范网约车运营。二是为确保交通运输安全，落实新《安全生产法》，加强交通运输安全监管和项目评估工作。三是加大执法力度、规范执法程序，推进交通运输网上审批服务平台建

设，提高执法效率。

（四）拓宽融资渠道，确保项目实施

一方面在加大财政资金投入的基础上，努力向上级争取支持，另一方面采用多种融资方式，广纳民间资本。组建了市级投资平台—南充市交投公司和各县（市、区）交通建设融资平台，加大与金融机构合作，采取多种融资模式，为项目实施争取充足的资金。

二、建设的成效

（一）交通体系全面升级

2016 年，南充市交通建设完成投资 98.7 亿元，完成年度目标的 105%，为推进《南充市综合交通枢纽规划》和《2016—2018 年南充市公路水路交通建设推进方案》开了个好头。高速公路的建设数量已居全省第二，不仅缩短了南充市与巴中市、绵阳市、达州市等周边城市的通勤时间，向"川东北最大交通枢纽中心"的目标顺利靠拢，同时积极响应了建设交通"成渝第二城"的口号。港口码头和桥梁建设的全力推进，将促进南充市各区的互通有无，增加城市交通容量。运输场地的建设方便了阆中、营山和高坪居民的流动，促进主城区与周边县（市）的交通，推动了新型城镇化的进行。

（二）扶贫工作成效显著

2016 年，全市交通民生工程建设完成投资 11.8 亿元。全年实施县乡道改造（改善提升）工程 500 千米，村道改造工程 550 千米，新开工渡改公路桥 16 个、建成 4 个，新开工渡改人行桥 7 个、建成 7 个。全市 317 个拟退出贫困村交通基础设施全面达标。

（三）执法管理不断优化

交通运输安全监管方面，全年共查处非法营运车辆 1 967 辆次和出租车违章行为770 辆次，实现了市级层面 70% 以上事项网上办理、全程监督。

三、建设中存在的问题

（一）项目推进进度不一

2016 年，南充市交通建设总体进展顺利，综合交通体系超额完成，尤其是高速公路的修建，在省内名列前茅。然而港口码头和桥梁建设相对缓慢，且具体项目之间进度不一。其中可能原因在于项目前期申报、项目实施过程中遇到新的难题等现实因素，使之与规划产生时间差距。尽管项目需要循序渐进，但部分项目的长期滞后可能影响到周边居住、交通环境，甚至影响经济发展。

（二）项目实施筹资不易

由于目标高、时间紧和项目多，项目筹资难度大。一方面，资金不足可能影响项目实施的进度，并使项目的质量得不到保证，为今后的交通安全和交通体系的可持续发展埋下隐患。另一方面，相关部门不仅要致力于技术层面的工作，还要考虑增加筹资渠道以争取更多的资金，影响工作效率。

（三）项目招标难度增大

交通建设需要将现有不合理的交通体系进行改造，必然涉及一部分居民的拆迁问题，随着拆迁成本的增加，项目招标越发困难，产生供需失衡的问题，项目难以推进。

第三节　2017年区域性综合交通枢纽建设研究

2017年是承前启后的重要一年，必须明确建设目标，科学统筹实施内容，抓住建设重点，强化过程管理，确保全市交通建设上水平、上台阶、上档次。

一、建设的思路及目标

以《南充市综合交通枢纽规划》《扶贫攻坚交通运输专项实施方案（2016—2020）》和《2016—2018年南充市公路水路交通建设推进方案》为依托，计划高速公路、国省干线、农村公路、内河水运、运输站场、公路养护设施6大类196个项目，总投资710亿元。计划实施115个项目，完成投资145.3亿元、同比增长47%。

二、建设的重点

（一）抓住机遇，增加建设总量

首先要实现"量"的增加。以"南推方案"为依托，更加科学地进行项目谋划，提高项目申报的成功率。针对资金问题，市本级和县（市、区）都要设立"南推"专项预算资金，充分发挥财政资金"四两拨千斤"的杠杆作用。大力向上争取补助资金，扩大交通建设资金池。强化市场运作，积极推广运用BOT、PPP等模式，进一步激发民间投资活力。强化群众参与，特别是农村公路，采取"一事一议"、村民自治的方式，引导群众自己定、自己筹、自己干。针对用地难题必须坚持扩大增量与盘活存量并举，全力争取用地指标，努力盘活存量土地，梯次安排用地需求，根据轻重缓急，分项目、分阶段、分步骤解决好用地问题。

（二）过程监管，保证建设质量

严格执行建设规划，不能随意改变规划，不能降低道路建设标准。严格工程建设招投标，选择业绩好、信誉好、有实力的投资业主和施工企业，绝不能搞烂尾工程，绝不能搞豆腐渣工程。强化项目管理，严把关键工序、关键部位、主要材料"三道关口"，确保项目建设质量。注重关键的管理流程、注重项目计划、注重成本管理、注重项目沟通、注重信息管理。

（三）强化保障，落实责任主体

一是落实项目责任主体。按照市委"一事一主体、一主体一责任人"的要求，明确各项目层级的责任人，按分级负责的要求，逐级抓好责任落实。严格责任考核，考核结果与领导年终岗位目标考核直接挂钩，并作为干部选拔任用的重要依据。严格责任追究，对重大违法违纪案件，要追究有关领导的责任，决不走过场，决不流于形式。

二是规范操作。重点是要认真贯彻招投标法，坚决贯彻实施招标管理的有关规定。在工程招标过程中，要严格按法定程序操作，坚决杜绝各种暗箱操作行为。对大宗建材和设备等物品采购，一律公开操作，一律政府采购。同时，要对工程实施全过程跟踪管理，从计划立项到竣工审计都将全程把关，严格审批程序，严格要求按批准的设计方案进行建设，严禁擅自增加建设内容，扩大建设规模。

第十一章　教科文卫品牌建设报告

　　摘要： 南充市教科文卫品牌建设基础较好。2016年，在"155发展战略"的指导下，南充市围绕教科文卫品牌建设，明确了建设计划，创新了体制机制，取得了较好的建设效果。本文提出了2017年南充市教科文卫品牌建设的思路、目标以及完善教科文卫品牌建设机制、加快教科文卫改革进程、增加教科文卫项目投资、加大教科文卫品牌宣传、重视人才队伍建设等建议。

　　关键词： 2016年；教科文卫；品牌建设；2017年研究

第一节　教科文卫品牌建设的基础

　　教科文卫是一个城市的"软实力"，是南充市推进"南充新未来·成渝第二城"的重要支撑。南充市历来是四川省教科文卫的重点地区，也是川东北地区的教科文卫中心。尤其是近十年来，南充市在教育、科技、卫生、文化领域实施了一系列政策措施，促进了教科文卫事业的大发展。

一、"十一五"期间的建设成效

　　"十一五"期间，南充市通过灾后重建，教科文卫领域均取得较好的成绩。

　　（1）教育：全市教育事业呈现良好发展态势，即学前教育健康发展、义务教育均衡发展、高中阶段教育快速发展、特殊教育持续发展以及高等教育稳步发展，且全市教育师资队伍结构不断优化，办学条件不断改善，并在教育科研领域完成省级重点课题及重大课题子课题15项，一般课题37项；市级重点课题352项。共获省奖级25项，市级奖186项，取得了丰硕成果。①

　　（2）科技创新：自主创新能力明显提升，全市共取得各类科技成果872项，比"十五"增长26%，其中52%的科研成果达到国内先进水平；科技综合实力不断增强，全市共实施国、省、市各类重点科技项目860余项，研究与试验发展（R&D）经费支出达到46亿元，实现新增销售收入286亿元，科技进步对经济增长的贡献率达到40%；

---

　　① 资料来源：《南充市教育事业发展"十二五"规划》。

区域创新体系逐步建立，全市财政科技专项投入达到 3 200 多万元，初步形成财政科技投入稳定增长机制，引导企业研发投入快速增加。①

（3）文化：南充市围绕建设"文化强市"，以文化体制改革为动力，以文化产业园区（基地）为载体，大力发展文化娱乐、文艺展演、文化创意、文化旅游、文化服务贸易、文化会展、包装印刷等文化产业；依托特色文化产业基地（园区）和资源优势，加强项目策划包装，抓好项目宣传营销，引进了万科集团、北京保利等一批优质文化企业和项目；有序推进"熊猫乐园"、川东北文化传媒中心、南充影视中心等重点文化产业项目；谋划、编制和包装了一批优质文化项目，并进入了国、省项目"盘子"。

（4）医疗卫生：全市市民健康指数明显提高，全市城乡居民期望寿命达到 74 岁，孕产妇死亡率、婴儿死亡率均明显下降；城乡卫生服务体系逐步完善，全市共有各级各类医疗卫生机构 1 946 个，医院 77 所；医疗卫生服务能力明显提升，医疗卫生保障明显加强；公共卫生服务取得明显成效；医疗卫生应急能力明显提升，救援体系逐步健全完善；中医药工作取得可喜成绩。②

二、"十二五"期间的建设成效

"十二五"期间，南充市继续加大在教科文卫领域投入并取得了较好的成绩：

（1）教育：大力实施学前教育三年行动计划，"入园难"问题得到有效缓解；义务教育薄弱及学校基本办学条件全面改善，义务教育均衡发展稳步推进；高中阶段教育办学条件大力改善，普及程度大幅提高；职业教育稳步发展，建成南充中职教育集团、大成职教集团等 4 个职业教育集团；教育公共服务水平有效提升。

（2）科技创新：全市已有国家重点扶持的高新技术企业 39 家、省级创新型企业 31 户，分别居全省第 11 位、川东北第 1 位；全市取得各类科技成果 3 000 余项，获国省科技进步奖 37 项、比"十一五"期间增长 68%，其中国家级 1 项、省级一等奖 8 项；全市专利申请 6 354 件、获得授权 3 178 件，比"十一五"期间分别增长 256%、217%，居川东北首位，名列全省前列，其中发明专利申请 1 158 件、获得授权 225 件，分别同比增长 401%、168%；登记技术交易合同 127 项，累计实现技术交易额 1.2 亿元；全市市级以上企业技术中心 94 个、省级技术检测中心 4 个；共争取国、省重大科技项目 180 项，到位无偿资金 1.5 亿元，撬动引导研发、转化资金 12 亿元；2015 年争取国、省重大科技项目 70 项，到位无偿资金 4 424 万元，同比分别增长 64%、58%，居全省第 7 位、川东北第 1 位。

（3）文化：积极创建国家公共文化服务体系示范区，基本实现市、县、乡、村、文化大院、文化中心户六级文化阵地全覆盖。

（4）医疗卫生：成功推行城镇医保付费制度改革和居民门诊统筹，实现市内职工医保实际缴费年限互认；医药卫生体制改革有序推进，大力实施优质医疗资源倍增计划，医疗卫生服务体系进一步完善，服务能力不断增强，人民群众健康水平不断提升，

---

① 资料来源：《南充市"十二五"科学技术和知识产权发展规划》。
② 资料来源：《南充市"十二五"医药卫生事业发展规划》。

人均期望寿命达 76.35 岁，孕产妇死亡率下降至 8.75/10 万，婴儿死亡率下降至 4.64‰。[①]

第二节　2016 年教科文卫品牌建设情况

一、建设的举措

南充市围绕"一年规划提升、两年高点起步、三年形成规模、五年初见成效、十年大见成效"节点安排，一步一个脚印办好关系教科文卫事业长远发展的大事和实事。

（一）明确建设计划

南充市预计在 10 年之内，分为五个阶段完成教科文卫重大工程项目建设，前三个阶段均只耗时一年，分别完成规划提升、高点起步以及渐成规模的目标。2016 年是规划提升阶段，结合中央、省委和市委关于"十三五"时期的工作安排，对接经济社会发展总体规划和专项规划，南充市邀请权威规划设计机构和知名规划团队，深入研究成渝城市群发展态势，制定具体翔实的发展规划和项目规划，确保符合发展大势、符合市情特征、符合实际情况。

（二）采取有力措施

南充市在"科教兴国"战略背景下，结合自身实际并紧扣省、市投融资方向，对接西部大开发、"十三五"规划、成渝经济区北部中心城市建设、融入重庆发展等战略部署，聚焦市委关于实施"155 发展战略"的安排，顺应人民群众同步全面小康的热切期盼，着力推进教科文卫重大工程项目建设。

（三）建立保障机制

一是创新多元筹资机制，破解"钱从哪里来"。大力"向上争"，即认真研究新一轮西部大开发、成渝经济区和川东北经济区发展规划、"一带一路"和长江经济带建设等政策措施，谋划编制一批谋全局、打基础、利长远的重大项目跻身国、省笼子和盘子，在更大层面争取更多支持。坚持"多方筹"，即整合教科文卫资金，完善市、县（市、区）共同筹资机制，千方百计推动落实，共同保障重大项目建设资金要素。三是着力"社会引"，即深入研究社会资本、民间资本参与教科文卫事业发展的措施和办法，用好用透用活 PPP、投融资等新的发展模式，借势借力推动发展。

二是创新人才选用机制，指引"人往何处走"。实施"引智"工程，即坚持以名师名家名企为引领，综合运用"嘉陵江英才工程"等手段和方式，着力引进一批带动性强、声望度高的业界知名专家学者和企业，打造留得住人、拴得住心的人才建设洼地，不断充实相关行业领域领军人才、尖端人才，激发发展内生动力。实施"提能"行动，即整合各职能部门资源力量，采取走出去、请进来等多种方式，组织全市教科文卫领域管理队伍、从业人员、基层骨干进行大规模轮训，细化硬化全过程监督考核机制，明确培训标准、达标要求和准入制度，提高教科文卫领域从业者的整体素质和能力水平，达

---

① 资料来源：《南充市国民经济和社会发展第十三个五规划纲要》。

到人岗相适、人尽其用、人尽其才的良好效果。实施"交流"计划，即打破教科文卫领域交流僵化、利益固化的藩篱，积极推动开展人员双向交流，常态化组织市、县两级从业人员到基层蹲点指导，服务基层群众办实事、解难题，选派基层工作者挂职学习，了解掌握新技术、新手段、新方法，为群众提供更优质高效的服务，同步提高基层工作水平。

三是创新工作运行机制，解决"事该怎么办"。紧紧扭住重大项目谋划实施，区分实施主体、牵头单位、责任单位、完成时限等要素，挂出每一个项目推进的时间表、路线图、任务书，把任务细化到具体人头上，确保项目推进有力有序。坚持项目谋划、项目实施、项目考核一抓到底，协调市委领导定期组织听取项目进展情况汇报，深入研究解决各种困难问题，为项目顺利推进扫清障碍。强化问事问人问责的督办机制，对重大项目进展情况进行督查考核，对不作为、慢作为、乱作为导致工作进度滞后、要素保障缺失、项目进展迟缓的行为，严肃追究相关单位及人员责任，以逗硬的举措切实保障项目进度。

二、建设的成效

2016 年，南充通过打造区域领先的教科文卫品牌，在教育体育、科技创新、文化发展、医疗卫生领域均取得了较好的成绩。截至 2016 年年底，南充市共有教科文卫重大工程项目 53 项，其中，新建、续建、筹建项目分别占项目总数的 71.70%、5.66% 和 22.64%。

（一）教育体育

教育基本情况：全市现有各级各类学校 2 168 所（含办学点 573 个），在校学生近 100 万人，在岗教职工 6.5 万人。其中，驻市全日制普通高校 5 所、成人高校 2 所，在校大学生 8 万余人。

（二）科技创新

一是"双创"平台日益完善。南充创新驱动发展试验区、南充创业小镇以及各县（市、区）创新创业孵化园、众创空间等众创平台蓬勃发展；全市创新创业孵化载体面积达 17 万平方米；新增 4 个省认定企业技术中心，累计达到 27 个；西华师范大学科技园成功创建省级大学科技园；南充高新孵化园（西南石油大学科技园〈南充〉）建成开园；清华大学软件学院建设中国西部三维技术产业园成功落户南充。

二是科技创新发展空间更加宽阔。"政产学研"协同创新持续深化，并与多个高校签订了校地合作协议，建立了联席会议制度；以南充职业技术学院为依托，成功组建南充电子信息产业技术研究院。

三是科技创新成果亮点纷呈。南充市专利申请量 1 700 件，其中发明专利 350 件；新增高新技术企业 8 户，总数达到 43 户，实现总产值 330 亿元、增长 15%；建成农业科技实验基地 37 个，完成 68 个新品种及 42 项新技术推广。

（三）文化

文化产业发展保持了快增长：总体规模持续递增，全市 2016 年实现文化产业总产值 40 亿元，同比增长 25%，实现增加值 29.8 亿元，同比增长 28%，占 GDP 的比重超过 3.0%；上缴税收 3.5 亿元、解决就业近 10 万人，同比增长 85%。文化产业集聚发展，深入推进"一核心、两板块、十园区"建设，十大文化产业基地已有 38 家企业入驻，总投资达到 91.6 亿元；市场主体数量攀升，全市登记各类文化市场主体 3 415 户，其中企业 1 379 户，注册资本达到 8.9 亿元。

（四）医疗卫生

一是精准医疗扶贫工作强力推进　在精准识别的基础上，着眼于阵地建设，让贫困群众"看得上病"；探索了一条"卫生+教育"的扶贫新模式，并开展健康知识巡讲活动，切实加强对贫困人们的医疗帮助。

二是医疗卫生改革全面推进，在《南充市深化医药卫生体制综合改革试点实施方案》的指导下，实现了全面取消药品加成、城市公立医院改革稳步推进、分级诊疗制度初见成效，积极推行团队签约服务等医疗卫生改革进程。

三是卫生项目建设成效明显，2016 年累计完成项目投资 8.1 亿元，实施卫生项目 842 个，投入使用 576 个，新增业务用房面积 6.2 万平方米；市中心医院江东医院完成地下工程土石方招标，川北医学院附属新区住院大楼正在进行基础施工，且川东北（南充）康养中心和川北医学院附属嘉陵医院正加快推进。

四是针对薄弱环节和滞后指标，按照"一月一梳理、一季一通报"责任落实到委领导和科室，严格落实"清单工作法"实行周情况、月小结、季测评，压紧压实责任，确保卫生计生民生工程超额完成。

五是公共卫生工作扎实有效，包括疾病预防控制成效明显、执法监督工作不断强化、卫生应急工作成效明显、妇幼工作成效明显四个方面。

六是计划生育工作持续强化，包括计划生育指标全面完成、严格责任管理、强化宣传教育、全面实行生育登记服务制度、强化计划生育服务、落实惠民政策等。

七是中医药工作快速发展，启动了全国基层中医药工作先进市和蓬安县全国基层中医药工作先进单位创建，启动南充市"基层名中医"评选工作；完成营山县中医医院新区一期和南部县中医医院门诊楼二期工程建设，蓬安县中医院住院大楼进入基础施工；完成相关文件等编写并对相关从医人员进行医疗卫生培训。

三、建设中存在的不足

尽管南充市教科文卫项目建设取得了较好的成绩，但在发展过程中仍然存在一些问题。

（一）教育方面存在的不足

一是城区教育资源供给不足。教育资源供给与城市化快速推进之间的矛盾没有得到根本缓解，择校热、大班额问题依然客观存在。按部颁标准测算，主城区尚差学前教育学位约 10 000 个、义务教育学位约 16 000 个、高中学位约 8 000 个。

二是基础教育发展不均衡。区域之间、城乡之间、学校之间在办学条件、师资队伍、学校管理、教育教学质量等方面仍有一定差距；优质教育资源供给不足，未能形成优质教育聚集效应。普通高中尚未形成良性竞争态势，高考质量与全省平均水平相比仍有一定差距。

三是现代职教体系不完善。职业教育集团化、规模化、品牌化的发展模式尚未成熟，职教院校"双师型"师资严重缺乏，专业设置同质化，教学质量、实训水平不高。

（二）体育方面存在的不足

体育场馆设施建设滞后于城市发展，全民健身活动开展的广度、深度不够，尚未形成充分满足群众需要的体育基本公共服务体系，竞技体育水平不高，体育产业总体规模偏小，支柱产业和龙头项目尚未形成，体育产业产值在全市生产总值中占比偏低。

（三）科技创新方面存在的不足

高层次创新创业人才匮乏、企业主体投入普遍较少、"产学研"协同创新发展较慢、创新创业项目产业层次偏低、综合竞争力较弱。

（四）文化方面存在的不足

底子薄、基础差、欠账多、不平衡仍是南充市文化广电新闻出版发展的基本现状。此外，公共服务综合效益差、文艺创作精品力作少、文化市场体系不健全、文化产业竞争力较弱、文艺人才队伍不稳定、媒体融合创新程度低等问题亟待解决。

（五）医疗卫生方面存在的不足

公立医院改革深入推进难与科学就医秩序形成难并存。南充医疗保健服务供应总体偏紧，作为优质医疗资源代表的三级医院仅3个，卫生人员中硕士以上只占2.67%，副高以上职称只占5.45%，还不能满足城乡居民对高端医疗保健服务资源的需要。基层卫生人才队伍建设招引难与留人难并存。信访维稳压力较大，乡村医生养老问题，计生方面的信访问题相对突出。

第三节　2017年教科文卫品牌建设研究

2017年，南充市教科文卫品牌建设具有承上启下的关键作用，必须进一步明确思路、目标并抓好相关工作。

一、建设的思路与目标

（一）发展背景

2017年，南充市教科文卫重大项目工程共有在建项目51项，包括续建项目41项、新建项目10项，涉及教育体育、科技创新、文化、医疗卫生四个方面。从总体发展态势上研判，南充教科文卫板块基本特征是"大而不强"，相较成都、重庆、绵阳差距仍然较大；在川东北区域内比，虽然整体发展水平领先，但优势并不明显，在个别领域已被超越，可谓"前有标杆、后有追兵"。

（二）发展思路及目标

南充市作为四川省教科文卫强省，着眼中央"四个全面"战略布局，紧紧围绕省委实施"三大发展战略"和市委实施"155发展战略"，坚持一手抓比较优势巩固提升，一手抓薄弱环节补齐短板，明确了教科文卫品牌建设旨在突出建设成渝教育体育、科技、文化、卫生计生"第二城"这个主攻方向和着力重点，不断提升南充教科文卫发展软实力、核心竞争力、区域影响力的总体思路。在项目谋划上，以教育为基础，以卫生为保障，以文化为内涵，以科技为支撑；在项目选择上，突出市本级和三区为主体的项目，文化、卫生板块纳入县（市）部分影响大、带动力强的民生项目、特色项目。着力推动教科文卫社会效益和经济效益齐头并进，率先突破和强势崛起于成渝城市群二线城市，努力重振川北教育体育重镇雄风，加快建设区域科技创新强市，全力建设成渝"文化第二城"，着力打造健康南充"五大中心"，即区域优质医疗中心、医学人才培训中心、养生养老服务中心、重点专（学）科中心、个体化精准医学中心。

二、建设的重点

（一）教育体育

按照"建设成渝教体第二城"的战略目标定位，立足建设区域教体强市的现实需求，南充市初步谋划了十大重大工程项目：学前教育推进工程、义务教育均衡化建设工程、高中教育普及工程、职业教育"产教融合"工程、高等教育提升工程、教育"三名"工程、教育信息化建设工程、青少年综合实践基地建设工程、体育场馆设施建设工程项目、全民健身和竞技体育提升工程项目。

（二）科技创新

围绕科技创新板块，主要抓好以下重点工作：构建科技创新平台体系、巩固拓展"政产学研用"协同创新、培育企业创新主体地位、加速科技成果转移转化、完善科技创新体制机制、营造创新创业生态、推动重大科技项目实施以及加强系统自身建设。

（三）文化

精心筹办相关品牌活动，继续实施"一县一品"文化发展战略，不断提升南充城市文化形象和文化地位。切实抓好"示范区"后续创建成果，不断充实公共文化服务内容，推动示范区持续发展。持续推进"一核心、两板块、十园区"发展。维护文化市场秩序，强化行政审批事项动态管理，优化工作流程，减少审批时限，规范中介管理，强化政务公开。贯彻相关法律法规，继续推进公布第五批市级非遗代表性项目名录，进一步开展"非遗"保护调查研究，持续做好戏剧普查。推动广电事业发展，大力宣传南充城市精神、扶贫攻坚、成渝第二城等重大主题。建设全民阅读示范基地和示范点，并深入打击网络侵权盗版行为，繁荣新闻出版事业。

（四）医疗卫生

要全力开展健康扶贫工作，尤其加快贫困人口医疗卫生保健。要进一步修订完善健康扶贫政策措施，并提升基层服务能力。加大基层医疗卫生机构标准化建设力度，全力推进公立医院改革、卫生项目建设、区域医疗卫生中心建设、卫生信息化建设并大力完善计划生育服务工作。

三、措施建议

（一）完善教科文卫品牌建设机制

构建上下联动机制，形成"上下、左右、前后"发展机制，充分借鉴省内外、市内外教科文卫发展先进地区的经验，结合南充实际，推进本市教科文卫品牌建设。其中，"上下"联动指南充市要同时兼顾国家、四川省和市内各县区的教科文卫建设实际；"左右"指南充市要充分考虑川渝经济群其他地区教科文卫发展的经验，去粗取精完善自身体制建设；"前后"指南充市教科文卫品牌建设要充分考虑南充市实际，即既要充分认识本市教科文卫品牌建设的现实状况，也要对过去的经验进行评估总结，在此基础上对未来发展作出预测并制定相关发展措施。

（二）加快教科文卫改革进程

推进教科文卫改革进程，包括制度改革、体制改革等，要以改革为契机，充分落实在教育体育、文化、科技创新以及医疗卫生领域的改革措施。

（三）增加教科文卫项目投资

加大力度吸引更多的资金，尤其是吸引民间资金进入教科文卫重大工程项目建设领域，保障教科文卫品牌建设的顺利进行。

（四）加大教科文卫品牌宣传

组织各类媒体积极宣传本市关于推进教科文卫品牌项目建设的政策措施和工作进展及成效，及时报道全市各地、各行各业涌现出来的创新创业典型人物、企业和各类经济体，发挥典型榜样的示范带动引领作用，吸引民间资金，推动教科文卫品牌建设。

（五）重视人才机制

一是优化人才成长环境，努力营造人才辈出、人尽其才、才尽其用的体制环境。二是围绕重点项目建设招引专业人才，实施更加积极的人才激励和吸引政策，按照重点领域和方向，坚定不移地实施"嘉陵江英才工程"。三是加快实施人才招引"走出去"战略，主动到高校集中的地区特别是北京、成都、重庆、西安、武汉等地招引高水平创新团队和有潜力的青年才俊。四是注重培养一线创新人才和青年科技人才，在教科文卫各个模块规模培养高级技师、技术工人等高技能一线实用人才。

（六）增强政府监督职能

一是加强政策跟踪，坚持定期到基层调研，对政策实施中存在的问题，及时组织相关部门进行现场办公加以研究、解决，确保创新创业工作顺利实施并取得成效，增强政策执行力。二是加强政策落实，要求各级各部门牢固树立"一分部署、九分落实"的思想认识，打通政策贯彻落实的"最先一千米"和"最后一公里"，确保政令畅通、令行禁止，推动国、省各项决策部署落到实处，并取得实效。三是加强过程管理，对大众创业万众创新推进工作目标任务分解到县（市、区）和市级相关部门，每一项具体工作都落实到人，明确工作任务和职责，做到创新创业工作职责清晰，协同推进。

第十二章　旅游三产重大工程建设报告

摘要：2016 年，南充市通过科学编报旅游建设项目、切实加强旅游项目招商、强化旅游项目管理指导、合力推进旅游项目建设、设立专项资金助推发展、加强项目建设保障等举措，加快旅游三产板块"一城三带六区"重大工程项目建设，进展顺利。2017 年开工建设项目 7 个，同时，明确了建设思路与目标以及建设重点。为此，本文提出了做好规划统领工作、优化旅游发展投资机制、完善旅游发展政策、强化旅游发展人才保障等建议。

关键词：旅游三产；重大工程；2016 年建设；2017 年研究

第一节　旅游三产重大工程建设的基础

南充市既拥有三国文化、红色文化、风水文化、嘉陵江文化、丝绸文化等历史人文资源，也拥有嘉陵江、升钟湖、凌云山等丰富的自然生态资源，为南充市发展旅游产业、建设旅游三产重大工程项目奠定了坚实的资源基础，此外，南充市位于成渝经济群北部地区的几何中心，为南充市发展旅游产业提供了良好的区位基础。

一、旅游资源丰富

（一）自然资源

南充位于四川盆地的东北部，嘉陵江中游，东邻广安，南连重庆，西通成都，北接广元，介于北纬 30°35′~31°51′、东经 105°27′~106°58′之间，南北跨度 165 千米，东西跨度 143 千米，辖区面积 12 479.96 平方千米。境内主要的河流有嘉陵江、清溪河、西河、东河、构溪河、白溪河、西充河、螺溪河。地处中亚热带湿润季风气候，四季分明，气候呈现春早、夏长、秋短、冬暖的特征。矿产资源丰富，地下盐矿资源储量 1.8 万亿吨，位列全国前茅，拥有石油储量 7 779 万吨、砖用页岩 5 292.9 万吨、天然气储量 1 000 亿立方米、建筑用砂 64 318 万立方米、膨润土 4.84 万吨、砖瓦用黏土 566.52 万吨。全市水资源总量约 400 亿立方米，地表多年平均径流总量 41.91 亿立方米，多年平均径流量深 335 毫米，人均水量 600 立方米，低于全省和全国平均水平。

（二）历史人文资源

截至 2016 年年底，南充市拥有国家级文物保护单位 8 处、5A 景区 2 处、4A 景区 6 处，总数量仅次于成都、广元，位于四川省第三。"全年接待旅游人数 3 726.5 万人次，比上年增长 21.1%，其中接待入境旅游人数 2.52 万人次。全年旅游总收入 321.72 亿元人民币，比上年增长 26.8%，其中入境旅游外汇收入 1 270 万美元。"丰富的名胜古迹（奎阁、禹迹山摩崖造像、天宫院、宋代白塔、阆中古城、巴巴寺、西山风景区、清泉寺、凌云山、汉桓侯祠、万卷楼、阆中滕王阁、南充古八镇）、悠久的人文历史（王永雄、罗纶、张宪、马忠、王平、张飞、司马相如、陈寿等）以及其独特的民风民俗和城市文化，都为南充旅游业的发展奠定了坚实的基础。

二、发展历程

随着中国经济发展进入"新常态"，经济发展与资源能源短缺的矛盾日益凸显，以资源能源过度开发利用的粗放型发展模式不再适用于中国经济，而旅游业作为"无烟工业"和"无形贸易"，其经济综合性、资源依赖性、季节敏感性、部门关联性等特征使其成为国民经济重要支柱产业的同时，也成为产业转型升级的重要支撑。在此背景下，南充市结合自身实际，大力发展旅游产业，打造了一系列重大工程项目，为南充市经济社会的可持续发展奠定了坚实基础。

"十一五"期间，南充市成功创建国家 A 级景区 12 个，其中，4A 级景区 6 个，接待国内外游客 1 300 万人（次），实现旅游总收入 91.1 亿元，位居川东北第一。[①]"十二五"期间是南充旅游业发展最快最好、成效最为显著的时期。截至 2015 年年底，南充市旅游业占地区生产总值的比重为 21.20%，旅游产业占第三产业增加值比重为 27%；全市接待游客数 3 726.5 万人次，实现旅游总收入 321.72 亿元。此两项指标较 2010 年"双翻番"，分别位居全省第三位和第五位，稳居川东北首位。

第二节　2016 年旅游三产重大工程建设情况

2016 年是南充市经济社会飞速发展的一年，作为"十三五"的开启之年，南充市在"155 发展战略"的背景下积极建设旅游三产重大项目工程，并取得了明显成效。

一、建设举措

（一）科学编报旅游建设项目

编制了安汉故城、升钟湖旅游度假区、柏杨湖旅游休闲度假区等 15 个大型旅游项目建议书，确定了 45 个旅游重点建设项目。其中，中国绸都都京丝绸产业文化中心、中法农业科技园、阆中国家旅游度假区、南部县八尔湖精品旅游景区、朱德故里创 5A 级景区等项目纳入 2016 年全省重点旅游项目库，营山县望龙湖·龙王寨旅游度假区、

---

① 资料来源：《南充市国民经济和社会发展第十二个五规划纲要》。

西充县青龙湖休闲旅游度假区、阆中月半湾国际休闲旅游度假区二期建设项目入选2016年全国优选旅游项目，嘉陵江流域欢乐水世界旅游综合开发、南部升钟湖创国家级旅游度假区、望龙湖·龙王寨旅游度假区、凌云山创建国家级旅游休闲区、老观古镇保护与开发建设、太蓬山创国家4A级旅游景区、柏杨湖旅游度假区等项目纳入四川旅游投资项目体系项目。

（二）切实加强旅游项目招商

委托专业机构，从投资人关注的角度筛选出重点旅游投融资项目，从项目发展定位、开发条件、核心产品、经济效益等角度，对全市精品旅游项目进行策划包装。编制了《南充市旅游项目招商说明书》，利用旅游政务网和第二届中国（四川）国际旅游投资大会、第三届四川国际旅游交易博览会、第七届四川国际自驾游交易博览会等各种平台进行宣传推介、招商引资。协同省旅游局、市政府、市投促局等单位，邀请知名企业负责人及乡友企业家、商协会组织负责人等进行旅游投融资项目勘察活动。

（三）强化旅游项目管理指导

建立健全项目管理报告制度，各县（市、区）旅游局设立了专门的旅游项目管理信息员，将旅游项目按前期项目、在建项目分类，项目投资建设情况每季一报，做到了项目建设信息一表清。同时，为了推动了全市旅游项目建设进程，年内分别召开了四次旅游项目发展专题培训会，邀请专家分析行业动态，解析政策走向，分享成功案例。

（四）合力推进旅游项目建设

全市各级旅游部门主动与发改、文化、农业、体育等部门合作，向国、省争取了一批文化旅游、乡村旅游、运动健身旅游等重大项目。比如，围绕重点景区建设，将朱德故里旅游区创建国家5A级旅游景区和阆中嘉陵江山创建国际级旅游度假区纳入了全市重点推进项目；围绕旅游文化互动，将中国绸都丝绸博物馆及丝绸文化产业园建设纳入全省工业旅游示范点创建；围绕改善旅游基础设施建设，编制了旅游景区连接道路、生态治理等方面项目；围绕项目储备，配合住建、文化等部门，遴选一批名镇、名村及重点景区申报国家部委认证审批，迈入国家投资项目准入"门槛"；在全市启动的扶贫工作中，旅游部门率先介入，充分考虑体现旅游要素，编制旅游扶贫规划，统筹建设，使扶贫工作与旅游有机结合。

（五）设立专项资金助推发展

为加快南充市旅游产业发展，2016年，南充设立创建国家5A级旅游景区和创建国家3A级旅游厕所奖励。通过"以奖代补"方式，对成功创建为国家5A级旅游景区给予奖励50万元，对2016年新（改）建达到国家3A级标准的旅游景区厕所给予奖励，每个给予5万元补助。

（六）加强建设保障

1. 强化组织领导

加快完善旅游行政管理体制，有序推进旅游管理部门机构改革，设立市、县旅游发展委员会，进一步健全旅游综合协调机制，充分发挥市、县两级旅游产业发展领导小组的作用，形成加快旅游业发展合力。

2. 强化规划引领

各县（市、区）在旅游业发展中坚持突出特色、错位发展，严格按照规划内容执行，用规划指导项目建设，强化规划引领的约束力。

3. 强化资金保障

按照"政府主导、企业主体、市场运作"的原则，建立"政府扶持、金融支持、社会投资"的多元化投入体系。不断加大政府投入，并建立与地方财力匹配的动态增长机制；积极招引国际、国内知名企业投资南充旅游开发；鼓励本地有实力的旅游企业借助资本市场力量，推进企业上市，通过企业债券、项目融资、产权置换等方式筹措资金。

4. 强化政策落实

对新成立的旅游企业和有发展潜力的企业给予一定年限的免税或税收优惠；按照国土资源部、住房和城乡建设部、国家旅游局《关于支持旅游业发展用地政策的意见》精神，对重点旅游基础设施建设、旅游资源开发项目予以支持；积极探索利用荒山、荒坡、荒滩、废弃矿山、集体林地、腾退宅基地、空置民房等进行旅游项目开发；制定落实入境游旅行社促销等激励政策。

5. 强化人才保障

把旅游人才引进纳入"嘉陵江英才工程"计划，招引一批旅游高端技术人才；整合省内外优质旅游专家资源，建立"南充市旅游专家咨询委员会"，打造南充旅游专业智库；借助西华师范大学、南充职业技术学院等市内外旅游院校的办学优势，完善旅游人才和从业人员教育培训体系。

6. 强化考核评价

将旅游经济指标、旅游扶贫、重大旅游项目建设、旅游品牌创建等重点工作纳入目标管理体系进行严格考核，提高旅游指标在整个目标考核体系中的权重。

二、建设成效

2016 年，在南充市委、市政府的正确领导下，全市旅游行业以经济建设为中心，以项目建设为抓手，奋力实施旅游项目"双千亿"工程。

（一）项目建设进展明显

全市 45 个旅游项目（其中新建项目 25 个，续建项目 20 个），完成投资 143 亿元，占年度目标任务的 138%。指导县（市、区）新（改）建旅游厕所 41 座，完成目标任务 137%。朱德故里景区成功创建国家 5A 级旅游景区，阆中嘉陵江山创建国家级旅游度假区项目顺利推进。

（二）项目招引成效显著

借助第八届中国国际旅游商品博览会、第二届中国（四川）国际旅游投资大会、第三届四川国际旅游交易博览会等国、省平台，邀请普罗集团、华侨城、四川港航公司等企业考察南充旅游资源，成功签约蓬安相如湖旅游度假区、四川阆中嘉陵江流域生态旅游综合保护开发（构溪河—金沙湖）等项目，签约资金共计 136.45 亿元。

（三）国、省资金争取顺利

2016 年，成功申报国、省资金 6 153.14 万元，主要包括：国家旅游基础设施建设 2 900 万元（包括朱德故里红色旅游景区基础设施建设资金 2 400 万元、乡村旅游富民工程 500 万元），国家博物馆（纪念馆）免费开放补助资金 2 343.14 万元（包括朱德故里 1 537 万元、张澜纪念馆 411.14 万元、罗瑞卿纪念馆 395 万元），省级旅游产业发展资金补助 910 万元（包括旅游厕所建设、4A 及以上景区接入省级旅游安全应急指挥平台、锦屏镇乡村旅游重点培育、安溪潮村乡村旅游重点培育、朱德故里创建国家 5A 级景区），均已到位。

三、存在的问题

南充市旅游三产重大工程建设项目取得了较大的成效，但在建设过程中仍然存在一些问题。

（一）规划引领作用不强

项目是规划的具体体现，但是在具体实施过程中，由于规划执行不到位、各类规划之间脱节等原因，严重影响各类规划在指导项目建设中作用的发挥。如嘉陵区凤垭山"天乐谷"景区，2015 年前长期处于边建设边规划、边规划边建设中；还有个别景区项目策划内容与实际建设内容不符，存在朝令夕改的现象，规划执行缺乏严肃性。

（二）项目策划同质化严重

策划项目跟风追热，市辖三区同质化趋势尤为突出，如游乐项目的策划，市国土资源局在下中坝区域、顺庆区在桑树坝、高坪区在都京镇、嘉陵区在凤垭山、经开区在文峰均拟规划建设游乐项目；丝绸项目的策划也是一样，顺庆、高坪都分别策划了一个丝绸小镇建设项目。项目策划缺乏统领，"各自开花各自香"，只顾自己抢占先机，没有一盘棋的思想。

（三）对招大引强认识不够

各地对旅游发展的变化认识不深，对旅游新业态重视不够，没有主动去谋划和招引带动性强、市场前景广的大项目、好项目，包括主题公园、低空旅游、自驾车营地等新业态项目，甚至对投资商找上门来做生意也不积极。

第三节　2017 年旅游三产重大工程建设研究

2017 年，南充市将继续围绕旅游拉动消费、旅游扶贫等目标，重点推进项目储备、招商引资、项目开工建设等工作。

一、建设思路与目标

（一）建设思路

2017 年，南充市将全面落实市委第六次党代会精神，以做大做强做优旅游三产为目标，以供给侧结构性改革为契机，以项目推动为抓手，以阆中古城为龙头，以嘉陵江为轴线，整合全市旅游资源，串珠成链，构建环线，抱团发展，大力实施"旅游+"行动计划，促进旅游业和其他产业深度融合发展，推动旅游业态、旅游产品有效供给和全域旅游发展，形成旅游产业集群，全力建设秦巴山区和嘉陵江流域的旅游集散中心，把南充建设成为国内一流、国际知名的旅游目的地，为南充建设"成渝第二城"提供强有力的产业支撑。

（二）建设目标

围绕把旅游业培育成南充国民经济战略性支柱产业和人民群众更加满意的现代服务业的战略定位，通过实施"155发展战略"，建设10个旅游重大工程项目，推动旅游业与其他产业深度融合发展，全面提升南充旅游产业素质，把南充建成国内一流、国际知名的旅游目的地和区域旅游集散中心。

二、建设重点

2017年，南充市重点开工建设的旅游三产项目有7个：市辖三区嘉陵江"外滩"建设项目、顺庆西河生态旅游度假区、顺庆西山三国文化综合开发旅游区、高坪凌云山旅游休闲区、阆中嘉陵江流域生态旅游综合保护开发、南部升钟湖旅游度假区、清水湖国家湿地公园。

三、相关建议

（一）做好规划统领工作

各县（市、区）编制的相关规划在发展目标、空间布局、重大项目建设上要与市级规划对接，并在各县（市、区）"十三五"旅游规划及相关规划中得到体现，要将规划内容落实到具体项目中去，严格按照规划内容执行，用规划指导项目建设。特别是市辖三区的项目在包装策划方面要杜绝同质化，在招商引资中要杜绝互相拆台。

（二）完善旅游发展政策

出台一系列的优惠政策，对新成立的旅游企业和有发展潜力的企业，给予一定年限的免税或税收优惠；对重点基础设施建设、旅游资源开发项目，给予有限保证土地指标、简化用地手续、适当降低土地价格等土地政策支持。积极探索利用荒山、荒坡、荒滩、废弃矿山、集体林地、腾退宅基地、空置民房等进行旅游项目开发。

第十三章　园区发展重大工程建设报告

摘要： 2016 年，南充市明确园区定位，注重园区规范发展、有序开展项目工作、聚焦园区产业发展、加快推进公共服务平台建设、大力开展交流培训，成效显著。同时，与省内"第二城"的企业规模、科技创新及省外用电价格等相比，南充市园区发展的压力较大。2017 年，南充市进一步明确了园区工作重点和产业项目建设重点。为此，本文建议：创新体制机制、加大招商力度、加强人才队伍建设、推进产城融合、完善公共服务、激活企业主体、强化配套措施。

关键词： 园区发展；重大工程；2016 年情况；2017 年建议

第一节　园区发展重大工程建设的基础

园区经济是地方经济发展的主战场，也是推进城市化的重要抓手。经过多年的发展，目前南充市工业集中度达到 78%，工业园区已经成为支撑南充经济社会发展的重要增长极。

一、园区发展的基本情况

南充市产业园区包括南充市经开区、嘉陵区工业集中区、航空港工业园区、潆华高新技术产业园、四川蓬安工业园区、阆中市经济开发区、南部县工业集中区、营山经济开发区、西充经济技术开发区、仪陇县工业集中区、南充现代物流园。"十二五"期间，南充市产业园开始由企业集聚、外延式发展向产业集聚、内生式发展过渡。进入 2016 年，南充市通过打造园区重大工程建设来促进园区发展。

（一）南充市经开区

作为全市产业发展的"一号工程"，到 2016 年年底该园区已累计完成投资近 20 亿元，园区基础及配套设施建设全面展开，已具备企业入园建设条件。征地拆迁工作和谐推进，一期 21 万平方米拆迁还房开工建设，二期还房建设前期工作同步启动。基础设施建设进展迅速，贯穿园区、全长 17.8 千米的南北干道和 4.5 千米的东西干道建成通车，内部骨架路网启动建设，一期 133.4 公顷项目用地平整完毕，二期 133.4 公顷场平工程正加紧施工。配套设施建设全面展开，110 千伏变电站已建成，220 千伏变电站正在进行初设，净水厂、污水处理厂即将开工建设，供热中心、研发中心、临时大件码头、化工专用码头、空分站和26.5千米铁路专用线等公辅工程前期工作正紧张推进。

（二）嘉陵区工业集中区

该园区于2007年开始建设。截至2011年，总规划20平方千米的嘉陵工业园已建成面积8平方千米，拥有有企业80户，其中规模以上62户。2016年，嘉陵工业集中区申报省级新型工业化产业示范基地并正式授牌。

（三）航空港工业园

2007年11月启动建设以来，航空港工业园累计完成投资118.49亿元（财政投入16.85亿元、企业投入101.64亿元），重点培育电子信息、丝纺服装、汽车4S店三大产业。

（四）潆华高新技术产业园

该园区于2007年开始建设，按照"以园建园、以商补工、滚动发展"的模式封闭运行。至今，已累计完成基础设施建设投资达20亿元，修路修渠20余千米，铺设水电气讯等管网45千米，提供净用地433.6公顷。

（五）四川蓬安工业园区

该工业区是经国家发改委和省政府批准设立的省级工业园区，四川省"1525工程"成长型特色产业园区。规划面积30平方千米，一期实施12平方千米，现已建成5平方千米，入驻规模以上工业企业45户。2009年入园企业实现产值65.3亿元，初步形成了机械冶金、食品轻纺"两园一带"的产业布局。

（六）阆中市经济技术开发区

该工业区成立于1998年，规划总面积10平方千米。截至2016年，已完成2平方千米，基础设施建设投资达1.5亿元，水、电、气、道路、管网基本配套，集中区内地势平坦，国道212线贯穿园区，交通便利。

（七）南部县工业集中区

该工业区始建于2003年，是由原温州工业集中区和河东科技工业园组建而成。现为省级成长型特色产业园区和省级新型工业化重点培育基地，主要为机械铸造、电子信息和食品医药产业，已列入省"51025"重点产业园区发展计划。"十二五"末，园区建成面积达11.6平方千米，规模以上企业76户，实现工业总产值254亿元。

（八）营山三星工业集中区

该工业区位于营山县城东南部，成立于2001年，Ⅰ期规划2.5平方千米，现已建成。Ⅱ期规划用地2.5平方千米，现正对该区域进行拆迁安置，铺设管网，建设市政道路，Ⅲ期规划用地3.0平方千米，拟对该片区进行土地统征。

（九）西充县工业集中区

该工业集中区位于西充县谯周大道外侧，毗邻国道212线和西射路，规划建设266.8公顷，概算总投资5亿元。

（十）仪陇县工业集中区

该工业区由以一般加工业为主的河西工业园、以天然气综合开发利用为主的马鞍工业园和以制鞋业为主的光华拓展区组成，总规划面积12平方千米，计划总投资50亿元。自 2007 年启动建设以来，累计完成基础设施投资 21.1 亿元，建成区面积达 5.54 平方千米。招引入驻企业 64 家，协议投资近 100 亿元，建成投产企业 53 家，规模以上企业 31 家，吸纳就业人员 6 000 余人。园区相继被评为全省"小企业创业基地""第二批农产品加工示范基地"。

（十一）南充现代物流园区

该园区自 2012 年 6 月正式建设以来，已累计完成投资近 60 亿元，两横三纵骨干道路体系已全部建成，水、电、气、通信、管网等基础设施建设全面跟进，并于 2015 年 12 月 29 日正式开园。2015 年实现产值 48.95 亿元，创利税 8 000 万元。物流园区从无到有、从小到大，对补齐南充物流尤其是生产性物流短板，完善现有业态，提升区域中心城市聚集力、辐射力和综合竞争力起到了极大推动作用。

二、园区发展的定位

根据"专业立园、规模强园、特色兴园"的要求，南充市各园区结合自身相关资源优势及产业发展基础，明确了发展定位和发展方向（见表 13-1）。

表 13-1　　　　　　　　南充市园区发展的定位和方向

名称	发展定位	发展方向
南充经济开发区	国内和四川省领先的"四区一平台"生产基地、川东北精细化工产业示范基地、西南地区主要化工新材料产业基地	石化、新能源、新材料、生物医药
嘉陵高新技术产业园	服务于川东北及成渝经济区的新能源汽车及零部件生产基地	汽车汽配
航空港工业集中区	成渝第二城实体经济支撑点	电子信息、丝纺服装、汽车销售
潆华高新技术产业园	南充北部"宜居、宜业、宜商"产业新城、国家级高新技术产业园区	汽车汽配、新材料、电子信息
蓬安工业园	西南片区汽摩零部件配套基地、农产品精深加工基地、资源循环利用装备生产基地、南充核电产业基地	机械制造、汽摩配件、农产品加工
阆中经济开发区	中国西部新兴食品产业基地、川东战略性新兴产业重要集聚区	食品加工、新材料、节能环保
南部县工业集中区	"中国板材基地""成渝铸造基地"	汽车汽配、电子信息
营山经济开发区	川东北特色产业高地、成渝经济区协作配套重要基地	汽车汽配、农产品精深加工
西充经济技术开发区	西部重要的有机食品加工基地、西南地区保障性中药材原料生产加工基地	农产品精深加工、生物医药、精密仪器制造、专用车生产组装
仪陇县工业集中区	全国名优品牌聚集的特色农副产品精深加工业基地、"川东北鞋都"	农产品精深加工、丝纺服装
南充现代物流园	川东北物流基地	现代物流

三、园区的建设项目

（一）基础设施项目

1. 交通建设项目

南充经济开发区、潆华高新技术产业园区、南充现代物流园、嘉陵高新技术产业园区、南部县工业集中区、仪陇县工业集中区6个园区共建设重大交通项目48个，估算总投资48.85亿元。

2. 生态环保及水利建设项目

南充经济开发区、潆华高新技术产业园区、嘉陵高新技术产业园区、南部县工业集中区、西充经济技术开发区、营山经济开发区、仪陇县工业集中区七个园区共建设重大生态环保及水利项目22个，估算总投资25.3亿元。

3. 园区公共服务能力建设项目

南充经济开发区、南充现代物流园、嘉陵高新技术产业园区、阆中经济开发区、西充经济技术开发区、营山经济开发区、蓬安工业园区、仪陇县工业集中区八个园区共建设重大公共服务能力提升项目33个，估算总投资298.4亿元。

4. 民生保障建设项目

南充经济开发区、南充现代物流园、航空港工业集中区、嘉陵高新技术产业园区、营山经济开发区、仪陇县工业集中区等七个园区共建设重大民生保障项目19个，估算投资36.81亿元。

5. 供水、电力、天然气建设项目

南充经济开发区、嘉陵高新技术产业园区、西充经济技术开发区三个园区共建设供水、电力、天然气项目项目8个，估算总投资2.91亿元。

（二）产业项目

1. 汽车汽配产业项目

汽车汽配产业集群包括汽车汽配产业和装备制造产业。其中，汽车汽配产业的定位是：借助国家推广新能源汽车政策契机，依托现有汽车产业基础，发展汽车原材料、汽车零部件、新能源汽车、整车和配套服务业；装备制造产业是重点推进高端装备、专用设备、农业机械、机械铸造产业。

2. 石化产业项目

不断优化石化产业结构，加快发展石化深加工产品，从发展基础化工原料向发展精细化工品转变，从发展初级化工产品向发展高附加值化工产品转变，从粗放型向资源节约型、环境友好型转变，发展基础化工和精细化工领域相关产业。

3. 丝纺服装产业项目

加大新型纤维和面料的研发力度，补齐印染行业短板，推进丝绸纺织加工、服装加工高端化发展，加快家用纺织、产业用纺织品的开发及应用，发展从原料加工生产到成品加工的完整丝纺服装产业链。

4. 现代物流产业项目

加快发展现代物流产业，打造川东北物流中心。建成1个具有国内先进水平的重点物流园区，培育壮大亿元以上的物流企业 5 家；国家 3A 级以上物流企业总数超过 10 家，其中国家 4A 级物流企业达到 2 家以上，力争培育 1~2 个国家 5A 级物流企业。

5. 新能源产业项目

重点结合节能环保产业发展，抓住国家能源发展行动计划机遇，稳步推进新能源发展和应用，推动核电、生物质能等产业发展。

6. 新材料产业项目

依托现有产业基础，加快推进新材料项目，重点发展先进高分子材料、高性能合成纤维及复合材料、新型合金材料、纳米新材料等产品，积极促进产业链延伸，提升上下游产业的配套能力。

7. 生物医药产业项目

抓住国家生物医药产业发展的政策利好机遇，依托本地石化产业、龙头企业以及医药资源条件，大力发展医药中间体生产、中成药研发与生产、原料药提取加工等产业。

8. 节能环保产业项目

依托生态优势，立足现有产业基础，加快集聚节能环保企业，建设节能环保重点工程，提升装备技术和服务水平，培育发展清洁能源、技能装备制造、能源综合利用和节能服务业产业。

9. 电子信息产业项目

围绕全国首批信息消费试点城市建设重大机遇，加快转变以传统电子信息制造为主的行业结构，提升电子信息产品附加值，加快培育电子信息服务业和新一代电子元件研发制造，促进产业向高端化方向发展。

10. 农产品精深加工产业项目

依托南充特色农业资源和优越的生态环境，加大科技投入，提高产品附加值，延伸产业链条，加强资源循环利用，重点发展以绿色有机功能食品生产、食品添加剂及配料加工等产业，建设农产品精深加工基地。

第二节　2016 年园区发展重大工程建设情况

2016 年是"十三五"的开局之年，南充市在建设"成渝第二城"战略的指导下，大力推动园区重大工程项目建设，取得了明显进展。

一、建设举措

（一）注重园区规范发展

一是贯彻市委提出的园区错位发展、特色发展的理念，编制并正式发布《南充市工业产业布局规划》。正式发布《全市工业园区项目流转、利益分享、企业退出管理办法》《全市工业园区设置、撤并管理办法》，对多年来园区发展中的产业布局、项目招引、企业退出、公共服务、园区管理等问题进行了梳理完善，并对下一步规范发展作出了刚性规定。二是完成了《全市产业园区布局发展调研报告》，认真梳理了全市产业园区党的建设和发展现状，摸清了家底，厘清了问题，在此基础上出台了《关于加强园区党建推进园区科学发展加快发展的通知》"1+4"系列文件。三是正式下发《全市产业园区考核实施办法》。四是编制了《南充市"十三五"园区优化发展规划》。

（二）有序开展项目工作

一是成功争取2016年省级产业园区产业发展引导资金1 800万元。二是下达了2016年市级园区发展资金项目，对14个园区平台项目建设给予了1 000万元资金支持。三是组织4个园区申报省级新型工业化产业示范基地，经专家组评审答辩、现场核查后，嘉陵工业集中区等3个园区正式授牌。四是西充工业集中区被纳入省"园保贷"试点园区，2016年获得省上250万元资金注入，是南充市开展此项工作的首个园区。五是开展2015年省级产业发展资金项目检查验收，申报2016年省级生产性服务业物流平台项目、省级重点医药产品项目、中医药与生物医药产业合作及投融资项目。

（三）聚焦园区产业发展

一是为加快推进城区内危化企业搬迁改造，降低企业生产安全环保压力，消除重大隐患，加快危化企业转型升级，编制了《南充市危化企业搬迁改造社会稳定风险评估报告》和《南充市危化企业搬迁改造实施办法》。二是跟踪协调经开区晟达新材料、联成化学、石达化工建设进度，对反映的原料运输差价、危化品品名运输资质、危化品储存、融资担保续贷、争取省市政策支持等问题予以解决。三是对全市规模以上石化企业开展了摸底调研，完成了石化产业千亿发展分析。四是协调创建南充市军民融合创新产业园。

（四）加快推进公共服务平台建设

一是创新创业公共服务平台陆续投运。嘉陵、顺庆工业集中区创新创业平台已正式运行，为高科技小微企业入驻提供了发展平台。二是继续推进电镀产业集中区相关工作。初选址报告已上报市政府，相关工作正加快推进。三是启动全市产业园区智慧园区云平台建设工作。前期就智慧园区云平台相关工作开展了推介、宣传，与园区座谈交流，征求园区意见，计划启动经开区等5个智慧园区云平台建设试点工作，以市级园区项目支持方式推进。

二、建设成效

（一）园区建设初具规模

2016年，全市工业园区建成面积达94.6平方千米，园内规模以上企业达501户，工业集中度上升至78%，园区规模以上企业实现销售收入1 896亿元，同比增长11.5%，园区新增拓展面积573.6公顷，新入园企业90户，新投产企业74户，一批创新平台正式运营。石化医药产业实现销售收入190亿元，与2015年基本持平，化工园联成化学、石达化工即将投产，晟达新材料即将完成中交，宏泰生化、飞龙化工等一批传统化工企业正为转型升级开展各项前期工作。

阆中经济开发区升级为省级开发区，南充市省级开发区达到3个；南充经济开发区、高坪、南部、蓬安4个园区列入省"51025"重点产业园区培育计划，入选数量居川东北首位；西充县工业集中发展区列入"省新型工业化产业示范基地"；顺庆区工业集中区被评为"成渝经济区'最具投资价值'百强产业园区""四川省知识产权试点园区"。经济开发区专用铁路、货运码头、物流园等重大物流工程快速推进,都京丝纺服装园、软件产业孵化园等专业园区建设初见成效,小微企业成长园及中小微企业孵化园建设以及园区物流、技术研发、检测检验、员工培训等公共服务平台建设稳步推进,园区承载能力不断提升。

（二）园区产业发展稳中向好

1. 推动优势产业优化布局

围绕"155 发展战略"的五大千亿产业集群,推动重点产业形成"2+2+6"产业布局,即:汽车及零部件产业、油气化工产业 2 大特色主导产业;丝纺服装产业、农产品加工产业 2 大传统优势产业;新材料产业、新一代信息技术产业、生物产业、节能环保产业、高端装备制造产业、新能源产业 6 大战略新兴产业。同时,探索发展军民融合产业,构建多层次、全方位的产业空间布局格局,实现区域产业协调发展。

2. 培育特色产业发展优势

新能源、新材料、电子通信三大潜力产业开始起步,汽车汽配、石化、丝纺服装和轻工食品四大传统产业及新能源、新材料、电子信息等战略性新兴产业竞相发展的格局初步形成,"4+3"产业成为南充市工业经济的主要支撑。

三、存在的问题

（一）园区定位不清,同质竞争明显

全市 11 个园区主导产业虽已初步形成,但大部分集中在汽车汽配、农产品精深加工、食品加工、电子信息等少数几个行业,11 个园区中主导产业为汽车汽配的园区有 5 个,主导产业为农产品精深加工的园区有 4 个,主导产业为食品加工和电子信息的园区各有 3 个。园区企业同质化、区域产业同构化,无法形成全市园区产业错位发展、互补发展和协同发展格局（见图 13-1）。

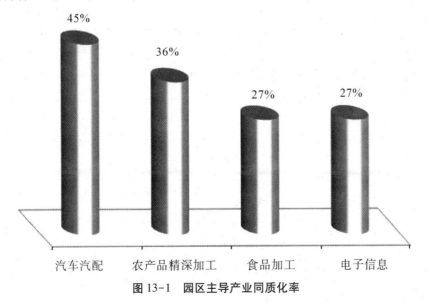

图 13-1 园区主导产业同质化率

（二）企业规模偏小，产业集群尚未形成

各园区工业总量虽然不断增加，但与省内其他地市相比仍有较大差距，园区企业普遍以中小型企业为主，缺乏龙头企业和支柱企业，主导产业下游产业、产品偏少，产业链条短，企业之间关联度较低，尚未形成规模化的产业集群，缺乏市场竞争力和规模优势，不利于园区进一步发展。

（三）科技创新不足，产业层次亟待提升

园区内现有企业普遍以低端加工制造为主，产品附加值较低，技术含量不高。园区缺乏与省内外高校的合作机制，创新能力普遍不高，造成园区产业层次不高，缺乏竞争力，发展后劲不足。

（四）企业融资困难，资金短缺现象普遍

园区企业尤其是中小企业普遍融资困难，资金短缺现象普遍。在现行信贷政策的约束下，由于中小企业固定资产较少，抵押物不足，银行信用贷款难度极高，其不得不更多地依赖缺乏监管的民间借贷形式获取资金，以保证资金链的顺畅。然而民间借贷规模小、稳定性差，产生债务纠纷的风险较大，不利于企业持续稳定发展。

（五）要素成本上升，成本优势已不明显

园区水电气生产要素成本较高，保障困难。部分园区企业平均每度电的价格达到1元以上，工业用电用气价格已经超过成都市乃至沿海经济发达地区，企业负担较重。加之企业原材料供应商和产品用户都不在本地，企业物流成本较高（见表13-2）。

表 13-2　　　　　　　南充市与上海市、江苏省工业用电价格比较

地区	用电分类		电度电价						基本电价		每千瓦时征收基金
			不满1千伏	1~10千伏	20~35千伏以下	35~110千伏以下	110千伏	220千伏及以上	最大需量（元/千瓦·月）	变压器容量（元/千伏安·月）	
南充市	一般工业用电	峰	1.169 85	1.147 35	—	1.124 85	—	—	—	—	0.064 8
		平	0.779 9	0.764 9	—	0.749 9	—	—	—	—	0.064 8
		谷	0.389 95	0.382 45	—	0.374 95	—	—	—	—	0.064 8
	大工业用电	峰	—	0.801 9	—	0.771 9	0.741 9	0.711 9	39	26	0.064 8
		平	—	0.534 6	—	0.514 6	0.494 6	0.474 6	39	26	0.064 8
		谷	—	0.267 3	—	0.257 3	0.247 3	0.237 3	39	26	0.064 8
上海市	工业用电	峰	1.196	1.116	1.116	1.136	1.111	1.111	42	28	—
		平	0.742	0.712	0.712	0.682	0.657	0.657	42	28	—
		谷	0.353	0.347	0.347	0.341	0.335	0.335	42	28	—
江苏省淮安市	一般工业用电		0.843 9	0.828 9	0.822 9	0.813 9	—	—	—	—	—
	大工业用电		—	0.660 1	0.654 1	0.645 1	0.630 1	0.615 1	40	30	—

第三节　2017 年园区发展重大工程建设研究

2017 年，南充市要加快建设以南充新能源汽车产业园、南充经开区为龙头的 10 个工业园区，加快推进园区发展重大工程建设。

一、建设思路

牢固树立"创新、协调、绿色、开放、共享"的发展理念，按照"专业化、特色化、规模化、集约化"的发展思路，坚持"一园一主业、一园一特色"，围绕各园区主导产业，发挥比较优势，突出区域特色，优化资源配置，合理划分功能分区，打造一批专业化园区。沿产业链方向整合集聚相关企业，以龙头企业带动配套发展，提高主导产业的产值占比，走产业集群集约发展之路。引导做强化工园区，积极创建国家级经开区。优化"2+9"园区布局，推动园区错位发展、特色发展，建立低效园区和"僵尸企业"退出机制，推广园区统配用工机制和域内外双园互动。完善园区基础设施、市政设施和公共服务设施，推动"厂区公园化、园区景观化、园城一体化"，建成国、省新型工业化示范基地和产城融合示范区。

二、建设重点

按照南充市园区区域布局图，充分考虑南充市园区重大工程项目建设的实际，重点建设具有推动作用的工程项目。

（一）建设工作重点

1. 着力项目建设，确保完成目标

一是督促各园区建设公共服务平台，进一步加强和辖区经信局、统计局的工作衔接，确保园区企业运行数据的准确性、科学性。二是做好 2017 年省级工业发展资金项目入库工作，同时开展 2016 年省、市产业园区发展引导资金项目督查工作，树立"财政资金是高压线"理念，严格项目资金管理。

2. 规范园区管理，加强全市统筹

统筹全市园区开发进程和园区产业布局规划，促进相关产业集群、关联企业集聚，避免低水平的重复建设和土地资源浪费。贯彻落实《南充市"十三五"园区优化发展规划》《全市工业园区项目流转、利益分享、企业退出管理办法》《全市工业园区设置、撤并管理办法》《南充市危化企业搬迁改造实施办法》《全市产业园区考核评价办法》等文件要求，进一步规范园区管理，推动产业优化升级。

3. 推动园区升级，增强园区竞争力

一是积极创建经济开发区，争取 1 个园区挤进国家开发区公告目录。二是配合经开区积极开展升级国家经开区相关工作，争取明年取得实质性进展。三是配合顺庆、嘉陵打捆申报省级高新技术产业园区。四是争取高坪成功创建省级新型工业化产业示范基地。五是嘉陵园区做好申报国家级新型工业化产业示范基地前期工作。

4. 注重配套建设，提高公共服务能力

一是在完善道路、通信等基础设施的基础上，完善水、电、气等配套设施，逐步提供园区教育、医疗、公交等方面的服务，5 个智慧园区云平台建设完成并提供公共服务。二是继续做好"腾笼换鸟"和"筑巢引凤"两篇文章。一方面盘活闲置厂房和土地，采用租赁或者转让的模式，招引新的业主来生产。另一方面利用现有的标准厂房，加大招引投资较小、劳动密集的企业，成链、成片入驻，孵化培育。三是督促各产业园区严格按照国家和南充市土地供应政策，对具体项目用地，严格实行定额控制。坚持做到将园区有限的土地资源优先配置给重点项目和优势企业，开展闲置低效用地清理工作（见图 13-2）。

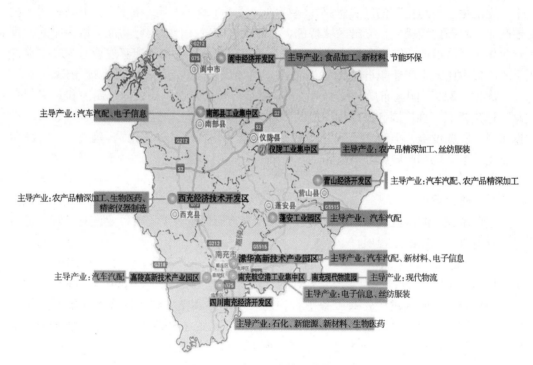

图 13-2　产业园区战略布局图

（二）产业项目建设重点

1. 汽车汽配

汽车汽配产业集群包括汽车汽配产业和装备制造产业。重点建设项目包括：漤华高新技术产业园、嘉陵高新技术产业园、南部县工业集中区、西充经济技术开发区、营山经济开发区、蓬安工业园区共建设汽车汽配产业等 10 个项目。

2. 石化

不断优化石化产业结构，加快发展石化深加工产品，从发展基础化工原料向发展精细化工品转变，从发展初级化工产品向发展高附加值化工产品转变，从粗放型向资源节约型、环境友好型转变，发展基础化工和精细化工领域相关产业。

3. 丝纺服装

加大新型纤维和面料的研发力度，补齐印染行业短板，推进丝绸纺织加工、服装加工高端化发展，加快家用纺织、产业用纺织品的开发及应用，发展从原料加工生产到成品加工的完整丝纺服装产业链。

4. 现代物流

围绕"一圈两带五节点"建设，以南充现代物流园为区域辐射中心，以顺庆工业集中区南充城市配送中心、嘉陵工业集中区现代物流中心、航空港工业集中区都京港物流中心等其他次级物流节点为补充，形成主体突出、功能分明、优势互补的空间布局体系。

5. 新能源

重点结合节能环保产业发展，抓住国家能源发展行动计划机遇，稳步推进新能源发展和应用，推动核电、生物质能等产业发展。

6. 新材料

依托现有产业基础，加快推进新材料项目，重点发展先进高分子材料、高性能合成纤维及复合材料、新型合金材料、纳米新材料等产品，积极促进产业链延伸，提升上下游产业的配套能力。

7. 生物医药

抓住国家生物医药产业发展的政策利好机遇，依托本地石化产业、龙头企业以及医药资源条件，大力发展医药中间体生产、中成药研发与生产、原料药提取加工等产业。

8. 节能环保

坚持"绿色崛起"的产业发展理念，依托生态优势，立足现有产业基础，加快集聚节能环保企业，建设节能环保重点工程，提升装备技术和服务水平，培育发展清洁能源、技能装备制造、能源综合利用和节能服务业产业。

9. 电子信息

围绕全国首批信息消费试点城市建设重大机遇，加快转变以传统电子信息制造为主的行业结构，提升电子信息产品附加值，加快培育电子信息服务业和新一代电子元件研发制造，促进产业向高端化方向发展。

10. 农产品精深加工

依托南充特色农业资源和优越的生态环境，加大科技投入，提高产品附加值，延伸产业链条，加强资源循环利用，重点发展以绿色有机功能食品生产、食品添加剂及配料加工等产业，建设农产品精深加工基地。

三、措施建议

推动园区发展重大工程项目要从体制机制建设、投融资力度、人才建设、配套措施保障等多个角度着手。

（一）创新体制机制

1. 强化园区统筹规划，建设特色优质园区

认真对接国、省、市重大战略，科学编制园区产业发展规划，借鉴成都市的园区发

展经验，以土地指标配置、环保监管、税收返还、人才招引等多种政策手段，严格落实"一园一主业、一园一特色"的发展原则，坚决避免园区间重复建设和同质化竞争，建立与"成渝第二城"相匹配、高质高效、协同发展的园区布局体系。

2. 理顺园区管理体制，提升园区管理效率

坚持因地制宜、科学适配、宜统则统、宜分则分的原则，合理选择与园区定位和发展阶段相适应的分散管理、集中管理、政区合一、城市新区等管理模式。由县（区）政府主要负责同志兼任管委会主任，提高园区沟通协调和解决问题的效率。按照权责一致、事权匹配的原则，合理界定园区党工委（管委会）与当地党委、政府及其部门和乡镇（街道）的职责边界，真正使园区聚焦主业主责，建立条块结合、权界清晰、精干高效、充满活力的园区新型管理体制机制。赋予园区相对独立的政府行政和经济管理的事权，或成立政府各部门在园区管委会的分局，或派员进驻管委会办公服务，形成"小机构、大服务"，提升园区软环境建设。

3. 推行动态激励机制，充分推动园区发展

建立促进园区创新发展、激励干部干事创业的动态调整机制。将园区创新投入能力、产业集聚程度等指标加入考核体系，对考核结果优秀的园区给予奖励，充分调动园区发展积极性。按照省委的相关规定，对园区达到指标要求的党工委和管委会，可调升为上一级党委、政府的派出机构，实行主要负责人由上一级党委管理；对发展水平低、环保不达标、土地等资源利用效率不高，且连续两年没有达到相关考核标准的园区，及时对领导班子进行调整，降低主要负责人的管理层级，督促整改提高后再纳入相应层级管理。

4. 强化基层党建工作，增强园区组织领导

大力实施"党建兴园计划"，健全园区党工委和党群工作部设置，实现园区党组织兜底覆盖，形成园区党工委—党群工作部—产业（行业）党总支—企业党支部"四位一体"的组织体系。加强基层服务型党组织建设，把党组织活动融入企业生产经营、技术创新、文化建设中。推进园区"大党工委"建设，建立由园区所在地党委和园区党工委事务共商、基层党组织共建的党建工作机制。

（二）加大招商力度

1. 全面融入成渝发展，积极承接产业转移

立足川渝务实深入合作，借势借力，全面融入重庆发展，重点推进"渝新欧"口岸对接、配套性产业对接、多层次市场对接，高标准打造跨区域协同发展合作示范区。营山、蓬安等园区围绕自身重点发展方向，加强对接重庆汽车汽配产业，积极承接长安、力帆等知名企业的配套产业项目。蓬安、西充等农产品精深加工业要积极对接成渝，拓展成渝地区市场。精准对接成渝发展，在高新技术产业、金融商贸、教育卫生、文化旅游等方面加强合作，进一步发挥通道优势，全面融入丝绸之路经济带和长江经济带发展。

2. 多元化招引策略，重点引进重大项目

招商引资要由优惠政策主导阶段、基础环境主导阶段向产业环境主导阶段转变，逐步使良好的产业基础、完善的产业链条、完整的产业配套成为各园区的核心竞争力。

"引进来"和"走出去"双管齐下，通过展会招商、广告招商、以商招商、网络招商等方式，重点引进国内外知名大型企业，发挥集聚效应，促进园区产业集聚。

3. 明确政府相关职能，实现招引市场化

在招商引资过程中，明确政府、园区、企业等主体的不同职责，政府逐渐淡出园区招商引资的主导地位，更多地专注于为招商引资创造良好的投资环境和服务平台。通过整合各类招商资源，建立起协调、有序、规范、竞争的市场化招商引资机制，使招商引资按照商业规则和市场规律，真正成为由政府有关职能部门参加并指导的一种企业行为、社会行为和市场行为。

（三）加强人才队伍建设

1. 选优配强领导班子，建立后备干部队伍

建立园区开放顺畅的选人用人机制，加大园区党政班子成员统筹选配力度。完善园区干部人才评价激励机制，建立以品德、能力和业绩为主的人才评价机制。加强战略储备，建立一支能推动园区可持续发展的后备干部队伍。坚持把园区优秀年轻干部统筹纳入各级递进培养计划，选派园区干部到行业领先的国内外知名企业、特色园区挂职学习，建设"专业化、年轻化、结构优、功能强"的园区领导班子。

2. 加强企业人才建设，培育专业人才队伍

实施各具特色的园区重大人才工程，鼓励各园区结合自身实际情况出台特色人才计划，支持新兴产业、重点领域和企业引进海内外"高精尖缺"人才和高端团队。实施优秀企业家培育工程，定期选派企业家到专业培训机构、知名企业、著名大学研修或到经济发达地区开展交流、学习和实践活动，有针对性输送到国际国内高等院校进行精准培训。实施职业技术人才联合培养和定向输送计划，鼓励有条件的园区、企业与高等院校、职业院校合作开展学科专业共建，联合建立企业实习见习基地，探索实行"订单式"职业技术人才培养和定向输送新模式。

3. 完善园区优惠政策，优化人才集聚环境

完善《"嘉陵江英才工程"若干优惠政策暂行规定》，引导支持有条件的园区集中建设人才公寓（周转房）、社区，完善学校、医院、活动中心等配套设施，建立健全具有区域竞争力的制度机制，优化园区人才干事创业生态环境，鼓励优秀人才加快向产业园区聚集。建立健全领导干部联系企业、联系技术人才和慰问专家人才制度，完善向企业人才、应用型人才重点倾斜的人才评价激励机制和优秀人才奖励、"绿卡"制度。

4. 健全人才投入机制，提供充足资金保障

建立政府引导，社会资本、民间资本共同参与的多元化人才发展投入机制，发挥人才发展专项资金、科技专项资金、中小企业发展基金、产业投资基金等政府投入的引导和杠杆作用，为园区人才创新创业提供资金支持。支持各类社会组织设立人才发展、资助、定向培养等基金，用于人才资本投资。

（四）推进产城融合

1. 统筹园区各类规划，推进产城融合发展

遵循和谐、协调的产城融合观，高标准、高规格进行产城一体的规划、设计，统一规划、统筹推进基础设施、产业发展、公共配套、环境保护，做到城市总体规划、产业

发展规划、土地利用规划、环境保护规划"四规合一"。优化城市空间布局，适当疏解主城区城市功能，提升产城融合发展水平，推动公共服务共建共享。

2. 完善配套设施建设，打造产城融合体系

按照统一规划，完善园区设施配套，形成功能完备、布局有序、协同配套的涵盖生产、生活、教育、医疗、娱乐、健身、生态等功能在内的产城一体化体系，推动"厂区公园化、园区景观化、园城一体化"，打造国、省新型工业化示范基地和产城融合示范区，促进城市与乡村融合、产城人与自然融合。

3. 发挥产城融合动力，促进产业转型升级

以产兴城、城兴促产。以产业的兴旺发达为核心驱动，在不断深化产业结构调整进程中，推动产业集聚化、高端化、特色化、服务化发展。一方面，推动战略性新兴产业健康发展，结合自身优势，加快各园区支柱性产业的形成，不断提高产业核心竞争力。另一方面，不断发展壮大服务业，以市场需求为导向，引导资源要素合理集聚，加快发展生产性生活性服务业，为服务业营造良好的体制机制和政策环境。以产业为核心打造功能复合、配套完善和各功能区的融合布局，真正实现"产城融合"。

（五）完善公共服务

1. 建设园区信息平台，提升园区信息化水平

构建统一开放的南充市产业园区信息服务平台，园区可通过平台进行政务管理、办公信息化、安全保障，也可对入园企业进行基础性政务管理、经济运行要素协调以及招商引资工作建设。企业可通过平台开展企业形象、产品宣传、商务运作、招聘人才等，达到加强沟通、提高资源使用率的作用。

2. 提升人员素质能力，加快园区办事效率

进一步坚持公开公平公正的办事原则，规范办事程序，减少审批环节，加大简政放权力度，完善"一站式"政务服务平台。扩大"并联审批""绿色通道"实行范围，推行全程代办、服务承诺和限时办结等制度，提高政务服务效率和水平，为园区企业提供良好的"软环境"。由南充市产业园区规划建设委员会办公室出面或主持，每年至少一次，对园区工作人员进行专业培训，通过专家讲课、典型案例分析、省内外优秀园区参观考察，提升园区工作人员的综合素质和业务能力。

3. 清除历史遗留问题，解决企业办证难题

以尊重历史，面对现实，简化手续为原则，市政府常务会议专题研究并出台相关政策，责成各级相关职能部门对南充市产业园区已建成的企业厂房，在相关管理部门或技术质量鉴定中介组织鉴定合格的基础上，简化其他环节的审批程序，准予企业办理相关证件。

4. 加强园区要素保障，降低企业用电成本

根据相关政策，由市级部门出面协调，以南充市园区为单位，享受直供电价的政策，适当少收基本电费，帮助园区内的企业降低生产成本。市县相关部门，与供电部门协调商议，合理、有序安排和提前预告因检修对园区内企业的停电，不得随意与频繁停电。园区内职工宿舍等生活用电与工业用电区分开，按照居民生活用电价格收费。

（六）激活企业主体

1. 推动园区创新发展，打造园区双创平台

支持园区加快创业孵化基地建设，加快建设一批创业园、农业产业示范园、创新创业培训实训基地，打造一批支持大众创业、万众创新的众创空间。支持企业建设国家或省级工程（技术）中心、重点实验室、研发中心、工业设计中心和企业技术中心，建设一批院士工作站、博士后科研工作站或博士后创新实践基地。大力开展"政产学研用"合作，发展"互联网+"，打造一批创业小镇、大学科技园、创新创业孵化园等新平台。依托南充创新驱动发展试验区，以潆华工业园区、西充多扶工业园区为主体，打造战略性新兴产业创新基地。加快推进"归雁计划"，鼓励乡友、企业家和农民工携项目、资金、技术进驻园区创办领办参办实体经济。大力培育弘扬创业精神和创客文化，形成全社会创新创业的浓厚氛围。

2. 加强融资扶持力度，缓和企业贷款难题

市、县两级财政出资，会同市（县、区）中小企业担保中心，与银行共建资金池，一是规范推行应急贷款业务；二是试行省经信委推出的园保贷、助保贷等举措，缓和园区内中小微企业贷款难问题。总结和研究南部县园区投融资公司的成功经验，供其他园区借鉴参考。三是完善园区金融服务体系，引导创业投资、风险投资等金融机构与园区企业对接。

（七）强化配套措施

1. 切实加强组织领导

成立南充市产业园区规划建设委员会，市政府主要领导任主任，分管领导任副主任，市经信、发改、国土、财政、规划、科技、环保、水务、住建、审计、公安、目标督查办等部门和各县（市、区）政府主要领导为成员。委员会在相关部门下设办公室，市产业园区规划建设委员会负责统筹协调重大产业园区工程项目，并督查实施进度。

2. 切实强化责任落实

市、县两级人民政府是实施建设"成渝第二城"重大产业园区工程项目的责任主体，各产业园区管委会是实施主体。市、县两级人民政府在支持产业园区建设、帮助协调解决项目建设推进中的困难和问题等方面，切实承担起主体责任。各产业园区管委会要紧扣园区发展方向和主导产业，大力强化项目招引，精心谋划储备项目，全力高效推进项目实施。

3. 切实强化要素保障

强化资金保障。一是创新多元化投融资体制，在项目业主投资和争取银行贷款的同时，积极探索采用 BOT、PPP、公私合营等方式进行融资，努力破解资金瓶颈；二是大力争取国家专项建设基金、园区企业发展债券支持；三是逐步加大地方财政对列入年度投资计划的产业园区重大基础设施建设项目的资金投入力度；四是各级各部门要及时研判和精准对接国家重大产业支持政策和重点投向，加强同国、省有关部门的衔接汇报，全力争取国、省资金支持。

强化土地保障。市、县两级人民政府和市国土、经信、发改等有关部门进一步加大项目用地保障力度，按照轻重缓急分项目、分阶段、分步骤解决项目用地问题。坚持园

区土地集约节约利用原则，充分利用好存量土地，杜绝闲置浪费用地，千方百计确保项目用地所需。

４. 切实强化考核管理

市委、市政府目标督查办对"建设成渝第二城"重大产业园区项目建设情况实行月度挂牌、季度抽查、年中和年末评比，对项目推进不力的县（市、区）、产业园区及市级有关单位实行问责督办。建立项目库动态管理机制，对前期准备工作充分、资金土地等建设条件落实较好的项目予以大力支持、先期实施，对前期工作推进差、建设条件尚不具备的项目调出项目库实施计划。

第四篇 民生惠城

第十四章　关于决战脱贫攻坚的报告

　　摘要：2016年，南充市通过精准识别贫困对象、推进"五个一批"精准落地、实施法治扶贫"十百千万"工程等举措，取得了良好效果。2017年，南充市将持续用力培育当家产业、不断激发脱贫动力、加快推进整村脱贫、强化民生保障、创新精准扶贫机制。为此，本文提出以下建议：切实推进"三个转变"，着力"抓好五大工程"，建立健全"三大机制"，综合施策抓脱贫，落实脱贫责任、不断强化工作保障。

　　关键词：脱贫攻坚；精准扶贫；2016年成效；2017年建议

　　消除贫困、改善民生、逐步实现共同富裕，是社会主义的本质要求，是党的重要使命。南充市在脱贫攻坚工作中树立"市重协调、县抓落实"体制，建立"片为重点、工作到村、扶贫到户"的工作机制，调动一切可调动的力量，让全社会都投入到扶贫工作中，撸起袖子加油干，确保贫困人口早日脱贫，为全省脱贫攻坚作出示范。

第一节　2016年脱贫攻坚情况

　　2016年，南充市紧紧围绕"2018年基本脱贫、2019年巩固提升、2020年全面小康"目标，深入贯彻落实省委"3+10"的战略部署和工作方案，全面对接"两不愁、三保障""四个好"脱贫标准和全面落实"六个精准"要求，切实开展脱贫攻坚工作。

一、脱贫攻坚的举措

（一）精准识别贫困对象

　　如期开展贫困村、贫困户精准识别和建档立卡工作，严守"一高一低一无"和年人均纯收入的刚性标准，坚持农户申报、入户核实、群众评议和乡、村公示、县级公告等规范程序，保证贫困户精准识别工作顺利进行。2015年下半年，再次组织精准识别"回头看"工作，严把国、省政策，坚持"十二不评"的硬杠子，通过五轮甄别市、县（市、区）、乡、村四级签订承诺书，同时结合"六有"信息平台建设，全面锁定贫困村1290个、贫困户15.2万户、贫困人口45.1285万人，核减2015年完成减贫11.8892万人，剩余贫困人口33.2393万人。

（二）推进"五个一批"精准落地

大力实施易地搬迁，已完成贫困户危房改造1.5万套，搬迁转移8 900户，2016年及以前年度项目现已全部开工，南部、蓬安两县2 017、2018年项目已实现提前开工，均在2016年底前建成入住。大力发展教育脱贫，对所有农村贫困户子女全部实施免费职业教育，全面落实生源地信用助学贷款、贫困学生生活补助、地方济困助学等政策。大力推进社会保障兜底，将农村低保线从2 280元/年提高到2 880元/年以上，南部、蓬安两县按照每人每年3 100元的省定低保补差新标准全额补差，提前实现"两线合一"；对丧失劳动能力的特困家庭，以低保应保尽保全面兜底。加快推进92所乡镇卫生院、690个村卫生室新（改）建，严格落实贫困人口"八免五补助"等扶持政策，全面推行分级诊疗制度，实现了贫困群众县内就诊率达到95%以上、基层医疗机构就诊贫困群众个人医疗费用支出控制在10%以内的目标。

（三）实施法治扶贫"十百千万"工程

南充市创新性地将依法治市、脱贫攻坚、党建工作三大任务有机结合，大力开展精准扶贫"十百千万"工程，工程由四个细化方案构成，分别是《"十个服务站（点）维权做后盾"实施方案》《"百名知名律师把脉助发展"实施方案》《"千名政法干警进村促和谐"实施方案》《"万名法治干部入户结穷亲"实施方案》。通过10个服务站（点）辐射周边城市，为南充籍务工人员维权提供后盾；通过百名知名律师对口贫困村，指导村民谋发展；通过全市范围内择优聘任百名律师，按照"1+X"模式，对口联系1 290个重点贫困村、依法决策贫困村村级重大事务。通过万名法治干部入户结穷亲，将村（社区）法治指导员和具有法治背景、法治思维的干部纳入人才库，并按照"1+10"的结对原则，选派法治干部，深入贫困户，开展"一对一""面对面"法治帮扶。通过这些活动的开展，发动了全市千千万万名党员深入基层，为老百姓普及法律知识，提供法律保障，推动了脱贫工作的开展。

（四）激发贫困群众内生动力

深入开展"五大教育""四好村"创建和"四好"星级示范户评选等活动，消除"等靠要"，杜绝"比看怨"，充分激发贫困群众内生动力。实行"五个一"驻村帮扶、领导干部进村入户蹲点调研督导工作机制，动员社会各方面共同参与，认真落实"一事一议""村民自建""以工代赈""以奖代补"等政策，最大限度调动人民群众主动参与脱贫攻坚的积极性和创造性。强化精准脱贫过程管理，完善现场验靶、蹲点督导、正向激励等机制，充分激发"五个一"帮扶力量的最大干劲。借助行业扶贫、定点帮扶等单位力量，充分发挥扶贫协会、慈善总会和商会等社会组织的作用，形成人人参与、共同出力的扶贫工作格局，凝聚起脱贫攻坚的强大力量。

（五）推动产业扶贫

坚持因地制宜、特色发展，采取政府引导、农民主体、龙头带动、金融支持、合作社组织"五方联动"的方式，探索发展"脱贫奔康产业园"。探索龙头带动的抱团经营模式，重点针对有一定劳动能力、缺资金、缺技术、缺市场、缺胆量的贫困户，由龙头企业、专合组织等新型经营主体引领，通过开展技能培训、金融贷款扶持、龙头企业承包销售、设立风险基金等方式，抱团发展特色产业，让贫困群众放手、放胆发展。探索村社主导的集体经营模式，主要针对丧失劳动能力、无资金、无技术的贫困户，强化村支部、村委会带动，贫困户以土地、财政补贴投入量化入股，委托集体组织经营，确保贫困群众有保底分成、年底分红等基本收益。探索专合服务的自主经营模式，针对有一定劳动能力和生产技能、有发展基础的贫困户，鼓励实行自力更生、自主经营，大力发展"四小工程"，由专合组织把他们联合起来，提供统一服务，实现规模经营，加快脱贫进程。

（六）确保南部、蓬安两县脱贫摘帽

南充市把南部、蓬安两县脱贫摘帽工作作为 2017 年全市工作的重中之重，已连续开展 4 轮"现场验靶"，对脱贫摘帽工作进行深入评估和整改。

1. 细化评估标准

对照"两不愁、三保障"和"四个好"目标，制作贫困村验靶考核评估卷、贫困户验靶考核评估卷和"五个一"驻村帮扶验靶考核评估卷等，明确问题采集、打分范围、扣分标准等事项，并将群众满意度纳入测评范围。

2. 现场评估验靶

按照"拟退出贫困村全覆盖、一般贫困村不低于 20%、非贫困村不低于 15 户"的标准在两县随机抽取贫困村，由市级负责同志带队，采取听介绍、看进度、访成效等方式进行"现场验靶"并评估打分。

3. 限期整改落实

根据现场评估结果填写脱贫攻坚一线督查问题清单，并反馈相关单位限时整改，对整改不到位的相关责任人严肃问责。

二、脱贫攻坚的成效

（一）重点工作成效明显

按照"五个一批"的总体部署，在新村扶贫方面，建成幸福美丽新村 403 个、新村聚居点 630 个、新改建贫困农户住房 1.1 万户、易地搬迁贫困农户 1 435 户。在基础扶贫方面，支持贫困村建成村社公路 1 482 千米，整治（新建）水库及山坪塘、蓄水池 1 674 座。在能力扶贫方面，完成技能培训 12.1 万人次，实现转移就业 6.4 万人次。在公共事业扶贫方面，对 316 个村级卫生室和 230 个村级教学点完成新（改）建。各地注重结合实际探索创新，如仪陇县采取"五方联动"建设产业园区，南部县发展小养殖、小庭院、小作坊、小买卖"四小工程"，顺庆区"五兜底"解决贫困户医疗和住房保障难题，阆中市建设"小微园区"增加群众收入，营山县采取"一高、一优、一统筹"模式保障贫困户收益，得到贫困户广泛认可和积极参与。

（二）产业培育量增质优

坚持以建设各类农业产业园区为载体，依托各类新型农业经营主体，带动各县（市、区）大力发展立县富民主导产业，同步做好"扩面、提质、增效"三篇文章，引领全市传统农业向现代农业转型升级。

一是壮大优势特色产业。"三区一县"国家现代农业示范区新建果蔬、蚕桑及粮经复合基地 1.45 万公顷，中法农业科技园区已完成湿地公园堆坡塑形及水系建设，国家农业科技园区"三心、五园、一带"建设全面提速，其余5县（市）柑橘、香桃、蔬菜、生猪、中药材等立县主导产业连片规模推进。全市已建成各类特色优势种植业基地34.68万公顷，生猪规模养殖达75%。

二是培育新型经营主体。优化投资环境，强化政策扶持，新引进温氏、新希望、大北农等一批国家级重点农业龙头企业入驻南充，新培育本味、莱达、花好月圆等一批本地省、市级农业龙头企业，推进村企对接，发展"一村一品"，引导更多农户脱贫奔康。

三是提升质量安全水平。大力推进农业标准化建设，制定和推广农产品标准化生产技术规程75项，9县（市、区）全部通过无公害农产品（种植）产地认定、认定面积占耕地面积的99.1%，创建绿色食品基地4.56万公顷，认证有机农产品230个、1.28万公顷，做响了"优质安全放心农产品基地"这张名片。

四是拓展产品销售渠道。大力发展农产品电子商务，积极推广农超、农校、农餐等产销对接模式，不断完善农产品市场营销体系。西充"邮政+"农村电商机制获商务部肯定并向全国推广，南部、顺庆成功引入农村淘宝，仪陇入围国家级电子商务进农村综合示范县。

（三）新村建设快速推进

坚持以"四好"为标准，突出抓好村落民居建设、立村产业培育、公共服务配套、新村环境整治等重点工作，加快推进幸福美丽川北新村建设。坚持"改、建、保"结合，分类推进新村聚居点、旧村"三建五改"和新农村综合体等幸福美丽新村建设。积极对接精准扶贫，结合异地扶贫搬迁和地质灾害避险搬迁，优先帮助无房户、危房户、住房困难户解决住有所居、住得安全的问题。全市9个县（市、区）新完成了551个村（超出计划目标51个，含378个贫困村、超出省定283个目标95个）的幸福美丽新村建设，为1.3万多户住房困难群众解决了安居问题。

（四）农民收入持续增长

坚持围绕农民增收这个"三农"工作重心，突出"项目推动"和"脱贫攻坚"两个主战场，不断强化增收责任、挖掘增收潜力、创新体制机制，助推全市农民持续稳定增收。

一是强化增收责任。制定出台县（市、区）农民增收目标任务和考核办法，细化农民增收县委书记、县长负责制的操作细则，明确贯彻市委"三农"工作指导性文件部门责任，组织开展3次农民增收工作专项督查，印发3期县（市、区）农民增收季度排位情况通报，召开3次农民增收联席会议、农民增收形势分析会议和1次农民增收专项督导工作会，做到目标明确、责任清楚、保障到位。

二是挖掘增收潜力。积极发展农业产业化经营，坚持因村施策、因户施法，推进"一村一品"产业发展，持续快速地增加农民经营性收入；深入开展劳务培训等服务，着力增加农民工资性收入；全面深化农村改革、盘活农村资源，力求农民财产性收入有新突破；积极发展休闲观光、创意体验、森林康养等农业新产业新业态，推动农村一、二、三产业融合发展，西充县双龙桥、顺庆区青山湖等一大批乡村旅游景点、体验农业中心成为增收新亮点。

三是创新利益联结机制。探索、总结、推广以龙头企业为主导的"两统两返"、以劳务合作社为主导的"劳务承包"、以农机合作社为主导的"代耕代种"和以村社集体为主导的"土地托管"等新型农业经营模式，着力构建农民与各类新型经营主体之间更加紧密的利益联结机制，让更多农民融入农业产业化经营链条，带动农民增收致富。

四是落实强农惠农政策。与相关部门一道开展涉农资金专项督查，首次聘请第三方审计机构介入，确保扶贫、基础、新村、产业、低保、补贴等各项涉农资金真正惠及民生，最大限度发挥资金使用效益，为农民增收提供有力支撑。

（五）"驻村帮扶"成效显著

一是干群关系持续融洽。各级联系领导、帮扶单位、驻村工作组成员履职尽责倾力帮扶，深入开展群众工作，提升为民办事服务水平，让群众随时感受到干部就在身边、组织就是依靠。在"走基层送温暖"活动中，市级帮扶单位为贫困户发放棉被 4 600床，棉衣 3 600 件，投入资金约 90 万元。9 县（市、区）对各类困难群体发放棉被123 549 床，棉衣 85 139 件，资金总投入约 2 295.568 万元，融洽了党群干群关系。

二是基层组织明显加强。建立 1 290 个贫困村党组织建设方案，认真开展党员组织关系集中排查、"三会一课"等专项检查，规范党员管理，发展党员 809 人。建立村级组织运行制度 2 685 个，推动 266 个软弱涣散村党组织转换升级，新建村级活动阵地209 个，修缮改造 482 个。充分发挥农民夜校作用，基层党员群众深受教育，农村基层党组织的凝聚力明显加强。

三是基础设施大幅改善。危房改造、异地扶贫搬迁、地质灾害避险搬迁工作扎实推进。抓好贫困村路、水、电、通信等建设，重点贫困村建成幸福美丽新村 283 个，全市100%的村、80%的社通硬化路，农村安全饮水覆盖率达 100%。305 个村级义务教育教学点、188 所乡镇卫生院、850 处村卫生室新（改）建加快推进，贫困村面貌发生翻天覆地的变化。

四是致富产业蓬勃发展。按照"村村有脱贫支柱产业，村村有脱贫农民合作社，村村有脱贫奔康产业园；有劳动能力的贫困户，户户入园，户户有致富门路"目标，推行"支部+龙头企业+合作社（协会）+贫困党员群众"等模式，实行市场化运作，吸纳贫困户入园发展、入股经营，拟退出的 317 个贫困村"脱贫奔康农民产业园"实现全覆盖，带动 2.5 万户贫困户入园发展，户均增收 1.2 万元以上。

2016 年，南充市各地各级帮扶单位聚焦"两不愁""三保障"和"四个好"目标，对 1 290 个贫困村，11.19 万户建档立卡贫困户，33.24 万贫困人口倾力付出、倾力帮扶，顺利完成蓬安、南部 2 个贫困县摘帽、326 个贫困村出列和 14 万贫困人口脱贫任务。

三、脱贫攻坚的难点

（一）贫困群众思想认识亟待提高

2016 年南充市围绕"养成好习惯，形成好风气"的要求，集中开展了乡风民俗和感恩奋进"两项教育"，引导贫困群众自力更生、勤劳致富。但个别贫困群众"等靠要"思想严重，参与度不高；个别群众把帮扶当福利，"不摘帽""争戴帽"；个别临界贫困群众心理不平衡，产生了新的社会矛盾。

（二）脱贫工作进展需要平衡

各县（市、区）工作推进不平衡，一些地方重视程度、力量集聚、措施落实不够，缺乏大胆探索、强力推进的措施办法，存在"数字脱贫"的风险；乡与乡、村与村之间发展也不平衡，项目和资金安排不够均衡，村与村、户与户之间存在差距，群众对此有一些意见。

（三）营造氛围工作尚需加强

基层扶贫干部和帮扶单位脱贫办法不多，简单采取送鸡送鸭送钱等"输血式"扶贫措施；一些地方政策宣传不够，群众知晓度差。各地在抓点示范、经验提炼和推广做法等方面工作不够深入。对社会人士、民营企业参与脱贫的政策优惠和宣传发动还不充分，还没有真正形成全社会"议扶贫、干扶贫、真扶贫"的氛围。

第二节　2017 年脱贫攻坚研究

一、脱贫攻坚的思路与目标

（一）脱贫工作的基本思路

围绕"2017 年基本脱贫、2018 年和 2019 年巩固提升、2020 年全面小康"目标，按照"六个精准"的要求，深入推进精准扶贫、精准脱贫，坚决打赢脱贫攻坚战。加强农业集群发展对脱贫攻坚的引领示范作用，集中力量精准扶贫精准脱贫，确保农民群众共享发展成果，全面同步小康。

（二）脱贫工作的目标

1. 聚焦脱贫攻坚新任务

紧紧围绕贫困县"一低三有"、贫困村"一低五有"和贫困人口"一超、两不愁、三保障、三有"脱贫标准，按照"六个精准"要求，因村因户因人施策，确保完成嘉陵、高坪、仪陇 3 县（区）脱贫"摘帽"，410 个贫困村退出、8.3 万贫困人口脱贫的年度目标任务。深入实施"五个一批"计划：扶持生产和就业发展一批，大力推广"脱贫奔康产业园"模式，计划新建产业园 410 个，对已有的产业园进行提质增效，以产业增效带动贫困群众增收；进一步完善产业风险防控机制，着力提高贫困群众抵御市场风险的能力，探索建立产业发展补偿基金，解除贫困群众发展的后顾之忧；大力开展贫困家庭就业培训，激活贫困群众自身发展动力，确保有劳动能力的贫困户至少 1 人实现就业。移民搬迁安置一批，紧抓安全住房建设，完成 1.1 万户建档立卡贫困户危房改造、1.1 万户易地扶贫搬迁的硬任务；扎实抓好交通、水利、通信等基础设施建设，大力改善群众生产生活条件。做到低保政策兜底一批，力争全面实现农村居民最低生活保障标准与贫困群众扶贫标准"两线合一"，进一步提高低保兜底的覆盖率。医疗救助扶持一批，全面推行"先诊疗、后结算"就医模式，在确保贫困群众全年自付医疗费用在总费用 10% 以内的基础上，逐步实现贫困群众县域内就医住院费用"零支付"。灾后重建帮扶一批，进一步加大灾害监测和防控，对因灾致贫群众及时救助，确保正常生活和尽早恢复生产。

2. 完善脱贫攻坚新举措

坚持把产业培育作为解决贫困户稳定脱贫、持续增收的主要手段，进一步增强贫困户的"造血"功能。坚持因地制宜、特色发展，以"脱贫奔康产业园"为载体，深化完善"政府引导、农民主体、龙头带动、金融支持、合作社组织"的五方联动机制。坚持"9+5"暗访督查机制，进一步明细完善流程制度，对不落实的事、不尽职的人进行严肃追责、问效，形成常态化机制。坚持宜建则建，宜改则改，宜聚则聚，宜散则散，充分考虑群众的实际承受能力和意愿，多管齐下解决贫困群众的住房安全难题。坚持分县分片开展脱贫攻坚现场拉练、现场观摩、相互借鉴、取长补短。每月一次现场流动会、每季一次现场拉练会，检验成效、交流经验，深入总结提炼各县（市、区）典型经验。坚持教育、文化、医疗等公共资源向贫困地区倾斜，努力提高农村贫困群众社会保障水平。坚持全面推进农民夜校建设，及时解决办学场地及设施设备，制定教学大纲。合理利用"1+6"村级公共服务活动中心、村小等场所，在每个行政村配置一个不少于90平方米的夜校教室、一套运行正常的远程课件收视系统、一套确保正常教学活动所需的教学用具和一批开展文体活动必需的设施设备。坚持对已摘帽县、已退出村、已脱贫户的扶持，增强贫困户持续增收能力，防止返贫。坚持加大扶贫资金投入，完善金融扶贫相关机制，加大扶贫资金与其他涉农资金整合力度，确保市、县级财政扶贫专项资金预算，在2016年的基础上增长38%以上。进一步完善财政扶贫资金项目公告公示制度，强化审计监督，确保资金使用规范有效。

3. 创新脱贫攻坚新机制

继续积极探索、创新脱贫机制，加大脱贫制度创新，增强脱贫制度保障。在领导机制和精确联系帮扶制度方面，大力开展定点帮扶、结对帮扶等活动，积极构建党政强力主导、群众自力更生、社会广泛参与的大扶贫工作格局，继续抓好落实"五个一"帮扶机制和"三个一"调度机制。在产业增收方面，加快形成脱贫带动新机制，大力招引、培育新型经营主体，通过"园区+农户""合作社+农户""龙头企业+农户""能人+农户""电商+农户"等多种带动方式，提高贫困群众组织化程度，解决市场和技术难题，保障贫困群众长期稳定脱贫。在督查考核方面，坚持督查暗访和自查自纠相结合，建立相关激励机制、问责机制。

二、脱贫攻坚的重点

（一）持续用力培育当家产业

全面推广"五方联盟"产业发展机制，引进龙头企业，发展专合组织，发挥金融支撑作用，新建"脱贫奔康产业园"。发展村集体经济，辐射带动产业大面积发展；推动"四小工程"由贫困村向非贫困村延伸，把特色产业连成线、形成片；高效推进"三个一培养工程"，提高贫困劳动力就业覆盖面。

（二）不断激发脱贫动力

深入开展"五大教育""四好村"创建和"四好"星级示范户评选等活动，消除"等靠要"，杜绝"比看怨"，充分激发贫困群众内生动力。激发动力强化群众教育。深入开展"干群一家亲""五大教育""四好村"创建和"四好"星级示范户评选，让"懒惰致贫可耻、勤劳致富光荣"深入人心、成为自觉。强化精准脱贫过程管理，完善现场验靶、蹲点督导、正向激励等机制，充分激发"五个一"帮扶力量最大干劲。借助行业扶贫、定点帮扶等单位力量，充分发挥扶贫协会、慈善总会和商会等社会组织的作用，形成人人参与、共同出力的扶贫工作格局。

（三）加快推进整村脱贫

整合各类扶贫资源，深入实施产业培育、基础设施、新村建设、能力培训、公共服务等"五大脱贫攻坚工程"，扎实开展挂钩帮扶行动，实现贫困村有通村硬化路、有安全饮用水、有生活用电、有卫生室、有文化室、有宽带网。围绕村退出、户脱贫标准，健全完善竞争立项、滚动调项机制，精准实施专项扶贫计划。统筹推进农田水利建设，实施土地整理，整治病险水库，促进贫困村向小康村转变。

（四）强化民生保障

大力实施安居工程。统筹兼顾、分类推进安居工程建设，在城区范围内规划建设一批公租房，有序推进棚户区和城中村改造，全面推进农村危旧房改造，完善安置补偿政策，逐步改善城乡困难群众居住条件。大力发展教育事业。办好特殊教育，加快发展成人教育，鼓励发展民办教育。健全完善学生资助体系，实现困难学生帮扶全覆盖。大力促进社会就业。加强就业服务体系建设，努力增加就业岗位，大力开展就业援助和职业技能培训，促进劳动者充分就业。完善就业扶持政策，促进就业困难人员就业。建立和谐劳动关系，维护职工和企业合法权益。健全社会保障体系，实施全民参保计划，建立覆盖城乡、可转移的养老保险和医疗保险制度，全面落实企事业单位职工失业、工伤、生育保险，统筹建立城乡居民大病保险、补充医疗保险、城乡居民养老保险补助制度和待遇调整机制。统筹救助体系，积极发展社会福利和慈善事业，城乡低保实现应保尽保。鼓励发展商业保险。

（五）创新精准扶贫机制

完善脱贫攻坚领导小组统筹、部门帮扶、乡村组织实施的脱贫工作机制，形成纵向到底、横向到边的责任体系。建立稳定的财政专项扶贫投入机制，加大扶贫资金整合和监督力度，创新开展金融扶贫。健全社会帮扶机制，形成专项扶贫、行业扶贫、社会扶贫"三位一体"的大扶贫格局。进一步完善扶贫开发保障机制，健全投入增长机制，建立扶贫退出巩固提升机制，巩固扩大扶贫成果。创新群众参与机制，重视发挥广大基层干部群众的首创精神，最大限度调动贫困群众的主动性、积极性。强化脱贫工作成效考核，建立贫困人口动态监测机制，加强对脱贫人口的跟踪调查和后续扶持，预防再次"返贫"。

三、脱贫攻坚的建议

（一）切实推进"三个转变"

扶贫工作是一项长期而艰巨的重大民生工程，做好扶贫工作，确保实现"2018年基本脱贫、2019年巩固提升、2020年全面小康"，转变观念，理清思路，加强对扶贫工作的正确认识，扎实做好扶贫工作。

一是转变"抓扶贫就是给资金"的观念，更加注重源头治贫。过去一些地方一说到扶贫，就不顾实际情况盲目给资金上项目，这种想法和做法没有生命力、不可持续。在新一轮扶贫攻坚中，坚持走"造血式""开发式"扶贫的路子，瞄准致贫根源，实施精准化识别、针对性扶持、动态化管理，着力从根源上解决长远生计和持续发展问题，实实在在改变贫困地区落后面貌。

二是转变"抓扶贫就是搞几个示范点"的观念，更加注重稳定脱贫。坚持因地制宜、一切从实际出发、一切从解决问题出发，不搞形象工程、政绩工程，不栽"盆景"，不搭"花架子"，通过逐户精准帮扶实现整体脱贫致富，确保老百姓实实在在脱贫、实实在在增收，切实减少返贫率，坚决做到扶一个成一个。

三是转变"抓扶贫就想一口吃个胖娃娃"的观念，更加注重长效扶贫。扶贫是一个长期过程，也是一个世界性难题，不可能一蹴而就、立竿见影。在新一轮扶贫攻坚中，按照"三步走"的目标思路，真正立下愚公之志、打好攻坚战，从最贫困的村、最困难的户和最急需办的事入手，每年扎扎实实办一批实事，确保攻坚行动年年都有实际进展，贫困地区年年都有新的变化。

（二）着力"抓好五大工程"

1. 着力抓好产业扶贫工程

产业是一个地方稳定脱贫的关键，有了产业，才有"造血"能力，才能实现可持续发展。坚持因地制宜、因势利导，因村而异、因人而异，深入研究贫困地区资源优势、人文优势、生态优势，做到宜农则农、宜牧则牧、宜工则工、宜旅游则旅游，不搞"一刀切"，力争2018年年底每个贫困县有10个规模以上扶贫龙头企业，每个贫困村有1个以上覆盖大多数贫困农户的专业合作社，每个贫困户有1个以上稳定增收项目，实现贫困人口经营收入人均年增长1 000元以上。

2. 着力抓好基础扶贫工程

交通基础设施、农村安全饮水等问题仍然是制约贫困地区发展的普遍问题。坚持把基础设施建设作为扶贫攻坚的先导性工程，把路、水、电、房等向贫困村延伸、向薄弱环节倾斜，统筹提升村道公路、"五小水利工程"等生产设施和农村危旧房改造、安全饮水等生活设施水平，切实解决"毛细血管"不完善、"最后一公里"不通畅的问题，力争到2018年实现"三个百分之百"，即实现100%的村通水泥路，实现人畜安全饮水达100%，实现农村贫困户危房改造达100%。

3. 着力抓好新村扶贫工程

安居才能乐业，新村建设是改善贫困地区群众生产生活条件的综合性和牵引性工程，但现实情况是，有些地方新村建得不科学不合理不实用，片面追求集中，新村建得不像农村，有的甚至成了"空壳村"。针对这些问题，需要进一步完善新农村建设的思路和举措，充分尊重群众意愿，坚持宜散居则散居、宜集中则集中，绝不搞大拆大建，绝不搞"单相思"。工作中坚持规划先行，突出产村相融，保留田园风光，跟进公共服务，完善社区自治，着力建设一批"业兴、家富、人和、村美"的幸福美丽新村。

4. 着力抓好能力扶贫工程

教育是阻断代际贫困的重中之重。把提高贫困地区群众能力素质作为根本的治贫之策，坚持"再穷也不能穷了娃娃读书，再穷也不能让娃娃失学"的原则，围绕"每户贫困户有 1 个以上掌握适用技能的劳动力，有 1 个以上劳动力实现转移就业"目标，积极开展有针对性的农村实用技术培训，重点抓好新成长劳动力免费技能培训和贫困地区基础教育，力争到 2018 年完成劳动力技能培训 50 万人次，实现转移就业 30 万人。

5. 着力抓好民生扶贫工程

按照城乡公共服务均等化的思路，全部将贫困户纳入农村低保范围，做到新农保和新农合对贫困人口全覆盖，将建档立卡的贫困人口优先纳入民政生活医疗救助、教育补助、残疾人救助、计生奖扶范围，强化村级公共服务体系建设，安排专项资金切实解决农村群众上学难、行路难、饮水难、就医难等问题，实事求是地满足贫困群众的基本公共服务需求。

（三）建立健全"三大机制"

1. 建立需求导向机制

着力扶真贫，从群众需求出发，保障贫困家庭至少有一个增收致富项目、至少有一人参加职业技能培训、至少有一人实现转移就业、至少有一人享受农村低保、至少有一名对口帮扶人员。着力真扶贫，抓住制约具体贫困村贫困户脱贫的症结问题，有针对性制定菜单式、可操作的脱贫方案。

2. 建立精准帮扶机制

在扶贫责任、权力、资金、任务"四到县"的基础上，推动扶贫对象精准，落实建档立卡，实施动态管理，保证统一有数、进退有据、应扶尽扶；推动帮扶措施精准，能量化的严格量化，能细化的坚决细化，变"大水漫灌"为"精准滴灌"；推动资金使用精准，捆绑使用资金，实行项目化管理，把好钢用在刀刃上；推动责任落实精准，全面推行驻村帮扶工作队全程参与，推动驻村干部真正驻扎在村、下沉到户，不脱贫不撤组，引导群众自力更生、勤劳致富。

3. 建立责任落实机制

围绕到 2020 年全面小康的刚性承诺，倒排工期，强化责任分解，倒逼各级各部门主动作为、有效作为。重点是抓好三个环节：一是落实各级党政主要负责人的责任，市委书记、市长与 9 县（市、区）党政"一把手"签订扶贫开发目标责任书；二是要求基层干部对贫困情况心中有数、心中有底，坚决反对和打击弄虚作假、虚报瞒报的行为。三是严格落实、严格目标考核，按照"一事一主体、一主体一责任人"的原则，规划到村、落实到人，做到时间表、路线图、任务书清清楚楚、明明白白，做到"问事必问人、问人必问责"，确保全市扶贫工作扎实推进。

（四）综合施策抓脱贫

统筹整合行业部门、社会帮扶等各类资源要素，持续改善贫困地区基础设施，解决制约贫困地区发展的根本性问题。创新并推广"旅游+扶贫""园区+扶贫""金融+扶贫"等扶贫模式，大力发展乡村旅游、优势农业、农村电商等产业，确保每个贫困村都有脱贫奔康产业园区、每个贫困户都有致富增收的稳定渠道，提升贫困地区产业支撑能力。推进农村低保线、脱贫线"两线合一"。积极开展订单式就业创业培训，着力提升服务保障水平。严格落实党政"一把手"负总责的脱贫攻坚工作机制，逐级立下军令状，压紧压实"五个一"帮扶责任。执行"市乡村"三级党员干部调度机制，一线发现问题、一线解决问题。结合干部脱贫攻坚实绩档案，完善脱贫攻坚考评体系，健全问责奖惩办法，倒逼各项部署落到实处。广泛吸纳社会力量参与脱贫攻坚，积极构建专项扶贫、行业扶贫、社会扶贫"三位一体"的大扶贫格局。以"四好"村创建为抓手，着力加强教育引导，充分发挥贫困群众主体作用，激发脱贫奔康内生动力。

（五）落实脱贫责任，不断强化工作保障

进一步完善党政"一把手"负总责、帮扶部门"一把手"负全责的脱贫攻坚工作机制，制定扶贫开发攻坚项目台账，逐级立下军令状，层层落实脱贫攻坚责任。建立和完善财政投入扶贫开发增长机制，加大财政扶贫投入，优化整合各类扶贫资源。坚持"择优选人"和"因村选人"，配齐配强驻村工作组、第一书记。把脱贫攻坚实绩作为选拔使用干部的重要依据，加强基层干部队伍培养与建设。建立健全扶贫开发工作目标考核奖励办法，实行最严格的考核督查问责机制。创新社会帮扶机制，形成脱贫攻坚强大合力。

第十五章　关于生态建设的报告

摘要：2016 年，南充市围绕生态环境建设，采取一系列有力举措，取得了较好的效果。2017 年，南充市将以流域水环境综合治理、加大区域大气污染治理力度、努力防治噪声污染、加强固体废物管理、强化辐射环境管理等为重点，进一步改善生态环境。为此，本文建议：加大主要污染物总量减排工作力度、大力开展生态文明宣传教育、进一步完善生态建设和管理机制、拓宽生态建设筹融资渠道、做好生态保护红线划定工作。

关键词：生态文明；2016 年建设；2017 年研究

第一节　2016 年生态建设情况

一、主要举措

（一）加强组织领导，强化工作措施

2016 年，全面落实建设生态市的决定，多措并举，全面推动生态建设工作。

一是牢固树立环境保护绿色发展战略思想，并加大环保绿色观念宣传力度。提高各县（市、区）政府对环境保护的认识，坚持发展地方经济不以牺牲环境为代价，牢固树立环境保护意识和可持续发展意识。

二是贯彻落实《环境保护法》《水污染防治行动计划》《大气污染防治行动计划》等相关环保法规，明确政府、部门、企业职责，细化责任追究机制。

三是完成编制"十三五"环境保护规划，科学核定南充市环境承载力。

四是探索形成生态保护补偿机制。制定出台《南充市西充河流域水质保护生态补偿暂行办法》。

（二）加强环境教育，提升生态创建意识

利用电视、报刊、微博等传播媒体，加强南充市生态创建工作宣传，加快搭建宣传教育平台。开展形式多样的主题宣传活动，如"6·5"世界环境日、"4·22"地球日等的宣传。积极推进生态环境保护进学校、机关、社区、学校等活动，使生态文明理念深入人心，让绿色、低碳、生态、环保理念成为南充市人民的共同价值观。

（三）明确生态市建设目标任务，持续推进创建工作

一是制订全市生态创建年度工作计划。年初，南充市环保局下发《关于推进全市生态创建工作进度的通知》（南市环办〔2016〕12号），并结合各县生态环境实际情况，制订全市生态创建年度工作计划。同时，将该项工作计划纳入各县（市、区）政府及领导个人的政绩考核指标体系，推动全市生态县、生态乡镇、生态村等细胞工程建设。

二是加强规范饮用水源监管工作。为规范和加强对饮用水源的保护与监管，避免人为活动对饮用水源造成影响和破坏，按照法律规定，在饮用水源保护区内划定了一级保护区、二级保护区和准保护区，并分别在保护区的下界和上界设立界碑，沿途陆岸设立警示牌。加强水源日常监管和例行监测工作。构建饮用水源保护区巡查监察制度，定期对饮用水源进行徒步沿线巡查，对城区、乡村进行每月、每季度巡查制度。

（四）整合环保资金，推动创建工作

努力争取中央、省（市）级环保项目资金，用于完善环保基础设施建设。同时，为解决各县（市、区）创建工作经费不足问题，市本级安排环保专项资金190万余元，支持顺庆、阆中、西充、营山、蓬安等5县（市、区）生态县建设，有力推动全市生态建设进程。

（五）加强监督管理，巩固创建成果

一是严格排污许可证发放和总量指标管理。严格落实污染物排放总量控制制度，把主要污染物排放总量指标作为建设项目环境影响评价审批的前置条件。严格排污许可证发放管理，明确排污总量和标准，督促企业持证排污，严厉打击违法排污或者超标排污行为。推行清洁生产，降低产污强度，促进经济发展方式转变。

二是规范管理危险废物及核辐射。严格执行危险废物申报登记、转移联单、转移许可制度，建立重点企业、医院危险废物监管档案；切实加强核与辐射现场监管，建立辐射单位名单，定期巡查，加强辐射安全管理。三是复查省级生态乡镇。根据《省级生态乡镇申报管理规定》以及四川省环保厅的工作部署，组织专家对仪陇县金城镇等5个省级生态乡镇开展复查工作，全面完成复查工作任务。

（六）划定生态红线，强化红线约束

根据四川省环保厅《关于划定生态保护红线的指导意见》工作要求，组织各县（市、区）学习《四川省市（州）、县（市、区）生态保护红线划定技术指南（试行）》，指导县级生态保护红线划定。

（七）各区县真抓实干，推进生态市建设

牢固树立科学发展观，强化责任意识，紧紧围绕"改善民生、服务发展"总目标，全面认真贯彻落实可持续发展战略，大力开展环境和生态保护工作，狠抓总量减排、污染整治、风险防范和环境监管。

市辖三区、阆中市以及蓬安县突出重点、多措并举，加快推进重点工程建设，加强工程减排。加快结构调整，进一步促进产业结构调整，促进结构减排。严格落实排污许可及总量指标管理，实现管理减排。

营山县以创建国家卫生县城、省级园林县城为抓手，深入推进城乡环境综合治理，大力整治垃圾乱堆等城市乱象问题，加快实施河道、垃圾场整治等项目，新建乡镇污水

处理场 6 个，大力改善河流出境断面水质，创建 17 个省级生态乡镇。

南部县全力以赴构建"亲水南部"，按照"高水平规划、高质量建设、精细化管理"理念，公开招标，编制"一江五湖"和嘉陵江流域南部段综合保护开发总体规划，对县老城区、城北新区进行城市排污管网改造，构建幸福美丽新村。

仪陇县围绕建设宜居宜业、富有特色的"现代山水园林城市"目标，编制完成《仪陇县城市绿地系统专项规划》，按照《仪陇县渠江流域控制单元水环境综合治理方案》（2015—2017）加快推进生态文明建设，切实抓好大气、水、土污染防治，改善城乡环境质量。

西充县着力夯实基础、加强生态建设，按照《西充县城市总体规划（2014—2030）》，大力建设"国家级生态文明示范县"，实施退耕还林，推进全国生态文明示范工程试点县建设。

二、主要成效

（一）激活了"生态细胞"

先后启动重点集镇环境优美乡镇创建工作。一是阆中市、西充县通过省级生态县初验；二是全市成功创建省级生态乡镇 49 个（其中通过验收 12 个，通过技术核查 37 个），生态乡镇目标任务指标完成率 163%；三是市级生态村已完成创建 599 个，生态村目标任务指标完成占任务总数 10 倍以上。

（二）农村生活垃圾集中收集整治

截至 2016 年年底，全市已建乡镇污水处理站 190 座，占全市乡镇总数的 48%；已建垃圾中转站 144 座，全市农村生活垃圾治理有效处理率达到 97.7%，极大地改善了农村人居生活环境。

（三）生态工程建设成效明显

各区县严格落实退耕还林、生态保护政策。如阆中市巩固退耕还林成果 5 203 公顷，新增城市绿化面积 170 万平方米，建成城市主题公园、广场 28 个，新区污水处理厂、第二垃圾填埋场投入使用，成功创建国家园林城市、阆中古城国家城市湿地公园、金沙湖国家水利风景区、盘龙山国家森林公园、构溪河国家湿地公园，构筑生态新屏障。营山县深入推进天然林保护、退耕还林、水土流失综合治理等重点生态工程，全县森林覆盖率 36.8%。西充县完成城南湿地公园建设，建成乡镇污水处理站 19 座，治理水土流失 83 平方千米，西充河流域水质明显改善，成为全国农村生活污水治理示范县。

（四）综合利用和治理畜禽养殖污染进展顺利

营山县深入推进畜禽养殖综合治理，依法取缔河道网箱养鱼 82 个，综合整治禁养区内养殖场 21 家；仪陇县切实加强生态文明建设，《仪陇县渠江流域控制单元水环境综合治理方案》（2015—2017）加快推进实施，完成 11 个乡镇污水处理设施及 4 个畜禽养殖污染治理工程建设。

（五）环境监管执法能力大幅提高

各区县高度重视环境监察、环境监测机构标准化建设，积极配置设备，新增环境监察执法人员，壮大环保队伍。市环保局定期加强监察执法业务培训及法制培训，加强环境监察执法。各区稳步实施环境信息能力规范化建设，全面提高环境信息化基础支撑能力和应用服务水平，促进信息化和环保业务接轨。加大环境保护执法力度，严格执行环评分类管理和分级审批制度，严格执行环评审批"6+2"原则、严格执行集体审批和技术审查制度、严格执行公众参与制度。

三、存在的问题

（一）生态建设意识有待进一步提高

2016 年，在省、市政府的领导下，南充市各县（市、区）积极加强环保教育，提升生态创建意识，利用电视、报刊、微博等传播媒体、开展形式多样的主题宣传活动，引导人们积极参与生态建设与环境保护，提高市民的生态建设意识。但仍存在少数地区对生态建设、可持续发展的重要性认识不到位，片面追求经济增长，导致在自然保护管理上出现重视不够、投入不足、保障不力等问题。

（二）生态建设与管理机制有待进一步改革

2016 年，南充市根据省环保厅《关于划定生态保护红线的指导意见》工作要求，指导县级生态保护红线划定，同时划定生态红线。与此同时，南充市并未建立生态补偿制度。生态建设经费未纳入财政预算，影响了南充市各地区生态建设政策的落实。还存在环境监测能力不足，环境执法不逗硬，日常巡查监管不到位，重点项目推进缓慢等问题，长效环境管理机制有待进一步优化。

（三）生态建设公众参与度有待进一步提高

随着公民受教育程度的提高，公众的环保意识、环保参与意识不断增强，在推进全市生态建设中，应构建多方渠道，提高社会公众的参与意识。

（四）生态建设"细胞工程"需进一步巩固实施

各乡镇地下水水源总大肠菌群不能达标，水环境质量堪忧；畜禽养殖污染治理取得阶段成效的背后，仍然存在小规模养殖户面宽难管，种养不配套，治污投入不足，缺乏使用有机肥激励机制等问题，畜禽养殖污染物排放居高不下；辖区内各乡镇、场镇产生的生活垃圾、生活污水量很大，随着城镇化的深入推进，由于资金投入有限，旧城管网改造滞后，相当一部分的乡镇、场镇生活污水处理厂及生活垃圾中转设施不到位等，生活污染物的排放仍将处于较高水平；随着工业企业数量的增加，其污染物排放可能增加。

第二节　2017 年生态建设研究

一、基本思路与目标

（一）基本思路

以改善环境质量为主线，以深化主要污染物总量减排为抓手，以解决危害群众健康和影响可持续发展的突出环境问题为重点，以机制创新和能力建设为保障，积极探索环境保护新路子，实施质量和总量双控，分区分类，精细管理，精准发力，打赢大气、水体、土壤污染防治三大战役，着力建立系统完整的生态文明制度体系，提高生态文明水平，建设生态文明新家园，防范环境风险，改善环境质量，优化产业布局，促进经济结构调整，努力构建嘉陵江中游绿色生态屏障。

（二）建设目标

以"主要污染物总量控制，建设生态南充"为核心目标，确保总量减排圆满完成，确保环境质量和生态环境持续改善，确保监管能力不断提升，确保环境安全得到保障。

二、建设重点

（一）着力流域水环境综合治理

一是加强饮用水水源地保护。推进水源地规范化建设，大力开展集中式饮用水水源地保护，解决饮用水水源超标问题，防范饮用水水源环境风险。

二是加快生活垃圾无害化处理。完善城市生活垃圾收运系统，及时补充垃圾桶、垃圾转运车等各类清运设施，建设垃圾压缩中转站，以满足城市扩展需求。完善乡镇垃圾收运设施，全力推行"户集、村收、镇转运、县处理"垃圾处理模式，禁止随意倾倒垃圾、堆肥，使连片村垃圾的收集清运率达到100%。

三是提高生活污水处理率。加快城镇污水处理设施建设与改造，已建成的污水处理厂及乡镇污水处理站，要因地制宜进行扩能或升级技改，使全区生活污水处理达标率达到100%，重点乡镇污水处理率达到90%。未建设生活污水处理设施的乡镇或区域全部完成污水处理设施及配套管网等工程措施的建设，以保证管网与污水处理设施同步设计、同步建设、同步投运。

四是狠抓工业污染防治。加大工业结构调整力度，整治重点行业水污染，制定牲畜屠宰加工行业专项治理方案，实施清洁化改造，强化工业污染治理和污染源监管。

五是推进面源污染治理。积极推广生态农业循环模式和农业清洁生产技术，全面整治畜禽养殖污染。大力发展有机农业，控制农业面源污染，提高肥料利用效率，鼓励使用有机肥。严禁高毒高残留农药的使用，推广生物农药和高效低毒低残留农药。

六是加强流域生态保护。结合生态河流、健康河流等工作要求，加大河道整治、增加生态用水、种植水源涵养林、湿地建设等力度，加强流域生态保护。

（二）加大区域大气污染治理力度

一是优化区域产业结构和布局。优化城市功能和空间布局，认真落实南充市城市总体规划和主体功能区划，分类推进区域和产业发展，合理控制开发强度，完善功能布局，推动形成有利于大气污染物扩散的城市空间布局。严格环境准入，提高节能环保准入门槛，健全重点行业准入条件，探索建立符合准入条件的企业动态管理机制。严格落实节能评估审查制度，严格实施污染物排放总量控制，实行排污许可证和排污权交易制度。

二是加强能源清洁利用。强化源头污染预防，对原料使用、资源消耗、资源综合利用以及污染物产生与处置等进行分析论证，推动采用资源利用率高以及污染物产生量少的清洁生产技术、工艺和设备。

三是加大重点污染物排放控制。针对二氧化硫、氮氧化物、烟粉尘、挥发性有机物、有毒废气等重点污染物，根据大气环境现状和环境目标要求，提出治理二氧化硫、氮氧化物、烟（粉）尘治理设施、工业挥发性有机物（包括油气回收重点领域、挥发性有机物综合整治的重点行业）等污染防治的任务要求，明确污染控制技术路线和对策措施，并将治理项目落实到具体企业、明确实施进度。

四是交通行业污染防治。加强机动车环保管理、淘汰黄标车、积极推广新能源汽车、加强城市交通建设与综合管理。

五是城市扬尘污染控制。强化施工扬尘监管，控制道路交通扬尘污染，推进堆场扬尘综合治理，强化煤堆、土堆、沙堆、料堆、拆迁废物的监督管理，加强预制商品混凝土企业环境管理，加强对餐饮油烟的控制。

（三）努力防治噪声污染

一是城市区域环境噪声污染控制。加强对商业网点、娱乐场所等主要生活噪声源的监管；做好城区各类功能小区在规划建设阶段的环境影响评价工作，以避免因布局不合理，造成噪声污染的问题。加大污染防治的宣传力度，提高广大居民的环境保护意识。

二是交通噪声污染控制。加强机动车辆噪声管理，中心城区内实行车辆"禁鸣"；限制大型货车进入中心城区；大力发展公共交通工具，按照"公交优先"的指导思想，着力整顿规范城市客运市场，积极发展城市公交和出租汽车；完善噪声控制措施，在城区噪声敏感区（点）处设置辐声屏障，控制噪声环境污染；规划建设大运量交通途径，在噪声影响严重的路段，实行车辆单向通行，减少车流量，降低交通噪声；严格按照城市总体规划的要求，合理布置车站，以减轻车辆的交通噪声污染；加强交通管理，实行机动车、非机动车、行人分流，在中心城区执行机动车限速和禁鸣喇叭的规定。

三是工业生产、建筑施工噪声污染控制。对现有工业噪声污染源，按国家有关法律、法规实行监督管理；加强对现有高噪声企业的管理，限期其治理达标；对新、扩、改建企业，严格执行环境影响评价制度和建设项目"三同时"竣工验收制度；实行建筑施工噪声排污申报登记和排污许可证制度，加强对建筑施工噪声的监督管理；环保行政主管部门应加强对噪声扰民事件和超标噪声的处罚力度。

（四）加强固体废物管理

认真执行国家有关固体废物管理法规和标准，加强对固体废物的管理；积极鼓励和支持企业进行固体废物的综合利用，全面提高固体废物综合利用率；加快城市垃圾无害化处理，采取卫生填埋、垃圾分类回收等多种措施，提高无害化处理率。加强对城市垃圾的清运和管理，提高垃圾清运能力，完善垃圾中转设施建设，尤其在农贸市场和人群活动集中的区域，设专门垃圾回收装置，定时清运；提高清洁能源（如电、天然气等）的使用比例，减少生活垃圾的产生量。

（五）强化辐射环境管理

一是强化对辐射和伴辐射污染的环境监督管理。一切电磁辐射体和伴辐射体的所有者、经营者必须向环境保护行政主管部门申报、登记；一切辐射或伴辐射项目的建设均必须进行环境影响评价并报环境保护行政主管部门预审；凡不能提供符合辐射和照射防护管理规定限定标准的一切辐射体和伴辐射体以及未经环保部门预审同意的辐射体、照射体均不得在居民区、文教区、自然保护区、风景名胜区、饮用水源保护区等环境敏感区建设；开放型放射源工作场所的甲级实验室不得设于城区。有特殊必要时，必须先经环境保护部门审查批准后方可设于城区；密封放射源、X射线机、加速器等辐射装置在采取有效屏蔽措施，经环境保护部门审查批准后可以设于市区；辐射及辐照设施（备）的选址、设计、运行和退役阶段、均应有相应的辐射防护评价，运行阶段的评价应定期或分年度进行。并报县环境保护部门审批。

二是强化对辐射和伴辐射污染单位的内部环境管理。强化对贮存放射源物质单位的防护管理，密封源仪器、仪表的防护管理，辐射源单位的环境管理。

三、建议

（一）加大主要污染物总量减排工作力度

一是深入实施总量减排。严格实施"总量控制"制度，严格控制新增污染物排放量，把污染物排放总量指标作为环评审批的前置条件。

二是加大产业结构调整力度。优先发展装备制造业、高新技术产业、农副产品加工业等区域优势产业，推动新能源、新材料、生物工程等新兴产业发展。加强分类指导和管理，以食品酿造、石油化工、印染纺织等重污染行业为重点，合理控制行业发展速度和经济规模，强化产业技术改造和升级，大幅提高资源环境利用效率。坚决贯彻执行国家《促进产业结构调整暂行规定》《产业结构调整指导目录》和有关产业结构调整意见，关闭取缔不符合国家产业政策、属于国家明令禁止、淘汰及严重污染环境的项目，加大电力、煤炭、钢铁、水泥、有色金属、焦炭等行业淘汰落后产能的力度。

三是优化产业发展和布局。优化全市产业布局，以装备制造业、高新技术产业、现代服务业、现代医药业等为发展重点，加大化工、造纸、纺织等传统产业改造、搬迁、淘汰力度，着力改变化工、印染等污染行业在全市分散布局的格局。石化等重化工应主要布局在南充市化学工业园区，带动区域经济协调发展。

四是重点企业实施强制清洁生产审核。加大清洁生产技术推广力度，鼓励企业使用清洁生产先进技术。以造纸、食品酿造、医药、化工、农副产品加工、纺织印染业等行业为重点，实施清洁生产强制审核，对《重点企业清洁生产行业分类管理名录》确定的重点企业，每五年开展一轮清洁生产审核。

（二）大力开展生态文明宣传教育

组织"节能减排""垃圾分类"等活动，培养公众参与生态建设的自觉意识和志愿服务精神。在注重传播生态保护理念、增强环保意识的同时，提高公众参与生态建设的积极性。建立民间组织，呼吁公众参与环保活动，促进生态建设。鼓励公众通过合法途径对生态建设进行监督、建言献策，提高生态建设的公众参与度和满意度。

（三）进一步完善生态建设和管理机制

争取生态建设经费纳入财政预算，提高地方政府推动生态建设的积极性，正常开展生态保护区的日常保护工作。建立政府决策项目的预告制度和重大事项的社会公示制度，提高生态建设透明度，建立和完善政策听证制度，提高公众参与意识，提供公众参与机会。努力构建政府、企业、公众三方协力保护环境的环境管理机制。发挥社会和公众力量，促进市生态建设的持续发展。

（四）进一步拓宽生态建设筹融资渠道

进一步加大资金投入，特别向生态细胞工程和生态建设重点工程项目倾斜。拓宽筹融资渠道，让更多的社会资金和银行信贷资金投入生态环境建设，比如采取 BOT、BT 等多样化的筹融资模式，让全社会广泛参与，支持与推动南充市生态文明的建设。

（五）进一步做好生态保护红线划定工作

2017 年，完成市级生态保护红线的划定工作，严守环境质量底线，决不允许任何人或单位触碰生态底线。在耕地建设方面，控制好耕地的面积，不得乱占用耕地，建立耕地占用的补偿机制，让人民群众得到更多的实惠。完善林地、湿地、物种保护制度，托底三者的生态红线。科学管控能源消耗，做到能源资源优化配置，减少能源浪费，做好能源循环利用工作，发展可再生能源，加强湖泊、河流等水源的保护。

第十六章　关于加强社会治理的报告

摘要：2016 年，南充市通过加强法治政府建设等举措加强了法治建设和安全管理。2017 年，南充市将以统筹推进普法与依法治理、依法公开行政权力，全面推进司法改革和司法机关自身建设、从严治检、夯实治安防控根基、着力提升安全风险防控与安全保障能力、继续加强信访工作等为重点，进一步加强社会治理工作。为此，本文提出了五大方面的建议。

关键词：社会治理；2016 年情况；2017 年建议

第一节　2016 年加强社会治理情况

一、主要举措

（一）加强法治建设

1. 加强普法工作

一是开展法制宣传教育，形成多样化普法教育活动。创立"224"立体普法宣传模式，扎实开展普法工作。突出工作特色，形成多媒介化普法。创新普法举措，将发生在南充的典型案例作为背景材料，拍摄普法电视情景剧，针对不同的节日于进行分类播放，强化普法工作成效。到边远贫困地区开展"清凉之夏·法治电影周"活动，为广大群众播放法治电影过 1 000 场次，观影人数达 10 万多人。

二是围绕政府工作中心，立足职能狠抓法制宣教。以围绕市委、市政府中心工作为基础，突出国家安全、社会治安防范、安全生产、消费维权、食品安全、妇女儿童权益保护、消防安全、禁毒防艾等方面的宣传力度。对于与人民群众日常生活关系较为密切的《宪法》《信访条例》《食品安全法》《禁毒法》《劳动合同法》以及《物权法》等法律法规集中开展宣教。上街摆摊设点、发放宣传资料、制作录音磁带等方式强化宣传的力度、扩大宣传范围，使得法律法规更深入人心。

三是开展"法律七进"，夯实基础，对点攻克。开展"法律进机关""法律进校园""法律进乡村、进社区""法律进企业""法律进单位"和"法律进宗教场所"。针对各种不同的情景开展具体的宣教活动，组建专门的律师讲坛为各市级部门开展法治专题讲座和廉政法规知识讲座，对在校的学生以法律知识竞赛、模拟法庭、法治主题班会等多样化的形式进行法律知识普及和法律意识提升，并建立青少年法治教育基地方便工作的展开，对农村居民设立法律服务小分队，广泛开展以法制宣传、法律咨询、法治培训、调处纠纷为主要内容的走基层活动，在解决日常问题的基础上提高他们的法律意识和学习热情等。深入到各基层的普法工作为全市的普法教育提供了良好的基础，为今后深层次的工作做好了铺垫。

2. 加强检察审判工作

一是立足市情，落实决策，加大创新。以维护社会和谐稳定，惩防职务犯罪，服务市"十三五"规划顺利实施为目的，加强对市内重大工程项目的监管察看并以提供法律咨询、服务及协调矛盾纠纷为己任，为市经济稳定发展做贡献。对较为贫困的地区，认真落实精准扶贫、脱贫攻坚的部署，成立相关工作领导小组，深入贫困地区进行修路、住所改造、建产业园等一系列工作。充分发挥互联网的优势，开设 APP 众筹平台辅助司法救助工作，设立"知心姐姐"微信公众号，搭造与未成年人沟通的桥梁以预防未成年人犯罪，设立"青春防线"微信公众号和微信群，招募具有心理学、教育学专门知识的志愿者对涉罪未成年人进行一对一心理疏导，全力教育挽救涉罪未成年人。加大对职务犯罪举报的奖励力度，认真落实监督工作。

二是从严治检，加大查办力度，建设过硬队伍。主动出击，批捕妨害企业管理和生产经营犯罪 9 人、起诉 7 人。加强对"互联网+"等新产业的法律应对，查处各种扰乱市场经济秩序的犯罪行为 160 件，查办各级领导干部贪贿犯罪 98 件、渎职侵权犯罪 30 件，批捕绑架、杀人、抢盗等犯罪嫌疑人 2 100 人，批捕食品药品安全犯罪嫌疑人 23 人，纠正不当立案 60 件、纠正侦查违法 133 件次。不断加强执法队伍自身建设，强化思想政治和纪律作风建设，扎实开展"两学一做"学习教育，提高电子科技的运用率，强化电子卷宗系统的管理与运用，建立电子卷宗同步移送机制，移送案件电子卷宗率100%，建立侦查指挥中心、侦查信息查询平台，完成分支网络涉密信息系统分级保护建设和全市涉密信息系统分级保护建设整改工作，两级院与看守所开通视频讯问系统，实现了远程提讯异地羁押的犯罪嫌疑人，极大地提高了工作效率。

三是依法审判，联动工作，提升诉讼服务质量与效率。对各类民事、刑事等案件均依法审结，深入开展"双百整治"，大力整治威胁社会安全稳定的各类案件。扎实开展涉产业园区发展和重点项目建设专项审判执行活动，依法妥善审理涉重点工程、重点项目案件，保障服务经济发展。对涉及民生的案件妥善处理，将共享发展的理念贯穿审判实践，用司法手段保障经济发展成果惠及人民群众。建立市县级执行联席会议制度，同最高法院、省法院开通"总队总"查控系统，与公安、工商、国土等多家单位共同建立网络查控机制，适时查控被执行人财产，与人民银行建立执行案件企业和个人征信信息共享机制，与检察、公安机关建立打击拒执行为联动机制，形成打击合力。

3. 加强法治政府建设

一是完善工作推进机制，深化放、管、服，推进政府职能转变。落实依法行政责任制，开展领导干部学法、法治政府示范创建活动，在作出重大行政决策前都要坚持先学习相关法律法规再进行决策，成立领导小组，召开会议听取法治政府建设工作推进情况汇报。加强年度考核，保障具体工作落实到位。厘清政府权责，简政放权，优化政务服务，高效督查各级部门行政权力平台运行情况。对政府的各项决策均有严格的科学程序保证，坚持把征求公众意见、专家论证、风险评估、合法性审查、集体讨论决定等作为重大决策的必经程序，确保决策制度科学、程序正当、过程公开、责任明确。全力整顿行政执法队伍，执法人员落实考核持证上岗，出台并落实《南充市,行政执法公示制度》《南充市重大行政执法法制审核制度》《南充市行政执法过错责任追究制度》等制度，强化规范与监督机制。

二是推进政务信息公开，强化行政复议，启动政府立法工作。通过新闻发布、网络信息公开等方式确保政务工作信息能为广大群众所了解，保证权力公开透明运行。完善市政府行政复议委员会，力争将每一个案件都办成铁案。根据南充市实际需求情况，就城乡建设与管理、历史文化保护等方面积极开展立法工作，完善本市的法律体系。各部门认真落实行政规范性文件统一登记、统一编号、统一发布的"三统一"制度，坚持完善规范性文件制定程序，落实合法性审查、集体讨论决定等制度，加大备案审查力度。市政府法制办全年审核以市政府及市政府办名义发文的规范性文件草案18件，备案审查县（市、区）政府和市级部门报送的规范性文件20余件。

4. 加强信访工作

充分发挥信息技术的作用，整合窗口接访、领导约访、联合处访、网络调访、数据研访、督查巡访、复核息访、群众评访及智能回访，建立信访信息系统，更加方便人民群众的监督。同时加强源头治理工作，深入开展矛盾纠纷大排查、大化解，减少矛盾纠纷转化为信访问题，实现由事后处理向事前防范转变；强化领导接访包案，各级领导干部下访超过每年1万余人次，妥善化解了诸如非法集资、拖欠农民工工资等突出的问题，实现被动接访向主动下访的转变；推进诉访分离，坚持按政策处理信访问题，实现由行政推动向依法治理转变；充分发挥信访联席会议的综合协调作用，形成完善的组织协调工作系统，实现分头办理向整体联动转变。

（二）加强安全管理

一是强化安全责任意识，力保社会大局稳定。建立健全反恐防暴管控工作机制，坚持定期检查与重点监管相结合并提前设立应急处置措施。强化社会治安管理控制，有效遏制各类型犯罪事件的发生。强化执法主体、执法管理建设，提高执法水平与效率。

二是健全安全监管体系，遏制安全事故发生。推进安全社区及企业职业病防治与标准化建设，不断加强宣传教育培训。针对道路交通、危险化学品行业等不同类型的安全问题进行专项治理。成立全市安全生产大检查暨隐患排查整治行动领导小组，每周一次明察暗访，媒体记者每半月一次暗访生产工作，充分发挥其监管作用。

三是创新相关管理机制，逐步加大安全投入。警务运行机制、执法权力运行机制、服务监督机制等创新，不仅提高了警务运行机制的高效运转，也对强化职责、提升效率方面做出了贡献。全市亦增加了科技投入经费，提升安全监管的科技化水平与质量，切实增强安全保障能力。

四是建立健全相关制度，强化监察执法队伍。设立安全巡查小组，开展各县（市、区）安全生产巡查工作。发挥责任保险在促安全生产中的积极作用，健全完善安全事故预防和突发事件应急处置机制。在各乡镇（街道）新建安全生产片区监管执法中队，以重点工作片区、经开区为基础，为各中队配备与工作相适应的执法编制和人员，并统一配备基层安全监管执法装备，切实加强执法业务培训，保障执法工作的顺利展开。

二、主要成效

（一）深入企业一线解决困难、处理纠纷

查办职务犯罪 128 件 146 人，批捕暴恐抢盗相关犯罪嫌疑人 2 100 人，有效地遏制了歪风邪气的发展。全市检察机关取得了"全国先进基层检察院""全国检察机关基层检察院建设组织奖""国家版权局 2015 年度查处侵权盗版案件有功单位三等奖""四川省优秀公诉人""全省侦查监督业务能手""全省预防职务犯罪宣讲比赛一等奖"在内的多项荣誉称号。

（二）法院受理各类案件数及审执结数双降

全市法院受理各类案件 72 578 件，同比下降 3.27%，审执结 64 688 件，同比下降 4.07%。深入开展"双百整治"，依法审结故意杀人、故意伤害、强奸、抢劫、绑架、放火、寻衅滋事等严重影响群众安全感的暴力犯罪案件 430 件，判处人犯 735 人；依法审结交通肇事犯罪案件 212 件，累计 215 人，审结危险驾驶案件 363 件，累计 366 人。全市法院收结案数量连年居全省第二，审判质量、效率、效果综合得分连年居全省法院一流方阵，多次受到上级表彰。中央电视台和中国教育电视台播出南充市法院 6 期审判案件节目，《人民法院报》8 次整版报道南充法院工作。全年受邀至行政机关举行法治讲座 38 场次，56 名法官受邀讲课；针对行政审判中发现的问题，向行政机关发出司法建议 31 份，行政机关回复 24 份；中院按年发布的行政审判"白皮书"多次得到市委、市政府领导的肯定。

（三）按照相关要求建设法治政府

全市现已拟订《南充市法治政府建设实施方案（2017—2020 年）》，并依据南充市各机构职能的实际运作情况，逐一落实《中共中央国务院法治政府建设实施纲要（2015—2020 年）》和《四川省法治政府建设实施方案（2016—2020 年）》。按照国、省要求承接、取消、下放行政审批事项 33 项，市（县）级保留行政许可分别为 220、179 项，政府行政权力更加公开透明。全市全年就相关行政复议案件达到 100% 的法定时限内办结率，受理行政调解案件 6 818 件，调解成功率达 96%，整体工作效果良好。相关立法工作也在进一步跟进，如《南充市城市园林绿化条例》已由人民代表大会常务委员会通过，《南充市城镇环境卫生管理条例（草案）》已进入立法程序等，完善了南充市的法律法规体系。

（四）安全生产稳定向好

2016 年安全生产保持稳定向好的态势，普通安全生产事故 127 起，较大生产安全事故 2 起，无重大及以上安全生产事故。同时，为继续提高安全水平，成立了督查队加强巡查，大力推进安全区的建设，并深入开展职业病纺织宣传培训工作，切实提升了安全事故防控水平。

（五）化解信访案件成效显著

100% 化解 278 件信访积案，息诉息访率超过 80%，并按固定录入信访信息系统，

提前一个多月完成年度信访积案化解工作任务，得到省委副书记的充分肯定。信访宣传工作也有很好的成果，仅2016年5月的一次宣传就有超过2 500名工作人员参与，累计印制宣传标语1 400条、宣传信访知识的各类传单35 000份、小册子8 000本，接受现场咨询余15 000人次，更有超过60 000多群众参与到现场活动中来。全市信访投入超过960万元，市本级余200万元，建设了符合市实际情况的网上信访信息系统，使得信访工作更加方便透明。

三、存在的不足

一是普法效果仍然有待提高。由于经费、人手、地域等因素的影响，使得普法工作从上到下的整体平衡性存在着较为显著的差异，突出表现在效果"递减"——县级优于乡镇，乡镇优于村组，偏远农村和企业甚至存在普法死角。部分司法部门和人员存在的特权思想、精神懈怠等方面的问题也影响着整个普法过程的发展，未能实现齐头并进的要求。普法经费预算和拨付也因现实经济水平和其他制约因素的影响而未能落实到位，导致普法资料档案奇缺不全，宣传工具不够先进，难以适应社会形势的需要。基层人少事多，职级待遇低的境况使得县乡一级的司法行政部门身兼普法依法治理工作和人民调解、社区矫正、法律服务、市场监管等一系列工作，难免会有分身乏术之难，这些都制约了普法依法治理工作的深入开展。

二是"案多人少""执行困难"等问题未得到根本解决。检察监督、审判管理、队伍建设、基层基础还存在着一定的薄弱环节，各部门及人员的司法能力、司法水平、司法作风有待进一步提升与改进。法治宣传教育、社会综合环境治理、矛盾纠纷排查等方面的资源整合仍需加强。

三是法治政府建设工作有待加强。如部分领导干部自身认识上的局限性，对于法治思维和法治方式解决问题的能力和水平尚有欠缺。政府重视加强自身建设而有所忽略通过互联网渠道让人民群众更快、更全面地了解工作成效。

四是社会治安防控仍存在局部突出点。如刑事案件持续高发、公共安全事故持续上升、群众安全感满意度不够高等。在安全生产上，企业主体责任落实不到位、安全隐患排查整治不彻底以及安全生产机制和监管机制不完善。

第二节　2017年加强社会治理研究

一、基本思路与目标

（一）基本思路

延续2016年社会治理整体较好的走势，2017年要在继续强化已有优势的基础上，重点解决机制、制度等方面存在的不足，提高执法人员工作能力、水平及责任感，加强思想政治学习及现代科技的运用，提升服务水平与质量，以期进一步提高工作效率。

（二）主要目标

继续推进法治工作，大力进行普法工作使得法治观念、法治思维深入人心；加强司法机关部门的自身建设并向更加廉洁的方向迈进；提高对政府部门、公职人员、社会生产安全以及预防犯罪等方面的监督管理工作，从源头减少贪污腐败及犯罪的可能性等。

二、治理重点

（一）增加经费投入，统筹推进普法与依法治理

逐步增加全市各级尤其是基层一线普法经费的投入，切实改善普法办公设施，稳定基本的物质保障。加大对普法和依法治理的学习认识，改善重普法轻依法治理的不良倾向，树立法律权威，增强法律意识，提高法律素养，营造学法用法护法的浓厚法治氛围。

（二）进一步完善行政决策制度，依法公开行政权力

规范完善重大决策合法性审查、重大决策听取公众意见、重大决策集体决定、重大决策风险评估、重大决策专家论证、重大决策预公开、重大决策后信息追踪搜集反馈制度。加强政府职能建设，规范行政执法行为，对所有的工作都及时通过相应的媒体媒介公开。

（三）全面推进司法改革和司法机关自身建设，提升依法履职水平

深入推进以司法责任制为核心的司法改革，从根本上保障司法公正高效权威。严格落实《关于新形势下党内政治生活的若干准则》和《党内监督条例》，认真接受来自人大、政协及社会媒体等各方的监督，提升工作履职水平。

（四）从严治检，服务发展大局

聚焦防控风险、服务发展，重点打击风险型经济犯罪，更好地维护并保障经济金融安全；加强遏制贪污腐败，深入开展集中惩治和加强预防扶贫领域职务犯罪专项工作。严格落实党内监督制度，确保党员守住底线，不碰红线，将促进和保障经济发展作为履职的重要标准，为全市的发展崛起做出贡献。

（五）夯实治安防控根基，注重科技力量支撑

基层基础建设始终是社会治安防控体系建设的根本性任务，更是全市公安机关最紧迫的工作。这就要求相关部门进一步突出对人口管理工作的重视程度，尤其是对流动性人口和涉稳、涉恐、刑事前科、涉毒一类的重点人员，从而减少危险事件发生的可能性。对核心地段，人员密集场所如火车站、汽车站、机场等提升管控能力；对学校、医院、水电汽油及政府首脑机关等重点单位的内部治安保卫，安防设施和力量要严格落实到位。重视先进科技手段在快递物流行业、危险品生产运输及其他防控监管处的应用，提高监管处理的效率。

（六）遏制较大生产安全事故，着力提升安全风险防控与安全保障能力

全市在 2017 年里，基于《中共中央国务院关于推进安全生产领域改革发展的意见》的宣传与学习，切实把该意见的精神转化为完善工作思路、强化工作举措的自觉行动。主要体现在，狠抓安全生产责任制、安全风险防控能力、隐患排查治理体系、职业病防治以及宣传教育培训这几个方面。完善生产工作责任考核细则、健全风险防控排查机制，建设过硬的监管执法队伍以及深入的宣传防治工作，使 2017 年度的安全生产工作上升到新的高度。

（七）继续加强信访工作，切实维护群众合法权益

推进信访工作的信息化、制度化、法治化将有助于反映社情民意，完善政府工作。因而要认真落实主体责任，严格实行守土有责、守土尽责、守土负责、党政同责、一岗双责、失职问责，始终将责任制摆在攻坚点的位置；严格按照稳控治标、事了治本、依法树威的要求，切实化解信访突出问题；强化信访法制宣传与信息化建设，积极开展信访法制宣传月活动，引导群众正确行使信访权利，同时以信息化推动信访工作，公开信访事项办理流程和结果，方便信访人员查询与评价进而完成"阳光信访、责任信访、法治信访"的改革重任，亦能有效解决非正常上访问题。平时要注重自身队伍建设，认真学习党纪党规、党的会议和习近平总书记系列重要讲话、重要批示精神，多开展集体学习、专题研讨、心得交流等活动。

三、相关建议

（一）切实强化社会综合环境治理，优化社会法治环境

一是突出治安问题整治工作。持续开展以"抓现行、打侵财、扫毒害、保民生"为主要内容的社会治安集中整治行动和"保稳定、保安全、保换届"为主要内容的社会治安"双百"整治行动以及"雷霆-4""雷霆-5"等系列集中整治行动。

二是加强特殊人群服务管理工作。将深化网格化工作作为推动特殊人群服务管理工作的有效载体，持续加强"以房管人""以业管人""以证管人"和"以人管人"的流动人口服务管理模式。认真落实社区矫正人员、刑满释放人员的关怀帮扶政策，建立多层面过渡性安置（培训）基地。严格实行对肇事精神病人、治安重点人员、吸毒人员等重点特殊人群"契约式"管控措施。

三是深化平安南充创建工作。狠抓综治宣传，通过打造宣传示范街区、组织群众义演队、设立固定宣传广告牌、发放宣传资料、播报公益广告、发送手机短信等形式，在全社会营造平安建设社会氛围，持续提升老百姓对平安建设的知晓率和参与度。扎实推进乡、村、网格"三级联创"和平安家庭、平安校园、平安企业、平安医院、平安铁道线等创建活动，促进创建工作与矛盾纠纷排查调处、治安乱点排查整治、公共安全隐患排查整治的有机结合。

（二）加强普法工作力度，做好普法治理工作

结合南充市实际，大力加强法制宣传教育。强化对各级领导干部、国家机关工作人员、广大青少年等重点普法对象的宣传学习。在宣传形式上，灵活多样，讲求效果。注重通过电视、电台、报刊、网络等大众媒体开展普法教育。加大对普法依法治理的经费投入，逐步增加南充市各级尤其是基层一线普法的经费投入，改善普法办公设施，使其与形势发展相适应，为工作深入开展提供强有力的物质保障。

（三）强化安全管理工作，做实安全工作

始终坚持科学发展、安全发展理念，牢固树立"红线"意识、"底线"思维，着力健全完善安全生产责任体系，着力强化依法治安，着力夯实基层基础，加快构建重防范、重过程、重长效的风险隐患双重预防性工作机制，坚决遏制较大及以上事故发生。

完善安全生产工作责任考核细则，继续把安全生产纳入小康社会建设、政府绩效考核、干部监督等重点考核标准之中。提升安全风险防控能力。在高风险行业领域，逐步推行隐患排查治理、风险分级管控双重预防性工作机制，不断提升安全风险防控能力。不断健全隐患排查治理体系。继续督促企业建立完善隐患排查治理制度，编制标准清单，做好隐患自查、自报、自改，力争重点行业隐患自查工作。继续加强监管执法队伍建设，着力打造业务能力、科技水平、监管手段与监管任务相适应的安全监管执法队伍。扎实推进职业健康教育、职业危害因素检测、职业健康检查和职业危害防护等措施的落实，不断提升企业从业人员的职业病防护能力。继续抓好"安全生产月"和安全生产"五进"等专题活动，强化全民安全意识。督促危险化学品、烟花爆竹、非煤矿山、建筑施工企业、冶金等工贸企业开展标准化建设工作，着力提升企业本质安全生产水平。

（四）继续做好信访工作，推进"9+1"阳光信访模式

按照"属地管理、分级负责，谁主管、谁负责"的原则，严格实行守土有责、守土尽责、守土负责、党政同责、一岗双责、失职问责。切实化解信访突出问题，按照稳控治标、事了治本、依法树威的要求，坚持领导包案、综合施策，全力化解信访突出问题。坚决抓好特殊敏感时段的信访维稳工作，始终确保零影响这个目标。按照"属地管理、分级负责""谁主管、谁负责"和"一岗双责"的原则，加大矛盾纠纷排查化解力度。认真做好重要会议、重大活动和元旦、春节等节点的信访稳定工作，确保零影响。加强信访信息化建设，推进"阳光信访、责任信访、法治信访"。严格督查问责，始终筑牢社会大局稳定这道防线。由市信访联席办和市委目督办牵头，定期深入各地各部门跟踪督导。对重大疑难信访突出问题，纳入市委市政府督查范围，加强对重点部门、重点领域、重点问题的跟踪督查和问责。

（五）推进社会治安防控体系建设，实时关注治安开展情况

一是加强人口管理工作。扎实推进户籍和实有人口清理登记工作，在年内实现"一标三实"信息采集工作全覆盖；落实社区警务专业化，按照"城市专职、农村兼职"的要求建设和整合网络员队伍，依托"智慧城市"建设探索"以数据管人"的新模式，建立"一标三实"信息采集维护的长效机制。

二是加强巡逻防控工作。按照全面覆盖、突出重点、有效防控的原则，建立覆盖全时空的治安防控网络。完善主城区街面防控、就近处警、快速反应"一级处警"机制。落实好"社会治安防控等级勤务制度"，根据重大治安风险隐患、重要安全保卫任务、重要专项行动、重要敏感时期等特殊形势需要，在常态勤务基础上，按需启动三级、二级、一级勤务，组织公安、武警以及群防群治力量，开展全方位社会治安防控。对党政首脑机关、水电气油和商场、学校、医院等重点单位，要督促严格落实内部治安保卫责任制，加强安全检查，增配安防设施和力量。

三是加强重点物品管控。充分运用物联网等技术，对各类重点物品进行全程动态监管，有效防控社会治安风险。加强寄递物流行业管理，严格落实收寄验视、实名登记、X光安检"三个百分之百"制度。加强民爆危化物品管理，构建生产、运输、储存、销售、使用等全过程、无缝隙的监管体系，严防丢失、泄露和打响、炸响，对散装汽油销

售要严格落实实名制。加强二手物品管理，加强对二手汽车、手机、电脑等市场的阵地管控力度，掌握货物来源和购买者的基本情况，严防成为销售赃物的渠道，严防二手物品成为违法犯罪的工具。

四是加强城市派出所基础防控工作。市公安机关要认真落实省厅《关于进一步加强城市派出所基础防控工作的通知》要求，推动城市派出所回归基础防控的主业，实现"发案少、秩序好、社会稳定、群众满意"的目标。

第五篇 改革活城

第十七章　供给侧结构性改革研究

摘要：2016 年，在中国大力推进供给侧结构性改革的大背景下，南充市从分类推进去产能、深入实施"项目推进年"活动、支持企业拓展市场、降低生产要素成本、改善企业服务环境五个方面进行了供给侧结构性改革。2017 年，南充市将着力从做大做强新兴产业提供有效供给、推动传统产业提质增效、推动无效供给市场出清、减轻实体经济企业负担、补齐经济社会发展短板、深化改革开放、完善配套政策、强化组织保障等方面进一步推进供给侧结构性改革。

关键词：供给侧改革；现状；展望

第一节　供给侧结构性改革现状

南充市认真贯彻落实省委《关于印发促进经济稳定增长和提质增效推进供给侧结构性改革政策措施的通知》，从分类推进去产能、深入实施"项目推进年"活动、支持企业拓展市场、降低生产要素成本、改善企业服务环境五个方面进行供给侧结构性改革。

一、改革背景

改革开放三十多年来，中国经济持续高速增长，成功步入中等收入国家行列，已成为名副其实的经济大国。但随着人口红利衰减、"中等收入陷阱"风险累积、国际经济格局深刻调整等一系列内因与外因的作用，经济发展正进入"新常态"。

（一）我国由经济大国向经济强国转变

我国已成为经济大国，正站在从经济大国迈向经济强国的新起点上。改革开放三十多年创造了世界经济史上的"增长奇迹"，已成为名副其实的经济大国，但还不是经济强国。经济规模大并不代表国际竞争力强。站在从经济大国向经济强国迈进的历史新起点上，应当更加重视产业结构优化和经济质量提升，只有这样才能真正提升国家竞争力，才能真正实现经济强国的伟大目标。

（二）要素资源约束加剧

"刘易斯转折点"加速到来，要素资源约束加剧。改革开放以来，中国经济持续快速增长的一个重要推动力就是人口红利的持续释放。由于生产成本和国内劳动力工资低，制造业企业纷纷离岸外包到中国。但随着时间的推移，这一比较优势正随着我国人口结构的变化而不断衰减。

（三）面临"中等收入陷阱"风险

我国进入中等收入国家行列，面临"中等收入陷阱"风险。按照世界银行的标准，我国已进入中等收入国家行列，正向高收入国家迈进。在向高收入经济体攀升的过程中，经济增长仍然依赖收入经济体发展战略、模式和方法，进一步的经济增长将会被原有的增长机制所锁定，人均国民收入难突破高收入的下限，导致一直徘徊在中等收入的水平上。

（四）全面深化改革进入攻坚期

体制机制障碍较多，全面深化改革进入攻坚期。尽管通过三十多年的改革开放，一些方面的改革已取得了突破性进展，但市场化导向的改革并没有彻底完成，很多地方还不到位。政府部门对微观经济活动的干预仍然较多，行政性审批方式在资源配置方面还占有重要地位。

（五）全球治理进入新阶段

世界经济格局深刻调整，全球治理进入新阶段。当前，世界经济仍将面临诸多不稳定、不确定性因素，复苏道路依然曲折，大幅回暖的概率较小，使得中国的外部经济环境更加复杂。国际金融危机的深层次影响在相当长时期依然存在，全球经济贸易增长乏力，保护主义抬头，地缘政治关系复杂变化，传统安全威胁和非传统安全威胁交织，外部环境不稳定、不确定因素增多。

二、改革举措

2016年以来，南充市认真贯彻中央和省委全面深化供给侧结构性改革决策部署，切实履行主体责任，采取项目化管理、规范化运行和全程化跟踪，全力推进各项供给侧结构性改革落地落实。具体来看，主要体现在以下几个方面：

（一）分类推进去产能

一是支持鼓励企业兼并重组。市政府出台《促进企业兼并重组实施意见》，建立全市亏损企业台账，对全市亏损企业进行有效分类处置，鼓励和引导各类企业进行兼并重组。

二是加快推进淘汰落后和剩余产能。鼓励企业通过主动减压、转型转产、搬迁改造等途径，退出部分多余产能。加快推进南充市危化品产业迁出，鼓励各重点用能企业淘汰高耗能落后机电设备。

三是大力推进企业技术改造。加快推进各重点用能企业节能改造工程，加快成熟节能技术的应用，组织实施国家重点推广的节能技术改造项目。

四是积极做好职工安置工作。将职工安置工作与企业去产能工作同步推进，明确职工安置途径、补偿标准、资金来源和再就业措施。同时，积极申请国家专项资金用于职工安置，最大限度解决下岗职工的后顾之忧。

五是继续抓好市场整顿工作。加强工商、质检、公安等部门的合作，定期或不定期开展专项整治工作，坚决打击假冒伪劣商品，严格落实"黑名单"产品不得入市，营造公平竞争的市场环境。

（二）深入实施"项目推进年"活动

一是大力推动工业转型发展。坚持优化存量，做大增量。传统创业突出降成本、稳增长、促转型。新兴产业突出高端化、绿色化、集约化，以新要素新技术新模式创造出新产业新业态新产品。

二是加快推进重点项目建设。坚决抓好重点企业和重点项目，加大重点工业技术改造项目，确保项目按计划实施。整合资源，加强跟踪服务工作，进一步梳理确立招商引资项目，着力培育高成长性的企业。

三是加大财政资金支持力度。2016 年南充市安排 3 000 万元用于企业技术改造，同时鼓励投资大、带动性强的项目申报国家、省财政专项资金，引导地方政府加大对企业技术改造的资金支持力度。

四是支持企业拓展市场。支持企业开展扩销促产工作，对 2016 年销售收入同比增长 10%，且在南充市登记注册的规模以上工业制造企业，给予扩销促产补贴，单个企业补助最高不超过 30 万元。

五是组织企业参加展销活动。积极组织企业参加各类展销活动，对参加市粮食局、市经信委组织的各类展销活动，相关费用给予报销。同时组织多场产销对接活动，对活动费用给予补助。

六是积极支持发展电子商务。支持行业内领先、有较强发展带动性、示范作用和影响力的本土电商企业，充分利用"互联网+"及"农村淘宝"等平台。

（四）降低生产要素成本

一是落实工商业电价政策。实施煤电价格联动机制，一般工商业用电价格每千瓦时降低 0.6 分，国网直供区直购电、留存电量等特殊电价每千瓦时降低 2.01 分。暂停四川电网销售侧丰枯电价、上网侧火电峰谷电价和水电峰谷电价政策。对执行大工业和一般工商业电价的工业企业暂停征收城市公用事业附加。

二是组织实施直购电工作。会同国网南充供电公司积极组织直购电电力用户与发电企业签订购电协议。进一步加强工作对接，积极跟踪掌握全省直购电调整情况，认真落实直购电有关政策。

三是完善富余电量消纳政策。对用电量达到一定规模且用电增长的大工业用户，其用电增量部分实行市场化交易。推进大型水电企业与地方政府合作，通过直购电交易方式扶持地方经济发展，支持产业园区发展。

四是降低非居民用天然气价格。严格执行非居民用天然气最高门站价格每立方米降低 0.70 元政策。全面清理整改"无管线、无计量、无配气设施、无人员"的天然气经营公司。

（五）改善企业服务环境

一是抓好企业软环境治理工作。严格执行 2016 年涉企检查计划，加大对部门执行检查计划的监督力度，进一步规范涉企收费行为，将各项取消、降低、停收、免收的收费政策落实到位。

二是积极发挥社会监督作用。认真收集整理对企业服务环境的评价、建议或意见，及时核实、妥善处理，着力改善企业服务质量，营造良好的企业发展环境。

第二节　深化供给侧结构性改革展望

下一步，南充市不仅要从做大做强新兴产业提供有效供给、推动传统产业提质增效两个方面继续推进供给侧结构性改革，而且，还要重点从推动无效供给市场出清、减轻实体经济企业负担、补齐经济社会发展短板、深化改革开放、完善配套政策、强化组织保障等方面致力于土地政策、金融制度、行政制度、脱贫扶贫、基础设施、公共服务、生态环境、财政政策、人才政策等领域的供给侧结构性改革。

一、做大做强新兴产业提供有效供给

（一）培育发展战略性新兴产业

加快建设成渝经济区新兴的先进制造业强市，积极构建新型制造体系，促进汽车汽配、新材料、电子信息、新能源、生物医药、节能环保、高端装备制造等战略性新兴产业发展壮大。开展加快现代服务业发展行动，大力实施南充市服务业"三百工程"，积极开展市级现代服务业集聚区认定和培育工作。大力实施"旅游+"行动计划，推动旅游业和其他产业深度融合发展，做强阆中古城、朱德故里"两大龙头"，做响嘉陵江山情、千年丝绸韵、三国文化源"三大品牌"，打造嘉陵生态游、阆中古城游、三国文化游、红色文化游、乡村休闲游"五大环线"，推动嘉陵江综合保护生态休闲旅游带建设、阆中创建全国休闲旅游示范城市、南部升钟湖创建国家级旅游度假区、朱德故里景区建设全国红色旅游示范区，把南充市建成国内一流、国际知名的旅游目的地和区域旅游集散中心。

（二）积极培育新型经济形态

全方位拓展网络经济新空间，深度推进"互联网+"行动计划，重点推进与制造、农业、能源、金融、民生、物流、交通、旅游和健康医疗等领域的深度融合。加快推进基于互联网的商业模式、服务模式、管理模式及供应链、物流链等各类创新体系，培育"互联网+"经济生态，形成网络化协同分工新格局。积极发展分享经济，推动互联网、物联网、云计算、大数据和人工智能等技术的融合创新、集成应用，加快推进南充市云计算中心、大数据中心建设，搭建数字多媒体、远程医疗、远程教育、市民融合服务等公共服务平台。深入实施"触网触电"工程，扎实推进西充、仪陇全国电子商务进农村综合示范县建设，加快建设电商产业园、电商网络平台和综合信息平台，着力促进线上线下融合。启动建设"一库两中心"，支持金融机构在南充市设立区域总部或后台作业中心，积极打造现代金融集聚区。

（三）充分激发创新创业活力

实施"创业南充行动"，开工建设南充市创新创业孵化园，大力推进西南石油大学（南充）国家大学科技园、西华师范大学省级大学科技园、浙江大学技术转移中心建设，支持川北医学院建成生物医药产业技术研究院、启动创建省级大学科技园，力争设立中国科学院南充产业育成中心、清华大学南充创新中心。加强公共就业创业服务体系建设，大力实施南充青年创业促进计划、大学生创业引领计划、农民工返乡创业计划和"归雁计划"，点燃大众创业激情。深入实施"嘉陵江英才工程"，创新人才工作机制，引进培育一批综合管理人才、行业领军人才、实用技术人才。深入实施创新型领军企业培育计划、科技型企业成长计划和企业研发能力提升工程。

（四）积极推进技术创新

加快建设南充创新驱动发展试验区，启动创建国家级高新技术开发区，规划建设川东北军民融合创新产业园，打造一批"产学研用"紧密结合的协同创新平台，建成一批国、省级科技孵化器。加快建立、完善以企业为主体、市场为导向、"产学研用"相结合的技术创新体系，深化科技成果产权制度、收益分配制度、成果转化制度等改革，完善知识产权保护措施，严厉打击侵犯知识产权和制售假冒伪劣商品行为，强化科技创新金融支撑，打通科技创新与经济发展之间的通道，促进科技与产业紧密结合，加强企业自主创新和成果转化。

（五）大力推动民营经济发展

构建"亲""清"新型政商关系，为民营企业营造健康的经济发展环境。努力破除民营经济发展的瓶颈制约，支持民营经济平等使用生产要素、公平参与市场竞争、同等受到法律保护，支持民营企业做优结构、做强实力、做大规模。鼓励民营企业参与承担国家、省科技计划项目，支持其建立工程技术研究中心、重点实验室、企业技术中心等研发机构，加大新产品开发力度，不断提高企业技术水平和研发能力。探索实施股权出让、组建投资基金、推行业主招标、开展特许经营权转让、实行综合补偿等办法，畅通特定领域内民间投资进入渠道。切实减轻民营企业负担，严格执行全省增值税起征点最高限额，加大政策执行督促检查力度。

二、推动传统产业提质增效

（一）加快产业转型升级

一是大力实施"强基工程"，推进新一轮大规模技术改造。加快汽车汽配、油气化工、丝纺服装等传统优势产业结构调整、转型升级，建成配套成渝、引领西部、辐射全国的汽车汽配产业高地、西部石化基地、西部最大的丝纺服装产品集散中心，力争到2020年全市汽车汽配产业集群产值突破1 000亿元，油气化工产业集群产值突破700亿元，丝纺服装产业集群产值突破600亿元。

二是大力实施大企业、大集团培育计划和小巨人、成长型中小企业发展工程。支持中小微企业"专精特新"发展，加大中小企业扶持力度，推动一批中小企业做强做大。开展"制造+服务"试点示范，推进生产型制造向服务型制造转变。改造升级生活性服务业，促进生活性服务业向精细化和高品质转变。深入推进中心城区服务业转型发展，统筹实施"退城入园""退批进零""退二进三"，积极推进中心城区商圈改造提升，大力发展楼宇经济、总部经济。

三是加快转变农业发展方式。启动实施"三百示范工程"，高标准建设百千米现代循环农业示范带，深入实施"农业加工能力提升三大工程"，加快发展保宁醋、张飞牛肉、西充百科等重点企业，培育100家产值过亿元的农业龙头企业、10家产值过十亿元的农业龙头集团，启动编制农产品区域公用品牌，注册农产品商标 388 个，申报地理标志农产品 10 个、285 个产品，1.75 万公顷基地通过有机认证，西充县成为"全国有机产品认证示范县"，加快建设全国有机农产品价格指数平台和交易中心、农产品质量检测中心，建成有机农业强市。力争到 2020 年全市现代农业产业集群产值突破 1 000 亿元。严格实施《南充市"十三五"旅游业发展规划》及各个专项规划，深入推进"一城三带六区"十大工程建设。

（二）加强质量品牌建设

一是深入实施质量强市战略。开展质量强市品牌创建和质量对标提升行动，培育本土产品品牌、企业品牌和区域品牌，形成一批有竞争优势的拳头产品、领军企业和产业集群。严格执行《南充市质量工作考核办法》，组织开展县级政府质量工作考核，设立"南充市质量奖"，奖励质量创新先进企业，开展各类质量品牌创建，培育"南充制造"品牌集群。

二是建立完善质量安全溯源体系。发挥企业信用信息平台及质量信用档案数据库的数字监管作用，建立质量黑名单制度，定期发布企业质量信用报告，实施产品质量监督抽查和重点产品风险监测制度，开展重点产品的专项执法检查，及时查办区域性和媒体关注的热点质量案件，完善医疗质量控制体系建设，提升医疗服务质量，严厉打击生产假冒伪劣产品的违法行为。

三是健全和落实商标品牌梯度培育计划。做好驰名、著名和知名商标品牌的培育、推荐、认定工作，加强商标注册指导，尤其是指导各地做好涉农商标、服务商标、地理标志证明商标的注册申报工作，扩大全市有效注册商标总量。

四是创建知名的区域品牌。支持 300 家老字号、名优特新企业参加省政府组织的"三大活动"，扩大南充丝绸、南充有机农产品、南充桑茶、南充特色食品和南充农副土特产品等"南充造"产品在国内外的市场占有率和知名度。

三、推动无效供给市场出清

（一）有效化解房地产库存

一是完善住房制度。出台《南充市促进房地产业健康平稳发展的政策措施》和《南充市关于建立租购并举住房制度大力发展租赁市场的实施意见》，建立购租并举的住房制度。加大棚改安置和住房保障货币化力度，鼓励征地拆迁还房以购代建，全部实行货币化安置；支持农村集体土地征收征用采取货币化安置；对南充市城市棚户区改造项目，应全部进行货币化安置。

二是贯彻落实差别化住房信贷政策。支持居民首套和改善型住房消费，加大对中小套型普通商品住房和保障性安居工程的支持力度，推进住房公积金向城镇稳定就业新市民覆盖，出台农民工进城购房优惠政策，鼓励农村居民缴存和使用住房公积金购房。

三是科学管控土地供应。合理制订国有建设用地供应计划，对市辖规划区住宅用地供应总量规模进行控制，市本级、三区及经开区按照市政府控制规模执行，住宅用地实际供应量小于或等于总控规模的为可供应规模，超过总控规模的由市政府根据市场需求，实时动态调整。适时适量推出商品住用地，严格控制商品住宅地单宗土地出让规模，严禁向别墅类土地开发项目供地；禁止容积率小于 1.0（含 1.0）的住宅用地供应。对已建在建的商业用房在不改变其他规划条件的前提下，经法定程序批准并向社会公示无异议后，可改变建筑使用功能，用于教育培训、幼儿园、康养、文化、旅游等经营性、公益性用途。鼓励房地产开发企业积极开发养老地产、旅游地产。

（二）着力防范化解金融风险

严格执行《南充市政府债务风险应急处置预案》，加强潜在金融风险的识别、预警、评估，及时有效处置金融风险隐患，关注交叉金融产品风险，规范互联网金融，严厉打击非法集资。完善企业融资风险分担和补偿机制，严格控制产能过剩行业新增授信，在风险可控的前提下，支持企业通过兼并重组、转型转产等化解产能过剩。对产能严重过剩行业未取得合法手续的新增产能建设项目，一律不得给予授信；对长期亏损、失去清偿能力和市场竞争力的"僵尸企业"，或环保、安全生产不达标且整改无望的企业及落后产能，坚决压缩退出相关贷款。对列入四川重点信贷支持企业名单的南充市企业，引导金融机构加大金融支持，不抽贷、不压贷，并执行优惠利率。加强与银行、政府的沟通协调，认真落实相关金融企业贷款损失税前扣除政策，及时受理金融企业贷款损失申报扣除事项。继续推动地方法人金融机构信贷资产证券化创新，盘活银行信贷存量。加强地方法人金融机构不良贷款监测，建立和完善金融风险化解处置工作机制，积极化解处置企业风险、民间融资和打击非法金融活动。加大存量政府债务置换力度，剥离融资平台公司政府融资职能。

四、减轻实体经济企业负担

（一）降低制度性交易成本

深入推进简政放权、放管结合、优化服务，全面深化商事制度改革，力争 2017 年全面实施全程电子化登记和电子营业执照的核发，整合建立统一的公共资源交易平台。加快垄断行业改革，放开自然垄断行业竞争性环节，强化反垄断执法。进一步深化收费改革，清理规范行政事业性收费、政府性基金和纳入政府定价的经营服务性收费。动态调整政府定价目录、政府定价涉企收费"三项目录清单"，推进普遍性和重点领域降费。清理规范行政审批中介服务收费。

（二）降低要素成本

加快完善主要由市场决定价格的机制，对能够通过市场竞争形成价格的，逐步放开价格管制。深化电力体制改革，开展售电侧改革试点，继续争取扩大直购电和富余电量消纳政策覆盖范围，用好用足留存电量。推动天然气"转供"改"直供"，完善天然气价格形成机制和管道燃气定价机制。进一步降低融资成本，创新金融产品与服务，推动"银税互动"发展，指定专人负责，重视纳税人的信用评级工作，及时更新、定期推送纳税信用等级评价及涉税信息，定期交换工作开展信息，大力宣传推介"银税互动"信贷产品，确保为诚信经营、诚信纳税的纳税人提供融资、税收等优质服务，以"小微企业万千百金融服务工程"为载体，加大对小微企业的信贷支持，扩大融资抵质押物范围和种类，助力小微企业良性发展，实现小微企业、金融、税务三方共赢。规范金融服务和融资中介机构收费，清理不必要的资金"通道"和"过桥"环节，彻底清除融资隐性成本。

（三）降低企业经营性成本

降低企业用工负担，积极支持企业与职工开展工资集体协商谈判，并随企业经济效益职工工资可上下浮动，合理安排最低工资标准调整时序、幅度，在国家、省统一框架下，阶段性降低"五险一金"。降低物流成本，发展"铁公水空"多式联运，提高一体化运输服务，清理规范公路、港口等经营性收费和进出口环节收费。成立监管小组，加大对经营性收费和进出口环节收费的公路监管，严格按照国家收费标准执行，规范操作行为，尽量控制经营性成本，增强对工作人员的专业知识培训，力争做到零事件。清理规范公路、港口、机场、铁路等经营性收费和进出口环节收费。

五、补齐经济社会发展短板

（一）补齐脱贫攻坚短板

一是创新扶贫开发机制。建立健全"市总负责，县（市、区）、乡镇抓落实"的管理体制和"片为重点、工作到村、扶贫到户"的工作机制。全面落实脱贫攻坚"3+10"政策组合拳，坚持"六个精准"，大力实施"五个一批"脱贫攻坚行动计划和"五大扶贫工程"。

二是创新脱贫攻坚方式。大力发展"脱贫奔康农民产业园"，积极探索具有南充特点、南充元素的产业脱贫路子。坚持用好用足金融扶贫政策，采取龙头企业和保险公司担保的方式，切实解决园区建设资金和贫困户发展资金短缺的问题。大力发展专合组织，积极招引在外乡友和致富能人创办领办产业园，着力实现"村村建园、户户入园"。积极搭建扶贫公益活动平台，扎实开展各具特色的主题帮扶活动，广泛动员民营企业、社会组织、在外乡友等社会力量，通过定点帮扶、资金援助、产业帮扶等多种途径，让全民参与共同出力。

（二）补齐基础设施短板

一是大力实施"南充交通三年推进计划"。重点推进"一场、二铁、三轨（三桥）、四港、五路、九高"等重大项目，启动建设蓉京高铁、汉巴南快铁、阆中机场，加快建设南潼、南绵、营达、阆仪营、南充二绕、成南（扩容）等高速和嘉陵江高等级航道，谋划建设南充城市轨道交通、南渝城际铁路；坚决打好国省干线改造、快速通道建设、农村公路联网、渡改桥"四大战役"，建成定升、顺蓬营等干线公路，开工建设顺仪、西顺嘉等干线公路，形成"南西蓬一体、市域半小时、成渝一小时"交通圈。

二是完善其他基础设施。加强大中小型水利工程和农田水利工程建设，建成升钟水库灌区二期工程。加快实施35千伏及以上电网建设项目，进一步完善网架结构，加大10千伏及以下农网改造升级，完善油气输送管网，加强新能源汽车充电设施建设。统筹规划建设城市地下综合管廊和海绵城市。依托"宽带中国"示范城市、电信普遍服务补偿试点城市建设，实施"宽带乡村"工程建设，推进通信基础设施建设。

（三）补齐公共服务短板

一是提高教育质量。大力支持西华师范大学创建博士学位授予单位、西南石油大学（南充）创办独立应用型工科大学、川北医学院建设高水平医科大学，加快筹建四川省医药卫生职业学校、四川文化旅游职业学院和四川建华职业学院（民办）；继续加强义务教育、学前教育和特殊教育，持续提升高中教育、职业教育和民办教育质量。

二是建设"健康南充"。加强和完善公共卫生服务体系，加快推进市中心医院江东医院、市级中医医院建设、川北医学院附属医院新院区等医疗项目建设，进一步完善区域医学影像集中诊断中心、心电集中诊断中心、病理远程会诊中心的运行模式，引进社会资本加快全市集中医学检验检测中心、消毒供应中心建设。加快临床重点专科建设，增强产科、儿科、精神科等医疗力量。巩固完善分级诊疗制度，将县域内就诊率稳定在90%以上。深度促进医养结合，大力发展养老健康服务业，加快推进川东北（南充）康养中心建设。充分发挥中医药特色优势，大力促进中医药健康服务业发展。

三是大力构建现代公共文化服务体系。巩固提升国家公共文化服务体系示范区创建成果，启动建设市川剧艺术中心、美术馆，全面建成"四馆一中心"，制定下发《南充市推进基层综合性文化服务中心建设实施方案》，力争2020年前普遍建成基层综合性文化服务中心。加强优秀传统文化保护传承，培育打造一批具有南充特色的文化品牌。加强体育设施建设，推进全民健身运动。

（四）补齐生态环境短板

一是实施"大规模绿化南充行动"。抓好嘉陵江生态保护，完成嘉陵江（南充段）综合保护开发规划编制，积极推动嘉陵江综合开发保护立法。精心打造牛肚坝、观音湖等一批沿江湿地绿地，加快嘉陵江小流域治理和保护，进一步巩固西充河流域污染治理成果，强化江河源头、岸线原貌和水源涵养区生态保护，建设国家级嘉陵江流域生态文明先行示范。

二是开展城市修补生态修复。加快建设西山城市公园、上中坝湿地公园、蓬安漫滩湿地公园等城市公园。深入推进天然林资源保护、退耕还林、防灾减灾等重点工程，力争2017年完成造林1 067公顷（其中重点基地建设413.5公顷），管护国有林4 302公顷，集体公益林补偿兑现19.5万公顷，继续实施新一轮退耕还林947公顷。

三是实施"蓝天行动""碧水行动""净土行动"。认真贯彻执行《南充市大气污染防治行动计划》《南充市水污染防治行动计划》，大气、水、土壤质量达到国省控制目标，推进主要污染物总量减排。加强农村面源污染治理和重点流域污染治理。健全突发环境事件预防预警和应急处置体系，加快修订《南充市突发环境事件应急预案》。

（五）补齐农产品质量安全短板

深入实施化肥农药使用量零增长行动，科学划定和调整乡镇以上集中式饮用水水源保护区，严格保护饮用水水源地。科学划定畜禽禁养区、限养区和适养区，分区控制畜禽养殖污染。积极推进农业标准化生产，大力发展循环农业，提高秸秆、畜禽粪便、地膜等农业废弃物资源化利用水平。健全从农田到餐桌的农产品质量安全监管体系，加快农产品质量安全追溯体系建设，推进质量安全示范区建设和生态原产地产品保护。

（六）补齐检验检测能力建设短板

加强检验检测能力建设，提升全市检测机构检测能力和水平，以清洁能源汽车部件检测中心项目及茧丝绸服装产品质量监督检验中心建设为抓手，实现南充市国家级或省级检测中心零的突破。推动检验检测机构改革，鼓励跨部门、跨行业、跨层级整合，鼓励民营企业和其他社会资本投资检验检测服务，支持具备条件的生产制造企业申请相关资质，面向社会提供检验检测服务。加强社会公用计量标准研究，推动四川省川东计量测试研究中心建设，推进先进计量技术和方法在企业的广泛应用。

六、深化改革开放

（一）全面深化重点领域改革

一是深入推进行政管理体制改革，加快转变政府职能，切实加强法治政府、服务政府、效能政府建设。完善"三张清单"管理制度，进一步精简下放一批投资项目核准和审批权限，清理优化审批事项办理流程，健全市、县并联审批体系。全面推行"先照后证"，扩大"五证合一"实施范围，推行个体工商户"三证整合"和简易注销登记改革试点。

二是清理归并经营性国有资产，实施集中统一监管；出台并贯彻落实《南充市市属国有企业发展混合所有制经济的意见》，推进国有企业混合所有制和股权多元化改革。深化投融资体制改革，放宽对民间资本的限制和管制，加大政府与社会资本的合作力度，创新 PPP 项目收益和分配机制。有序推进社会信用体系建设，加强对市场主体服务和事中事后监管，探索建立诚信激励和失信惩戒机制。

三是完善户籍制度改革配套保障措施，加快推进农业转移人口市民化。深化农村产权制度改革，加快财政支农资金形成的资产股权量化改革，全面开展农村土地流转收益保证贷款，稳妥有序开展农村承包土地的经营权和农民住房财产权抵押贷款试点。全面实施居住证办理，建立人口资源备份库。

（二）扩大全方位开放合作

一是坚持全域开放、全程开放、全面开放，推进更深层次更高水平的开放合作。深化与法国、德国等欧洲国家和"一带一路"沿线国家的交流合作，积极对接亚欧物流大通道，争取建设渝新欧快铁专线国际铁路货运站点，将现代物流园纳入"一带一路"国际物流体系。

二是主动融入四川、重庆自贸区建设，主动参与长江经济带建设，培育一批承接产业转移示范区和加工贸易梯度转移承接地。加强与川东北经济区、重庆经济协作区、成渝城市群的区域合作。大力打造开放合作平台，积极申报开放口岸城市，申建国家级保税物流中心（B 型），启动建设南充市跨境电商平台和进口产品国家体验馆等项目，全力争取建设川东北综合保税区和跨境电子商务综合试验区。

三是锁定成渝、珠三角、长三角、港澳台等重点地区，瞄准"三类 500 强"、央企及上市公司，大力开展专题招商、沿链招商、以商招商，切实招引一批大项目、大企业、大集团。加快实施"走出去"战略，充分利用"万企出国门"、东盟博览会等省内外大型经贸活动，引导优势企业"走出去"，大力发展开放型经济。

七、完善配套政策

（一）完善财税政策

一是认真贯彻落实国家、省税收优惠政策，扎实做好全面推开营业税改征增值税试点工作，切实做到所有行业税负只减不增。加强对纳税人的政策辅导，通过纳税人学校、12366、微信群、上门辅导等多种形式对纳税人进行再培训、再辅导，确保所有纳税人都能享受改革红利。对企业合并、分立、破产、改制等依法落实契税、土地增值税、印花税等税收优惠政策，及时受理企业优惠事项备案，让符合优惠条件的企业准确享受税收优惠政策。

二是落实财政金融互动各项政策，引导带动金融资本加大对实体经济投入。完善产业投资引导基金体系，积极争取省级战略性新兴产业与高端成长型产业发展资金，建立市级战略性新兴产业发展基金。加大对企业投资和技改的支持力度，培育稳定的地方税支柱税源，对企业提品质创品牌给予财政奖励。

（二）完善金融政策

一是完善银行信贷准入条件，加大对国、省、市重点项目，产业园区战略性新兴产业、现代物流业和农村电子商务发展的支持力度。做好传统产业技术改造和工业企业转型升级的金融服务工作。大力推进重点企业在银行间市场发行中期票据、开展定向专项债务融资等，支持运作规范的工业企业在完善偿债保障措施的基础上发行公司信用类债券用于调整债务结构。

二是积极探索利用直接债务融资拓宽市政建设和新型城镇化建设融资渠道；做好地方政府、基础建设类企业通过发行债权等方式筹集资金的配套金融服务工作。大力发展科技金融、绿色金融、普惠金融。推动符合条件的企业在主板、中小板、创业板上市融资，支持企业到全国中小企业股份转让系统、成都（川藏）股权交易中心挂牌融资。加快筹建民营银行、保险公司、金融租赁公司等地方法人机构。做好股权托管、质押登记和企业股权变更登记，加快推广应收账款、知识产权、特许经营权等抵质押贷款。

（三）完善土地政策

一是建立新增建设用地重点项目指标、自控指标和调控指标分配制度。严格控制新增建设用地总量，优先保障全市重点项目用地以及公共设施用地，严控商品住宅用地规模，重点支持养老、教育、科技、文化、体育、环卫、应急管理等项目土地供应，支持符合国家产业政策的工业项目土地供应，重点支持高新技术产业、无污染环保型工业项目的落地，严禁为污染重、高耗能、低产出的项目供地。

二是建立完善低效利用土地退出机制。制定建设用地绩效考核办法，明确工业用地准入退出指标体系和工业用地准入审查，建立工业用地供后评估机制，开展新一轮低效闲置土地专项清理。探索"先租后让""租让结合"等多种工业用地供应方式。

三是支持商业用地结构调整，对全部缴清土地出让价款的待开发商业用地，土地使用权人可向规划主管部门提出转型为住宅用地的申请。已建在建的商业用房在不改变其他规划条件的前提下，经法定程序批准可改变建筑使用功能，用于教育培训、幼儿园、康养、文化、旅游等经营性、公益性用途。

四是鼓励开发利用地下空间，在符合规划前提下，工业企业在现有工业用地上新建或改造原有厂房、增加容积率，不增收土地出让价款；现有制造业企业调整用地结构增加服务型制造业务设施和经营场所，其建筑面积比例不超过原总建筑面积15%的，5年内可继续按原用途使用土地，但不得分割转让。贯彻实行城镇建设用地增加规模与吸纳农业转移人口落户数量挂钩政策。

（四）完善产业政策

一是严格执行国家主体功能区划，按照资源环境承载条件，调整优化产业布局，引导产业有序转移。坚持国家产业准入条件，环评、能评达不到标准的落后产能企业，依法依规停产、关闭。鼓励未纳入省淘汰落后产能计划的企业，通过主动淘汰落后设备、重组转产、关闭等途径，淘汰部分过剩产能。坚持以"错位布局、产业集聚"为基本理念，立足现有资源禀赋、现有基础和发展方向，着力做大做强汽车及零部件、石化产业两大特色主导产业，改造提升丝纺服装、农产品加工两大传统优势产业，培育打造新材料、新一代信息技术、生物产业、节能环保、高端装备制造、新能源等六大新兴产业。

二是积极推进园区开发、管理和服务机制创新，逐步撤并分散园区，有序推进园外企业搬迁改造工作，推进土地、能源、资本等资源的集约节约使用，不断提高园内企业投资强度和产出强度，积极打造特色产业园区，突出产业重点，集聚相关企业，延伸产业链条。支持社会资本运用"PPP"模式和"园中园"模式等参与园区建设。

（五）完善人才政策

一是完善科技成果转移转化服务体系，提高科研人员成果转化收益分享比例。大力实施"嘉陵江英才工程"，进一步完善人才政策，对照南充市"155发展战略"，大力引进各类高端人才、高端团队。深化人才发展体制机制改革，逐步理顺人才政策管理体制和激励、评价、流动机制。

二是实施党政人才创新能力提升计划、创新型企业家培养计划、创新型科技人才培养计划和高技能人才培养计划，推行开放式校企联合培养模式，加快培养造就一批创新型、技能型、实用型人才队伍。

制定完善高层次人才特殊支持办法，在安家补助、岗位激励、项目及团队建设等方面给予补助。完善人才流动配置、分类评价、激励保障等机制，促进人才资源有效配置。

（六）完善托底政策

一是全面落实援企稳岗、社保补贴、税费减免等政策，鼓励企业采取培训转岗、灵活工时等方式稳定岗位，将符合救助条件的失业人员及时纳入社会救助。

二是坚决稳住就业这个经济运行的"底盘"，支持企业稳定就业岗位，稳步推进失业动态监测和失业预警制度，促进城市低收入家庭和被征地农民、失业人员、就业困难人员就业，做好高校、中职毕业生和复转军人等就业工作。

三是加强职业技能培训和创业培训，推行工学结合、校企合作的技术工人培养模式，提高职业培训政府补贴标准，增加对企业职工培训的补贴支出，落实企业招工补贴政策，压实责任帮助企业招工，切实解决企业招工难的问题。稳步提高最低生活保障标准和水平。

第十八章　农业农村改革研究

　　摘要：南充市在成为首批国家现代农业示范区和国家农业改革与建设试点示范区后，从加快农村产权制度改革、构建新型农业经营体系、构建农业支持保护体系、健全城乡发展一体化体制机制、创新农村社会治理等方面积极推进农业农村改革。通过实施"五化四改三推进"战略，解决农村"空心化老龄化"突出、农村土地"撂荒"严重等问题，推动"两个跨越"发展。

　　关键词：农业；农村；改革；现状；展望

第一节　农业农村改革现状

一、改革历程

　　南充市位于四川盆地东北部、嘉陵江中游，面积 1.25 万平方千米，总人口 760 万人，是成渝经济区域中心城市，全省农业大市。2010 年 8 月成为首批国家现代农业示范区，2013 年 5 月入围 21 个国家农业改革与建设试点示范区，目前示范区核心区涵盖顺庆区、高坪区、嘉陵区、西充县三区一县。示范区始终坚持重点项目挂图作战、周督查周通报、月评议月挂牌的"清单工作法"，狠抓产业发展。着力科技引领，快推农业改革，强化机制完善，大力建设高产高效特色产业基地，促进了现代农业快步发展。过去两年，示范区在农业部组织的试点绩效评价活动中，蝉联西部第一。

　　2015 年示范区农业总产值 264 亿元，农民人均可支配收入 15 100 元，迈入基本实现农业现代化阶段。2016 年，全市上下认真贯彻落实中央、省委和市委深化农村改革的决策部署，针对新形势下"三农"工作面临的新情况新问题，突出抓好"一大突破"（农村产权制度改革取得突破）、"三个试验区"（国家现代农业改革与建设试验示范区、省级农村改革综合试验区和市级农村改革发展暨精准脱贫试验示范区）和十五项改革试点，各项工作顺利推进，卓有成效，全面完成了目标任务，开创了农村改革新局面。

二、改革举措

（一）加快农村产权制度改革

　　一是完成农村"七权"确权颁证。强化经费保障，加大工作力度，完成农村土地承包经营权和农村房屋产权为主的农村产权"七权"确权登记颁证工作，建立农村产权管理信息系统。

二是健全农村产权交易市场体系。完善9个县（市、区）农村产权流转交易中心职能，完成乡镇分中心或服务站建设，并接入成都农村产权交易所联网运行，加强产权交易制度和配套服务机构建设，形成集信息发布、产权交易、法律咨询、资产评估、抵押融资等为一体的农村产权交易市场体系。

三是积极盘活农村集体产权资源。制定实施扶持发展农村新型集体经济的意见，壮大村级集体经济。扩大农村集体资产股份合作制改革试点。探索集体经营性建设用地入市、农民宅基地有偿使用和自愿退出机制，解决农村房屋闲置问题。完善集体林权制度，开展林权抵押融资试点。探索农田水利建管一体化机制，提升水利工程利用效益。

四是建设农村改革综合试验区。在西充县启动建设省级农村改革综合试验区，在"三区一县"（顺庆、高坪、嘉陵、西充）加快建设国家现代农业改革与建设试点示范区，在其余五县（市）各选择2~3个乡镇启动建设农村改革综合试验区，力争取得突破性成果。

（二）构建新型农业经营体系

一是培育新型农业经营主体。制定专项扶持政策措施，鼓励专业大户、农村能人、回乡创业人员创办领办家庭农场，提升经营管理水平，使之成为发展现代农业的有生力量。重点招引影响力、带动力强的龙头企业，支持本地企业技改扩能、集团发展、挂牌上市，培育一批年销售收入10亿元以上的"旗舰型"农业企业。规范发展农民合作社，鼓励专业合作社组建联合社，争创一批国家和省级示范合作社。开展新型职业农民培育认定，推行农民职业经理人制度。力争全市新增农业龙头企业30家、农民合作社100个、家庭农场1 000个、农民职业经理人1 000人以上。

二是促进农业适度规模经营。引导农村土地经营权规范有序流转，完善县乡农村土地流转分级备案制度。创新适度规模经营形式，通过土地股份合作社、园区带动、新型主体带动等多种形式实现规模经营，重点推广以龙头企业为主导的"两统两返"、以劳务合作社为主导的"劳务承包"、以农机合作社为主导的"代耕代种"、以村社集体为主导的"土地托管"、以农民自主合作为主导的"农民产业园"等新型生产经营模式，探索农业互助合作生产经营机制，解决农村土地撂荒问题。

三是完善农业社会化服务体系。充分发挥农业公益性服务机构的作用，大力发展多种形式的农业经营性服务组织，努力形成覆盖全程、综合配套、便捷高效的社会化服务体系。开展政府向农业经营性服务组织购买公益性服务机制创新试点。开展激励科技人员创新创业改革试点，建立农业科技人员持股、科技成果权属改革、成果转化激励机制。大力发展农业机械化服务组织。抓好供销合作社综合改革试点，探索建立新型农村合作经济组织联合会，打造服务农民生产生活的生力军和综合平台。积极发展互联网+农业，推广农超、农校、农餐等产销对接模式，加快农产品现代流通体系信息化建设。

（三）构建农业支持保护体系

一是改革财政支农资金管理。加大县级涉农资金整合力度，改进财政支农方式，更多地采取担保贴息、风险补偿、以奖代补、民办公助等政策措施，带动社会资本投向农业农村领域。改进农业"三项补贴"制度,开展财政支农资金股权量化改革试点,让农民群众直接受益。

二是加强农村金融制度创新。完成农村信用社改制组建农村商业银行,鼓励发展涉农小额贷款公司、融资担保公司、金融租赁公司和互联网金融。在西充县开展中央批复的农村土地承包经营权抵押融资试点,在国家现代农业示范区开展农村产权抵押融资试点和银保财互动融资试点。推广农村土地流转收益保证贷款。扩大扶贫互助社和农村资金互助社试点。建立农业信贷担保体系,抓好南充市担保公司增资扩股,鼓励农业大县设立政策性农业担保机构或担保基金。扩大政策性农业保险品种范围,扩大生猪目标价格保险试点和蔬菜、水果、家禽、水产、中药材等特色农业保险试点,提高对农民灾损赔付水平。

(四)健全城乡发展一体化体制机制

一是创新幸福美丽新村建设体制机制。大力实施创新幸福美丽川北新村建设体制机制改革方案,完善县域乡村建设规划和镇、乡、村规划,坚持旧村落改造提升、传统村落民居保护和新村聚居点建设相结合,分类推进幸福美丽川北新村建设和农村廉租房建设。建成幸福美丽新村500个,新村聚居点680个,农村廉租房2 500套。

二是统筹推进农村社会事业发展。推行居住证制度,促进农业转移人口市民化和新型城镇化发展。统筹完善城乡教育、医疗卫生、基本养老保险、平等就业制度,推进城乡基本公共服务均等化。

(五)创新农村社会治理

一是创新精准脱贫攻坚机制。在仪陇县新政镇安溪潮村、马鞍镇险岩村和阆中市西山乡岳林垭村等扶贫村探索资产扶贫和金融扶贫新机制,完善社会帮扶新机制。研究制定贫困地区扶贫线和低保线"两线合一"的政策措施。完成南部县、蓬安县"摘帽"、317个贫困村出列、11.8万贫困人口脱贫。

二是创新农村社会治理机制。加强村级党组织建设,选好用好管好带头人,向软弱涣散党组织和贫困村党组织选派第一书记。以扩大有序参与、推进信息公开、健全议事协商、强化权力监督为重点,健全村党组织领导的充满活力的村民自治机制,探索村民自治的有效实现形式。加强农村基层执法力量,积极探索食品药品安全、工商质检、公共卫生、安全生产、文化旅游、农林水利等领域综合执法,依法维护农村生产生活秩序,提高农村基层法治水平。

三、存在的问题

(一)农业挑战严峻

从国际国内形势看,当前我国农业正面临农产品价格"天花板"封顶的挑战,国内大宗农产品价格已全面高于国际市场,2016年9月,国际大豆、玉米、小麦、大米价格分别比国内价格每吨低1 175元、923元、626元和1 143元,价格倒挂导致"洋货入市、国货入库"现象发生。在失去国际竞争力的同时,我国农民生产成本"地板"抬升,以南充市农民种水稻为例,市场价格每500克1.3元中不计农民自身劳动力,其种子、农药、化肥、抽水和收割成本将占到85%以上,如果计算农民自身劳动力成本,种地肯定是亏本的。此外，资源环境"硬约束"也正威胁着农业的可持续发展。

（二）农村"空心化老龄化"突出

由于种地亏本，大量农村人口尤其是青壮年劳力不断"外流"，留守在家的更多是老年人和儿童，很多村庄出现了"人走房空"现象。全市农业人口 582 万，其中外出务工人数达 215.5 万，再除去部分就近入城（镇）人口，实际农村常住人口约 235 万，仅占农业人口的 40.1%。如嘉陵区石楼乡马达山村，共 182 户、449 人，现居住在村的只有 81 户、164 人，其中 30~40 岁的青年人无 1 人在家，50~60 岁的不足 20 人，其他老、小各占一半。

（三）农村土地撂荒严重

随着农村"空心化、老龄化"现象加剧，农村土地撂荒严重，特别是部分自然条件恶劣基础设施落后的村社，土地撂荒更是触目惊心。据不完全统计，全市共有耕地 30.29 万公顷，目前撂荒比例约为 34%。南部县大王镇中坪山村共有耕地 32.68 公顷，撂荒 17.68 公顷，占比 54%；仪陇县马鞍镇土垭村六社、嘉陵区石楼乡袁家店村二社撂荒比例分别达 66%、75%；仪陇县马鞍镇玉兰村七社山高缺水，撂荒占比高达 85.5%。

（四）农业基础设施薄弱

南充市是典型的丘区地貌，坡地和谷地交错，地形条件相对较差，农业基础设施薄弱。目前，全市农村公路虽然基本实现"村村通"，但通社路硬化比例仅占 30% 左右，实现"社社通""村联网"任重道远；农村公路等级普遍较低，大多路窄、弯急、坡陡，断头路多、环线路少，客车通达深度远远不够。机耕道建设严重滞后，田间通行条件差，农机下田难、转移难，加之田地分块多、田埂密，不利于农业机械化发展。中小水利工程多始建于 20 世纪 50、60 年代，坝裂渗水、淤泥堆积等病险问题多，抗灾减灾能力低；大多数灌溉排水设施标准低、配套差、年成久、损毁大，蓄水和排灌能力弱；农田有效灌面不高，特别是偏远山区基础设施落后，农业靠天吃饭的状况尚未得到根本改变。

（五）农业产业依然散而小

纵观全市农业产业，"小而散""小而全"格局仍未改变，"一县一业""一村一品"没有突破。各县（市、区）除打造了部分"待客"的点（园区）外，大多数农村还是延续着传统的种养业，主要种植水稻、玉米、小麦、油菜和零星养殖猪、鸡、鸭等农副业，看不到特色，也没有规模，更缺少叫得响的名片。曾经轰轰烈烈发展的"奶牛、麻竹、兔业、蚕桑"等产业已基本看不到踪影。究其原因：一是在产业选择上与市场、资源禀赋、农民种养习惯结合不够，发展了一些"水土不服"的"短命"产业；二是各级党政持之以恒的坚持不够，出现"张书记栽桑、李书记养牛"格局；三是农业龙头企业带动力不够，在南充市没有形成产业基地，比如果汁企业不收本地柑橘、牛肉食品加工企业进口国外牛肉等；四是基层抓产业发展的主动性不够，大多数乡（镇）负责人将安全、稳定摆在了工作首位，发展基本被忽视，对本乡（镇）农业产业如何发展没有规划、心中无数。

（六）新村建设任重道远

按照《四川幸福美丽新村建设行动方案（2014—2020）》要求，到 2020 年全省

80%的行政村建成幸福美丽新村。以 2015 年为例，省上下达南充幸福美丽新村建设任务 400 个、新村聚居点 630 个、农村廉租房 2 500 套，从目前进度看，仅 1/3 动工建设。究其原因：一方面农民建房意愿不高。一部分已就近在城镇买房，大部分已经原址改造，剩下未建的基本上较贫困。建了的不可能再建，没建的又建不起，建房总体需求不大。另一方面新村建设资金短缺。除省上下达部分新村基础设施建设资金外，地方政府根本无力配套更多的资金投入，因此只有缩量建设，要完成此项任务，还任重道远。

（七）农村存在社会矛盾隐患

以土地流转为例，从流转形式上看，大多以现金为主，农民参股经营极少，对促进农民持续快速增收实质性意义不大；从流转价格上看，全市高的每年 1 000 元，而低的才每年 50 元（前 5 年 50 元，后 5 年 200 元），农民利益没有得到根本保护；从流转用途上看，个别地方存在打着观光农业噱头，走"非农化""非粮化"之路的现象，一旦合同到期或老板跑路，固定建筑难以拆除，复耕极为困难；从法律程序上看，由于全市农村产权交易体系没有真正建立，流转合同极不规范，单方毁约现象时有发生。再以精准扶贫为例，部分基层干部在精准再识别时重视不够，没有动真蹑硬，农村群众对部分贫困户表示质疑，对村社干部表示不满，随着扶贫力度的加大，这种矛盾必会爆发。如有的家庭新建房屋，修 2 层楼可能不欠账，而超前修了 3 层，结果欠下 10 多万元的债务，却被评为贫困户，而没有修房、没有欠债、没有积蓄、收入比前者低得多的没有评为贫困户。再如，儿女成家后独立户口、单独生活的老年人，失去劳动力，没有其他收入，个别村在识别时不考虑儿女的赡养义务，单一的看其收入，定为贫困对象，结果将给社会产生"人老后国家养"的不良导向，潜在矛盾突出。

（八）农村教育相对滞后

虽然国家加大了对农村教育的投入的力度，但随着农村生源的不断减少，原有村小绝大多数已撤并，农村学生不得不到乡（镇）学校寄宿，或由家人到场镇租房带其上学，不同程度加重了农村家庭负担。现有为数不多的村小里，学生极为稀少，如仪陇县马鞍镇险岩村元帅小学，由成都空军援建，两层建筑、8 间教室、塑胶球场，同时配有电教投影等设施设备，学校漂亮，功能齐全。但目前仅开设 3 个班，共 19 名学生，其中一年级 3 人、二年级 7 人、幼儿班 9 人；有 4 名老师，其中 1 名民办幼儿老师、2 名即将退休的本村老师、1 名由村支部书记兼任的代课老师。民办幼儿老师万琼华从教 12 年，今年只招收了 9 名学生，每生每年 800 元的学费，总收入 7 200 元，扣除书本费用，一年待遇仅 6 000 元左右，办学极为艰难。

（九）医疗条件令人担忧

现实中，常听到农村群众说起一句话："大医院进不起、小医院看不了病"，这其实是对全市现农村医疗条件的真实反映。农民看病一方面不方便，有的村没有村医，大多有村医的又在乡（镇）摆摊，看病大多要去乡（镇）；另一方面由于医疗条件和专业水平受限，农民往往花了钱、吃了药，却没有效；许多小病拖成大病，只得住进县、市医院，病看好了，但钱却花了不少，除去新农合报销部分外，其他医药费一般的农户家庭也很难承受，患病已成为全市农村最大的致贫因素。

（十）村集体经济趋于空壳

全市村级集体经济，大多趋于空壳，除拥有一些路、塘、堰等基础设施和闲置村小学校、党员活动室等固定资产外，基本没有其他资产。特别是一些村集体目前还负债严重，其团结、带动、凝聚老百姓的作用很难发挥。个别乡镇几乎所有行政村都不同程度负债，额度从几万元到一百多万元不等，总负债上千万元。以南部大王镇杨家祠村为例，村集体只有价值1万多元的3间集体房产，而负债却高达69.1万元，主要是锁定的历史债务和新建通村公路所产生的负债。全市村集体负债隐患不容忽视。

第二节　深化农业农村改革展望

一、深化改革的环境

南充市农业农村工作虽存在诸多困难，但"十二五"奠定的"三大基础"和当前面临的"三大机遇"又为南充市农业农村发展提供了良好的环境。

（一）奠定"三大"坚实基础

一是产业发展基础。南充市是农业大市，从资源禀赋上看，生猪、水果、蚕桑、优质粮油、蔬菜等农业产业有基础、有特色、有规模、有优势。特别是市委、市政府持续推进"5+3"特色优势产业发展，生猪规模养殖率达70%，成功跻身国家现代农业改革与建设试点示范区，"一圈三线"产业格局初步形成，为南充市农业转型升级提供了基础。

二是农村改革基础。近年来，南充市已先后开展了农村产权确权颁证、农村产权抵押融资试点、农村土地流转收益保证贷款试点、增加农民财产性收入改革试点以及率先在全省开展生猪目标价格指数保险等试点，为破解农民增收、农业融资以及治理土地撂荒、发展适度规模经营等探索出一些可复制、可推广的办法。特别是当前随着城镇化的推进，全市呈现出"农村人口不断减少、在家人口老龄化加速、撂荒地增多、空壳村加剧"的趋势，这也为"十三五"期间向纵深推进农村改革增加了难度。

三是经营体系基础。近年来，全市加快推进新型农业经营主体培育，规模以上农业产业化龙头企业达到360家，农民合作组织达到3 500个，家庭农场达到2 300户，他们已成为经营壮大农业产业的中坚力量。特别是2016年以来，随着农民外出务工比较收益下降、农村生产生活条件逐步改善和扶贫开发项目的强力实施，不少农民工陆续返乡从事特色种养业，这将成为带领农村致富的生力军，在一定程度上解决了农业后继无人的担忧。

（二）面临"三大"发展机遇

一是"三农"发展政策向好。农业强则中国强，农村稳则中国稳，农民富则中国富。中央、省、市高度重视"三农"工作，连续11年出台1号文件聚焦"三农"发展，近期又密集出台了全面深化农村改革、转变农业发展方式、支持农民工等人员返乡创业一揽子文件，这些都为"三农"发展指明了方向；同时，中央、省、市逐年持续加大了对"三农"的投入力度，为全市农业农村发展提供了保障。

二是扶贫攻坚力度加大。2016 年，省委十届六次全委会、市委工作会议专题研究部署扶贫开发攻坚工作，省、市《关于集中力量打赢扶贫开发攻坚战，确保同步全面建成小康社会的决定》发出了决战全面小康的动员令，吹响了全力精准扶贫的冲锋号。中央、省、市各级对贫困村的帮扶力度空前，驻村工作队、第一书记、帮扶单位全部进驻，各项脱贫帮扶举措逐项落地，对全市贫困村发展提供了支撑。

三是消费转型市场变宽。从投资趋向看，当前正处在前期过剩产能消化期，一些行业和领域产能过剩，投资趋于饱和，农业农村投资价值更加凸显，特别是随着农村产权制度改革的推进，业主的经营权得到有效保障，农业对工商资本的吸附力明显增强。从消费转型升级看，随着生活水平提高，人们不仅要吃饱吃好，还要吃得安全、吃得营养、吃得健康，社会消费观念的转变，为优质农产品提供了市场空间；同时，电子商务进驻农村，拓宽了农产品销售渠道；乡村旅游等新业态正成为消费热点，农村市场前景看好。

二、深化改革的思路

紧紧围绕推进适度规模经营主攻方向，坚持以转变发展方式为主线，大力实施"五化四改三推进"战略，推动南充市"两个跨越"发展。"五化"即农业产业布局区域化、发展规模化、生产标准化、经营产业化、业态多样化；"四改"即农村产权制度改革、农业经营体系改革、农村社会化服务改革、农业支持保护机制改革；"三推进"即推进幸福美丽新村建设、推进农业基础设施建设、推进农村生态文明建设；"两个跨越"即南充市由农业大市向农业强市跨越，由传统农业向现代农业跨越。

（一）"两个跨越"是目标和方向

南充市是传统农业大市，要坚持科学发展、加快发展、转型发展实现"由农业大市向农业强市跨越、由传统农业向现代农业跨越"，这是全市"三农"工作在今后相当长一段时期为之奋斗的目标，是统领南充市农业农村工作的方向。

（二）"五化"是核心和根本

农业产业"五化"是解决当前农村人口空心化、老龄化、土地撂荒和农业比较效益低等"三农"问题的基本途径，是扶贫攻坚的重要抓手，是全面小康的必然选择。解决好农业产业"五化"就是抓住了发展这个第一要务，是全市当前及今后一个时期"三农"工作的核心和根本。通过实施农业产业"五化"工程，努力打响南充市"产粮大市""有机农业强市""绸都""果城"四张名片。

（三）"四改"是保障和动力

推进农村改革，目的是最大限度释放发展活力，这是南充市实现"两个跨越"目标的保障和动力。

（四）"三推进"是基础和支撑

农村面貌要全面改善，就必须扎实推进幸福美丽新村建设、农业基础设施建设和农村生态文明建设，这既是"两个跨越"的基础，也是重要支撑。

三、深化改革的建议

（一）积极推进南充市农业农村"五化"进程

一是推进布局区域化。强力实施"一县一特色一品牌"战略，推动各县（市、区）立足自身资源禀赋和产业基础，以乡（镇）为单元，科学布局特色优势产业，坚决杜绝"小而全""杂而乱"现象，尽快形成区域产业特色。30个市级柑橘基地乡（镇）和"两线五片"（高坪南前沿线、嘉陵成南高速沿线和西充西凤脐橙产业片、蓬安锦橙100号产业片、营山血橙产业片、南部柚子产业片、阆仪杂柑产业片）重点推进柑橘核心产业带建设。"一江四县（区）"（嘉陵江沿岸及南部、阆中、高坪、嘉陵）基础好的乡（镇）要重点推进现代林业产业发展，并布局好林下养殖。国道318线嘉陵段、阆（中）西（充）线、漾（溪）新（政）线、新（政）马（鞍）线、高（坪）营（山）线、西（充）射（洪）公路沿线重点推进高产高效优质粮油产业带建设，巩固南充市产粮大市地位。"两线一区"（嘉陵江沿线、国道212线和国家现代农业示范区）要集中打造优质特色蔬菜基地。阆中、南部、仪陇条件基础好的乡（镇），要加快推进中药材基地建设。

二是推进发展规模化。围绕国家现代农业示范区、国家农业科技园区、特色农业产业园区建设，坚持以滚动连片的方式推动农业特色优势产业基地规模拓展。坚持量质并举，新区拓展与提升老区相结合。以连片配套的农田水利基础设施支撑农业特色产业基地规模拓展。以集成科技确保农业特色产业持续连片发展能力

三是推进生产标准化。以农业标准化生产市创建为抓手，以品种质量标准、生产管理标准、产后收购标准、加工包装标准、管理服务标准等为重点，建立大农业标准体系。推进农业标准化基地建设，实施农业产业产区生态环境综合治理，严格保持土壤、灌溉水和大气等环境条件符合标准，不受到污染。严格执行生产技术标准，严格农业投入品管理，建立农业投入品购买台账和使用记录，普及科学施肥、用药技术，禁止剧毒高残留农药的使用。不断健全农产品检验检测、质量认证和监督执法三大体系，实行农产品产地安全分级管理，完善投入品登记、生产、经营、使用及市场监督等管理制度，建立健全基地农产品生产管理制度、生产记录档案和产品质量安全可追溯制度，最终实现全市农业产地环境优良化、投入品使用安全化、生产过程规范化、产品质量优质化。

四是推进经营产业化。加快推进农产品加工龙头企业原料基地建设。充分发挥其组织农户、生产管理、技术指导、链接市场和企业的作用，实现"为农服务、教农学技、带农入市、助农增收"。以有机农业强市建设为抓手，大力推进无公害农产品产地整体认证，大力推进有机农产品、绿色食品、无公害农产品创建，形成以有机农产品为引领、绿色食品为补充、无公害农产品为支撑的农业特色优质农产品体系；鼓励企业以品牌为纽带，实行资产重组和生产要素整合，争创品牌企业、名牌产品；坚持政府、协会、企业联手，积极开展农产品地理标志的申请和保护，打造地域品牌、区域品牌。充分发挥川东北农产品交易中心和川东北粮油批发市场的聚散作用，支持和鼓励各类专业合作社、种养企业入驻农业电商平台，多方式搭建"互联网+农业"平台，大力发展农产品订单生产和电子商务，组织开展"果城牌"系列产品的线上线下联合营销、重点

推介活动，提高南充市农产品知名度、影响力和市场竞争力、占有率。

五是推进业态多样化。利用农科院、国家农业科技园区的科研技术，加快开发农业的生产功能，加快科研攻关、品种选育、基础设施、种子贸易等关键环节发展，同步搭建种业发展服务平台，搭建农作物品种试验展示网络框架。坚持"以农造景、以景带旅、以旅促农、农旅结合、协同发展"理念，积极发展休闲观光农业。以"展示成果、推动交流、促进贸易"作为宗旨，利用农博会等重大会展活动和各类重大节庆活动，极发展会展农业和创意农业

（二）积极推进南充市农业农村"四改"进程

一是农村产权制度改革。加快推进农村产权确权颁证工作，实施"多权同确"，重点推进农村房屋产权，加快推进农村集体土地所有权、集体建设用地使用权确权颁证，积极推进小型水利工程、农村集体财产权确权，进一步规范和完善农村集体林权确权。搭建好农村产权交易平台，规范土地流转交易程序，以租赁、转包、转让、入股、托管等形式推动土地适度规模流转经营。加大产权流转交易监督管理力度。

二是农业经营体系改革。大力扶持农业产业化龙头企业，打造行业"排头兵"。扶持发展一批真正有实力、真心搞农业、真情带农民的合作组织，积极开展部级、省级、市级示范农民合作组织创建活动，促进农民合作组织规范发展。通过租赁、托管、返租经营等形式，大力发展专业大户和家庭农场。建立新型农民培养认证制度、政策扶持体系和投入保障机制，加强农民技能培训和职业教育，提高经营能力和创业能力。推广"大园区小业主""五方联动""两统两返""劳务承包""股份合作"等生产组织新模式，带动特色产业发展。

三是农村社会化服务改革。在全市乡（镇）创新完善农村社会化服务管理体制，着力推进公共服务和社会管理，维护市场公平竞争、防灾减灾、动植物防疫、生态环境建设、粮食安全、农村信息收集整理与发布、农产品质量标准与检验检测、通过教育与培训提高农民综合素质等。完善基层农技推广服务网络。积极培育发展经营性服务组织。

四是农业支持保护机制改革。充分依托南充市农业融资担保公司等涉农投融资平台，为各类新型经营主体和农户提供更有力的信贷支持，有效助推农村建设和产业发展。探索财政扶贫资金与农户存量资金的有效衔接途径，成立扶贫资金互助社，完善贷款申请与按时偿还机制。探索建立特色农产品风险金，有效抵御市场波动，积极推进生猪目标价格保险，探索开展蛋鸡、蔬菜、水果、肉牛、中药材等特色产业和蔬菜大棚等农业设施保险。创新财政支农方式，补贴对象由大众普惠向种粮大户、家庭农场以及农业新兴产业经营者倾斜，鼓励适度规模经营，支持新兴产业发展。

（三）积极推进南充市农业农村"三推进"进程

一是推进幸福美丽新村建设。按照生产发展、生活宽裕、乡风文明、村容整洁、管理民主的总要求，强化规划引领，有机结合新规新建、改造提升、修缮保护等形式，科学推进幸福美丽川北新村建设。加强新型农村社区建设，结合新村建设推进产业扶贫、基础扶贫、能力扶贫、生态扶贫和农村廉租房建设、危房改造，千方百计解决贫困户的住房困难。

二是推进农业基础设施建设。着力推进骨干水利工程、高标准农田建设、农村公路建设和农业机械化等四大重点工作，全面强化农业农村发展支撑。

三是推进农村生态文明建设。全面推进农村净化工程，结合环境卫生最优、最差"双十"乡（镇）评选活动的开展，进一步规范垃圾清运设施和填埋场（点）建设，提高农村垃圾处理的实效，加强农村面源污染防控，做好养殖场治污，加强污水排放管理，抓好沼气生产、卫生改厕等硬件建设，强化生态环保意识教育，开展多种形式的宣传活动，做好环境保护知识技能培训，增强农民群众的环保意识和能力。继续实施好退耕还林和天然林保护工程，加强嘉陵江绿色长廊及沿河道生态林建设，加大生态湿地开发，确保滨江和滩涂的绿化。重点做好河道溪流、沟渠、堰塘整治，开展山林、农田修整、林盘建设和庭院清理，防止随意占道、乱搭乱建现象的发展。搞好"文化院坝""农家书屋""电影下乡"，全面培育打造既能传承传统文化又能弘扬社会主义新风尚的新农村。

第十九章　城市公立医院改革研究

摘要： 南充市在被确定为省级和国家级公立医院改革试点市后，着力从八个方面积极推进公立医院改革，取得了良好的成效。但是，也存在人均拥有医疗资源不足、创新型改革措施落地较难、地方财力薄弱、医疗资源供需矛盾较突出、科学就医秩序尚未完全形成等问题。为此，南充市将着力从完善服务体系、创新体制机制、控制医药费用不合理增长、加大医疗投入力度、强化基层能力建设等方面深化公立医院改革力度。

关键词： 公立医院；改革；现状；展望

第一节　城市公立医院改革现状

一、改革历程

新一轮医改开始以来，南充市充分发挥公立医院改革牵头单位的职能职责，坚持高度重视、高位协调、高效推进，大胆创新、精准施策，努力在重要领域和关键环节取得突破，较好完成了试点城市的历史使命，圆满实现了市委、市政府"为国、省试制度，为地方谋发展"的改革目标。具体来看，南充市公立医院改革共经历两个阶段：

第一阶段（2011年3月至2014年3月）：2011年，南充市被省政府确定为省级公立医院改革试点市。市委、市政府围绕"百姓得实惠、医生受激励、医院获发展"的改革目标，突出创新体制机制，着力完善服务体系，努力改善群众就医感受，经过3年多的积极探索，在推进管办分开、政事分开、医药分开、营利性和非营利性分开等方面取得阶段性成效。

第二阶段（2014年4月至今）：2014年4月，南充市被国务院医改办确定为全省第一个全国第二批公立医院改革国家联系试点城市。2014年8月7日，南充市政府印发《南充市公立医院改革试点工作实施方案》（南府发〔2014〕20号）并报经省医改领导小组同意、报国务院医改办备案后正式实施。在国、省卫生计生委的指导下，以缓解群众看病难、看病贵问题为改革目标，按照"强化公益性、突出联动性、重在突破性、发挥示范性"的总体要求，以解决群众"看病难、看病贵"为目标，以"体现公益性、调动积极性、保障可持续"为路径，真抓实干、主动作为，综合改革取得了较好成效，在取消药品加成、构建分级诊疗制度、建立现代医院管理制度等方面探索出了行之有效的经验。

二、改革成效

国家试点工作启动以来，南充市按照《南充市公立医院改革试点工作实施方案》（南府发〔2014〕20号）要求，从优化整合医疗资源、深入推进体制机制创新、构建科学合理就医秩序和改善群众就医感受四个方面系统谋划，合理布局14项改革任务、29项具体工作的优先顺序、重点领域、推进方式明确了每项任务的责任主体、时间表、路线图，全力推进改革任务落实落地。截至2016年年底，全面完成了26项改革任务，正持续深入推进的3项，全面完成了既定目标。2015年5月21日，省委改革办第31期《改革动态》对南充市公立医院综合改革进行了专刊报道；2016年2月28日，中共中央政治局委员、国务院副总理刘延东在川调研时，专门听取了南充市关于公立医院改革试点情况汇报，并予以高度肯定；2016年4月18日，国务院医改领导小组第136期简报对南充市分级诊疗工作进行了专题报道；2017年1月，省医改办将南充作为"全国公立医院综合改革年"真抓实干所取得的成效上报国务院医改办并公示。

三、改革举措

在具体工作中，南充市积极适应省级试点向国家试点转变的新形势，坚持"八个着力"，推动改革从浅层次的释放潜在动力向深层次的挖掘内在动力推进、从解决"发展的问题"向解决"发展过程中的问题"同步推进。

（一）着力健全补偿机制

一是建立科学补偿机制。以市政府办名义出台了《关于建立完善公立医院长效补偿机制的意见（试行）》，建立了"两提高"的财政投入机制，即卫生投入占经常性财政支出和卫生总费用的比重逐年提高。安排专项资金，无偿划拨建设用地，加大基础设施建设、离退休人员费用、设备购置、重点专科建设等投入力度，切实为医院"松绑减负"，逐步杜绝逐利行为。

二是取消药品加成。2012年9月率先在全省试点取消公立医院药品加成，2013年6月全面取消县级公立医院药品加成，2014年9月全面取消省、市公立医院药品加成，实现了所有公立医院药品零加成。

三是调整服务价格。省、市级公立医院取消药品加成后，减少部分的80%通过调整服务价格补偿、20%由财政补偿，共调整医疗服务价格115项、新增设药事服务费1项，并纳入医保报销范围。2014—2016年，南充市政府补偿市级公立医院4 200.36万元，城市公立医院药占比从40.5%下降至30.8%。

四是加大财政投入。南充市出台公立医院长效补偿机制实施办法，调整财政支出结构，全面落实国家规定的公立医院投入政策。2014—2016年，市财政累计落实重点学科建设、人才培养等各类补助资金12.6亿元，年均增幅10%以上。

（二）着力创新管理体制

一是规范现代医院管理制度。以市委办、政府办名义出台了全市建立公立医院法人治理结构指导意见，全市县级公立医院现代医院管理制度架构基本形成，启动市中心医院建立法人治理结构工作。

二是推进管办分开。南充市政府成立了由市长任主任的公立医院管理委员会，率先在全省增设医管办，各县（市、区）也成立了相应机构，负责公立医院资产管理、财务监管、绩效考核，切实做到管办分开。

三是推进政事分开。建立以理事会为核心的法人治理结构，明确政府与医院的关系，成立理事会、院务会、监事会，推动公立医院逐步成为独立法人实体，切实做到政事分开。目前，南充市县级公立医院法人治理结构改革实现"全覆盖"，南充市中心医院法人治理结构改革正加快推进。

（三）着力改革人事分配制度

一是科学核定编制。南充市出台市公立医院编制管理办法，按照县级服务人口1‰、设有专科医院1.4‰和总人口0.4‰的比例分别制定了县级、市级公立医院人员编制试行标准，实施后比原有编制数增加48%。

二是推行员额管理。制定公立医院员额管理办法，根据编制床位、业务量等因素合理确定、动态调整员额总数，由医院自主选用所需医务人才。近两年，南充市新增员额3 175名、高级职称岗位383个、中级职称岗位621个，人员不足、结构不优的矛盾得到有效缓解。

三是深化薪酬制度改革。制定公立医院收入分配制度改革实施方案，建立政府对医院、医院对职工的双层绩效考核体系，实行"基本年薪+考核年薪"的年薪制，合理拉开收入差距，彻底改变平均分配的"大锅饭"薪酬模式，临床一线岗位薪酬增幅最高达30%以上，充分调动了医院和医务人员的积极性。

（四）着力改革医保支付制度

一是改革项目收费方式。变按项目付费为按病种、按人头等复合付费方式，加强付费总额控制。

二是建立增长制约机制。建立医疗保险对统筹区域内医疗费用增长制约机制，制定基金支出总体控制目标并分解到定点医疗机构，与付费标准相挂钩。

三是建立谈判和付费机制。建立医保经办机构与医疗机构的谈判机制和购买服务的付费机制，通过谈判确定服务范围、支付方式、支付标准和服务质量要求。

四是建立医保评价体系。将医疗机构总费用、次均（病种）医疗费用增长控制、个人负担控制情况和医疗服务质量列入医保评价体系。目前，全市按单病种付费病种数达100个，次均费用个人自负比例从34.5%下降至28.4%。

（五）着力强化全面预算管理和成本核算

一是落实总会计师制度。100%城市三级公立医院、85%县级公立医院设置总会计师岗位。总会计师通过公开选拔产生，进入院领导班子、对院长负责。

二是强化财务公开。出台医院信息公开办法，全面及时公开财务预算、收支情况、设备采购等关系医院发展的重大经济活动，推进医院管理民主化、规范化、科学化。

三是强化内控制度。加强医院信息化建设，提高病案、临床路径、药品、耗材、费用审核、财务和预算等方面的精细化管理水平，大幅降低运行成本。2016年年底，城市公立医院百元医疗收入中卫生材料降到18.9元。

（六）着力健全综合监管机制

一是着力严控医药费用不合理增长。出台《严格控制医药费用不合理增长实施办法》，实施医疗技术水平和医疗服务质量"双提升"工程，推进"降低药占比和耗材占比，控制门诊和住院费用，规范检查和用药行为、规范临床路径和治疗项目"为主要内容的"两降两控两规范"控费措施，确保公立医院总费用增幅不超过5%。2013—2015年，公立医院每年次均费用增幅均低于同期居民人均可支配收入增幅，2016年次均门诊费用首次出现负增长、次均住院费用仅增长0.2%。

二是创新医院内部服务。实行疾病预防、保健、诊疗、护理一体化管理，推行门诊电子处方、住院电子病历、就医"一卡通"及医保病人"一站式"服务；开展预约诊疗，实施周末错峰手术，进一步优化就医流程，公立医院就诊能力大幅度提高。

三是构建和谐医患关系。推行量化分级管理，完善不良执业行为记分制度，加强院务公开和医德医风考评，完善第三方调解机制，启动建立医疗责任保险和医疗意外保险制度。

（七）着力构建科学就医秩序

一是构建分级诊疗制度。出台《关于建立完善分级诊疗制度的实施意见》，坚持上下联动、实施"三保"联动，综合运用医疗、医保、宣传等手段，完善对口支援、多点执业、增强基层能力、签约服务、政策引导等机制，优化双向转诊流程，引导患者合理选择医疗机构，规范就医行为，全面推行分级诊疗模式。

二是规范诊疗程序。制定《南充市基本医疗病种目录》，明确首诊机构范围和各级医疗机构诊疗目录，并发挥医保杠杆作用，明确上下级转诊的报销付费方式。

三是提升基层水平。大力开展全科医生与居民契约服务和医师多点执业、对口支援、远程诊疗服务，实行县级以下医疗服务一体化管理，全面提高基层首诊能力。同时，提升县级医院服务能力。大力实施执业医师多点执业，不断完善县域急救服务体系及短板科室建设，降低县外转诊率，县级医院服务水平持续提升

四是畅通转诊渠道。按照《分级诊疗指南》《手术分级管理办法》及专科疾病双向转诊指南，建立医疗机构双向转诊绿色通道，确保医疗服务的连续性。

五是建立管理制度。实行首诊、转诊责任制和违规处罚制度，患者不遵循分级诊疗要求，由患者或家属签订个人承担医疗费用承诺书；医疗机构不遵守分级诊疗要求，承担患者不能按规定报销的费用，情节严重的取消医保定点资格。目前，全市"基层首诊、分级诊疗、双向转诊、急慢分治"就医秩序初步形成，城市三甲综合医院病种结构进一步优化，县域内就诊率达90.2%。

六是推进卫生信息化建设。加强医疗机构以电子病历和医院管理为重点的信息化建设，实现从挂号、候诊、院内导航、缴费、资料打印、取药、医患互动的全流程移动就医服务；"互联网+医疗"全面推进，医佳云平台正式运行，实现了健康体检、慢病管理等医院系统深度二次开发。

（八）着力健全服务体系

一是优化规划布局。制订南充市医疗机构设置规划（2015—2020），明确省、市级公立医院床位为每千人1.35张的上限标准，县（市、区）重点建设1所县级综合医院、

1 所中医医院，超过 80 万人口的县（市、区）规划 2~3 个医疗次中心，并为民营医院发展留足空间。

二是加强基础设施建设。2014—2016 年，投入 43.2 亿元，基本完成县级医院新（改、扩）建，有序推进省、市级公立医院建设，新增建设用地 110 公顷、业务用房 56 万平方米、床位 7 818 张，分别同比增长 98%、91%、101%，9 家县级综合医院 3 家达到三级乙等、6 家达到二级甲等水平。

三是组建医疗联合体。组建以市中心医院和川北医学院附属医院为龙头，县、乡医疗机构和民营医院为成员的两大医疗集团，建立市级消毒供应、影像和心电集中诊断、集中检验检测、病理远程会诊"五大中心"，推动优质医疗资源集约利用和技术服务下沉。

四是构建集中诊断检测服务平台。市发改委、市财政局、市卫计委不断完善市级区域临床影像和心电集中诊断中心运行机制，大力扩展覆盖面，更多老百姓在基层医院享受到三甲医院诊断服务。正在建设病理诊断、医疗检验和消毒供应中心，努力推动优质医疗资源的集约利用和有效下沉。

五是构建多元化办医格局。市卫计委、市发改委、市经信委等 10 部门联合出台了关于促进社会办医的实施方案，促进全市社会办医快速健康发展。川北医学院附属医院引进社会资本合作建设（西充）健康产园已落实建设用地、完善总规设计；川北医学院与嘉陵区政府已签订川北医学院附属嘉陵医院建设协议，正在进行前期准备工作。

四、存在的问题

随着南充市公立医院改革试点工作的不断深入，改革中的深层次矛盾逐步显现，需要相关部门和单位密切配合，下大力气研究、解决。

（一）人均拥有医疗资源不足

南充市每千人分别拥有卫生专业技术人员 4.46 名、床位数 5.14 张，低于全省平均水平。特别是优质医疗资源供应结构性矛盾突出，川北医学院附属医院、中心医院等三级医院住院难、住院挤现象仍然存在；基层医疗机构人才引进难、空编较多、服务能力不强的问题普遍存在，难以满足群众就近就医的愿望，分级诊疗制度难以深入推进，上级"大医院提质减量"的目标短期内难以实现。

（二）创新型改革措施落地较难

南充市公立医院员额管理、法人治理结构改革、薪酬分配制度等改革制度框架已经形成，在具体医院、部门协调配合上形成工作合力还不够，改革的预期效果没有完全实现，医疗服务价格调整方案、中心医院建立法人治理结构改革、医疗责任保险三项改革进度滞后。

（三）地方财力薄弱

南充市公立医院除基本建设外，离退休人员、取消药品加成补助等每年需投入约 2.18 亿元，地方财政持续投入压力较大，落实国家规定的投入政策缺乏有力的财力支撑。特别是部分县级财政对县级公立医院投入严重不足，尤其是取消药品加成财政补偿不到位，没有按国家规定投入补偿政策进行预算安排。

（四）医疗资源供需矛盾较突出

近年来，南充市通过大力实施卫生项目推动战略，卫生资源总量逐年增长，但还没有真正的市级中医医院，儿童医院还没有投入使用，优质医疗服务供应结构性矛盾仍然突出，大医院住院拥挤的现象还未得到根本性转变，而基层医疗机构又存在人才难引进、服务能力不高、病人不愿意去的问题。

（五）科学就医秩序尚未完全形成

虽然南充市已全面推行分级诊疗服务制度，但在现行体制机制和群众长期追求优质医疗资源的就医观念下，双向转诊的就医新秩序在短时间还难以从根本上形成，老百姓到大医院看病拥挤和费用贵的现象尚未得到扭转。

第二节　深化城市公立医院改革展望

党的十八届五中全会关于"推进健康中国建设"的战略部署和《"健康中国2030"规划纲要》以及《"健康四川2030"规划纲要》的实施，将为南充市进一步深化城市公立医院改革、保障市民健康提供许多难得的机遇。南充市应抢抓这些重大机遇，结合"155发展战略"的实施，按照省政府深化医药卫生体制综合改革试点工作的整体部署，从完善服务体系、创新体制机制、控制医药费用不合理增长、加大医疗投入力度、强化基层能力建设等方面发力。

一、深化改革的思路

在今后的工作中，南充市将认真贯彻市第六次党代会精神，大力实施"155发展战略"，按照省政府深化医药卫生体制综合改革试点工作的整体部署，全面推进需要加强和完善的各项改革工作，重点推进完善服务体系、创新体制机制、控制医药费用不合理增长、加大医疗投入力度、强化基层能力建设5项工作。

二、深化改革的建议

为探索改革路径，2010年国家在17个城市启动了公立医院改革试点，2014年试点城市扩大到34个，2015年增加到100个，2016年又增加到200个，2017年所有地级以上城市都将全面推行城市公立医院改革。南充市经过4年省级试点、3年国家试点，基本完成公立医院改革的制度设计，整体进入"由打好基础向提升质量、由形成框架向制度建设、由单项突破向系统集成和综合推进"的全新阶段。南充市为推进较高起点上的改革试点工作，确保国家试点"规定动作"出实效、"自选动作"出亮点、"特色动作"出经验，从以下几个方面深化公立医院改革：

（一）完善服务体系

一是做大做强优质医疗资源。启动南充市中医医院建设，加大南充市中心医院建设力度，加快在建项目进度，加大信息化平台建设，促进城市公立医院发展升级。

二是推进资源整合。南充市组建紧密型市级医疗集团，拓展川北医学院附属医院医疗集团和县乡联合体内涵建设，加快集中检验检测平台建设，深化对口支援，深入推进分级诊疗服务，纵向释放优质医疗资源。

三是着力强基层。南充市加大人才招引和培训力度，实现卫生队伍提质增量。加强县级医院短板科室建设和关键设备配备，完善县级医院服务体系，全面提升县级医院综合能力。

四是促进社会办医。南充市大力引进社会资本合作建设公立医院，推动引进社会资本建设运营市中心医院江东医院和川北医学院附属医院嘉陵医院。

（二）创新体制机制

一是推进已出台改革政策的落地落实。重点抓好公立医院员额管理和分配制度改革，推进市中心医院法人治理结构建设进程，完善分级诊疗制度。

二是借鉴三明改革经验，整合市县两级"三保"基金管理机构。成立市、县级医保基金管理服务中心；改革药品供应保障体系，推行全市药品集中招标采购，挤干药品虚高价格的水分，让利给患者和提高医生待遇；理顺医疗服务价格，按照"腾笼换鸟"的思路，遵循"总量控制、结构调整、有升有降、逐步到位"的原则，进一步降低公立医院药品、耗材占比，提高手术、诊疗和中医服务等体现医务人员劳务价值的医疗服务价格，降低药品、耗材价格和大型医用设备检查、治疗价格。逐步理顺不同级别医疗机构间和医疗服务项目的比价关系，建立以成本和收入结构变化为基础的价格动态调整机制，并与医保支付、分级诊疗等政策相互衔接。

（三）控制医药费用不合理增长

一是加强医疗服务监管。开展医疗质量提升专项行动，建立医疗质量管理与控制长效机制，提高医院管理水平和医疗服务质量。

二是加强医药费用监管。重点监管门诊和住院次均费用、医疗总费用、收支结构、大型设备检查阳性率等关键指标，加强对医药费用增长速度较快疾病的诊疗行为的监管，使公立医院医药费用不合理增长的趋势得到有效遏制。

（四）加大医疗投入力度

一是加大公立医院资金投入力度。参照国家对教育投入支持政策，刚性预算专项的公立医院运行发展资金，为体现公益性提供法律保障。

二是科学界定基本医疗服务范畴。明确城市公立医院在完成基本医疗服务的基础上，适度放开特需医疗服务，不断满足社会多层次的医疗服务需求，同时有效弥补政府投入不足。

（五）强化基层能力建设

一是制定技能人才建设规划。专门制定基层卫生人才建设规划，为基层卫生人才的定向培养、招录、待遇给予特殊政策。

二是加大基层医疗机构建设。加大市基层医疗机构基础设施建设、医疗设备配置等政策支持倾斜力度。

三是完善基层收入分配政策。实行全额预算人员经费，全面放开绩效分配，业务收入与绩效挂钩，按照贡献大小确定薪酬水平，增强基层医疗机构吸引力。

第二十章　行政审批制度改革研究

摘要： 党的十八大以来，南充市坚持深化行政审批制度改革，取得了不错的成效。未来几年，南充市将进一步落实负面清单、权力清单以及责任清单的管理制度，从实行集中审批、实施并联审批、推行网上审批、完善政府投资项目管理体制等方面深化行政审批制度改革。

关键词： 行政审批；清单管理制度；改革；现状；展望

第一节　行政审批制度改革的现状

一、改革历程

深化行政审批制度改革是党的十八大和十八届三中、四中全会部署的重要改革任务。近年来，南充市政府坚持把深化行政审批制度改革作为重要抓手和突破口，按照国、省改革要求，整体谋划、分步推进，着力推进简政放权，大幅取消和下放行政审批事项，同时坚持放管结合，加强事中、事后监管，加快以开放型、服务型、责任型、法治型、廉洁型为内容的"五型"政府建设，努力为人民群众提供优质高效的政务服务，取得了阶段性成效。自2008年以来，南充市先后六次开展行政审批项目清理精减，市本级行政审批项目从2008年的1 100余项减少到2016年的220项。

二、改革的成效
（一）清理规范审批项目

一是落实项目清理精简。南充市先后开展行政审批项目清理精减，2015年省政府为实现网上审批、异地取件，明文强制要求市、县之间行政审批名称、数量必须规范统一，不得擅自增减调整，并以川府发〔2014〕80号文印发了《市（州）行政许可项目目录》和《县（市、区）行政许可项目目录》。在审批项目数量不能随意减少的前提下，为了改善南充市的投资环境，从2015年以来，南充市在精简审批项目前置条件、办理时限和改善服务上下功夫，凡是无法律依据的前置条件，一律取消，相同或相近的前置条件，一律合并。同时根据国、省取消下放行政审批项目的情况和法律法规制定修改情况，多次及时动态清理、调整行政审批项目。仅2016年，南充市就根据国、省关于取消中央指定地方实施行政审批事项的通知要求，对应清理取消行政审批项目 33 项，其中市本级取消 10 项。截至 2016 年年底，南充市本级保留行政审批项目 220 项。

二是压缩审批办结时限。对保留的行政审批事项进行流程再造，凡是能减少审批环节的一律减少，各环节审批时限能缩短的一律缩短，最大限度地压缩审批时限。根据省政府文件提出部门的审批平均承诺时限原则上要比平均法定时限缩短 50% 以上的要求，南充市政府行文公布各部门承诺办理时限比法定时限平均缩短 65% 以上。根据 2016 年办件统计，南充市承诺提速为 65%，实际办理提速为 97.29%。

三是清理审批前置条件。根据省政管办《关于印发市、县部门取消、调整和保留的行政审批项目前置条件目录的通知》（川府政管〔2016〕4 号）文件要求，遵循合法、合理、效能、监督的原则，南充市政务中心会同有关部门对保留的行政许可事项前置条件进行清理，该保留的保留，该削减的削减；有的则是把前置条件改成后置条件，取消不符合法律法规的前置条件 276 项，调整前置条件 58 项。

四是加大简政放权力度。南充市本级原则上只保留涉及食品药品监管、安全生产、环境保护、公共安全和城市规划、城市建设、城市管理方面的部分审批项目。市、县两级均有审批权且国家无明确规定必须由市级审批的，原则上由县（市、区）政府审批。加大市本级向"三区"和园区的放权力度。本着"权随事走、权责对等"的原则，市本级行政审批事项能下放的全部下放，让"三区"和园区有更高的效率、更大的自主决策空间和更强的自我发展能力。2013 年，南充市下放行政许可审批事权 40 项，下放非行政许可审批事权 18 项；2014 年，南充市再次下放行政许可审批事项 25 项，下放非行政许可审批事权 1 项。同时积极推进扩权强镇试点工作，对市政府审定的首批 9 个试点镇，各县（市、区）积极下放或委托行使劳动、工商、民政等领域的行政审批权共189 项，赋予基层更大的经济社会管理权限。

五是实现了清单管理。南充市对市级行政部门的所有行政权力事项进行了清理，并指导各县（市、区）政府对所属行政部门的行政权力进行清理。南充市市级行政部门的行政权力清单于 2015 年 7 月编制完成并进行了公布，包括行政许可、行政处罚、行政裁决等 10 大类 6 488 项，其中：行政裁决事项 4 项、行政给付事项 9 项、行政检查事项 131 项、行政奖励事项 55 项、行政强制事项 221 项、行政确认事项 72 项、行政许可事项 230 项、行政征收事项 53 项、行政处罚事项 5 419 项、其他权力事项 294 项。在清理的基础上，又指导所有行权部门将清单内所有权力事项录入全省行权平台规范透明运行，运行过程和结果全程公开，基本实现了"阳光行权"。2016 年 7 月，南充市对市本级行政权力事项再次进行动态调整，并发布了调整更新后的《市本级行政权力清单》。

（二）创新政务服务方式

一是推行集中受理。南充市在政务服务中心大厅二楼建立集中受理中心，分设企业设立、国家投资类建设项目、社会投资类建设项目 3 个集中受理窗口，由市工商局、发改委、住建局各派出 1 名工作人员驻守窗口，按照《南充市企业设立登记并联审批工作方案》《南充市政府投资类建设项目并联审批工作方案》《南充市社会投资类建设项目并联审批工作方案》，牵头受理、办理相应审批事项。

二是突出联审联办，部门配合效率提升。南充市专门制定出台《南充经济开发区项目行政审批工作优化方案》，对南充经开区项目，按照"联合告知、集中受理、一表定责、同步审批、送照上门"的原则办理。通过大力推行"3+X"流水线优化审批流程，实现市本级的企业设立登记、政府类投资建设项目、社会类投资建设项目的办理时限分别界定在15个、87个、39个工作日内（未推行"3+X"流程线之前，三类审批项目审批权限的承诺办理时限分别为60个、287个、117个工作日），提速75%、69.7%、66.6%，比以前节省45个、200个、78个工作日。

三是实施代办服务，服务重点项目。制定出台《南充市重大项目代办服务工作办法（试行）》，明确了代办服务范围、职责、义务；在集中受理中心设立由并联审批科牵头的代办服务窗口，窗口配备5名代办工作人员，根据企业需要，无偿为市级重大招商引资项目（不含国家宏观调控项目、房地产项目等）全程代办所涉及的行政审批事项。

四是精减行政事业性收费。2013年，南充市率先在全省开展了市级部门行政事业性收费的清理审查，保留30个单位的行政事业性收费项目117项，取消34项，并公布了《南充市行政事业性收费项目目录》。2014年，结合国、省行政事业性收费和服务性收费项目调整情况，南充市再次进行了清理，又取消38项，保留行政事业性收费项目79项。2015年，根据《四川省财政厅、四川省发展和改革委员会、四川省经济和信息化委员会关于开展涉企收费专项清理规范工作的通知》（川财综〔2015〕25号）要求，南充市开展了涉企收费专项清理规范，保留涉企行政事业性收费46项、政府性基金17项、经营服务性经费28项，对10项涉企收费项目实施了停征、免收和降标，免收小微企业行政事业性收费16项。

（三）推行"互联网+政务服务"

一是推行"互联网+政务服务"模式。2016年以来，大力推行"互联网+政务服务"模式，不断完善网上政务大厅功能。目前，南充市已实现省、市、县、乡四级行政审批网络体系。在行政审批软件中拓展服务功能，实现了办事群众可网上咨询、网上申请、网上查询、投诉建议等功能。南充市政务中心建立了网站、微博、微信多位一体的网络渠道，全方位实现政务服务公开。

二是完善公共资源交易门户网站。健全完善"南充市公共资源交易网"门户网站功能，完成了场地预约、招标安排、资料下载和办事指南等子模块开发，实现了工程建设项目招投标、国有产权交易、政府采购网上发布招标公告、下载招标文件、网上预约场地、网上查询等功能。2016年前10个月，发布政府采购公告1 620余条，产权交易公告98条，工程招投标公告870余条，网上预约场地960余次。编印市公共资源交易中心《开标信息周览》和项目交易结果月报表，及时披露项目交易信息。

三是搭建电子招投标平台。推行"互联网+交易"模式，积极对接全省电子化交易平台建设部署要求，加快推进电子化交易平台建设，目前，平台全面上线投入试运行，同时，率先在全省完成省市交易中心平台信息对接、视频监控对接，并同期开展县（市、区）平台推广开发工作，省、市、县三级联动一体的交易平台系统正加快建设。

四是建设12345市民服务热线平台。建成12345市民服务热线座席，先期开通60个座席，120名接线员，实行7×24小时轮班值守。搭建南充市12345市民服务热线网站，将12345热线信箱、短信、微博和微信全部聚合到南充市12345热线网页，与市政府门户网站联网运行。出台《关于加强 12345 市民服务热线工作的通知》等系列文件，建立了热线管理、考核、问责机制。9 县市区和 65 个市级部门的二级平台和县（市、区）各部门、各乡镇（街道）三级办理网络基本形成。编制《南充市 12345 市民服务热线市民诉求办理工作手册》，确保市民诉求"件件有着落、事事有回音"。

三、改革举措

（一）率先开通运行投资项目在线审批监管平台

按照国、省部署，及时启动了投资项目在线审批监管平台建设工作，先后 3 次组织召开市培训会议，梳理了投资项目审批部门全部前置审批事项、审批流程，完善了投资项目平台软件资料，指导县（市、区）掌握并熟练运用投资项目平台。在全省市（州）率先开通运行投资项目平台，市本级审批的投资项目实现全平台化公开运行，200 万 m³/d 天然气液化调峰项目、南充市嘉陵区盐溪水库工程、四川省南充师范学校运动场改造等项目全部通过网上申报办理，项目办结率达 100%。市固定资产投资项目实现了"网上申报、统一赋码，综合咨询、统一告知，容缺预审、在线辅导，并行办理、联合会商"的全新"互联网+政务"审批模式，进一步促进投资便利化。

（二）跟踪服务重大项目前期工作

先后 36 次召开推进重大项目前期工作协调会，协商解决项目前期工作中存在的问题，加快推进 S206 线顺庆至蓬安段公路改造工程、S207 线顺庆至仪陇段公路改造工程、市监管中心、市纪检监察办案业务用房、市双创中心（西南石油大学）等全市重大项目前期工作。同时加强对县（市、区）前期工作指导力度，在南充市发展改革系统形成了"抓大项目""大抓项目"竞相发展的良好氛围。

（三）深入推进行政审批制度改革

一是完成清单清理和公布工作。完成市、县发展改革系统行政许可类权力清单及对应责任清单的清理和公布工作，划定政府与市场边界，做到了"法无授权不可为""法定责任必须为""法无禁止皆可为"。

二是进一步转变行政审批方式。针对投资额较小或技术方案简单类项目，市级不再审批项目建议书、可行性研究报告，不再核准项目申请报告，一律采取复函方式批复项目建设，进一步简化政府投资审批类、事业单位核准类项目行政审批事项。

三是进一步简化行政审批事项。按照国务院"五个一律"的总要求，市全面取消市、县政府自行设定的投资项目前置审批事项。按照《国家发展改革委、中央编办关于一律不得将企业经营自主权事项作为企业投资项目核准前置条件的通知》要求，全面取消行政审批所涉企业经营自主权的前置事项。

四是提升行政审批工作效率。截至 2016 年，办理行政审批事项 78 件，其中政府投资项目审批 27 件，企业、事业单位投资项目行政许可 13 件（核准件、备案件），外商投资项目行政许可 2 件（核准件、备案件），其他行政审批事项 36 件。行政审批同意率 100%、满意度 100%、现场办结率 100%、按时办结率 100%、评议率 98.82%。在承诺办事工作时限的基础上，再提速 98.68%，办事效率大大提高，提前办结率达 100%。

四、存在的问题

（一）部门放权不到位

在行政审批制度改革工作中，部门仍存在放权不到位、行政审批事项前置环节复杂、存在重复提交资料等问题。同时，存在着基层"接权"能力有待提升的问题。简政放权后，县（市、区）发展改革部门行政审批职能增强，但受机构设置等因素影响，行政审批事项办理程序尚不规范，政策把握能力、行政审批业务能力有待提高。

（二）政策落实和推广还需优化

在服务重大项目工作中，与省内外其他市（州）相比，在政策落实和推广上还需进一步优化和提升。同时，"互联网+政务服务"部门间数据尚未实现融合共享，存在事项重复录入的问题。

（三）中介服务能力有待提高

中介机构提供的技术服务成果是职能部门科学决策的重要依据。部分中介机构恶意竞争，压低价格，导致提供的技术服务成果质量低劣，在行政审批过程中，反复修改，影响行政审批效率。

（四）工作推进受制于职能局限

政务服务工作是一个综合性概念，政务服务中心作为市政务服务工作的重要部分，仅仅具备一个平台的功能，很多工作无法独立推进，受到制约。根据省政府印发的《市（州）行政许可项目目录》，市政府印发了《关于印发〈南充市本级行政许可项目目录〉的项目通知》（南府发〔2015〕1号）文件。在推进"两集中、两到位"的工作中，个别部门提出各种理由，表示无法纳入政务服务中心集中办理。

第二节　行政审批制度改革展望

未来几年，南充市将进一步落实负面清单、权力清单以及责任清单的管理制度，在一些方面向四川自贸区学习、取经，从实行集中审批、实施并联审批、推行网上审批、完善政府投资项目管理体制等方面深化行政审批制度改革。

一、实行集中审批

（一）设立"155发展战略"重大项目服务处

在市政务服务中心大厅二楼设立"155发展战略"重大项目服务处，配备3名工作人员，开辟专用绿色通道，具体负责30个重大项目的审批协调和全程督办。

（二）编制30个重大项目流程图和办事指南

按照基础设施、产业发展、民生改善三大类分别对30个重大项目编制行政审批工作流程图和具体的办事指南，作为相关部门审批30个重大项目的工作遵循。

（三）建立重大项目集中审批联席会议制度

建立由市优化办牵头，市级相关部门参加的30个重大项目集中审批联席会议制度，定期不定期召开重大项目审批联席会议，集中会审项目，解决具体困难和问题，助推重大项目快审快办。

二、实施并联审批

（一）大力实施"3+X"并联审批流程线

继续对招商引资项目实行"3+X"审批流程线，实行特事特办、全程代办和精准服务，进一步提高行政审批效能。

（二）深入推进省、市、县三级纵向联动审批

严格落实省、市文件要求，按照"一窗受理、内部流转，并行启动、同步审批，及时转外、联合勘验，限时办理、快捷送达"的原则，深入推进省、市、县三级纵向联动审批，优化联审项目审批流程，确保行政审批提速、服务高效。

（三）推行投资建设项目"一窗受理"审批

运用投资项目并联审批平台和投资建设项目监管平台，按照"一窗受理、一窗办结"的要求，项目业主将申报材料交由市政务服务中心"一窗受理窗口"，审批办件实行内部流转，办结后由"一窗受理窗口"统一发件。

三、推行网上审批

（一）安装大厅查询仪

在政务服务大厅安装导视查询一体机，新增排队叫号系统、自助填单设备、样表展示设备，推动政务服务向网上办理延伸。

（二）升级电子政务大厅

升级网上政务大厅功能，充实完善在线咨询功能和知识库模块，实现行政审批网上咨询实时回复、自动回复。

（三）开发手机APP

开发自助政务服务系统、"南充政务"移动客户端和"南充政务"客户端管理系统工作人员客户端，展示办事指南、政策法规等，实现网上申请、网上咨询、网上评议、网上投诉等功能，初步实现部分审批项目网上办理。

（四）推行"互联网+交易"模式

加快建立统一的公共资源交易平台，推动公共资源交易项目全部集中进场交易，实现公共资源交易全程网上运行、在线化操作，推动公共资源交易平台从依托有形场所向以电子化平台为主转变。

四、完善政府投资项目管理体制

（一）完善项目投资决策

组建政府投资项目专家决策咨询委员会并制定运行管理办法、完善政府投资项目决策程序、完善政府投资项目过程监管。

（二）进一步简政放权

按照省上统一部署，再取消或下放一批企业投资项目审批事项，加快形成并发布投

资项目前置审批事项和中介服务事项清单。进一步清理投资项目报建手续、规范审批工作，解决报建手续过多过繁问题，进一步落实企业投资自主权。

（三）规范运行投资项目在线审批监管平台

推进市、县投资项目审批相关部门接入投资项目在线审批监管平台，依托平台加强投资项目事中事后监管。

（四）全面推行市场准入负面清单制度

按照国务院《关于实行市场准入负面清单制度的意见》（国发〔2015〕55 号）"从2018 年起正式实行全国统一的市场准入负面清单制度"的工作部署，全面推行市场准入负面清单制度。

第二十一章　中小城市综合改革试点研究

摘要：南部县在被确认为国家中小城市综合改革试点城市后，积极推进产城融合、城市投融资等"五大领域"综合改革。针对此过程中存在的缺乏专业指导、资金短缺、土地指标紧缺、主动意识不足、衔接难度较大、产业带动作用不强等问题，南部县从抓好顶层设计、强化借智借力、探索创新多元化投融资机制等方面，进一步推动中小城市综合改革试点。

关键词：中小城市；综合改革；现状；展望

第一节　中小城市综合改革试点现状

一、改革试点背景

2015 年 3 月，南充市南部县被国家发改委列为国家中小城市综合改革全国 61 个试点地区、全省 3 个试点地区之一。南部县委、县政府对此高度重视，成立了以县委书记为组长、县长为常务副组长的试点工作领导小组，并组织专班人马多次进京赴省对接咨询，经反复研究敲定了《南部县国家中小城市综合改革试点实施方案》并报经省政府同意。细化改革任务并对应确定牵头县领导、牵头单位和责任单位，建立了明确的责任分工体系。制订年度工作计划和任务清单，明确了年度目标和完成时限，并将试点工作作为县级部门年度目标考核的重中之重，确保试点任务落地落实。

按照国、省要求，南部县要利用 3 年时间率先探索出一条西部欠发达地区百万人口农业大县建设中小城市的成功路子，具体改革路径是围绕产城融合、城市投融资、土地要素、民生保障、城市治理 5 大领域 24 项具体改革，来增强南部县的资源聚集、人口吸纳和综合承载"三大能力"。2015 年 11 月，试点工作正式启动。为配合试点工作开展，试点工作领导小组研究制订了 2015—2017 年度详细工作计划和任务清单，建立了试点工作联席会议制度，同步将试点工作纳入了年度目标考核重点内容，确保试点任务落地见效。

二、改革试点成效

试点实施以来，南部县在县委、县政府的强力推动下，县级各部门积极争取、通力配合，主要取得了以下五个方面的成效：

（一）创新产城融合发展，提升产业和人口吸纳能力

一是深化行政审批制度改革。全面取消非行政许可审批，取消和下放行政审批事项51项，编制行政许可项目目录182项，推行行政审批"权力清单"和事中事后监管"责任清单"，实行网上并联审批和公共资源电子化平台交易。开展"三证合一"和工商"先照后证"登记制度改革，新办和变更"三证合一"营业执照582户，办理"先照后证"登记48户。

二是创新产业园区建管模式。以县工业园区为依托，探索开展"政企合作建园"，引入投资公司合作建设了占地10公顷、总投资4.5亿元的中小企业孵化园，修建了标准化厂房12万平方米，全面建成工业博览交易中心、职工公寓、企业高管宿舍楼、职工培训中心、商业综合体。积极开展全省"工业强县试点示范建设"，修订和完善工业集中区总体规划、中长期规划和控制性详规，加快推进重点项目和配套设施建设，培育电子信息、机械制造、食品饮料三大主导产业，带动农民工就近就业，打造创新创业集聚区。同时，建成1个中小企业孵化园、12万平方米标准化厂房、4 500平方米职工食堂和5 000平方米廉租房，完成工业博览交易中心和职工培训大楼主体结构，同步推进孵化园休闲广场和相关生活设施建设，为提升园区产业承载和人口吸纳能力奠定了良好基础。

三是建设宜居宜业生态新城。立足"亲水南部"定位，利用"一江五湖"资源优势，将满福坝新区作为中小城市综合改革试点整体载体，全力打造成集旅游观光、休闲度假、商贸会展、生态宜居等功能于一体的生态旅游新城。2016年以来，满福坝新区到位资金20.6亿元，嘉陵江防洪堤、棚户区改造、思源实验学校、火峰山隧道四大项目已全面开工建设。

四是深化三产联动发展。以中盐银港、家嘉丝绸、劲椹桑果等农业龙头企业为依托，继续做优林业、蚕桑等特色农业产业，推进特色农产品深加工；探索"互联网+"发展新模式，编制完成《南部县电子商务发展规划（2016—2018）》，在全市率先引进并启动实施阿里巴巴"农村淘宝"项目，建成亿联电商产业园，全县350户工商企业全面触网，培育出"淘南部""超级玛特""蜀优优"等本土电商平台，初步搭建起"互网联+工业""互联网+农业"框架。

五是扎实推进大众创业万众创新。实施人才强县战略，组织"大众创业万众创新活动周"，全面组织实施"青年创业促进计划"，对不同对象的技能需求和县域经济特色开展订单、定向培训，设立创新创业引导资金，发放创新创业担保贷款710万元，全年引领大学生创业就业506人。

（二）推进多元化投融资，提升城市发展后劲

一是创新招商引资模式。围绕机械制造、电子信息、食药品加工三大主导产业制定《投资指南》和《重点招商项目》，开展精准招商，新签约项目5个，签约资金14亿元，到位资金18亿元，开工项目3个；组织招商小分队，瞄准成渝西、珠三角、长三角、环渤海等经济发达地区开展驻点招商，成功招引项目3个。在全国重点省会城市成立商会12家实施以商招商，鼓励有条件的自然人、中介机构和企业为南部县项目招引

工作牵线搭桥。

二是创新金融服务体系。做大政府投融资平台，全面完成国资公司、文广体局、卫生局、房管局等单位经营性资产划转工作，全面完成福康供水公司、天然气公司、水务投资公司等国有企业及红电公司等国有参股企业国有股权无偿划转工作，政府投融资平台资产规模和质量得到大幅提升。培育地方金融服务主体，深入推进县信用联社股权改革和法人治理，优化监管指标、股权结构和人才结构，全面解决政府背景贷款偿还、捐赠资产处置、案件执结等关键性问题，2016 年 6 月县信用联社转制农商行并正式运营。加强银企融资对接，搭建银企零距离交流合作平台，同步推进农村资金互助组织试点，南部县快乐川娃众康资金互助社已被省农工委列为全省重点资金互助试点社。

三是探索政府与社会资本合作模式。全面放开社会资本参与城市污水处理、城市供水、公益文体设施社会化经营、社会化养老等领域投资，包装推出满福坝整体城镇化建设、火车站商业新城、定升公路、金星桂花小镇、八尔滩旅游连片开发、棚户区改造等PPP 项目 6 个，向社会进行公开招商，概算总投资 232 亿元。

（三）强化土地集约利用，提升城乡统筹水平

一是深化农村产权制度改革。完成全县航拍和农村集体土地所有权、集体林权外业实测任务，先期颁发各类权证 32.5 万本，"七权"同确稳步推进。县乡村三级农村产权流转交易服务网络全面形成，产权交易平台全面搭建，并实现林权抵押贷款 3 500万元。

二是深化城乡建设用地增减挂钩试点。制定《南部县城乡建设用地增减挂钩项目实施方案》和农民宅基地自愿有偿规范退出机制实施方案，分别选择 5 个、2 个乡镇开展试点，同步积极争取将部分挂钩项目结余指标在省域范围内挂钩使用。截至 2015 年年底，南部县城乡建设用地增减挂钩试点五个乡镇共拆除旧房约 1 500 户并全部完成复垦，2016 年拆除旧房 450 户，为城市建设争取近 133.4 公顷挂钩周转指标。

三是盘活闲置低效用地资源。成立不动产登记局，完成地籍更新测绘前期准备工作；制定工业用地准入制度，建立健全工业用地准入和退出机制；建立了退出及土地收储办法，制定完善了《南部县工业项目用地（暂行）管理办法》，目前清理出闲置工业用地 2 宗面积 20.8 公顷，低效工业用地 8 宗 17.2 公顷。

（四）创新公共服务供给，提升民生保障水平

一是加快户籍制度改革。制定《关于推进户籍制度改革和实有人口服务管理工作实施方案》，草拟《关于进一步推进户籍制度改革加快城镇化进程的意见》，并就相关改革配套政策出台拟订了任务。全面推行居住证制度，并建立了与居住年限等条件挂钩的基本公共服务制度。

二是构建城乡一体社会保障体系。打破"五险"征缴户籍限制，畅通异地务工人员随用人单位统一参保渠道，全面完成"五险"参保缴费清理核实，建立基础数据台账，完成"五险"统一征缴前期准备工作。强化人力资源和社保平台信息化建设，建立人力资源数据库，完善信息发布平台并定期发布用工信息；搭建县乡两级居保业务网络，新增 47 个社会养老保险银行代收代办网点，全面延伸养老保险自助查询服务。

三是深化教育卫生领域改革。教育改革领域，南部县推进教育集团化办学试点，确

定 2 所试点学校，积极研究制定具体方案，2016 年 9 月正式启动运行。探索校企合作办学模式，完成中职学校和现代农业、机械加工、汽车应用与维修专业的校企合作事宜，目前南充理工学校已与工业园区豪德科技公司成功合作，同时南部县义务教育均衡县已通过省级验收。卫生改革领域，南部县深化公立医院法人治理结构改革，在县人民医院开展试点，明确了理事会、院务会、监事会三会规则。加快人事分配制度改革，制定了《县级公立医院绩效工资改革实施方案》，确定县级公立医院人员工资支出比例，建立完善了岗位绩效工资制度，医务人员积极性得到提高。实施分级诊疗制度，综合运用医疗、医保、宣传等手段，完善对口支援、多点执业、签约式服务、政策引导等机制，提升基层服务能力；优化双向转诊流程，引导患者合理选择医疗机构，规范就医行为，全面推行分级诊疗模式。

四是推进政府向社会购买服务。建立公共文化服务政府采购和资助目录，同时分别在社会福利、公共文化、财政评审等服务领域选定试点单位、试点项目，目前已完成 8 个政府购买服务项目。

（五）优化城市管理体系，提升城市治理能力

一是深化扩权强镇改革。通过委托、授权、代办代行等方式，南部县将 15 个县级部门的 66 项县级行政审批（执法）事项下放到 2 个试点乡镇，并为试点乡镇增设的 2 个行政内设机构和 2 个直属事业单位，同时新增配事业编制 9 名。目前试点乡镇改建便民服务中心即将投入使用，个别下放事项已开始承接办理。

二是创新社会管理模式。强化网格化服务管理，建立网格化管理信息库，2015 年 20 个乡镇受到了市级表彰；全面推进立体化治安防控体系和公安机关扁平化指挥体系建设，为实现紧急状态下点对点指挥和就近调度、快速反应、及时妥善处置奠定格局、打牢基础。

三是深化生态文明示范工程建设。编制《南部县生态文明示范工程试点县实施规划》，编制生态建设与环境保护、转变经济发展方式、优化消费模式等方面 43 个支撑项目，完成实际投资 24.7 亿元，生态文明指标大幅提升，成功创建国家级生态乡镇 2 个、省级生态乡镇 4 个。同时，南部县于 2012 年被列为全省环境优美示范县城，2013 年成功创建"国家卫生县城"，目前县委、县政府正采取系列措施巩固创卫成果并积极争创"全国文明城市"，以进一步增强城市治理能力。

三、改革举措

试点工作开展以来，南部县根据省政府批复《南部县国家中小城市综合改革试点实施方案》，着力从组织领导、责任落实、学习培训、先行试点等工作举措上加力施策，确保改革规范有序推进。

（一）强化组织保障

一是成立改革试点工作领导小组。成立由县委书记任组长的南部县国家中小城市综合改革试点工作领导小组，将五大领域改革与县委常委分工有机结合，明确了具体工作职能、职责，从组织协调和统筹层面加强了对改革工作的领导力度。

二是建立和加强改革机构与队伍。专门设立南部县国家中小城市综合改革试点工作

领导小组办公室，与县委政研室（改革办）有机整合，合署办公，落实了专门编制6名，从县住建局、国土局等部门抽调专业人员，充实南部县中小城市综合改革试点办力量，形成了强有力的推进队伍。同时建立了由县人才中心针对全面深化改革和中小城市改革试点聘请引进专业人才的工作机制，引进专业人才，全程为中小城市改革试点把脉。

三是落实改革经费。2016年南部县专项经费100万元，用于专项推进中小城市改革工作。

（二）落实工作责任

一是细化了改革任务。改革方案获省上批复后，南部县按照"2015年初见成效，2016年全面推进，2017年全面完成"的工作目标，及时研究制订了南部县国家中小城市综合改革试点年度实施计划表，对24项中小城市综合改革试点任务，逐项明确了责任领导、牵头部门、责任单位、进度安排、成果检验形式等，实行挂图式作战、项目化管理。

二是建立中小城市改革试点联席会议制度。明确常务副县长为召集人，44个相关单位为会议成员单位，定期不定期组织召开联席会议，主要研究解决改革推进中存在的困难，决定重要改革事项，协调解决试点工作中的重大问题。

三是健全目标考核和责任追究制度。制定并出台《全面深化改革工作考核办法》，将中小城市改革试点任务纳入县级各相关部门年度目标考核，科学合理设定4个考核指标，16项考核细则。研究制定《南部县全面深化改革工作目标责任追究办法》，明确了县级部门、乡镇改革工作失职失责行为的责任追究形式与内容，为改革工作顺利推行提供了制度保障。

（三）加强学习培训

一是加强干部培训。南部县委中心组多次次召开扩大会议将中小城市改革列为专题学习内容，聘请专家学者讲课，先后组织学习了"互联网+""改革项目编制规划""如何向改革要效益"等改革专题专家讲座，进一步凝聚了改革力量，增强了主动改革意识。

二是赴外地考察学习。先后5次组织涉及重点改革任务的部门主要负责人赴顺庆、蓬安、阆中、乐山、巴中等周边市县考察学习改革先进经验。

三是举办专题培训班。针对南部县经济体制改革、农村改革、社会管理体制改革、产城融合与城镇化建设等改革中存在的具体问题，与北京大学联合举办"南部县全面深化改革专题研修班"。

（四）着力先行试点探索

一是全面推进行政审批制度改革。已完成权力清单和责任清单制定，全面启动开展"三证合一"登记制度、工商"先照后证"登记制度改革试点，全面取消非行政许可审批。通过扩权强镇试点，将66项县级行政审批事项及相关公共服务事项，全部下发到建兴镇、大堰乡2个试点乡镇。

二是组建农村商业银行。推进县农村信用社改制组建农村商业银行，2016年6月底全面完成。创新民间融资机制，在教育、医疗等公益性项目建设中大力推进PPP

模式。

三是启动土地流转和林权抵押贷款试点工作。建立县农村产权交易中心，启动开展农村土地流转收益保证贷款和林权抵押贷款试点；开工建设八尔滩改革示范片；已争取南部县成效建设用地增减挂钩部分节余指标在省域内挂钩使用政策，在大堰乡开展农村宅基地有偿退出试点。

四是推动居住证和社保改革。全面放开进城入户条件，实行流动人口居住证制度；推动社会养老保险并轨改革，推行社会保险"一站式"服务；启动PPP模式建设红岩子幼儿园，积极争创"全国义务教育均衡县"试点。

五是加快电子商务产业发展。开展智慧城市创建，加快推进电子商务产业发展，初步完成《南部县电子商务中长期规划编制（2016—2030年）》，重点建设电子商务示范县、服务业聚集区、电子商务产业园区等8个项目。同步启动"宽带乡村"惠民工程建设。

四、存在的问题

南部县国家中小城市综合改革试点虽取得一些成效，但也存在一些问题。

（一）改革试点缺乏专业指导

改革试点是投石问路，县级层面缺少专业型人才，如何克服改革试点障碍，少走弯路，是试点工作面临的不可回避的现实问题。个别试点任务很少有成功经验可以借鉴，在缺乏专业指导和成功借鉴的背景下推行，风险因素较大。

（二）资金短缺，融资难、融资贵

作为国家贫困县，南部县本级为"吃饭财政"，建设资金短缺。同时目前国有商业银行的县级机构无贷款发放审批权，如建行1 000万元以下贷款由市级审批、1 000万元以上贷款由省级审批，县域小微企业获取贷款过程复杂，难以及时获得。同时，满福坝"两化"互动示范区建设资金严重不足，县级财政保障有限，无法满足满福坝基础设施建设资金需求。

（三）土地指标紧缺

近年南部县发展较快，入驻的项目多、项目大，对用地的需求也越来越大，但受到耕地保护严格、建设规模控制、用地指标紧缺（每年南部县约需土地指标200公顷，省上下达指标仅46.7公顷）等制约，项目招引、落地缓慢，包括一些重大项目的用地也难以得到保障。

（四）思想解放不深，主动意识不足

南部县很多部门领导干部思想不够解放，对试点的重要性和意义认识不足，缺乏积极性、主动性，规定动作多，特色动作少，含金量高的改革试点任务行动迟缓。

（五）上下对接不顺，衔接难度较大

在中央、省、市层面，国家中小城市综合改革试点主要是同级发改部门组织牵头，而南部县试点工作领导小组办公室设在县委改革办，整体工作由县委改革办负责实施；加之县委改革办与县委政研室合署办公，只配备6名工作人员，负担全县政策研究和全面深化改革整体任务，还缺乏专项工作经费，导致对试点工作研究不深、投入不足，上下对接难度进一步加大。

（六）产业带动作用不强

南部县农村人口主要向南部县城聚集，南部县人口集聚速度明显滞后，人口聚集的方式以行政推动为主，人口聚集的质量不高，南部县的经济聚集效应不明显。主要原因是南部县各乡镇、村工业化发展缓慢，农民职业转移在前，身份和空间转移在后；非农就业结构不合理，没有明确的产业发展目标和方向，表现为产业单一，人气不旺，产业结构不合理、层次低、第一产业发展比重大，第二、三产业发展缓慢，产业带动作用不强，没有发挥应有的聚集效应。

（七）政策导向的引领作用不足

目前南部县已出台了一些促进南部县乡镇经济发展，促使农民向城镇聚集、帮助农民进厂就业的优惠政策，但由于户籍、年龄、文化程度等因素，导致农民进厂务工存在诸多障碍，既难以促进农民收入稳步提高，又导致了部分企业招聘不到可靠的劳动力，出现"用工荒"现象。此外，农民的户籍、养老、医疗、就业、就学等问题难以解决，也是目前南部县城镇发展中面临的难题。

第二节　中小城市综合改革试点展望

针对南部县在实施中小城市试点改革过程中出现的问题，南部县拟从抓好顶层设计、强化借智借力、探索创新多元化投融资机制，强化项目招引落地、探索创新产城融合发展机制，推进重点领域改革突破、加强改革保障力度，理顺内外部关系、实施监督机制，探索创新机制等方面进一步推动南部县中小城市综合改革试点。

一、抓好顶层设计，强化借智借力

坚持寻石探路、试行推进、稳步推进，在顶层设计上，立足国家中小城市综合改革试点五大领域，注重借智、借力、借势，采取购买社会服务的方式聘请高校、设计院的专家学者来做设计、搞规划，作好县级实施层面的顶层设计，真正把改革规划设计做得更深、更细、更实。在工作推进上注重制度化推进、常态化督查、跟踪式督办，抓住抓准关键性、具有支点作用的问题，以问题为导向制定方案、推进改革。实施干部培训和专业人员招引计划，组织和举办南部县国家中小城市综合改革试点北大培训班，加大对改革人员的业务培训力度，增强干部队伍改革定力，提升业务素质和工作能力。组织改革相关领域工作人员赴对应领域工作做得较好较成功的地方开展调研，学习借鉴其他地方的先进工作经验。聘请全国知名专家指导国家中小城市综合改革试点工作，力争少走弯路、多出成效。

二、探索创新多元化投融资机制，强化项目招引落地

注重研究国有资本、资产运作，依法依规经营国有资本、资产，确保保值增值；推进公司化经营，企业化运作；多样化推进融资，创新项目、贷款、PPP、证券化融资模

式。加大招商引资力度，继续推进精准招商、延链招商、驻点招商、以商招商，同时加强工业园区基础设施和人居环境建设，提升园区承接产业转移和人口吸纳能力。充分利用中小企业孵化园和工业发展专项基金，扶持在外南部乡友、大学毕业生、返乡农民工回乡就业创业。

三、探索创新产城融合发展机制，推进重点领域改革突破

遵循产城融合发展规律，积极搭建产城融合发展平台，创新产城融合发展机制，高标准完善满福坝片区规划，招引专业化招商人才，运用公司化模式先行先试推进招商，促进产城融合发展。以满福坝"两化"互动示范新区建设为载体，加快推进产城一体、园城相融，积极试点"多规合一"，农村转移人口市民化，政府与社会资本合作（PPP）和政府购买养老、教育、医疗等公共服务，启动城市地下综合管廊建设，提升城市综合治理能力。同时在创新非经营性国有资产管理体制、组建城市建设投资公司和市政管理公司、设立城市发展专项基金等方面取得突破，力争分层分类建立一批改革示范点。

四、加强改革保障力度，理顺内外部关系

积极及时与省、市对接，争取省、市在政策指导、项目招引、资金匹配、土地指标等方面给予支持。给试点地区更多的人力、财力、土地等方面的支持，加强改革工作保障力度。进一步理顺县委深改组、县国家中小城市综合改革试点工作领导小组、县委改革办、县发改局和具体改革任务牵头部门的关系，明晰工作职责，确保县内、县外对接全面顺畅，保证改革指导有力度、协调有方向、工作有起色。

第六篇 实干兴城

第二十二章　2016 年顺庆区经济社会发展情况与 2017 年研究

摘要： 2016 年，顺庆区坚定发展信心，着力践行新发展理念，统筹推进"稳增长、保投资、促发展"。2017 年，顺庆区将直面"三大考验"、抓住"三大机遇"、强化"多元支撑"，坚持振兴产业支撑发展、坚持优势产业大聚集等"六个坚持"。

关键词： 顺庆区；三大机遇；多元支撑；"六个坚持"

第一节　2016 年经济社会发展情况

2016 年，在市委、市政府的坚强领导下，顺庆区认真贯彻中、省、市一系列决策部署，积极应对错综复杂的宏观经济形势，圆满完成全年经济社会发展各项目标任务。

一、坚定发展信心，统筹推进"稳增长、保投资、促发展"

面对更加错综复杂的经济环境，顺庆区始终坚定发展信心不动摇，突出产业发展，强化项目攻坚，区域综合实力不断提升。

（一）主要指标实现逆势上扬、回升向好

面对经济下行压力加大的严峻形势，顺庆区坚持问题导向，加强形势研判，出台系列措施，在盘活投资"存量"的同时做大了工业"增量"，促进了主要经济指标回升，多项指标在南充市位次前移。全年实现地区生产总值 315.5 亿元、增长 8.4%，完成全社会固定资产投资 263.3 亿元、增长 9.2%，规模以上工业增加值增长 10.4%，社会消费品零售总额 201.6 亿元、增长 12.6%，一般公共预算收入 13.34 亿元、增长 14.7%，城乡居民人均可支配收入分别达到 32 186 元、14 463 元，分别增长 8.9%、9.3%。全区地区生产总值、工业主营业务收入、规模以上工业增加值、社会消费品零售总额、城镇居民人均可支配收入 5 项指标增速均高于全国、快于全省、领先全市，一般公共预算收入和支出 2 项指标高于全国、快于全省。7 个主要指标总量全市第一，地区生产总值、规模以上工业主营收入、规模以上工业增加值、城镇居民人均可支配收入 4 个指标增速全市第一、社会消费品零售总额增速全市第三，特别是地区生产总值在南充市的排位，由上半年排名第 7 上升到排名第 1，展现了争先进位的强劲态势。

（二）项目建设实现倒排工期、强力推进

认真落实项目建设"四个一批"工作机制和"挂图作战"的工作要求，严格履行区级领导牵头重点项目制度，下大力气解决项目建设遇到的"瓶颈"问题，全区项目工作有序推进、成效明显。全年共实施重点项目102个，完成投资187亿元，同比增长10%（其中省市级重点项目11个，年度投资41.2亿元，完成投资44.57亿元，占年度计划的108.2%)，鑫达30万吨新材料生产基地一期全面建成投资，中国重汽南充海乐油缸生产基地开工建设，浪潮云计算中心成功入驻，阿里巴巴"村淘"项目开业当天商品交易额创造了三项全国第一。同时，实施项目招引"一把手"工程，全年向国、省申报项目65个，28个项目进入国、省笼子，到位项目资金16.6亿元。狠抓招大引强、招大引优和平台签约项目落地落实，主动参与"C21城市发展论坛""西博会"、融渝投资促进等活动，围绕市委"155发展战略"，精心梳理包装了一批重点项目，成功签约北京网库、九次方南充大数据等重大项目32个，到位资金60.5亿元，超年度目标6.5亿元。

（三）三次产业实现提质增效、加快转型

面对产业转型的巨大压力，坚持"转方式、调结构"，大力推进新兴产业和实体经济快速发展，产业发展速度和质量得到了"双提升"。在工业上，实行县级领导联系企业和政企联席会议制度，"一企一策"解决产业发展中的问题。先后建成"双创"加速园和高新孵化园，推动鑫达新材料生产研究项目一期投入生产，天喜空调在"新三板"成功挂牌上市，实现日上、兴城液压、泰鑫等骨干工业企业增产增效。全年实现工业主营收入449.3亿元，增长16.7%（预计），创下近年来新高。在商贸上，五星中心商圈和南门坝、西华、清泉坝三个商业副中心的大商贸格局加快形成，现代金融、物流信息等现代服务业发展迅速，南充外滩金融中心建成运营，绵阳商行、南充农商行等15家金融机构入驻，泰合中心、"绿地·智慧城"楼宇经济先行试点，全年实现服务业增加值144.3亿元，同比增长9.3%，增幅高于全国、全省。在农业上，积极发展有机农业、设施农业和农产品精深加工业，建成蔬菜、水果、珍稀林木等特色种养殖基地800公顷，申报重点龙头企业4户、市级示范农民专业合作组织11个，省级幸福美丽新村示范区建设全力推进。

二、践行发展理念，更加注重"惠民生、促改革、保稳定"

坚持把增进群众福祉放在政府工作首位，认真实施民生工程，扎实做好脱贫解困，努力扩大和改善公共服务，着力解决人民群众最关心、最直接、最现实的利益问题。

（一）民生事业快速发展

顺庆区始终关注涉及群众切身利益方面的突出问题，始终坚持财政支出优先向民生基本领域倾斜，占可用财力比重由2015年的65%提高到2016年的74%。在社会保障和社会事业方面，较好落实了新农合、"五保"供养、大病救助等社会保障政策，城镇就业率稳步提升，科技、教育、文化、卫生、体育发展取得新进展，省、市确定的20件民生实事全面完成。在脱贫攻坚方面，按照贫困村"一低五有"和贫困人口"两不愁、三保障""四个好"的脱贫标准，全区2 828名贫困人口脱贫，7个贫困村出列，顺利通过省级评估验收。实施了"五个一批"行动计划和"五大扶贫工程"，修建水泥道路110.5千米，产业便道213.07千米，新建文化活动中心广场7处，铺设安全饮水主管线132.3千米，全区所有贫困村光纤、光电信号实现全覆盖。183户易地扶贫搬迁和227套农村廉租房建设全面完成，贫困户低保实现全覆盖，贫困群众医疗费用报销率达90%，贫困子女入学费用全额资助。28名干部到汶川县挂职，对口帮扶工作扎实开展。

（二）重点改革不断深化

农村集体土地所有权"七权颁证"全部完成，区农村产权交易中心挂牌运行，完成户籍制度"一元化"改革；扎实推进政府机构改革、行政审批制度改革、"扩权强镇"改革和公车改革，取得实质性成效；全面推行"五证合一、一照一码"商事制度改革，有序推进"营改增"、地方金融和投融资体制改革，农村信用社改组农商行，区国有投资集团公司成功组建。创新驱动深入实施，建成高新孵化园、"双创"加速园，驭云航空、多维时空等22户企业实现创新创业，全区新增国家高新技术企业3户、省级技术中心1家、市级技术中心1家。

（三）社会大局和谐稳定

深化社会治理方面，深入开展平安顺庆专项整治活动，及时破获一批大案、要案和抢劫、抢夺、入室盗窃恶性案件，各种违法犯罪行为得到了有效遏制。依法治访方面，全区梳理突出信访案件200余件，依法调处化解164件，在"处非"工作中，立案查办投资公司30家，清盘8家，10余万投资群众基本稳定。做好了人民路下穿信访维稳工作，处置各类群访、集访40余次，依法打击各类非法行为18次。省挂牌信访案件全部化解结案，群众来区到市赴省进京上访持续下降，未发生一起恶性信访事件。强化安全生产方面，深入开展"百日安全生产"等各项专项行动40余次，排查整治较大以上安全隐患634处，查处安全生产违法行为867起，安全生产应急平台、农村客运车船GPS可视监控系统全面建成。实现全区无较大以上安全生产事故发生。

三、强化自身建设，始终坚持从严治政、依法行政、廉洁从政

顺庆区在着力推进经济、社会发展的同时，始终坚持从严治政，抓源治本，自身建设和党风廉政建设取得明显成效。

（一）始终坚持做到依法行政

修订完善《区政府工作规则》等系列制度，坚持政府常务会议学法制度，邀请人大代表、政协委员和政府法律顾问列席常务会议，参与政府重大决策，政府决策更加规范。建成"两法衔接"平台，实现"两个平台"的有效对接，行政监察实时到位，执法与司法信息畅通，工作合力初步形成。主动推进政务公开，探索推进"三张清单"建设，编制完成政府权力清单、责任清单并向社会公布。加强政府网站建设，政务服务更加公开透明。2016年共办理市民网上诉求、市长短信、区长信箱926件。

（二）不断提升工作执行能力

在政府内部，注意调动和发挥政府班子集体合力，重大问题提交会议讨论研究决定，并严格按照分工负责的原则，保证政府班子成员有职、有权、有责，大胆地开展工作。注重加强政府班子及有关部门的组织协调工作，定期通报情况，及时沟通思想，加强交流沟通，增强整体合力。

（三）打造风清气正的换届环境

深入贯彻省、市严肃换届工作纪律相关精神，严格落实"9个严禁、9个一律"等换届纪律要求，坚决杜绝拉票贿选、跑官要官、买官卖官、干扰换届等违法违规行为，在思想上、认识上和行动上与上级保持高度一致，营造了风清气正的换届大环境，实现了换届选举决战全胜目标。

2016年，顺庆区各项工作取得了比较明显的成绩。但客观分析，也存在不少困难和问题。主要表现在：一是固定资产投资增长放缓，社会投资大幅下滑，对经济增长产生严重影响。二是财税收支不平衡，税收整体下滑，支出缺口大。三是城市建设和管理能力有待加强。四是就业、环保、信访稳定、安全生产压力较大。五是个别干部缺乏干事创业精神，工作效率不高，攻坚克难劲头不足等。

第二节　2017年经济社会发展面临的形势

认清形势，有利于坚定发展信心，有利于增强工作的预见性。2017年，顺庆区的经济社会发展，需要直面"三大考验"，抓住"三大机遇"，强化"多元支撑"。

一、"三大考验"不容忽视

当前，国内外经济形势依然错综复杂，经济转型发展的任务十分艰巨，产能过剩和需求结构矛盾突出，各类隐性风险逐渐显性化。从方方面面释放的信号来看，2017年，顺庆区将面临速度变化、结构优化、动力转换这三大严峻考验。

一是从顺庆实际来看。传统工业企业持续回落，机械、建材等行业停产限产企业逐渐增多，日上金属等企业产值同比出现下滑。经济下滑的负面效应从生产性领域向消费投资领域扩散，社会消费意愿受到较大影响，社会投资持续下滑。财政增收难度加剧，实体经济困难直接反映在税收上，部分税种收入同比下滑5~10个百分点。就业形势严峻，企业减员明显增多，回乡就业人员减少，大学生外出就业和居民迁出增加，全区总人口增长缓慢。从各方面的分析来看，2017年上半年特别是第一季度经济运行的困难将会加大。

二是从区域竞争来看。从全省排名看，2015年，排于顺庆区之前的资阳雁江区，地区生产总值410亿元，比顺庆区高122亿元，增速达8.9%，比顺庆区高1.4个百分点；排于顺庆区之后的德阳什邡市地区生产总值233.8亿元，仅比顺庆区低55亿元，但增速比顺庆区高0.5个百分点，其他排在顺庆区后面的区县，如成都都江堰市、眉山东坡区的地区生产总值增速都在10%以上，远远超出顺庆。从全市排名看，2016年前三季度顺庆地区生产总值比排在之后的南部县仅高6亿元、增速只高0.5个百分点，有些指标在全市还处于垫底的位置。特别是周边的兄弟县（市、区）充分借力国、省贫困县，秦巴扶贫等特殊政策，竞相发展，对顺庆吸纳要素资源，招大引强项目形成了挤压态势，区域竞争压力与日俱增。

三是从支撑能力上看。顺庆的产业后发优势、科技创新能力、城市文明程度、人才队伍建设等还没有达到全省先进水平。同时，顺庆城市规划"硬伤"明显，人均道路面积、城市公共服务覆盖率、城市公共绿地面积等指标与"成渝第二城核心功能区"还有较大差距。特别是高坪、嘉陵追赶迅速，不断抢占市场份额，给顺庆形成了巨大压力。

二、"三大机遇"不容错过

一是从战略布局来看，国家大力实施"一带一路"战略，深入推进内陆沿边沿江沿线开发开放，大力支持川陕革命老区振兴和成渝城市群发展，这都为顺庆区发挥地缘优势、借力高点起步创造了有利条件。南充市委提出建设"成渝第二城"，顺庆作为主城区，希望在顺庆、关键在顺庆，必然成为全市城市建设的主战场，市委、市政府在项目方面将给予顺庆更大的政策倾斜。

二是从政策取向来看，中央经济工作会议明确，要继续实施积极的财政政策和稳健的货币政策，并重点在推进供给侧结构性改革、降低企业税费负担、保障民生兜底这三个方面发力，进一步加大对脱贫攻坚的支持力度，有利于顺庆更好地争取更多的上级支持和政策资金，加快补齐发展短板。

三是从改革力度来看，省、市将全面改革创新作为引领"十三五"发展的一号工程，系统推进全面创新改革试验，培育经济增长新引擎。顺庆作为全省统筹城乡发展先行区、服务业转型发展试点区、金融中心区和全市创新发展的前沿阵地，今后发展的机遇更多、政策更多、支持更多。

四是从市委要求来看，"转型才能更好发展、后发也要高点起步"，这将作为新常态下南充市发展的主线，南充必须把调结构、提质量、增效益放在2017年乃至今后一个时期经济工作的首位。

三、"多元支撑"不可动摇

一是从工业来看，随着潆华工业园区成功创建省级高新区，高新孵化园全面加速运行，初步估计可形成新增产值项目10个以上，工业企业升规入统新增3户以上，加上中国重汽南充海乐生产基地建成、浪潮大数据中心投入运营，清华同方电商产业中心、九次方大数据产业园、甲骨文创新创业基地、暴风科技等企业的入驻，全年可望新增工业增加值20亿元以上。

二是从三产旅游来看，随着高铁新区加快建设，西山西河开发提速，嘉陵江沿江规划紧锣密鼓，发展平台已建好，空间已打开。特别是国际商贸城和"一园区、四中心"规划建设，楼宇经济加快成长，现代物流、现代金融、电子商务等新业态不断发展，预计商贸服务业可带动地区生产总值增长3个百分点。

三是从经济动力来看，顺庆区经济增长主要依靠投资，随着项目攻坚的深入实施，2017年全区将成为一个项目建设的"大工地"，区上初步计划实施重点项目107个，总投资931.1亿元，年度投资196.97亿元，带动全社会固定资产投资突破300亿元，投资对经济增长的拉动作用将进一步凸显。消费方面，南充是四川第二大人口城市，顺庆主城区人口密度位居全省前列，人口优势必然带来消费扩张。随着新消费热点的形成和消费的不断升级，以及去库存、扩消费等政策的实施，人口红利、消费潜力将进一步释放，消费驱动力将持续增强。

第三节　2017年经济社会发展目标与重点

坚持以市、区第六次党代会精神为指引，以实施"155发展战略"为重点，苦干实干、求新求变，为加快建设"成渝第二城核心功能区"奠定坚实基础，努力实现良好开局。

一、发展目标

2017年，顺庆区经济社会发展主要预期目标是：地区生产总值增长7.5%；规模以上工业增加值增长9.5%；一般公共预算收入增长8.0%；社会消费品零售总额增长12.5%；全社会固定资产投资增长10.0%；城乡居民人均可支配收入分别增长8.0%和9.5%。

二、发展重点

（一）坚持振兴产业支撑发展，加快优势产业大聚集

一是巩固提升现代服务产业。统筹推进南充国际商贸城、川东北水果交易中心选址等工作，启动川北农产品交易中心二期和西华路商业综合体建设。完善城市生活物流功能配套，建设白土坝、杜家嘴、漾华路等社区服务综合体。全力推动楼宇经济、总部经济、现代金融发展。

二是发展壮大新材料产业。实现鑫达新材料生产基地项目一期全面投产，启动二期20万吨生物降解新材料项目和高分子复合材料研究院建设。合作共建"飞地产业园"，打造新材料发展产业链。

三是加快发展汽车汽配产业。推进中国重汽南充海乐生产基地建设。推动天喜空调扩产扩能，建设新能源车用空调研发生产基地。支持日上金属、人本轴承、康达汽配等企业实施新一轮技术改造。提档升级川东北汽贸中心，引进更多汽车品牌入驻发展。

四是扶持培育丝纺服装产业。规划丝纺服装特色楼宇、特色街区和特色展示中心。推动"中国网库"项目建设，打造全国丝绸产业单品电商平台。

五是做特做精现代农业产业。建设渔溪万亩蔬菜基地、新西兰南充猕猴桃产业园、梵殿油菜基地，建成高标准农田533.6公顷。结合南充农科院新基地建设，打造南充农业科技研发体验园。加快推进全省第二批节水型社会建设重点区项目，建设共兴河、荆溪河、芦溪河堤防工程，实施升钟渠系配套和节水改造。全力推进省级幸福美丽新村示范区建设。

（二）坚持扩大投资拉动发展，掀起项目建设大会战

一是提升城市形象功能。规划"高铁中央商务区"，启动火车北站站前广场建设，

推进濛华大道二期景观提升工程，加快北部新城地下综合管廊建设。完善下中坝片区配套功能，加速明宇广场建设。改造清泉坝、燕儿窝棚户区及城市老旧小区，打造铁荣路等标美街道，实施城区光亮增亮工程。紧紧围绕"摆顺、扫干净、不拥堵"要求，持续开展城市环境和交通专项治理，打造一批城市管理示范街区。对市政、环卫、园林试点政府购买服务，积极推行社会化、市场化管理。

二是提高交通畅达水平。启动顺（庆）蓬（安）营（山）一级公路顺庆段建设，升级改造顺（庆）仪（陇）公路顺庆段，建设华新路—四海街隧道。建成北部新城一路延长线，完善片区次级道路交通网络。推进"城乡公交一体化"，改造桂花—灯台、顺河—永丰通乡公路，新建和改扩建村道公路 100 千米，建成道路安保工程 40 千米，新建一批城乡公交换乘站（点）。

三是扩大教科文卫优势。改善义务教育薄弱学校的基本办学条件，启动火车北站学校、白土坝幼儿园建设，续建新城学校、新荆溪小学，改扩建五星小学育新校区等 6 所学校，完善南充职教中心一期配套功能，推动南充国际高中加快建设。推进"城乡医疗卫生一体化"，整合现有医疗资源，改扩建区人民医院和市中医院南院区，实施濛溪、搬罾等基层医疗机构建设。推动全民体育活动蓬勃开展，启动全民健身中心暨体育后备人才训练基地建设。

四是推进全域旅游建设。打造"城市会客厅""市民休闲处"，启动大营山—桑树坝文化旅游项目、舞凤山文化主题公园建设。新建西山"南充新天地"、安汉故城项目，完善城北公园、西山城市公园、气象公园基础设施，建成西河生态旅游景观带一期项目（西河骑游步道）。提升顺庆府特色商业街区品质，完成府衙陈列布展、对外开放，充实文庙旅游内容。打造搬（罾）金（台）大（林）和搬（罾）凤（山）渔（溪）都市田园风光带，实施桂花湖生态旅游项目，对全区古民居分类保护修缮。

五是打造创新驱动园区。加强校地合作，借力西南石油大学国家高新技术园平台，打造顺庆孵化基地。充分发挥互联网+创新驱动优势，创建濛华省级高新技术园区。打造"绿地·智慧城"，促成九次方大数据、暴风科技等优势企业尽快入驻，逐步形成孵化、加速、入园的创新驱动产业链条。

（三）坚持绿色低碳引领发展，实现生态环境大变化

一是推动低碳循环发展。大力发展绿色低碳循环经济，加速淘汰能耗高、污染重、工艺落后企业，确保单位 GDP 能耗、大气污染物排放强度等指标达到省控标准。支持绿色清洁生产，鼓励发展新能源产业。提倡低碳出行、低碳生活。

二是加快生态工程创建。实施山水林田湖生态保护和修复工程，加强湿地、水源地等特殊生态功能区保护，统筹推进植树造林、退耕还林、绿地公园、绿道绿廊建设，打造嘉陵江绿色生态走廊。全区森林覆盖率达到 35%，50%以上的乡镇达到省级生态乡镇考核标准，积极创建省级生态区。

三是加大环境治理力度。持续推进"蓝天行动"，加强大气污染防治，严格扬尘污染治理，强化工业废气监管。启动全区水环境治理项目建设，建成搬罾、濛溪 2 个污水处理厂，新建和改建乡镇小型污水处理站 6 个，改造乡镇地下污水管网 26 千米。做好嘉陵江、西河等重点流域日常水质监测，严控农村面源污染，严防水质污染。

（四）坚持改革开放助推发展，促进经济活力大迸发

一是深入推进重点领域改革。加快政府职能转变，全面推开"放管服"和"双随机、一公开"监管制度改革。完善区、乡（镇）、村三级联网农村产权流转交易平台，推进农村集体土地"三权分置"，培育壮大新型农业经营主体，扎实抓好农民财产性增收、农业担保体系建设等农村改革试点工作。稳步推进芦溪"扩权强镇"试点。统筹推进其他各项改革。

二是全面扩大对外开放合作。瞄准成渝、看齐沿海，做到招商引资与招才引智并举，"引进来"与"走出去"并重，积极参加各类商贸活动和举行项目推介会，抓好重大签约项目落地，提高项目履约率和资金到位率。

三是持续激发创新创业活力。积极推进大众创业、万众创新，加强与驻区高校合作，推动"产学研"协同发展，培育一批创业实体，建设一批"双创"示范基地，提档升级大林返乡农民工产业园、搬罾大学生创业园。

（五）坚持以人为本共享发展，助力民生保障大改善

一是持续推进脱贫攻坚。全面落实"六个精准""五个一批"扶贫措施，扎实抓好农村贫困群众政策兜底保障，突出抓好脱贫奔康产业园建设，实现贫困村通硬化路100%、农村安全饮水达100%。确保全区16个贫困村顺利出列，717户2 117名贫困人口全部脱贫。统筹做好对口帮扶汶川县的各项工作。

二是办好惠民利民实事。扎实做好各项民生工作，多渠道开发就业岗位，增加城镇就业人口，不断提升城乡居民收入，大力实施"全民参保登记计划"，全面推进"五险"统一征收。按政策对贫困家庭子女"幼儿保教费"实施减免，提高城乡居民基本医疗保障水平，加大对重大传染病和地方病的防治力度。完善重度残疾人护理补贴和困难残疾人生活补贴制度。建成5个乡镇农贸市场，完成4 000户居民户表改造。实施农村村道建设和桥梁提升工程，完成府荆路保障性住房建设。

三是加强社会综合治理。建立立体化治安防控体系，深化"天网工程"建设，建成治安管理三级指挥平台，整合区应急指挥中心，提高突发事件应急处置能力，确保社会公共安全。加强安全隐患排查整治，完善监管手段，坚决遏制较大以上生产安全事故的发生。

（六）坚持依法行政保障发展，推动工作效能大提升

一是依法从严治政。严格履行重大决策法定程序，确保决策程序正当、过程公开、责任明确。坚持依法行政，严格规范执法。自觉接受区人大及其常委会的法律监督和区政协的民主监督，主动接受人民群众和社会舆论的监督。加强政府新型智库建设，完善政府法律顾问制度。

二是务实高效勤政。发扬真抓实干、雷厉风行的工作作风，加强过程控制、效能督查、跟踪问责、绩效考评，增强政府工作人员责任意识，加大对重点工作、重大项目的督查力度，对慢作为、不作为、乱作为等行为严肃问责，切实提高政府的工作执行力。

三是始终廉洁从政。深入开展党风廉政建设和反腐败工作，严格贯彻落实中央八项规定、十八届六中全会精神，严厉整治各种违纪违规行为。加强对财政资金、国有资产、国有资源、重大工程等重点领域和项目的审计监督。坚决纠正侵害群众利益的不正之风，以实际行动赢得人民群众的信任和支持。

第二十三章　2016 年高坪区经济社会发展情况与 2017 年研究

摘要：2016 年，高坪区实施"五个坚持"，效果明显。2017 年，高坪区在分析发展基础、厘清发展机遇与挑战的基础上，将突出转型升级、全力推动产业高端发展等"五个突出"作为发展的着力点。

关键词：高坪区；五个坚持；"五个突出"

第一节　2016 年经济社会发展情况

2016 年，高坪区在南充市委、市政府的坚强领导下，紧扣中央"五位一体"总体布局、"四个全面"战略布局和省委治蜀兴川方略，牢固树立"五大发展理念"，坚持稳中求进工作总基调，坚持稳增长、调结构、惠民生、防风险，深入贯彻市委"155 发展战略"，紧紧围绕"三个决战全胜"，精准发力、精准施策，全力推动工作落实落地，经济社会保持健康发展。实现地区生产总值 139.42 亿元，同比增长 8.5%；一般公共预算收入 5.8 亿元，同比增长 15%；社会消费品零售总额 80.81 亿元，同比增长 14.2%；全社会固定资产投资 185.8 亿元，同比增长 12.6%；城镇居民人均可支配收入 23 238 元，农村居民人均可支配收入 11 452 元，同比分别增长 9.5%、14.6%。

一、坚持以项目攻坚为抓手，加快区域经济转型升级，经济社会发展水平全面提升

（一）项目攻坚成效明显

树立抓项目是推动高坪发展、稳定经济增长、促进经济转型第一动力的意识，强力推进项目建设。

一是强化"抢夺意识"争引项目。抢抓国、省"十三五"规划的重大机遇，主动对接，全年争取全社会及国、省项目 464 个，到位资金 31.5 亿元，完成全年目标任务的 132.5%。全区纳入国家重大项目（2016—2018 年）滚动项目库 272 个，纳入国、省"十三五"规划专项项目 140 个。

二是强化"作战精神"建设项目。坚持挂图作战，制定时间表、路线图、任务书，按图施工，照图推进，确保重点项目有力有序有效实施。全年实施重大项目 115 个，完成投资 159 亿元，占年度目标的 130.3%。

三是强化"倒逼机制"保障项目。建立重点项目问题常态化解决、重点项目建设单位工作责任、重点项目督查督办、重点项目激励、重点项目责任追究"五大项目推动工作机制"，切实营造逼着干、督着动、驱着走的高压态势。

（二）现代服务业蓄势突破

南充现代物流园全年项目建设完成投资 12 亿元，引进浙江传化、友信崧锋、南鑫国际等龙头企业，带动集聚中小物流企业 1 300 余户，成为中国物流实验基地。铁路专线、保税物流中心等重点项目建设快速推进，当当网农村电商全国总部落户高坪，电商产业迅猛发展，高坪区成为全省电子商务集聚示范区。凌云山景区成功挤进国际旅游精品线路。王府井广场、友豪国际家居博览中心、红星美凯龙、白塔耍都建成并营业。奥特莱斯广场项目正式破土动工。全年社会消费品零售总额完成 79 亿元，同比增长 12%。全区第三产业税金入库实现 8.6 亿元，同比增长 17%。外贸出口完成 1.2 亿美元，完成全年既定目标。

（三）现代制造业加快转型

航空港工业集中区功能日趋完善，三环电子、嘉美印染、富安娜等企业不断壮大，完成全年固定资产投资 19 亿元，实现销售收入 300 亿元，实现利税 38.5 亿元。航空港科技创新中心完成规划设计和拆迁场平等工作。中国绸都·都京丝绸文化主题园完成投资 5 亿元，成功举办中国西部国际丝绸博览会——"丝绸源点"奠基仪式，完成园区控规初步方案，建成百年六合丝绸体验馆，易安纺织、四川美华、嘉都服饰等项目建设快速推进，成功招引达利集团等知名丝绸企业，"丝绸特色小镇"项目成功挤进省、市重大项目"盘子"和省"十三五"发展规划项目。81 户规模以上工业企业预计完成产值290.2 亿元，同比增长 10.8%，完成销售收入 288.3 亿元，同比增长 10.7%；入库税金2.18 亿元，同比增长 4%。

（四）现代农业稳步发展

国家现代农业示范区加快建设，农业产业化基地拓展到 3 万公顷，粮油产品稳定供给。全区实现粮食产量 21.95 万吨，油料作物总产 2.21 万吨，在黄溪、马家等乡镇创建了水稻、玉米、小麦等作物的部级高产示范片 3 个，省级高产示范片 4 个。形成了嘉陵江流域优质柑橘、螺溪河流域乡镇优质粮油蔬菜、双叉河流域优质干果和金城山脉特色养殖 4 大产业基地。中法农业科技园、"锦绣田园"等项目开启"都市农业"新篇章。新建柑橘基地 667 公顷，全区柑橘总面积达 1.73 万公顷。全区农业综合机械化水平达 48%，"黄溪贡米"等 6 个品牌被认定为省著名商标，大唐农业、本味农业成为区域农业发展样板。

（五）城乡面貌持续改善

城市基础设施加快建设，高都路、港城路（一标段）、华龙大道南延线、骑龙路、龙湖路建成通车，北部新城污水处理厂、江东大道提档升级、城市美化亮化（白塔公园）、城市地下综合管廊等项目启动建设。龙门古镇仿古风貌改造强力实施，建成龙门古镇城门楼，油坊街、顺河街片区还房 616 套 8 万平方米。小城镇和幸福美丽新村建设进展顺利，青莲统筹城乡发展试验区建设稳步推进，东观、长乐、阙家等国省重点集镇加快建设，城镇化率达到46%。规划建设江陵中法风情小镇等10个特色小镇，都京丝绸小镇启动建设，建成幸福美丽新村39个。城市管理持续加强，市场、学校、车站、广场等重点难点部位的市容秩序管理进一步规范，城市绿化率、森林覆盖率分别达到46.5%、32.2%，城乡环境明显改善。

二、坚持以脱贫攻坚为核心，着力推进民生事业发展，群众幸福指数持续攀升

（一）脱贫攻坚首战全胜

积极对接省、市，整合资金，精准施策，顺利通过省、市考核验收和第三方评估，2016年实现10 662名贫困人口出列、21个贫困村摘帽，全区脱贫攻坚取得首战首胜、首战全胜，得到了省考核验收组充分肯定。

一是贫困户减贫全面完成。坚持"两年任务一年抓"，实施危房改造、易地扶贫搬迁、地质灾害避险搬迁、"五改三建"3 352户。贫困人口转移就业4 948人，低保实现"两线合一"。贫困人口就医实行"七免两补助""先诊疗后结算"和"一站式"服务，贫困患者在区内定点医疗机构就医实现零支付。

二是贫困村退出全面达标。村组道路、水利设施、电力线路、通信工程、安全饮水、环境整治、活动阵地得到全面夯实和完善，21个精准贫困村全部达到"一低五有"标准，顺利通过省、市验收。通过办夜校、评选表彰"幸福家庭"等，大力弘扬农村新风正气，农村家庭生活的好习惯和积极向上的好风气逐渐形成。

三是奔康活力充分激发。推行五乡连片开发，建成永安、青居等乡镇环线108千米、优质柑橘基地3 335公顷。组建农民专业合作社14个、家庭农场30家，建成市级脱贫奔康产业园7个，区级脱贫奔康产业园17个，实现2016年出列贫困村村村有园、村村有专合组织引领、退出贫困人口户户入园。探索"脱贫奔康产业园+龙头企业+贫困户"模式，建柑橘、蔬菜、花椒等特色产业基地1 868公顷，将贫困户脱贫和公司、业主、合作社、村集体经营发展有机结合。

四是构建督导问责机制。建立蹲点督导机制，对危房改造等重点工作，县级领导一周一调度，乡镇领导、帮扶单位领导一天一调度。建立交叉督导机制，县级领导牵头组建督查组，全覆盖督导2016年退出的21个精准贫困村及贫困户，每月一排位。建立问责机制，对工作推进迟缓，排名连续后3位的乡镇，追究乡镇、帮扶单位主要负责人责任，全年5名乡镇党委书记因工作推进迟缓被问责。

（二）民生事业全面进步

一是民生项目扎实推进。实施十大民生工程项目119个，完成投资10.5亿元。安汉新区、永安工业园、都京街道棚改工程全面启动，物流园区三期还房等保障性住房有序推进，凤凰山家园、河东嘉园等还房工程全面完工。实施中法农业科技园连接线建设，启动S206阙家至王家店公路、金浸公路、东万路改造和高坪车站迁建工程。改善提升农村公路80千米，维修病害路面8 500平方米，疏通边沟水系2.1万米，平整路肩1.8万米。

二是就业增收水平不断提升。鼓励"大众创业、万众创新"，探索"孵化+创投"等培育模式，培育孵化楼宇、创业社区等众创空间，建设科技创新中心，搭建大学生创业信息交流平台，创新创业环境持续优化。开展"春风行动""百企千岗"等大型招聘活动，提供就业岗位2.2万个，农村劳动力转移就业16.3万人。

三是文教卫生事业健康发展。新建乡镇卫生院11个、村级卫生室30个，区人民医院江东医院建成投入使用，获评"全国中医药工作先进单位"。白塔中学成功创建省一级示范性普通高中，本科上线率连续4年位居全市第一，创建国家义务教育发展基本均衡县通过国检。新建长乐小学、胜观小学教学综合楼，改扩建高坪三中、龙门初中、高坪中学、高坪七小。区图书馆、文化馆、体育馆免费开放，组织文艺下乡巡回演出等惠民演出50余场次，惠及群众约40万人次。新（改）建村级文化活动室91个，完成全国第一次可移动文物普查，全区认定可移动文物1 848件。

四是其他民生事业持续改善。发放低保、"五保"、临时救助、优抚金等资金1.71亿元。打造龙门街道曹家坝社区等三星级社区3个。老年公寓、日间照料中心等养老服务设施逐步完善，新增南充乐得乐（一期）等老年公寓3家，建日间照料中心9个、省级达标敬老院2所。环境保护、国土资源保护、双拥、人口计生、老龄、工青妇、残疾人、关心下一代等工作全面加强。

（三）社会治理持续改进

一是公共安全体系进一步完善。建立隐患排查治理体系，实现安全隐患企业自查、自改、自报。持续开展重点行业领域安全专项整治和"平安高坪"创建活动，完善网络安全防控体系，大网络大舆情全媒体工作格局基本形成。在全市率先成立龙门等5个监察执法中队，成功创建斑竹乡等省级安全社区3个。全年伤亡事故起数和死亡人数比2016年减少50%以上，没有发生1起较大以上安全事故。

二是矛盾纠纷化解机制进一步健全。建立区、乡、村调解机构，发挥人民、司法、行政调解组织合力，形成全社会齐抓共管的工作格局实现公安、法院、司法、信访无缝对接。全年排查矛盾纠纷1 251件，调处各类矛盾纠纷1 251起，调解成功1 201起，调解成功率96%以上。

三是社会治理方式进一步改进。全面排查重点群体、牵头人和重点信访对象，全面实施社会稳定风险评估制度，建立人民团体和社会组织参与维护公共利益、救助困难群众、帮教特殊人群、预防违法犯罪机制。依托"阳光中途之家"，打造社区矫正"一体化"指挥平台，常态化开展社区矫正人员集中培训和公益服务活动，全年在册社区服刑人员重新犯罪率为零，无重大恶性案件发生。规范建设"四川省维稳工作平台"，建立终端用户54个，录入涉稳信息全市排名第一。

三、坚持以解决问题为导向，深入推进改革创新，发展活力不断增强

（一）重点改革工作有序推进

加强权力运行体系改革，加快推进区委、区政府议事协调机构清理整合工作。加强产业投融资体制改革和国有企业综合改革，整合区属国有企业，将原18户区属国有企业整合重组为南充航空港投资开发有限公司、南充鹏泰嘉陵江实业有限公司2户国有企业，新成立高坪财务管理有限公司，完善了国有企业功能分类，理顺区属国有企业管理结构。制定《关于全面深化农村改革加快推进农业现代化的意见》等专项改革方案13

个，全面完成农村产权确权颁证、公务用车等改革任务。加快推动投融资体制改革，组建高坪PPP项目中心，完成公共停车场等9个PPP项目的策划，设立产业基金、创业基金等4只基金，有效破解资金瓶颈。加快供销合作综合改革，健全组织体系、培育龙头企业、拓展服务功能三方面改革措施，得到省、市充分肯定。

（二）"大开放、大招商"成效初显

成立区招商引资工作领导小组，下设8个专业招商工作组，建立健全全方位服务企业机制，推行政府、企业、基金、银行联动投资模式，"以商招商""以民招商""协会招商"。探索建立科技创新中心、规划建设金融中心等项目落地平台，成立旅外人士联谊会，整合信息、金融、中介、社会、知识产权、法律等服务，促进行业形成产业生态圈。全区2016年争取投资促进到位资金64.1亿元，新正式签约北京华巍中兴机器人生产等39个项目，其中5亿元以上重大项目10个，分别占市下达任务的216.7%、166.7%。

（三）创新驱动推进有力

探索建立"孵化+创投"等培育模式，集中加快推进双创孵化园建设。推动航空港工业集中区向高新技术园区转型，加快建设科技创新中心，已完成规划设计和拆迁场平工作。积极搭建众创、众筹等创新创业平台，惠生活创新创业园初具规模，正加快申报省级众创空间备案。成都新秩序公司拟新建的众创基地落户高坪，选址已经初步确定，2017年初将启动建设。

四、坚持以法治精神为引领，深入推进依法治区，发展环境持续优化

（一）依法施政深入推进

建立全区干部法纪档案和副科级以上领导干部述法报告制度，在全市率先召开乡镇（街道）党（工）委书记述法评议会。建立干部法纪知识考试制度和全区法纪知识考试题库，组织全区1 218名党政干部进行法纪知识考试。建立干部法纪档案，将干部学法用法、遵纪守法、法纪考核等级等情况作为年度考核、业绩评定、评先评优、提拔任用的重要依据，全区广大党员干部学法、遵法、守法、用法意识不断提升。

（二）法治为民有效实施

完善"法律援助一小时服务圈"建设，建立重庆两江新区高坪籍外出务工人员法律援助工作站，切实保障农民工合法权益。加强"12348"法律服务热线和"律师之家"平台建设，开展农民工、残疾人、未成年人、老年人、军属维权专项行动，加大涉及人民群众切身利益的热点、难点问题的公证办理力度。

（三）普法教育持续深入

深入推进"法律七进"，落实普法责任制，探索运用"互联网+"手段，借助主流媒体和网络、微博、微信等新兴媒体开展法制宣传，丰富普法载体和形式，增强普法效应。编印法制宣传读物2万册，制作法制宣传物品2万件，拍摄法治微电影《老由谁养》，全面掀起法制宣传热潮。白塔街道梨树街社区获评"全国民主法治示范社区"、长乐镇等4个单位获省级示范单位。

· 218 ·　南充市经济社会发展蓝皮书（2017）

五、坚持以换届选举为重点，全面从严管党治党，政治生态有效净化

（一）坚定不移抓好换届工作

坚持把强化区委领导贯穿始终，把换届纪律要求和规矩挺在前面，严格按照市委要求谋划人事安排和代表、委员提名，精心准备区党代会和人大、政协"两会"，全覆盖开展谈心谈话，建立换届风险预警员等制度，对换届纪律进行全程纪实监督，组织提名候选人全票当选。乡镇换届全面完成。扎实做好领导班子运行调研，加强工作指导力度，确保乡镇换届工作按规定、按步骤、按节点有序推进。从严加强换届风气监督，建立民情民意直报、来电、来信、来访、短信和网络"五位一体"举报体系，实现换届纪律全程纪实监督。全区25个乡镇党代会和人代会胜利召开，组织提名人选均实现全票或高票当选。村（社区）换届部署得力。精心制定实施方案和工作流程，圆满完成3个试点乡镇的村（社区）党组织换届，全区面上工作全面启动，推进有力有序。

（二）坚定不移抓好组织建设

扎实开展"两学一做"学习教育，全区各级领导干部到联系点讲党课1 600余人次，到基层党组织指导"两学一做"学习教育1 200余人次，开展学习讨论2 958场次。深入推进"联系服务群众全覆盖"工作，组织全区7 903名党政机关和事业单位干部职工与全区218 836户城乡居民结成对子，常态化开展结对认亲、爱心帮扶、党建共创，有效密切了党和群众的血肉联系。全面推行"清单工作法"，不断完善党内关怀机制，推行"老党员生活补贴"等机制，全年发放老党员生活补贴100余万元。

（三）坚定不移抓好干部队伍建设

抓好干部日常管理，完善干部选拔制度，提拔重用一批埋头苦干、实绩突出的优秀干部。加强干部日常调配，建立完善"干部培训需求库""党校学员反馈信息库"，加大年轻干部培养力度，建立科学教育培养机制、管理机制和考评任用机制，有针对性地对年轻干部进行思想教育、业务培训、专题培训，全年共计培训干部1 700余人。持续开展超职数配备治理，扎实落实省委巡视组反馈问题整改和市委"5+2"选人用人专项整治，果断取消不符合上级规定的"土政策"，全年共消化超职数配备科级干部86名。

（四）坚定不移抓好党风廉政建设

深入落实"两个责任"。督促各级党委（党组）落实主体责任，层层传导压力，重点解决主体责任层层递减、责任落实不到位的问题。深入开展权力运行监督制约体系建设，重点加强对"一把手"权力运行的监督制约，解决"一把手"在行权、用权、监督等方面的错位、越位、缺位问题。出台《高坪区党政机关及工作人员问责办法》，规范细化容错纠错程序，保护担当者，支持干事者，问责不为者，营造干事创业良好环境。持续推进作风建设。组织全区党员干部签订不违规从事营利活动承诺书、不违规收送礼金承诺书5 000余份。加强领导干部廉洁从政教育，共计开展廉政教育活动300余次，2万余名党员干部受到教育。全年共受理群众来信、来访和电话举报120件（次），立案96件，给予党政纪处分91人，其中乡科级干部12人，移送司法机关2人。

在取得显著成绩的同时，也应清醒地认识到，高坪区经济社会发展中仍存在一些不容忽视的困难和问题。一是经济总量不大，产业结构不优，发展质量不高，转型升级任务艰巨。二是城市建设功能不齐，品质不高，环境不优，城市宜居宜业水平还需进一步提升。三是脱贫攻坚任务仍然十分艰巨，城乡居民持续增收压力较大，民生改善任务仍然繁重。四是一些干部思想观念、自律意识、担当精神、工作作风、干事能力与新形势、新任务、新要求还不适应，作风建设和干部管理还需进一步改进等。

第二节　2017 年经济社会发展面临的形势

思路决定出路，格局决定结局。2017 年是形势复杂的一年，做好 2017 年的工作必须准确研判形势，把握发展优势，应对发展挑战，科学决策，扎实苦干。

一、发展机遇难能可贵，必须顺势而为

一是宏观环境总体有利。从全球看，经济全球化、区域经济一体化进程加快，国际产业和资本转移加速，世界范围内经济结构调整力度加大，为高坪发展提供了较好的环境。

二是国家政策带来利好。中央确立 2017 年将坚持稳中求进的经济工作总基调，继续实施积极财政政策和稳健货币政策，深化供给侧结构性改革，着力振兴实体经济等，将加大对中西部地区的投入，为高坪发展带来了重要机遇。

三是现实机遇多重叠加。市委确定的"155 发展战略"，高坪作为主战场之一，必将有利于高坪聚集更多的资源来推动发展，必将得到市委市政府更多的关注和支持来推动发展。

二、发展基础更加牢固，必须乘势而进

一是发展思路科学明确。区第六次党代会确立了符合高坪实际、有利于高坪发展、发挥高坪优势、顺应发展潮流、遵循发展规律、体现人民要求的发展蓝图，必将激发全区干部群众加快发展的动力。

二是战略框架全面构建。随着南充现代物流园、都京丝绸特色小镇、中法农业科技园等重大平台载体的建设，随着航空港工业集中区的转型升级，随着以嘉陵江沿线为平台的城市景观带、高端服务产业带打造，随着高坪机场的改造、嘉陵江航道的建设、"渝新欧"铁路高坪编组站的确立，随着现代农业示范区、全域旅游的规划等，为高坪的发展搭建了非常广阔的平台，形成了完整的发展框架。

三是发展氛围更为浓厚。人心是最大的政治，人心是最大的动力。通过 2016 年"三个决战全胜"的洗礼，高坪干部干事创业的激情空前激发，干事创业的本领极大提升，大家思发展、谋发展、促发展的愿望空前强烈，"三个决战全胜"所激发出来的空前热情正在转化成加快高坪发展的强大动力。

三、发展挑战仍然较大，必须迎难而上

就高坪实际看，近几年的发展还是低基数上的高增长、低水平上的快发展，整体还

处于负重爬坡期，还可能遇到很多困难和挑战。

一是制约因素明显增多。随着我国经济步入新常态，传统动能加快退出，新的动能尚未完全形成，靠拼成本、拼规模、拼要素的传统增长模式难以为继，转型升级和结构调整双重压力巨大。

二是区域竞争更加激烈。随着项目推动战略的深入实施，在加快发展新的起跑线上，各地竞相"攀高"，既比速度，又比效益，更比质量，既比发展能力，又比发展活力，更比发展潜力，竞争态势异常激烈。

三是自身困难压力较大。经济总量不大、结构不优、质量不高，产业层次较低，产业整体质量和效益较差，这是高坪区当前面临的最大问题。

第三节　2017 年经济社会发展思路、目标与重点

2017 年是高坪项目推进年和基础管理年，高坪区将深入落实"155 发展战略"，突出发展项目化、实施工程化、工作具体化，着力招强引优抓大开放、三产联动抓大产业、投资拉动抓大建设，以慢不得的使命感、等不起的紧迫感、坐不住的责任感，奋力建设"绿色高坪、幸福家园"。

一、发展思路

高举中国特色社会主义伟大旗帜，以马列主义、毛泽东思想、邓小平理论、"三个代表"重要思想、科学发展观为指导，深入学习习近平总书记系列重要讲话精神，认真贯彻中央十八届六中全会、省委十届九次全会和中央、省委经济工作会议精神，全面落实市委六届二次全会暨经济工作会议各项决策部署，始终保持专注发展、转型发展的战略定力，牢固树立和贯彻落实新发展理念，自觉适应把握引领经济发展新常态，始终坚持"稳中求进"的工作总基调，挂图作战、攻坚克难，高举高打、重点突破，全面培育高端服务业、先进制造业、都市农业"三大产业"，全面打赢脱贫摘帽、项目建设、改革开放"三场攻坚战"，全面推进政治、经济、社会、文化、生态建设和党的建设，为建设"绿色高坪、幸福家园"开好局、起好步。

二、主要目标

实现地区生产总值 148.1 亿元，同比增长 8%；全社会固定资产投资 199.5 亿元，同比增长 9%；一般公共预算收入 6.3 亿元，同比增长 9%；社会消费品零售总额 88.5 亿元，同比增长 12%；城镇居民人均可支配收入达到 24 983 元，农村居民人均可支配收入达到 12 080 元。

三、发展重点

（一）突出转型升级，全力推动产业高端发展

坚持高点起步、集约高效、联动融合，推动服务业做优做活、工业做大做强、农业

做精做特。

1. 强力推进三大"一号工程"

一是加快南充现代物流园建设。启动城际物流配送中心、传化加油站等项目，推进友信龙二期项目建设，完成中国物流南充中心、川东北粮食物流中心、南鑫钢材城、保税中心及连接线、园区铁路专用线等项目建设；瞄准国内外知名物流企业，加快引进一批龙头物流企业入驻发展，大力培育加工、装配、信息、金融等配套产业，着力延伸产业链，提高物流增加值，建设川东北物流集散中心。

二是加快中法农业科技园建设。强力督促湿地生态公园、法国风情水镇、水果公园、蔬菜花园、农业科技孵化中心等项目建设，按照旅游道路标准完成龙江路及相关道路建设，突出农旅结合建设幸福美丽新村，全力建设中国农业公园、都市后花园和旅游目的地。

三是加快都京丝绸特色小镇建设。突出产业、文化、旅游、生态、小镇"五大元素"，结合东湖公园、朱凤山开发建设，高水平做好都京片区建设发展规划，加大招商引资，促成一批丝纺服装企业落地发展，启动丝绸博物馆、丝绸产品交易中心、蚕桑生态体验园等项目，努力创建省级文化产业示范园区。

2. 着力推进高端服务业发展

一是积极培育康养旅游业。依托嘉陵江、螺溪河、凌云山、金城山、青松林海、盐卤温泉等自然资源和川北医学院等人文科技优势，大力发展生态旅游、休闲度假、游乐体验、养生养老等康养旅游业，有序推进青松林海游乐康养中心、凌云山景区提升、安汉文化新城、龙门龙文化展示体验小镇、白山沟休闲养生小镇等项目建设，争创国家"全域旅游示范区"。

二是积极培育新兴服务业。依托王府井、友豪国际等商业综合体，打造特色商业街区，加快发展城市商贸业，拉动市域消费，吸引外地消费，不断汇聚商机、集聚人气；推进国际会展中心、江东CBD前期建设，依托天来、明宇东方大厦等高等级写字楼，积极发展总部经济、楼宇经济，吸引一批金融保险、证券、文化创意、电子商务及中介服务机构入驻发展；加大营销推广，充分利用存量土地资源优势，积极发展新兴房地产业。

3. 着力推进先进制造业发展

一是推动工业园区扩量提质。集约集群发展航空港工业集中区，启动中科遥感、华巍机器人、三环电子五期等高科技项目，加快金雅顺家俬、富安娜定制家具制造等项目建设；力争川东北军民融合创新产业园落地高坪，引进一批军民融合项目入驻发展；启动华星奔驰4S店、国际汽车城配套服务中心建设，完成福特6S店、鑫成商业综合体建设，打造辐射川东北的国际汽车主题公园。

二是推动现有企业转型升级。支持六合集团、嘉美印染等龙头企业做大做强，加快嘉都服饰服装生产线、顺城盐化节能搬迁改造工程建设，推进易安纺织一期、燎原机械新品生产线等项目建成投产；启动科创中心建设，引导恒一食品、元顺机械等企业实施技改升级，盘活华宝玻璃、景渤石油等企业闲置资产，促进其转型升级发展。

4. 着力推进"都市农业"发展

一是大力发展现代农业。推进现代农业基地建设，连片打造嘉陵江流域优质柑橘、螺溪河流域粮经复合、双叉河流域优质花椒、金城山脉竹木及特色养殖"四大产业带"，新发展优质柑橘基地 333.5 公顷、粮经复合基地 333.5 公顷、花椒基地 1 000 公顷、竹木基地 1 334 公顷、优质果桑茶桑 200 公顷、特色小家禽养殖 20 万只。大力发展特色农产品。做强做优"黄溪贡米""高坪甜橙""烟山冬菜"等特色品牌，新培育农业产业化龙头企业 5 家、农民专业合作社 40 个、新型农民职业经理人 300 人以上。

二是大力发展休闲农业。加快"花田锦绣"都市农业示范基地建设，推进农耕文化体验园等项目建设；全面启动 30 个全国乡村旅游扶贫重点村建设，新建三星级以上农家乐、乡村酒店和民宿 8 个；不断壮大休闲农业产业规模，力争示范区农民人均旅游收入达 500 元以上。

（二）突出生态宜居，全力建设品质城区、美丽乡村

坚持生产空间、生活空间、生态空间"三生合一"，推进城乡统筹发展，让城乡更宜居、更美丽。

1. 强化规划引领作用

坚持规划先行，注重科学性、前瞻性、权威性，推进产业规划、城市规划、土地规划"三规合一"，启动江东新区等片区城市设计，推进老城区规划更新，协调完善北部新城片区控制性详规，完成重点乡镇和中心村规划，形成层级清晰、梯次衔接的城乡规划体系。坚持规划严控，坚决守住"三区五线"，坚决杜绝"长胖、长高、移位"现象，确保一张蓝图管到底、一张蓝图建到底。

2. 加快基础设施建设

坚持整体推进、无缝对接、互畅互联，着力完善综合交通、市政设施、公共服务配套，全面提升城市基础功能。实施"交通三年推进计划"，积极支持高坪机场航站楼、都京嘉陵江大桥、将军路嘉陵江大桥、南充二绕高速、进港大道等项目建设，推进"渝新欧"铁路高坪编组站立项工作；完成高蓬公路城区段改造，加快高坪车站迁建，升级改造县乡道路 30 千米；启动城市地下综合管廊建设，推进城区立体停车场、北部新城供排水工程、A 级公厕等配套服务设施建设，着力解决交通拥堵、停车困难、排水不畅等"城市病"。

3. 优化拓展空间布局

充分发挥主城区的核心引领作用，大力培育嘉陵江城镇聚集带、螺溪河城镇生长带、林海路产业发展带，加快形成"三带"齐发、产城融合的城市发展格局。推进"十镇"错位发展，培育打造江陵、青居、凤凰等 10 个特色小镇，辐射带动周边乡镇同步发展，力争创建省级生态乡镇 4 个、市级生态村 130 个，创建省级"四好村" 35 个、市级"四好村" 42 个，新建幸福美丽新村 40 个。

4. 大力提升品质内涵

加快智慧城市建设，加速望城坡片区开发，抓好南渝高速出口、江东大道、机场大道等标美化改造，完成梨树街等 5 条道路"白改黑"、阳春路等 3 条主干道光亮工程，配合建设东湖公园，实施江东新区、安汉新区棚户区改造，推进屠宰场迁建，努力建设

宜居品质城区。大力开展生态"五大行动",推进省级节水型社会示范区建设,启动嘉陵江高坪段、螺溪河流域综合保护开发,加快双叉河水库建设,全力解决城乡生态环境突出问题,力争城区空气质量优良天数比例达70%以上,万元GDP能耗下降3.2%,努力创建省级生态示范区。

5. 全面加强城市管理

坚持政府主导、社会参与、齐抓共管,着力在"摆顺、扫干净、不拥堵"上下功夫,让市民生活更安心、更省心、更舒心。健全管理、执法、服务"三位一体"的城市管理机制,建立"数字城管"平台,推动城市管理精细化、智能化、常态化。开展违法建设、卫生秩序、交通秩序、经营秩序四大专项治理行动,坚决查处"五乱"行为,不断提升城市文明度。完善"区、街道、社区"三级城市管理责任体系,进一步夯实城市管理基础。

(三)突出惠民富民,全力推动民生共享发展

坚持民本为先、民心为向、民生为要,着力坚守底线、补齐短板、推进共享,努力让发展更有温度、幸福更有质感。

1. 决战决胜脱贫攻坚

坚持把脱贫攻坚作为最大的民生工程,层层压实责任,逐级传导压力,确保33个贫困村出列、9 270名贫困人口脱贫。强化"五个一"责任主体,落实行业部门扶贫责任,抓好干部驻村帮扶工作,加大财政扶贫资金投入,引导社会资本投向贫困地区,巩固专项扶贫、行业扶贫、社会扶贫"三位一体"的全覆盖格局。着力发展特色产业,加快脱贫奔康产业园建设,探索新型农业经营主体带动、电商企业入驻、资产收益扶贫、贫困户入股分红等扶贫机制,促进群众持续增收。大力培育庭院经济和畜禽养殖,确保有劳动力的贫困户至少有1个增收项目。开展教育扶贫,继续实施"雨露"计划,阻断贫困代际传递。充分利用易地搬迁、医疗救助、低保兜底、生态补偿等途径,综合施治,全力保障,切实提高脱贫攻坚实效,坚决完成脱贫攻坚目标任务。

2. 着力保障改善民生

坚持共建共享,大力发展社会事业,不断提高保障水平,使发展成果更多更公平惠及全区人民。深化教育领域综合改革,合理配置教育资源,推进高坪职教中心、下中坝学校、高坪三小等项目建设,支持白塔中学特色发展,高坪中学争创省二级示范中学。加强疾病预防控制、妇幼卫生保健、卫生监督执法三大公共卫生体系建设,支持市中心医院江东医院建设,提升群众健康水平。完善公共文化服务体系,实施村级"五项"文化建设,新律基层文化室35个,争创凌云山国家级文化产业示范基地。提高城乡低保及优抚对象抚恤补助标准,完善城乡居民大病保险制度,加大就业扶持力度,全力救助困难群体,健全社会养老服务体系,建成南充友豪颐养院、乐得乐老年公寓,新建日间照料中心10个,新增就业6 000人以上。

3. 全面推进依法治区

深入开展"法律七进"活动,扎实推进"七五"普法,完善法律援助、司法救助体系,提高法律服务水平。依法管理城乡建设用地,有效保护基本农田,推进节约集约用地。大力排查化解矛盾纠纷,有效解决群众合理诉求,促进信访秩序稳定好转。加强

安全生产应急管理，杜绝较大以上事故发生。抓好工商质监市场监管，维护良好的市场经济秩序。抓好食品药品安全监管，确保居民饮食用药安全。依法有序开展村居换届，推进基层治理法治化。深化"平安高坪"建设，强化社会治安综合治理，加强重点人群和虚拟社会管理，持之以恒抓好禁毒工作，依法严厉打击各类违法犯罪行为，切实提升群众安全感。

（四）突出改革开放，全力推动区域创新发展

坚持创新引领、创新驱动、创新发展，加快构建深度融合的开放型经济新格局。

1. 深化重点领域改革，充分释放发展活力

推进国有企业改革，有效整合国有企业资源，提高国有资本配置和运营效率。推进管理体制改革，规范财政资金审批拨付程序，加强国家投资项目实施监管，规范项目资料归档整理，提高政府基础管理水平。推进投融资体制改革，切实发挥专项基金撬动作用，推广政府购买公共服务，抓紧落实首批 PPP 项目，加快设立产业基金，最大限度激活民间投资。推进统筹城乡综合配套改革，重点抓好土地整治、社会保障、农业农村、公共服务等领域改革，不断破除城乡二元体制、化解"三农"问题。

2. 推进产业招大引强，持续增强发展后劲

坚持把招商引资作为加快发展的主路径，瞄准京津冀、长三角、珠三角、成渝经济区等重点区域，发挥招商平台、商会、协会作用，围绕重点产业，突出重点行业，紧盯重点企业，开展"点对点"招商，通过专业招商、小分队招商、以商招商、网络招商等方式，引进一批产业链长、集聚力强、附加值高的大项目、好项目，争取一批世界500 强、中国 100 强企业到高坪设立区域总部、职能总部或结算中心，力争全年招商引资到位资金 60 亿元以上，新签约投资 5 亿元以上项目不少于 7 个。

3. 搭建创新创业平台，促进创新驱动发展

深入推动大众创业、万众创新，促进科技与经济深度融合。推进各类企业和高校、科研机构深度合作，推动"产学研"一体化发展。组建都京丝纺服装产业等技术创新战略联盟，构建政府、企业、科技、金融协同的创新服务体系。深化"互联网+"行动，完成众创空间建设，促进线上线下联动发展，搭建低成本、便利化、全要素的开放式综合服务平台。推动创新创业要素流动，力争全区个体工商户、私营企业总数达 1.5万户，新培育高新技术企业 2 家以上，新申请发明专利 25 件以上。

（五）突出廉洁高效，全力推进政府自身建设

坚持为民、务实、清廉，一以贯之抓好政府自身建设，打造公平正义、担当担责、廉洁高效的人民满意的政府。

1. 提升能力，科学理政

加强学习型政府建设，大力弘扬严谨端正、求真务实的学风，健全完善常态化学习机制，深刻领会中央治国理政的新理念、新思想、新战略。坚持学以致用、深学笃用，重点加强规划建设、产业发展、现代管理、投融资体制等方面的学习，着力解决"知识恐慌"和"本领恐慌"问题，切实提高推动科学发展和处理复杂问题的能力。

2. 转变职能，依法行政

着力强化"四种意识"，坚决维护区委权威，自觉接受人大的法律监督、工作监督

和政协的民主监督，高度重视新闻舆论监督，认真办理人大议案和政协提案。严格按照法定权限和程序履行职责，健全重大事项风险评估、集体决策、行政调解等制度，规范行政行为。大力实施诚信建设，坚决做到言必信、行必果，切实增强政府公信力。

3. 务实担当，高效施政

认真执行区委决策部署，围绕目标任务，逐项分解责任，科学组织实施，紧盯不放、一抓到底，强力推动重大项目、重点工作、重要事项落实落地，切实做到说一件、干一件、成一件。加强效能评价和行政问责，全力整治"庸懒散"、倒逼"能勤严"、打通"中梗阻"，让不作为、乱作为者无处立足，让担当者、实干者有为有位。

4. 真情服务，为民勤政

以服务对象满意为标准，推进政务服务标准化、高效化、一体化，着力营造审批环节少、办事效率高、行政成本低的政务环境。深化"放管服"改革，健全完善"三张清单一张网"，以简政放权为市场"松绑"、为企业"轻身"、为群众"解绊"，切实打通服务群众"最后一公里"，以政府的主动服务、优质服务，不断提升人民群众的满意度。

5. 勤俭节约，廉洁从政

全面落实从严治党、从严治政，强力推进党风廉政建设，严格执行中央八项规定，持续深化正风肃纪，坚决防止"四风"反弹。强化行政监察和审计监督，坚决堵住权力寻租空间，铲除滋生腐败土壤，确保正确用权、谨慎用权、干净用权。着力强化制度建设，规范政府行政行为，促进干部清正、政府清廉、政治清明。

第二十四章　2016 年嘉陵区经济社会发展情况与 2017 年研究

　　摘要：2016 年，嘉陵区经济平稳较快发展、扶贫攻坚成效显著、项目支撑作用增强、实体经济发展良好、民生不断改善、从严治党、政治生态不断净化。2017 年，嘉陵区将着力推进"1333"重点工作。

　　关键词：嘉陵区；经济社会发展；"1333"重点工作

第一节　2016 年经济社会发展情况

　　2016 年，嘉陵区圆满完成年度目标任务，满分通过省级脱贫验收，满票完成区乡两级换届选举。全区各项事业呈现良好发展态势，经济社会实现平稳较快发展。

一、经济平稳较快发展

　　全年实现地方生产总值 137 亿元、地方公共财政预算收入 6.59 亿元、固定资产投资 100.5 亿元、社会消费品零售总额 54.3 亿元、城镇居民人均可支配收入达到 20 975 元、农村居民人均可支配收入达到 9 661 元，分别同比增长 7.9%、18.7%、17.5%、12.1%、8.5%、9.7%。

二、扶贫攻坚成果显著

　　坚持把脱贫攻坚作为最大政治任务和全区中心工作，层层分解任务、压实责任，建立健全督查考核体系。扎实开展区级领导联系乡镇、区级部门对口帮扶、"第一书记"和农技员驻村帮扶、党员干部结对帮扶等活动，实现"五个一"帮扶力量全覆盖。对目标"两不愁、三保障、四个好"，大力实施产业增收，发展柑橘、桑蔬等特色产业 1.33 万公顷，建成脱贫奔康产业园 240 个。引导发展庭院经济，让每户贫困户至少有 1 个增收项目；全面完成 157 户 523 人易地搬迁安置，实施 C、D 级危房改造 3 287 户，实施"五改三建"4 850 户；加大教育保障力度，全区无一个学生因贫辍学；全面落实贫困人口"十免四补助"等医疗救助政策，切实减轻贫困群众看病负担；广泛开展"五星示范农户"评选活动，引导老百姓养成好习惯、形成好风气。全年减贫 5 145 户、

16 704 人，36 个贫困村退出，贫困发生率降为 3.27%。

三、项目支撑作用增强

坚持抓大项目、大抓项目，经济社会支撑能力明显增强。全年争取国、省项目 120 个，到位资金 42.5 亿元，新签约项目 18 个，协议引资 55 亿元，其中工业项目 12 个，5 亿元以上项目 5 个，省级平台签约项目 9 个。嘉祥路、冯家桥还房道路、茶盘路雨水管网等项目全面完成；青九公路嘉陵段、书房大道等项目加快推进；吉利新能源商用车、格润分布式能源等项目超计划推进。全年 11 个省、市重点项目累计完成投资 100.6 亿元，占全年任务的 120%；区级 71 个重大项目，完成投资 120.5 亿元，占全年任务的 104.4%。

四、实体经济发展良好

坚持扩大优势、补齐短板，实体经济聚焦优势日益凸显。创业小镇一期全面投入使用，入驻"双创"企业达 88 家，新能源汽车产业园加快建设，丝纺服装产业园入驻企业 32 家，吉利新能源商用车项目超额完成年度投资任务，依格尔工业旅游新路子成效明显，燕京啤酒引进新设备生产效能再升级。全年新增规模以上企业 12 户，工业销售收入 358.2 亿元，再创历史新高。新建特色农业基地 2 735 公顷，分别建成幸福美丽新村 48 个、村聚居点 5 个，新建高标准农田 1 774 公顷，申报有机农产品认证 7 个、绿色农产品认证 4 个。

五、民生优先强化保障

坚持植根群众、情系民生，倾尽全力提升群众幸福指数。顺利完成"10 项民生工程"和"20 件民生实事"。泥溪口棚改项目实现回迁，冯家桥、茶盘寺等棚户区改造项目稳步推进，全区还房历史欠账全部消除。高分通过"义务教育发展基本均衡县"省级评估认定，区人民医院住院大楼主体工程完工，一大批乡镇卫生院和村卫生室完成达标化建设。城市管理、爱国卫生工作再上台阶，位列全市第一。养老保险、医疗救助、民政保障覆盖面进一步扩大，社会就业创业工作大步推进，城乡居民幸福指数不断攀升。深入开展"七五普法"，依法稳妥处置房地产领域、征地拆迁、非法集资、涉军群体、"95、96"级中专生等涉稳问题，严厉打击刑事犯罪，扎实抓好安全生产和环境保护，社会大局和谐稳定。

六、从严治党净化政治生态

坚持高举旗帜、从严治党，推动政治生态环境不断净化。大力推进党员干部理想信念教育和政治纪律教育，深入开展"两学一做"学习教育。强化党管意识形态工作，广泛开展中央、省委、市委和区委重要会议精神宣讲活动，嘉陵播报等官方微博、微信公众号影响力和覆盖面不断扩大。扎实推进村（社区）"两委"换届，足额保障基层党组织活动经费、公共服务运行资金和村（社区）干部报酬。认真落实党风廉政建设主体责任，深入落实《关于新形势下党内政治生活的若干准则》《中国共产党党内监督条例》，严格执行中央、省、市关于作风建设各项规定。全力支持纪检监察机关查办案件，全年共立案查处党员干部违纪违法案件 111 件，给予处理 121 人其中处分 81 人，移送司法机关 13 人。

在取得显著成绩的同时，嘉陵区发展还存在一些困难和问题：一是虽然经济连续多年实现较快增长，但由于基数低、底子薄、人口多，区域经济总量、人均可支配收入在全市排位仍靠后。二是财政状况持续好转，但收入结构还不太合理，在经济持续下行态势下压力仍然较大。三是通过重构城市格局、拓展发展空间、完善基础设施，城市化进程明显提速，城市活力明显增强，但商机、人气离主城区目标还有差距。四是随着脱贫攻坚的深入开展，农村居民收入持续增加，农村基础设施有了较大改善，但公共服务方面相对落后，对非贫困村的发展兼顾不够。五是在加快发展进程中，征地拆迁、环境保护、安全生产、房地产纠纷处置等方面压力较大，影响社会和谐稳定的因素还不少。

第二节　2017 年经济社会发展面临的形势

"明者因时而变，知者随事而制"。2017 年经济发展，嘉陵区既面临各种矛盾交织、不同风险交汇的重大挑战，也有诸多机遇叠加、整体环境趋好的有利条件，可谓挑战与机遇并存，困难与希望同在。

一、发展形势复杂，必须科学研判

（一）从国内外环境看，面临加快发展之难

一是外贸受阻之难。全球经济仍处于深度调整期、变革期和低迷期，加之西方贸易保护主义抬头，我国外向型经济持续承压；美国基建、减税、推动制造业回归等政策，造成我国资本大量外流。

二是内需不足之难。受消费习惯、就业形势及社会保障等影响，居民储蓄率居高不下，消费意愿不强，企业库存压力较大，扩大再生产动力不足。

三是借力发展之难。宏观经济持续下行压力依然较大，市场信心不足，民间投资意愿较低，不利于嘉陵区招商引资。

（二）从周边竞争态势看，面临加快发展之忧

一是成渝虹吸之忧。嘉陵身处成渝之间，既是机遇，又是挑战，既有"大树底下好乘凉"的优势，也有"大树底下不长草"的危险；既有借势借力发展的机会，也有被"虹吸"吞没的隐忧。

二是竞争掉队之忧。从全市来看，九县市区你追我赶、竞相发展，竞争异常激烈，角逐达到白热化状态。从自身条件看，面临加快发展之困。一是脱贫奔康之困。由于先天不足，基础差、底子薄、不平衡、欠发达的基本区情尚未根本改变，实现 2017 年全区脱贫摘帽，时间紧、任务重、压力大。

三是发展质效之困。嘉陵区规模以上工业企业数量偏少，重点企业规模偏小，生产经营状况欠佳，转型发展任重道远。受电商冲击、融资困难、市场疲软等因素影响，现

代服务业举步维艰。

四是财力保障之困。一方面，财政增长后劲乏力。"土地财政"难以为继，地方债券额度有限，现有投资公司信用等级低、融资规模小，筹资融资较为困难。另一方面，财政刚性支出不断扩大。特别是 2017 年嘉陵区要脱贫"摘帽"，教育、卫生等大批民生项目亟待实施，升钟二期等省、市重大项目要加快推进，财政保运转、保民生任务艰巨。

二、多项利好叠加，必须把握机遇

面对当前经济发展新常态，既要正确看待问题，更要准确把握机会。

一是从战略布局来看，国家推进新一轮高水平对外开放，积极开拓国际合作新空间新领域，营造有利于我国发展的国际环境；深入推进内陆沿边沿江沿线开发开放、大力支持川陕革命老区振兴和成渝城市群发展等重大举措带来了发展新机遇。

二是从政策取向来看，中央将继续实施积极的财政政策和稳健的货币政策，重点发力供给侧结构性改革、降低企业税费负担等，企业发展迎来转机。国、省进一步加大支持脱贫攻坚力度，有利于更好地争取上级支持、争取政策资金，加快补齐发展短板。

三是从改革力度来看，中央持续深化重点领域改革，形成以新发展理念为指导、以供给侧结构性改革为主线的政策体系，将进一步释放改革红利。

三、内生动力强劲，必须扬长避短

（一）产业转型升级迎来利好

以战略性新兴产业和"中国制造 2025"为代表的高端制造业持续引领制造业发展，新能源汽车、生物医药等领域将迎来发展新机遇。作为实体经济主战场，嘉陵区应立足"五大千亿产业集群"，重点打造以吉利新能源商用车为龙头的汽车汽配产业，以依格尔为引领的丝纺服装产业，以燕京啤酒为支柱的食品饮料产业；同时，大力发展生物医药、节能环保等战略性新兴产业，切实把嘉陵打造成为南充实体经济"排头兵"。

（二）承接产业转移大有可为

随着"一带一路"、长江经济带、成渝城市群发展规划等国家战略深入实施，新一轮产业转移大潮即将来临。嘉陵区位优势明显，产业基础好，政策环境优，在承接地区产业转移方面空间巨大。为此，嘉陵区应抓住国家产业转移和川渝合作机遇，积极融入"一带一路"和长江经济带发展战略，做好深度融入成渝文章，努力实现借势借力发展。

（三）现代服务业发展前景广阔

目前，工业分工越来越细，对生产性服务业的需求不断提升；居民消费结构加快升级，对生活性服务业的需求急剧高涨，这将共同推进服务业发展速度加快、比重提高。2016 年嘉陵区服务业在地区生产总值的占比仅为 24.5%，发展潜力巨大。

第三节 2017 年经济社会发展思路、目标与重点

2017 年是嘉陵脱贫摘帽，实现全面小康的关键之年，凝聚共识，明确思路，推动嘉陵区经济社会发展取得新成果。

一、发展思路

全面贯彻党的十八届六中全会和中央经济工作会议精神，全面落实省委十届九次全会和省委经济工作会议各项决策部署，全面执行市委六届二次全会暨经济工作会议安排部署，大力实施"155 发展战略"，全力推动"成渝第二城·宜居新嘉陵"建设。

二、发展目标

地方生产总值确保实现 8%，力争 8.5%；全社会固定资产投资确保实现 15%，力争 16%；社会消费品零售总额确保实现 12.2%，力争 12.5%；一般公共预算收入确保实现 13%，力争 17%；城乡居民人均可支配收入分别增长 8.6%、10.2%以上。

三、发展重点

要实现上述发展目标，嘉陵区应抓好"1333"重点工作。

（一）全力办成一件大事，实现"脱贫摘帽"

脱贫摘帽是全年工作的第一要务，全区围绕 2017 年区摘帽、59 个贫困村退出和 13 699 名贫困人口脱贫"三大目标"着力推进工作。

一是锁定住房安全持续用力。持续抓好易地搬迁工作，加大危房改造、"五改三建"力度，全力保障贫困户住上好房子。

二是锁定产业发展持续用力。按照"大产业带动、小产业填充、微田园到户"的思路，大力发展连片产业，形成规模效应；全面推广"脱贫奔康产业园"模式，实现贫困村村村建园、贫困户户户入园；继续引导贫困户发展小养殖、小庭院、小作坊、小买卖"四小工程"，确保户户有致富门路。

三是锁定政策帮扶持续用力。切实加大技能培训力度，增加贫困群众就业机会；加大政策兜底力度，加快"两线合一"进程，实现"应保尽保"；严格落实教育、医疗救助政策，确保贫困家庭读得起书、看得起病。

四是锁定精神扶贫持续用力。持续推进"五星"示范农户评选和"四好村"创建工作，引导群众饮水思源、知恩感恩、自力更生、艰苦奋斗，确保实现物质、精神"双脱贫"。

五是锁定基础设施建设持续用力。继续抓好贫困村便民路、卫生室、文化室、安全饮水、农村电网、网络通信等基础设施建设；全力抓好各乡镇标准中心校、达标卫生院、便民服务中心建设。

（二）加快实施"三类项目"，拉动经济增长再提速

扭住重大产业项目、重大基础设施项目、重大民生项目"三类项目"，掀起项目建设新高潮。

一是强势推进重大产业项目建设。推动工业加快做大做强，始终坚持把吉利新能源商用车项目作为区委"一号工程"，举全区之力推动项目建设，确保7月底实现厂房建好、设备到位、总装下线的目标；全力支持格润分布式能源、金富春丝绸等项目全面建成投产。推动农业提质增效，进一步优化"两带三区"的产业布局，持续壮大柑橘、蚕桑等优势产业，加快发展以大通万亩农业观光产业园为代表的休闲农业、观光农业，不断提高农业生产附加值。积极培育三产新亮点，加速推进凤垭山天乐谷景区、黄金江岸等旅游项目建设，树立嘉陵江旅游开发示范品牌。

二是加快推进重大基础设施项目建设。城市建设方面，重点是完善城市功能。全力督促"嘉陵江永久记忆"主题酒店加快建设，打造城市新名片；加快启动滨江南路、嘉陵大道等城市干道提升工程，打造最美城市轴线；加快推进书房大道、陈寿路西侧道路、大小方沟污水治理等项目建设，进一步完善城市基础设施；加快打造白马水街等一批特色街区，进一步提升城市形象。交通建设方面，加快S208李龙路、龙蟠至七宝寺、新场至土门段等道路建设，开工建设李渡嘉陵江大桥，启动南泸高速嘉陵段、西顺嘉快速通道等重大交通项目建设，努力构建交通枢纽地位。农业农村方面，加快推进龙蟠、一立等35个乡镇全域土地挂钩项目，完成升钟二期工程主体建设，大力实施城乡一体化供水工程，不断完善农村基础设施。

三是切实推进重大民生项目建设。加快畅丰二期、黄莲湾、张家湾、小桥子等棚户区还房及配套设施建设；启动行知小学南荣路校区、李渡小学等改扩建项目，持续抓好嘉陵一中、实验小学等在建项目；加快川北医学院附属嘉陵医院、区中医院建设。

（三）持续深化"三大举措"，激发改革开放新活力

经济发展，对内靠改革，对外靠开放。坚持大改革大开放，让人、财、物、信息向嘉陵竞相汇聚、竞相奔涌，激发经济活力、增添发展动力。

一是全面深化改革。全力以赴抓好供给侧结构性改革，推进"三去一补一降"取得实效。持续推进重点领域和关键环节改革，做大做强嘉陵发展投资有限公司等投融资平台，实现国有资本高效流动。加快PPP等投融资模式试点，引导鼓励民间资本投向社会事业、公共服务等领域，破解发展资金瓶颈。加快推进扩权强镇改革，快速推进农村产权制度改革，建立健全农村产权流转交易体系，激发农村发展活力。

二是加快双创步伐。推进"双创"平台优化升级，加快推进创业小镇二期规划建设，构建创业小镇、创新小镇、总部小镇、金融小镇"四镇合一"的发展平台。深化高校合作，吸引科技成果转化落地，积极吸引总部企业、基金公司、金融机构向嘉陵汇聚。做优政策平台，建立财政资金多元化、多层次投入机制，采取"政府发起、社会资本参与、市场化运作"的模式加快建立创业投资引导基金、产业并购基金，放大财政资金的使用效率和引导功能，撬动社会资本支持创新创业。壮大创新主体，深入实施"嘉陵江英才工程"，培育引进高层次团队和技术型、应用型人才，激发全社会创新活力、创造潜能。

三是扩大开放合作。坚持以"大招商"带动大开放，瞄准吉利新能源商用车项目配套招商，加快壮大汽车汽配产业集群；瞄准成渝、看齐沿海、放眼全国，促成产业成建制、成链条、成集群向嘉陵转移；围绕汽车汽配、丝纺服装等主导产业专题招商，加快产业集约化、集群化发展。坚持构建"大平台"推动大开放，积极参与中外知名企业四川行、西部国际投资大会等对外推介活动，精心组织一系列专题招商活动，加大政企对接力度，营造"亲""清"的政商关系。

（四）统筹抓好"三项保障"，凝聚经济社会发展合力

坚持"十个指头弹钢琴"，统筹抓好党的建设、民主法制建设和依法治区等工作，确保全区各项工作紧锣密鼓、有条不紊地开展。

一是坚持从严管党治党。注重思想引领，深入推进学习型党组织建设；鲜明选人用人导向，注重围绕脱贫攻坚、项目攻坚和改革开放"三个主战场"，锻造干事创业、担当担责的中坚力量；充分发挥基层组织作用，构筑结构合理、坚强有力的战斗堡垒；持续深入推进正风肃纪专项整治，始终保持惩治腐败高压态势；严查群众身边的"四风"问题，以"零容忍"态度严肃查处违纪违法案件。

二是强化民主法制建设。推动人大、政府、政协依法依章履行职权；推动法院、检察院独立行使职权；做好民族、宗教、外事侨务和对台等统战工作，推进新形势下党的群团工作，加强党管武装和民兵预备役建设，强化"双拥"工作，推动军地融合深度发展。

三是深入推进依法治区。完善各级党委学法机制，提高领导干部的法治思维和法治能力；加快推进法治政府建设，完善行政权力负面清单制度，深入推进依法执法、规范执法、阳光执法；推进落实司法体制改革，着力提升司法公信力；深入实施"七五"普法，全面提升群众法治素养和法治意识；狠抓平安嘉陵建设，认真落实"一岗双责""谁主管谁负责"和"属地管理"原则，强力实施"乱告状、乱炒作、乱上访"专项整治，严厉打击犯罪，全力抓好安全生产，确保社会大局和谐稳定。

第二十五章　2016 年阆中市经济社会发展情况与 2017 年研究

摘要： 2016 年，阆中市在经济社会发展、脱贫攻坚、党的建设等方面取得了很好的成效。2017 年，阆中市将全力推进脱贫攻坚、大力推进全域旅游、聚力推进工业发展、合力推进项目攻坚、强力推进城乡建设、着力推进绿色发展、倾力推进民生改善。

关键词： 阆中市；2017 年"七个力"

第一节　2016 年经济社会发展情况

2016 年，阆中市面对宏观经济下行压力和特殊背景下的诸多挑战，克难奋进，负重前行，取得了殊为不易、十分难得的发展成效。全市地方生产总值达到 195 亿元，完成固定资产投资 215.4 亿元，同比分别增长 8.1%、13.5%；实现地方公共财政预算收入 9.5 亿元，同比增长 8.2%；实现社会消费品零售总额 89.1 亿元，同比增长 12.8%；农民、城镇居民人均可支配收入分别达到 28 150 元、12 217 元，同比分别增长 8.4%、9.6%。

一、以目标任务圆满完成为标志，经济社会全面进步

坚持把项目推动、产业振兴、城乡建设、改革创新作为主抓手，注重前瞻性，积蓄新动能，培育新支点，推动经济社会又好又快发展。

（一）着眼"长远、持续、实效"，项目推动硕果累累

一是谋划了一批好项目。坚持舞龙头、强支撑、夯基础、畅交通，着力把市第十三次党代会精神转化为促进发展的项目支撑。围绕"全域旅游"，谋划了古城文化创意产业园、"构溪河—姚溪坝"生态旅游度假区等 20 余个大项目，概算投资超过 300 亿元；围绕"产业倍增"，谋划了加加食品二期、康美医药产业基地、宜华康养城等 16 个项目，概算投资超过 100 亿元；围绕"城镇提质"，谋划"两门、两厅、两区"等 15 个项目，概算投资超过 100 亿元；围绕"民生共享"，谋划了精准扶贫、应急备用水源等 19 个项目，概算投资超过 100 亿元；围绕"内畅外通"，谋划了阆中机场、广南高速北互通、滨江西路等 13 个项目，概算投资超过 70 亿元。

二是招引了一批新项目。依托大平台、大活动，全力开展大招商，全年共签约项目 23 个，其中亿元以上 18 个，协议资金 224 亿元，到位资金 63 亿元，项目招引呈现出来源广、签约多、额度大等特点。四川交投集团拟投资 100 亿元的嘉陵江流域生态农业旅游综合保护开发项目即将签约；中冶东北公司拟投资 50 亿元的金沙湾康养旅游度假项目正在积极跟进；投资 5 亿元的深圳德欣电器压敏芯片生产项目已完成选址；广州坤银集团拟投资 40 亿元的古城文化产业创意园项目已进入前期实施阶段；"五彩花海、神农一号、大北农"等一批生态观光、休闲农业项目即将落地。

三是实施了一批大项目。全年实施重点项目 114 个，完成投资 260.6 亿元。项目投资有增无减。完成投资 95.3 亿元，占年度计划的 128.4%；完成南充下达的 11 个市级重点项目，投资 72.31 亿元，占年度计划的 168.2%。项目建设进度不缓。114 个重点项目中，25 个超进度、89 个达进度，新开工的 37 个项目 24 个已完工，其中，滨江南路已全线通车，中石化 LNG 提前投产，宜华木业产品已对外销售。筹资融资渠道广泛。积极争取债券资金、均衡性转移支付等各类资金达 65.37 亿元，通过发行企业债券、基金融资等方式融资 20.41 亿元，清理核减债务 22.5 亿元。

（二）强化"引领、支撑、补充"，产业发展形势喜人

一是旅游龙头持续高舞。深入推进品牌创建，嘉陵江山旅游度假区顺利通过省级验收并上报国家旅游局。加快基础设施建设，道台衙门复建工程全面建成开放，度假区游客中心主体竣工，大佛寺、玉台观改造提升工程初具规模，古城文化创意产业园和城南天下片区改造正按计划推进，一批文化院落建成开放。积极加强宣传营销，持续利用央视、网络、川航杂志等媒体扩大影响；以阆中开通动车为契机，布设动车专线广告，不断提升旅游知名度。积极完善功能配套，深入推进古城核心街区绿化柔化工作，深度开发水上旅游产品，滨江新天地、南津关古镇、滨江路西北段三大休闲旅游产业带加速成型。2016 年，全市接待国内外游客 900 万人次，实现旅游综合收入近 70 亿元。

二是工业经济持续发展。强化基础设施，拓展园区面积 10 公顷，完成相关道路、桥梁及能源、通信、管网等功能配套，成功创建四川阆中省级经济开发区；审定江东航空港高新技术产业园控制性详规，新增工业净用地 5.87 公顷。推动投产见效，东达立新羊绒精深加工项目正式投产，创越碳纤维、名豪酒业进入试生产，小微企业孵化园成功入驻 13 家企业，张飞牛肉等本地优势企业不断壮大，销售收入、税收贡献稳步攀升。2016 年，全市"小升规"企业 8 户、"净升规"6 户，规模以上企业累计实现总产值 151 亿元、入库税金 1.9 亿元，同比分别增长 10%、17.2%。

三是农业农村持续向好。成功创建中国生态休闲农业示范市，顺利跻身全省新一轮现代农业建设重点县。"江东、江天、江北"三大产业园区不断提升，中药材、生姜种植效益环比增长 12%，水果种植超过 2 001 公顷，商品蔬菜、粮油产量分别达到 45 万吨、42 万吨，农业效益更加明显。新增农村公路 180 余千米，全面完成中央"小农水"项目年度任务和 10 座病险水库除险加固任务，五马水库、木兰集中供水站加快建设，农村基础更加牢固。积极推进"四好村"建设，建成省级"四好村"30 个、南充市级"四好村"50 个、阆中市级"四好村"80 个，农村发展欣欣向荣。

（三）统筹"规划、建设、管理"，城镇发展更有质量

一是城镇体系更为完善。坚持全域规划、多规衔接，城镇空间布局和功能定位持续优化。编制《阆中市可持续城市发展远景规划》《阆中市可持续城市能力建设指南》等全局性规划，完成"中心城区社会停车场、城市地下综合管廊、海绵城市、电力、中心城区环卫设施"等专项规划；完成文成、彭城、双龙集镇控规编制，农村集镇规划日趋完善；启动了《朱家山片区城市设计》《阆中名城保护规划修编》及《阆中全域乡村旅游发展规划暨重点乡村旅游项目修建性详细规划》的编制工作。严格规划管控，强化规划执行，城乡"两违"现象得到遏制。

二是城市发展更有活力。全面完成巴都大道、华胥大道改造升级，建成新区滨江路、三台南路（南段）等城市干道，打通了顾家井、落下闳大道北段等卡口路，朱家山片区、火车站周边配套路网和阆州大道、河东大道等项目加快推进，城市骨架不断完善。国道347线改造基本竣工，国道212线改造工程（南段）全面投入使用，天宫—凉水二级旅游干线公路、构溪河高坎大桥、西河塘大桥、89队车站迁建等项目快速推进，阆中机场前期工作加快进行，"阆—仪—营"高速公路、嘉陵江航道建设相关工作正深入对接。持续实施房产新政，全年共网上签约商品房8 229套78.08万平方米，实现销售总额34.07亿元，同比分别增长18.05%、13.7%、13.72%。

三是城乡环境更加美好。坚持绿色发展，出台《推进绿色发展建设美丽阆中的实施意见》，为建设美好环境提供了遵循和制度保障。主动添绿护绿，完成新区滨江路、巴都大道、华胥路的绿化景观建设；积极推进火车站站前广场及周边道路、阆中古城国家城市湿地公园等骨干道路、重要节点绿化景观建设。大力防污治污，积极贯彻落实新《环保法》，狠抓"一江四河"水资源保护，建成第二垃圾填埋场、第二污水处理厂，建成乡镇污水处理站8个、垃圾处理设施380余个，完成了第一污水处理厂迁建扩能工程、城市备用应急水源工程项目可行性研究、选址等前期工作，污染防治的水平和能力大幅提高。

（四）注重"试点、改革、法治"，发展活力充分释放

一是试点工作成效明显。积极推进新型城镇化综合试点工作，编制完成"十三五"期间重大项目库（含PPP项目），共谋划16大类54个重大项目。古城水环境综合治理PPP项目顺利进入国家示范项目库，阆中城市停车场建设PPP项目进入申报阶段，城市地下综合管廊建设项目已纳入省级试点。积极破解资金难题，加快推进与进出口银行、农业发展银行、国家开发银行等金融机构的合作，建立多元可持续的资金保障机制，已筹集到各类资金近25亿元。坚持"市民待遇与农村权益"共享，积极推进户籍制度改革，出台居住证制度，加快农业转移人口市民化工作，全市新增农业转移人口和外来人口2万多人，实现返乡创业人员3 000多人。国家建制镇示范试点经验在全省交流，新型城镇化综合试点工作顺利通过国家发改委中期评估。

二是深化改革有序推进。坚持"创新、协调、绿色、开放、共享"的五大发展理念，抓好重点领域和关键环节的改革。积极探索土地托管机制，解决土地细碎化和撂荒土地复耕，有效实现了粮食增产、农民增收。深化农村产权制度改革，全面完成全市农村五项产权土地确权登记工作，农村集体资产股份制改革、供销社综合试点改革等13

个方面的农村改革有序推进、势头良好。此外，社会服务管理体系改革、公车改革、生态文明体制改革、公立医院综合改革等改革事项有序推进。

三是法治良序有效构建。严格落实国、省、南充法治建设安排部署，狠抓领导干部"关键少数"，始终把会前学法作为市委常委会、中心组学习会的首项议程，全年组织各类会前学法近60期。深入推进"法律七进"，大力开展普法宣讲，通过"法在身边"电视栏目、法治电影展、依法治市微博等多种形式广泛宣传法律知识，提升基层群众法治意识。完善"大调解"工作体系，切实规范信访秩序，扩大法律援助范围，依法维护群众权益。积极完善现代社会治理体系，全面提高预防预警和应急处置能力，着力推进社会治安立体防控体系建设，提升社会治安综合治理水平，深化"平安阆中"建设，确保社会大局和谐稳定。狠抓食品药品监管，大力整顿规范市场经营行为，阆中市场秩序规范程度显著提升。

二、以脱贫攻坚首战告捷为标志，民生事业全面提升

坚持"民生为先、民生为本"，全力以赴抓好脱贫攻坚这一大事难事，着力解决群众最直接、最现实的利益问题，让人民群众共享改革发展成果。

（一）脱贫攻坚首战告捷

严格对标贫困村"一低五有"和贫困户"两不愁、三保障""三有""四个好"退出标准，积极探索"园区+扶贫""旅游+扶贫"等模式，脱贫奔康步伐明显加快。强化脱贫攻坚投入保障，市本级投入财政扶贫资金7 000万元，增幅达20%；整合全市水利、交通、民政等行业扶贫资金5亿余元。强力统筹形成合力，实行常委领导包片、县级领导包村，91个帮扶部门、142个驻村工作组、168名"第一书记"和158名农技人员，与142个贫困村结对帮扶，实行帮扶全覆盖。33个贫困村、17 674名贫困人口成功退出贫困行列，阆中脱贫攻坚工作得到省、南充市验收考核抽查和第三方评估组高度评价，成功实现了首战全胜。

（二）民生保障更加有力

全年投入22.09亿元，持续实施"10项民生工程"和"20件民生大事"。实施农村危房改造3 511户，惠及群众1万余人。坚持稳定和扩大就业，全年新增城镇就业8 756人，实现再就业2 810人，城镇失业登记率控制在4.15%以内。着力扩大社保、医保、农保覆盖面，各类社会保险参保人数达125.93万人次，征收社会保险费13.36亿元。大力健全社会救助体系，全年共发放城乡低保资金1.83亿元，救助大病贫困患者9 479人，发放救助资金925.1万元。扎实做好优抚安置工作，为1.53万名优抚对象发放各类补助经费5 069万元。积极发展社会福利和慈善事业，城乡留守儿童、妇女和老人的关心关怀力度进一步加大。

（三）社会事业蓬勃发展

改造农村薄弱学校11所、幼儿园11所，思源小学、凌家坝小学、南池幼儿园、保宁中学扩建等推进有序。46个乡镇卫生院标准化建设全部达标，33个摘帽村卫生室按"七有"标准建成并投入使用。持续推进公立医院改革，严格落实分级诊疗，全面落实"九免一补助"惠民政策。深入推进"千年古城·万家书香"全民阅读文化项目，组织

开展"三下乡""精准扶贫文化惠民演出"等活动近 100 场次，成功承办全省羽毛球公开赛等重大体育赛事，文化工作典型事例首次登陆央视《新闻联播》。大力开展"养成好习惯、形成好风气"道德宣讲活动，市民素质不断提升。此外，计生、科技、统战、工商联、侨务、工会、青年、妇女儿童、残疾人事业等工作推进有序、成效明显。

三、以市乡换届实现全胜为标志，党的建设全面加强

坚决落实从严管党治党决策部署，全面压实管党治党政治责任，推动党建工作各项任务有序推进、落实落地。

（一）市乡换届实现全胜

将换届选举作为净化政治生态的重要抓手，紧扣"绘出好蓝图、选出好干部、配出好班子、换出好面貌"的目标，扎实做好各项工作。坚持从严教育、全程警示，组织专题学习换届纪律 20 余次，开展警示谈话 13 000 余人次，与近 3 000 名乡镇党员干部、村"三委"成员签订严守换届纪律承诺书，开展换届廉政审查 5 000 余人次，快查快结群众举报件 11 件，6 名党代表、人大代表资格被取缔。坚持规范操作、选优配强，认真落实"一评议两核查两公示"、全程"放下"、责任倒查等制度，认真执行防止"带病提拔"的十项规定和"六个凡必"，把问题干部拒之门外。坚持重拳出击、从严震慑，制定换届舆情监控和突发事件应对、违反换届纪律案件查核专办、案件限时办结等制度，确保了换届环境风清气正、风平浪静。

（二）"两学一做"学习教育扎实开展

把"两学一做"学习教育作为重大政治任务，周密安排部署、扎实有效推进。坚持领导带头、层层示范带动，明确各级党组织及其负责人主体责任，制定"1+7"系列文件，成立工作协调小组和督导组，对每个节点的主要任务及时编送温馨提示和学习清单，形成以上率下层层示范的良好效应。统一开展中心组集体研学，汇编教材帮助个人自学，邀请省委党校专家开展理论导学，领导干部带头讲党课，扎实开展"重温入党志愿、重温入党誓词"主题党日活动，形成了全员参与、上下联动的总体效应。大力开展党员示范行动，市老干局岳春华同志荣获中央、省表彰，受到刘云山等党和国家领导人接见，在全国老干部工作表彰大会上发言。

（三）干部队伍建设不断加强

始终把干部工作作为事关全局的关键性、根本性工作来抓。认真落实习总书记"五好干部"标准和省委"三重"用人理念，坚持"三看三洗三不用"用人原则，严格执行新《条例》和省委"1+5"文件，全年共调整干部 463 人，提拔重用 196 人次。始终坚持党管干部原则，研究出台了《实名推荐科级领导干部暂行办法》《科级领导干部"综合表现库"暂行办法》，切实增强了干部选任科学性。大力整治"三超两乱"，综合运用公务员职务与职级并行等政策，消化超配干部 62 名。从严从实抓好干部监管，专题解剖问题班子 10 个，提醒谈话 120 人次，调整不胜任现职干部 7 人，对因抓精准扶贫工作不力的 2 名乡镇党委书记进行了降职处理，对脱贫攻坚履职不力的 17 名干部分别予以了党政纪处分及免职等组织处理。

（四）基层基础更加牢固

切实鲜明大抓基层的导向。投入 1 440 万元新建村级活动阵地 30 个，选派 142 名"第一书记"、142 名农技员，组建 144 个驻村工作组。大力实施"百千万人才培训计划"，开展全覆盖培训 2 次。按每年 3 万元标准落实了村（社区）办公经费，每村每年 5 万元标准落实了服务群众专项经费。抓好产业园区党建，全市 59 家规模以上非公企业实现组织与工作"双覆盖"。扎实抓好基层党建重点任务，排查失联党员 81 名，完善党员档案 1 200 余份，清理违纪违法未给予处理党员 8 名，组织党员补交党费 23 万元，整顿升级软弱涣散村党组织 46 个。在精准扶贫村试点开展"三带四积分，齐力奔小康"活动，有力提升基层党员群众的干事激情。

（五）正风肃纪深入推进

结合正风肃纪专项整治及巡视整改工作，开展违规收送红包礼金、违规经商办企业、公款旅游、私设"小金库"专项整治，对 2 个单位 4 名负责人公费旅游、公款吃喝问题进行了立案调查。集中开展了以涉农项目资金管理、侵害群众利益不正之风和腐败问题、涉农信访突出问题为重点的"三项整治"活动，收回违规资金近 2 100 万元。全面开展"庸懒散浮拖"专项整治活动，对存在工作执行不力、纪律涣散问题的 12 名人员予以了效能问责和通报批评。开展贯彻落实中央"八项规定"情况监督检查，收缴财政非税收入 7.23 万元，清退违规发放津补贴 3.9 万元。坚持"老虎""苍蝇"一起打，全年立案查处各类案件 105 件，给予党政纪处分 78 人，挽回经济损失 2 000 余万元。重点查办了国土局原局长受贿案、统征办原主任受贿案、土地整理中心原主任受贿案等典型案件。

第二节　2017 年经济社会发展面临的形势

一个地方的发展，不是孤立的发展。纵观 2017 年阆中市经济社会发展，必须把阆中放在国、省以及南充的宏观形势下科学考量，用开放的视野审视，用发展的眼光谋划。

一、从宏观形势来看，"大干快干"正当其时

一是虽然世界经济仍处于深度调整阶段，具有不稳定性和不确定性，但危中向好的趋势逐渐呈现。根据国际经济合作与发展组织预测，2017 年美国经济增速将达到 2.3%，2018 年突破 3%，美国是世界经济形势的"晴雨表"，它的强劲反弹必将有力带动全球经济增长。

二是虽然目前我国经济面临较大的下行压力，但趋势总体可控，整体形势并没有超出中央"四个没有变"的判断，尤其是随着"一带一路"、长江经济带、西部大开发、供给侧结构改革等重大经济发展战略的深入推进，新的增长点不断涌现。2016 年下半年，全国采购经理指数重回荣枯线上方，用电量同比增长 8.3%，铁路货运量两年多来首次出现同比增长，这三大指标是经济学中衡量经济形势上升的最"硬"指标，显示

出全国经济稳中有进的回暖态势。

三是国务院同时将成都、重庆确定为国家中心城市，把成渝经济区、成渝城市群等发展规划上升为高等级国家发展战略，必将带动区域内中小城市发展，促进区域经济加速发展。

四是兰渝铁路即将全线贯通，南充市将成为兰渝铁路连接大西南、大西北交通主动脉上的重要节点，成为"渝新欧""蓉新欧"区域辐射的重要节点，更为阆中加快发展奠定了良好的基础和巨大的政策争取空间。

二、从自身现实看，"大干快干"势在必行

一是经济发展方面。总量上，2016 年阆中市 GDP 虽然达到 194 亿元，位居南充市各县、市、区第三，但排在前面的顺庆、南部已分别突破 300 亿元、280 亿元，差距正在拉大；紧跟在后的仪陇、营山分别达到 165 亿元、150 亿元，差距正在缩小，标兵渐远、追兵渐近，形势紧迫。结构上，三次产业结构比为 23.5∶46.4∶30.1，第一产业分别比全省、南充高 12.5、2 个百分点，第三产业分别比全省、南充低 13.5、0.1 个百分点，这与川东北旅游龙头城市的身份极不相称。财政收入上，地方一般公共预算收入虽然达到 9.46 亿元，同比增长 8.18%，但增速首次跌破 10%。

二是工作布局方面。2016 年阆中市委第十三次党代会明确了"实现一个目标、实施四大战略、开展五大行动"的"145"发展思路，并在各板块安排了一系列工作，谋划了一大批项目。2017 年初，阆中市已经相继敲定了四川交投、广东坤银、中冶集团等一批总投资 200 多亿元的大项目、好项目，形成了搭梁立柱、长远支撑的局面，有了好的开始，还必须一鼓作气、一以贯之、一抓到底，把这些项目尽快落地、加快实施、早日建成投产。

三是干部精神状态方面。个别同志、部分干部自我感觉良好，全南充的"老先进""老大哥"思想仍然严重，坐井观天、小成则满的思想仍然存在，故步自封、夜郎自大的思想仍有市场。殊不知阆中的工作纵向看，变化虽大，但横向比，差距不小；在南充范围内位虽居前列，但在全省格局中仅处于中等甚至偏下的水平。必须看清差距、戒骄戒躁，重新归零、重新出发。

三、从各界期待看，"大干快干"时不我待

多年来，阆中一直处于高位高速的发展态势，形成了一种发展惯性。可以说，各级领导、社会各界都希望阆中市当好经济发展的加速者和排头兵，在发展速度和发展质量上取得新突破，开创新局面。就省、市的要求来讲，南充市委、市政府将阆中称为南充的一张闪亮名片，作为展示对外形象的一个重要窗口，就是希望阆中市能够在各项工作上干在先、走在前。就阆中市民的期盼来讲，人民群众对美好生活的向往，就是执政者的追求，必须坚持科学发展、加快发展，才能让群众生活得更加幸福。

第三节　2017 年经济社会发展目标与重点

建设世界古城旅游目的地、实现决战决胜全面小康宏伟目标，2017 年工作十分关键。

一、发展目标

认真贯彻落实国、省、市系列决策部署，紧紧围绕阆中市委"五大行动"，狠抓工作落地落实，力争 2017 年实现地区生产总值增长 7.8%，固定资产投资增长 13%，地方一般公共预算收入增长 7.6%，规模以上工业增加值增长 10%，社会消费品零售总额增长 12%，城镇居民人均可支配收入、农民人均纯收入分别增长 9%、10%。

二、发展重点

（一）全力推进脱贫攻坚，补齐全面小康短板

一是强化"决战决胜"促脱贫。作为最大政治任务。始终把精准脱贫作为重大政治责任和最大民生工程，百倍用心，千倍用力。严格"双组长"责任制、"五个一"驻村帮扶、"三个一"工作调度，确保 57 个贫困村出列、1.36 万人减贫。给予最强资金保障。整合安排各级各类专项扶贫资金 5 亿元以上，落实金融扶贫资金 5 亿元以上，加强资金使用监管，为脱贫攻坚注入强劲动力。采取最严督查考核。完善脱贫攻坚考评体系，健全问责奖惩办法，坚持"双督查""双周报""月通报"等制度，以最严的考核机制和最铁的追责手段，倒逼部署落地落实。

二是强化"基层基础"促脱贫。加强道路建设。完成省道 206 线凉水至河溪段升级改造，改造县乡公路 50 千米，新建通村公路 200 千米，建成河溪构溪河、天宫西河塘等渡改桥项目。加强水利建设。推进五马水库建设，加快亭子口水库阆中灌区前期工作，抓好中小河流域综合治理、中央财政小型农田水利重点县年度建设任务，整治病险水库 34 座，解决 2 万农村群众安全饮水问题。加强配套建设。实施易地扶贫搬迁 3 000 户、危房改造 3 000 户；启动 110 千伏河溪输变电工程建设，完成 99 个村电网升级改造；新（改）建村级卫生室 52 个、文化室 54 个；健全完善电视"户户通"和广播"村村响"工程管理机制；切实提升农村通信网络质量。

三是强化"增产增收"促脱贫。搭建全覆盖平台。加强江天、江北、江东三大园区建设，推动肉牛、生姜、中药材、水果、蔬菜等特色产业串点成线、连线成片，加强品牌创建，逐步实现全市现代农业全覆盖。培育全链条产业。探索"龙头企业+基地+贫困户""支部+公司（专合社）+贫困户"等产业发展机制，强化利益链接，抓好脱贫奔康产业园建设，引导农民适度规模经营，确保每个贫困村都有支柱产业、每个贫困户都有稳定的增收致富渠道。实施全方位服务。有序推进农村土地所有权、承包权、经营权分置并行，切实维护农民权益；进一步培育龙头企业、家庭农场、农业专合社等现代农业发展主体；强化农资、农技和农业保险服务，推进农机和农艺融合，夯实农业发

展基础。

四是强化"民心民意"促脱贫。充分尊重群众意见。坚持问需于民、问计于民，因村、因户、因人完善扶贫规划、安排项目资金、细化帮扶措施，确保有的放矢、精准发力。全面落实惠民政策。不折不扣地落实好各项惠民政策，重点做好建档立卡贫困户住院医疗费用报销、在校学生教育补助等工作，让贫困群众切实感受到党委政府的关怀和温暖。切实加强民风教育。完成第十届村（居）委员会换届工作，完善"五位一体"基层民主治理机制；在所有行政村开办农民夜校，抓好"四好村"创建工作，激发群众脱贫内生动力。

（二）大力推进全域旅游，强化旅游龙头地位

一是实施全域规划。拓展空间格局。着眼全市宏大的山水人文格局，高标准编制阆中市旅游发展总体规划，加快形成古城核心旅游圈、半小时旅游圈、一日游及多日游等多圈层联动、多线路支撑的全域发展格局。细化功能定位。加快编制《阆中市乡村旅游发展规划》等相关专项规划，推动全市景区景点标准化、特色化发展，启动一批旅游特色小镇、特色村庄、特色院落建设，加快形成古城"街巷休闲、院落度假"、城周"观光休闲、亲山亲水"和乡镇"乡村休闲、养生养心"等旅游新业态。维护规划权威。推动旅游近中远期规划、总体规划与专项规划的科学有机衔接，挂图作战，按图施工，坚决维护规划的权威性，一步一个脚印扎实推进。

二是加快全景建设。围绕创建全国休闲旅游示范城市，加快建成一批旅游配套景区及服务设施。建好"一核"。从城南天下、笔向街、百花庵街等街区破题，提升内涵、完善功能，增强古城吸引力。打造"三区"。实施姚溪坝生态露营、自驾游营地等建设，打造构溪河湿地生态休闲旅游区；启动沙溪片区山地骑行等项目，打造沙溪运动康养度假区；实施柏垭—天宫片区民俗民宿、特色文化体验等项目，打造风水文化体验区，努力形成全链条的旅游体系。培育"两带"。整体连片开发滕王阁—金银台电站片区，开通水上旅游公交线，建设沿江生态旅游带；推进博树、老观等特色集镇建设，建设乡村休闲旅游带。

三是推进全业融合。力促"旅游+文化"。启动古城"两厂"改造提升，着力打造文化创意产业园；依托四川传媒学院阆中基地、峨眉影视集团老观拍摄基地，大力培育旅游演艺及影视文化产业；积极举办各类论坛会展、特色赛事活动，做实"千年古城·万家书香"项目，深入挖掘春节文化、宗教文化、科举文化等特色文化内涵，不断增强阆中文化影响力。力促"旅游+农业"。结合农业示范园区建设，完善乡村旅游"三建、四改、五通"设施，大力发展休闲观光农业，打造一批农事体验产品。力促"旅游+工业"。以丝纺、食品企业为重点，打造游客参与制作、体验的工业旅游示范项目，培育体现地方特色的工业旅游品牌。力促"旅游+互联网"。加快旅游信息服务平台建设，加强网络宣传营销，推动线上线下融合发展，提高阆中旅游知名度和市场覆盖面。力争接待游客人数突破1 000万人次，旅游综合收入突破90亿元。

四是注重全民参与。强化政民互动。巩固旅游品牌创建成果，积极引导市民参与旅游规划、项目建设，支持古城保护和商业业态调整，围绕旅游创业就业，共享旅游发展红利。强化企业共建。进一步健全完善古城景区管理体制，创新建设运营机制，引进大

企业、吸引大资本、融入大市场；启动古城旅游上市相关工作，借助资本力量，推动阆中旅游做大做强；强化涉旅行业协会自律化、标准化管理，规范旅游市场秩序。强化人才支撑。深入实施"嘉陵江英才工程"，积极推进阆中智库建设，引进培养一批适应旅游经济、城市规划、金融资本、法律服务等方面的综合管理人才、行业领军人才，提升阆中经济社会建设发展水平。

（三）聚力推进工业发展，促进增量转型提质

一是着力培育产业集群。推动食品医药产业集群强势崛起。鼓励企业扩大产能、拓展市场，促进保宁醋、张飞牛肉、鸿宇冷冻年销售收入分别突破5亿元，加加食品突破3亿元，康美药业突破2亿元，阆苑酒业技改迁建项目全面投产。推动新能源新材料集群加速突破。强力推动创越炭材料、中石化LNG全面投产，开发下游产品，延伸产业链条；抓好压敏芯片、风力发电等项目跟踪落地，壮大集群规模。推动丝纺服装产业集群振兴繁荣。鼓励东达立新、银河地毯、卓尚丝绸等抢抓旅游市场机遇，形成特色鲜明、独具竞争力的旅游工艺产品品牌。推动家具建材产业集群做大做强。促使宜华木业三条生产线全部投产，产销额力争达到10亿元，做实金博瑞新型墙材及建材企业实力，提高综合竞争力。力争全市规模以上工业企业产值达到157亿元，入库税金2.2亿元。

二是着力提升工业质量。抓技改创新。围绕《中国制造2025》战略，鼓励企业应用新技术、新设备，力争全年完成技改项目10个、投资4.5亿元。抓小微培育。切实发挥工业发展资金引导作用，吸引更多"小特优"企业落户小微企业孵化园；大力推进"小升规"工作，力争新增规模以上工业企业10户。抓品牌创建。实行品牌创建奖励政策，支持企业申报和推介驰名商标、品牌产品，力争年内新创国、省名牌3个。

三是着力增强园区活力。推动园区建设。坚持"产城一体"化，创新"以企建园、以园建园"等方式，完善道路、能源、通信、公交等园区配套设施，全面建成出口非洲贸易加工园，加快推进江南火车站现代物流园、江东航空港高新技术产业园等建设。优化园区空间。强力推动入园企业履约清理，重点做好澜沧江啤酒、恒元节能等资产重组，引导停产半停产企业有序退出，提高入园企业投资强度，提升园区承载能力和产业层次。加强园区管理。发挥省级经济开发区品牌优势，创新园区管理体制和运营机制，搭建园区"企企通"综合信息服务平台，促进园区提档升级。

（四）合力推进项目攻坚，全面扩大有效投资

一是挂帅出征谋项目。精心策划一批新项目。围绕国、省重大决策部署和资金投向，围绕阆中现实发展机遇和薄弱环节，深度谋划一批基础设施、产业发展、公共服务重大项目，力争新储备10亿元以上较成熟的大项目10个以上。全力争取一批大项目。设立"PPP项目促进中心"，抢抓成渝城市群、城镇化综合试点、脱贫攻坚等政策机遇，力争城市地下综合管廊、嘉陵江流域生态旅游综合保护开发等项目纳入国、省"盘子"，到位资金50亿元以上。务实招引一批好项目。强化招商力量，改进招商方式，营造亲商、重商、护商的良好环境，主动承接发达地区产业转移，全力引进一批投资额大、带动力强的好项目，力争招引5 000万元以上项目15个、到位资金80亿元以上。

二是挂图作战建项目。抓前期促开工。突出"早"，切实做好项目规划选址、环境评价、征地拆迁等前期工作，力争阆中机场续建、广南高速公路北互通及滨江西路、古

城水环境综合治理、千佛华儿湾水库等项目开工建设。抓续建促竣工。突出"快",创造一切条件加快项目进度,确保国道 347 线、嘉陵江四桥及滨江南路、阆州大道、火车站站前广场及地下空间装饰装修等项目全面竣工。抓投产促见效,突出"实",督促招引项目依法依规履行投资协议,确保盘龙山温泉度假酒店、加加食品二期等项目建成见效。力争年内实施重点项目 100 个以上、完成投资 80 亿元以上。

三是挂责问效促项目。责任到人,层层落实。坚持"一项目一主体、一主体一责任人"原则,明确项目推进工作责任,加大拆迁、资金、土地等要素保障力度,加强项目全过程跟踪管理。任务到点,按时交账。大力实施"清单工作法",继续坚持"一月一督查、一月一通报"制度,确保项目推进中的问题第一时间得到解决,项目形象进度第一时间赶上。奖惩到位,逗硬考核。健全项目绩效考核体系,强化现场拉练、个案剖析、直播报账等促进方式,加大考核奖惩力度,强化考核结果运用,确保项目建设有力有序推进。

(五)强力推进城乡建设,推动市域协调发展

一是抓好城镇化综合试点。加快农业转移人口市民化。健全完善人口基础数据库,建立立体化的公民信息管理系统;推行居住证制度,全面消除农业转移人口在就近入学、政务服务、社会保障方面的限制条件。力争全年转移农业人口 2 万人,常住人口城镇化率提高 2.3 个百分点。创新投融资体制机制。深化投融资体制改革,充分激活社会资本参与城镇建设;强化与金融机构链接,提升城镇化建设保障能力。推进强镇改革试点。全面加快老观建制镇示范试点、柏垭扩权强镇改革试点、河溪百镇建设试点等改革,为集镇建设注入新活力。

二是加快推进城镇建设。突出规划引领。按照"城乡统筹、协调发展、合理布局、节约土地、集约发展"原则和"多规合一"的要求,编制完善近期建设规划、控制性详细规划和相关专项规划,提升规划的精细化、科学化水平。拓展城镇规模。以重大项目为牵引,大力推进"两门""两厅""两区"建设,实施长盛大道、七江大道、蟠龙街等骨干道路项目,适度拓展城市发展空间;加快集镇发展,提升综合承载能力。完善配套功能。充分用好现有城镇空间,建设一批城市地标、标美街道、特色街区、公共场所,重点抓好城区停车场、89 队车站搬迁、农贸市场等配套工程,做好产业填充,保障城镇畅通,持续提升城镇形象品位。

三是提升城镇管理水平。完善管理体制。推进城市规划、建设、管理执法体制改革,形成权责清晰、目标量化、无缝对接的城管新机制。统筹旅游、城管、交通、产业、应急等力量,加快"智慧城市"建设,推动城市管理科学化、智能化。整治重点领域。优化景区景点、重要街道、城市门户、关键节点风貌,持续开展交通秩序、拆非打违、户外广告等专项整治,形成环境清爽、市容整洁、规范有序的良好形象,争创"国家卫生城市"。规范社区管理。统筹社区基层组织与业主自治组织,构筑适应城市发展的社区管理体系;制定出台物业管理规范性文件,加强还房小区等物业管理,提高居民生活满意度。

(六)着力推进绿色发展,加快建设美丽阆中

一是建设绿色秀美山川。加强林业保护。稳步推进新一轮退耕还林、天然林保护工

程，确保全市森林覆盖率稳中有升。开展造林增绿。推进高速公路、铁路、国省县道造林全覆盖，栽植一批绿化、彩化、香化景观林、康养林及多彩林带，争创省级绿化模范县，加快建设国家生态园林城市。实施生态修复。抓好砂石开采综合治理，增强"一江四河"流域生态涵养功能；大力实施土地整理、城乡建设用地增减挂钩试点等项目，强化地质灾害防治，努力建设嘉陵江中上游生态保护示范区。

二是打造绿色生态城镇。深入推进七里马家河流域综合治理，迁建老城污水处理厂；加快城市备用水源建设，加强城乡集中式饮用水源地环境保护，保护好一方碧水。加强孙家垭垃圾填埋场后续生态保护，科学规划并加快建成城乡生活垃圾和污水处理系统，有效控制好面源污染，保护好一方净土。加大建筑工地、道路扬尘、餐饮油烟等治理力度，严控秸秆焚烧，环境空气优良率达到90%以上，保护好一片蓝天。

三是倡导绿色低碳生活。推进节能降耗。落实节能减排政府责任制和企业约束机制，加强公共机构节约能源资源工作。实施"全民节能行动计划"，倡导节俭、绿色、文明消费。发展低碳经济。实施分布式能源、垃圾发电厂、年产20万吨废旧纺织品再生利用等项目，促进资源节约集约利用。强化宣传教育。引导社会公众自觉爱护生态环境，严肃追究环保违法行为，形成政府、企业、市民共同参与生态文明建设的良好局面。

（七）倾力推进民生改善，共建共享幸福家园

一是持续激发"双创"活力。深入实施"青年创业促进计划""大学生创业引领计划""农民工返乡创业计划""归雁计划"，加强创业培训、项目推荐、金融支持、市场开拓，着力培育壮大一批双创主体。推进阆中科技企业孵化器建设，支持企业与市内外高等院校建立"产学研"联盟，设立技术研发中心，着力搭建一批双创平台。深入推进商事制度改革，不断降低创新创业门槛；强化科技创新金融支撑，引导社会资金和金融资本支持创新创业；加强知识产权保护，构建公平公正的市场环境；持续开展各类创新创业活动，着力营造双创浓厚氛围。

二是全面落实民生工程。加大民生投入力度，确保财政投入用于民生支出的比重稳定在75%以上。大力实施民生工程，突出抓好民生大事。加快金银观、朱家山、黄连垭等棚户区改造。突出抓好农业转移人口等重点人群就业和再就业，力争新增城镇就业7 500人。实施"全民参保计划"，深入推进养老保险和工资、职称（职级）等制度改革，抓好新老农保并轨及社保转接、五险合一等工作。新建互助养老中心10个，为3万名老人提供居家养老服务。

三是不断优化公共服务。全力推动阆中师范学校创建四川文化旅游职业学院；推进保宁中学、白塔中学等扩建及凌家坝、思源实验小学建设，实施11所农村薄弱学校改造，做大优质教育资源，提升教育发展质量。深化医药卫生计生体制改革，提升公共卫生服务能力；积极引进名医名院，着力打造区域医卫康养中心。广泛开展全民健身运动，积极筹办国内外重要赛事活动。加快规划建设一批图书馆、博物馆、文化馆等公共平台，加强基层公共文化服务。抓好市场监管，巩固省级食品安全示范市创建成果。加强精神文明建设，依法治理网络生态空间，稳步提升市民素质，以健康文明引领社会新风尚，积极争创"全国文明城市"。

　　四是切实维护社会稳定。深入开展"七五"普法，有效推进"法律七进"，构建覆盖城乡的公共法律服务体系。完善"大调解"工作体系，突出抓好工程建设、房地产等领域积案化解，切实维护群众的合法权益。推进安全生产双重预防，加强应急能力建设，坚决遏制重特大事故发生。落实社会治安综合治理责任制，不断提高社会治安信息化管控水平，严厉打击违法犯罪行为，确保社会大局和谐安定。

　　五是贯彻党的民族政策，推进宗教事务依法管理。强化国防动员和后备力量建设，支持国防和军队改革，做好双拥共建、人民防空等工作。积极发展妇女儿童、老龄事业，继续做好外事侨务、统计、档案、供销、蚕桑、保密、邮政、气象、地方志、红十字会等工作。

第二十六章　2016 年南部县经济社会发展情况与 2017 年研究

摘要：2016 年，南部县在改革发展、"脱贫摘帽"、从严治党等方面取得了较好成效。2017 年，南部县将从"突出城乡一体抓大建设，让人居环境更美"等"六个突出"方面着力，加快建设"亲水南部"，决战决胜全面小康。

关键词：南部县；脱贫摘帽；项目攻坚；"六个突出"

第一节　2016 年经济社会发展情况

2016 年，在市委的坚强领导下，南部县紧紧围绕"四个全面"战略部署，深入贯彻落实党的十八届六中全会、省委十届九次全会、市第六次党代会精神，紧紧围绕"南充新未来·成渝第二城"总体目标和"155 发展战略"决策部署，求真务实，锐意进取，较好完成了全年工作目标任务，全县经济社会发展整体平稳向好。全年完成地区生产总值 287 亿元、增长 8.1%，一般公共预算收入 8.8 亿元、增长 13.5%，全社会固定资产投资 280 亿元、增长 12.3%，城镇居民和农村居民人均可支配收入分别增加到29 629 元、12 383 元，分别增长 8.5%、10.0%，继续保持了高增长发展势头。

一、凝心聚力抓改革发展，决战全胜目标任务

始终保持专注发展的定力，全面落实南充市委关于改革发展和经济工作的重大部署，紧紧围绕"五大千亿产业集群""五大板块重大工程项目"，全力以赴抓项目、抓产业、抓招引，千方百计稳定经济增长，发展势头不减、增速不慢、排位不降。

（一）挂图作战、现场验靶，全力以赴推动项目攻坚

精准对接国家"政策包"，争取到位国（省）预算内项目、专项建设基金、低息长期政策性贷款等资金 108.4 亿元，总投资 1 417 亿元的 205 个重大项目进入国、省"盘子"。实行一个重点项目一名县级干部挂联，挂图作战、按图施工、现场验靶，好的颁发"流动红旗"，差的给予"黄牌警告"，全年共授红旗 30 面、发黄牌 11 个，推动广南高速定水互通连接线、定水至升钟湖旅游公路、三岔河棚户区改造等 127 个重点项目完成投资 187.2 亿元、占年度计划的 118.5%，其中 15 个省、市重点项目完成投资 62.1

亿元，占年度计划的 180.4%。

（二）转型升级、提质增效，全力以赴壮大实体经济

围绕"四大主导产业"做大做强工业，新增规模以上企业 10 户，实施技改创新项目 15 个，技改投资增长 42.5%，40 户中小微企业产品纳入政府采购推荐目录。围绕"三大有机产品"做精做特农业，引进温氏托养、劲楛科技、森肽集团等龙头企业，带动发展水果、中药材、畜禽养殖等现代农业产业基地 5.67 万公顷。围绕"两大主攻方向"做优做活三产，编制实施电商三年规划，启动建设电子商务示范县，亿联电商产业园进驻电商企业 16 户，阿里巴巴农村淘宝率先在全市入驻并建成 5 000 平方米淘宝产业园、80 个村淘站点，拉动全县 430 余户工商企业及特色农产品加入电商平台；出台"2+2"房产促销政策，带动商品房去库存 58 万平方米，新增投资 11 亿元、增长9.6%；积极培育商贸企业，新增限上企业 23 户；成功举办升钟湖钓鱼赛事，八尔滩水生态游、禹迹山宗教游以及莲花文化游持续火热，实现旅游综合收入 47.8 亿元、增长 9.8%。

（三）主动出击、精准出击，全力以赴扩大招商引资

坚持实施"三个精准"招商战略，围绕"成渝西""珠三角""长三角"实施精准区域招商，主动承接梯度转移产业；围绕电子信息、食品医药、丝纺服装和机械制造"四大主导产业"实施精准产业招商，做大做强优势产业；围绕"环保、就业、税收"三条底线实施精准项目招商，招引科技型、潜力型、可持续型项目。通过重点区域招商、商会招商、节会招商、全员招商等多元化招商战略，县级领导 37 次率队招商，组团参加 C21 城市论坛、川商大会、西博会、融入重庆等招商平台，成功签约引进碧桂园、福建创世纪饮食文化等重大项目 24 个、协议总投资 115 亿元，其中 5 亿元以上项目达 11 个。

（四）统筹城乡、全域发展，全力以赴建设"亲水南部"

按照"高水平规划、高质量建设、精细化管理"理念，面向国内外公开招标，聘请深圳毕路德、浙江麟德等顶尖规划团队，对满福坝片区、城南片区进行高水平规划，同步编制"一江五湖"和嘉陵江流域南部段综合保护开发总体规划；启动实施定升公路、绕城高速、嘉陵江三桥等一批重大交通枢纽工程建设；完成老城区、城北新区 18千米城市排污管网改造，加快伏虎、升钟等"百强试点镇"建设，新建幸福美丽新村71 个；常态加强城市管理，国家卫生县城顺利通过国家复审；深入推进撤县建市，持续扩大城市影响力。

（五）深化改革、加强创新，全力以赴释放发展活力

以国家中小城市改革为重点，深入推进"五大领域改革"和 13 项国、省、市改革试点，其中"纪委监督同级党委"获省纪委高度肯定和省委政研室全省推广。以重点领域改革为突破，深化扩权强镇、行政审批体制、农村等专项改革，66 项县级行政审批事项全面下放，行政审批"权力清单""责任清单"制度全面推行，农村产权交易中心完成组建。以投融资体制改革为大，全面放开社会资本参与城市污水处理、城市供水、社会化养老等领域投资，组建城市建设投资公司、旅游投资公司、交通投资公司等国有投资平台，包装推出 PPP 项目 6 个。

二、精准发力抓"脱贫摘帽"，决战全胜脱贫攻坚

紧紧围绕 2016 年摘帽目标，强力推进"六个精准""五个一批"落地落实，8 519 户、27 569 人达标脱贫，超年度目标任务 5 242 人；66 个贫困村达标退出，超省计划目标 57.1%；全县贫困发生率降至 2.52%，圆满通过脱贫攻坚省级考核验收和第三方评估。全国扶贫培训班、全省农村安全住房建设、全省产业扶贫、就业扶贫、考核评估培训会等现场会先后在南部召开，脱贫攻坚首战首胜。

（一）全力全速推进安全住房建设

把解决贫困户住房问题作为首要任务，精准吃透国、省、市政策，探索推行了"四书一报告""两条底线""四个环节""四不原则""五改三建"等系列建房措施，强力抓开工、逼进度、保质量，实现安全住房建设"三年任务一年完成"。2 393 户易地搬迁和 8 325 户危房改造全部竣工，2016 年脱贫户全部搬进了安全房。

（二）千方百计拓宽贫困群众增收渠道

坚定不移实施"四小工程"，安排到户产业补助资金 1.2 亿元，分户规划落实小庭院、小养殖、小作坊、小买卖 10 339 户，使每户贫困户至少有 1 个增收项目，解决了当年增收的问题；坚定不移推行龙头企业+专合组织+农民群众+金融+保险的"五方联盟"机制，在全县发展食用菌、肉鸡、果药、水产等脱贫奔康产业园 200 个，把千家万户的"小"变成一村一业、一乡一品的"大"，解决了稳定脱贫的问题；坚定不移推行"1353"就业扶贫模式，通过 15 个南部驻外商会开展贫困户技能培训，帮助转移就业 9 396 人，就近就业 2 700 余人，2016 年脱贫户工资性收入占家庭总收入的 63%。

（三）采取过硬措施救助特困群众

从 2016 年 1 月起，将贫困患者县城就医报账比例提高到 92%、乡镇就医提高到 95%，7 月起贫困户县内就诊全额报销实现"零支付"，全面落实贫困人口"九免四补助"与新农合、大病保险、医疗救助、疾病应急救助、商业健康保险等相衔接的医保救助政策，对全县"医疗救助一批"的 25 501 人进行了全面免费健康体检。从 2016 年 7 月份起，按"每月 260 元、全年 3 120 元"标准，率先在全省落实低保线与贫困线"两线合一"。目前，8 519 户全部实现"一超、两不愁、三保障、三有"，所有乡镇卫生院、村卫生室已全部达标。

（四）狠抓安全饮水建成全域供水体系

整合资金 15 亿元，依托嘉陵江、西河和升钟湖"三大水源"，建成 6 个大型制水厂，铺设 9 条供水主干线，形成"三源六厂九线+N"的城乡一体全域供水体系，有效解决了 65 万农村群众"饮水难"问题，2016 年退出的 66 个贫困村全部通上安全自来水。

（五）实施"五大教育"激发贫困群众感恩奋进

坚持把"干群一家亲"活动作为一根红线贯穿始终，全面推行村"两委"提议、村民代表审议、全体村民决议"三议"群众工作法，深入开展感恩教育、法纪教育、习惯教育、风气教育和脱贫光荣的自尊教育"五大专题教育"，积极开展"四好"村、"四好"星级示范户创建。贫困群众的自主脱贫热情和内生动力充分激发，全县主动争

创"四好"星级示范户的贫困家庭达到了96%，"懒惰致贫可耻、勤劳致富光荣"深入人心，实现了物质、精神"双脱贫"。

三、持续加力抓从严治党，决战全胜换届选举

深刻汲取南充拉票贿选案的惨痛教训，始终把纪律和规矩放在前面，从严压实责任、从严组织实施、从严正风肃纪，赢得了乡镇党委、人大、政府换届"三个高票"，县委、人大、政府、政协换届"四个满票"，实现了换届选举的风清气正和全胜目标。

（一）压实五个责任，筑牢全胜堡垒

把坚持党的领导贯穿换届选举工作全过程，建立了县级领导联系乡镇、换届工作联席会议制度，建立清单并压紧压实了"五个责任主体"的责任。县委先后21次召开常委（扩大）会议专题研究部署，组建了22个换届风气督导组和工作督导组全程指导督导、把关审核。27名县级领导干部、400多名乡镇领导干部、200多名后备干部、4 000多"四类人员"以及50名组工干部、300名纪检干部纷纷公开承诺，人人签订责任书，人人立下"军令状"，逐项明确责任主体，细化工作清单，建立起五方联动履责、工作倒逼尽责、责任倒查问责的工作机制，全县上下党委主导、领导负责、齐抓共管，团结一心、众志成城，一举扫除了拉票贿选的阴影。

（二）严格程序步骤，抓住全胜关键

按照省委、市委统一部署，坚持"环节一个不少、程序一个不漏、政策一项不变"，分层分类制定县（乡）党委、人大、政府等换届工作"任务书""路线图""时间表"，严格换届流程，并结合实际将操作程序细化为10个步骤27个环节，严防程序错漏、倒置、空转。全面实施"一表一图一清单"（时间进度表、实施流程图、逐月任务清单），把进度细化到天、程序规范到点、任务落实到人，由县级领导牵头，每周一盘点、每月一调督，确保换届工作同政策对接、同要求对接、同实际对接"三个对接"严丝合缝。县（乡）党委换届、县（乡）人大代表选举、县政协委员推荐均实现了"零差错""零风险""零违纪"。

（三）鲜明用人导向，奠定全胜基础

紧紧围绕省委"重品行、重实绩、重公认"导向，严格执行"干部推荐诚信评价制度"，按照实绩清单、负面清单、诉求清单"三张清单"择优比选乡镇领导干部438名，创新推行"九步三审三选八公示"选拔"四类人员"75名。一大批在重大项目、脱贫攻坚、招商引资"三个一线"中实绩突出和群众公认的好干部脱颖而出，组织提名的513人在乡镇党委换届中高票当选，其中，494名全票当选。同时，严把"三个关口"做好"两代表一委员"推选工作，严把准入关，实行党委书记、纪委书记"双签字"，严防"带病推选"；严把审查关，10名党代表候选人因受过组织处理和党纪政纪处分被否决，9名人大代表候选人被取消资格，2名人大代表候选人因社会反响不好被劝退；严把选举关，组织提名的363名县人大代表和3 591名乡镇人大代表顺利当选，实现了法定程序和组织意图"两个全胜"。

（四）严肃换届纪律，实现全胜目标

开好"四个会议"统一思想，坚持谈心谈话会、"一片一书"警示会、专题民主生

活会、风险分析会"四个会议"一项不少，逢会必讲换届纪律，必看警示教育片，必学中央"九个一律、九个严禁"、省委"六个坚决查处"、市委"十个不准"和县委"十不准"等要求，筑牢了干部思想防线。畅通"两条渠道"常态监督，坚持明线、暗线双重监督，由县纪委组建 15 个监督检查组、1 个要案核查组适时进行明察，聘请 1 000 余名民情反馈员适时收集线索，把矛盾消除在萌芽状态。坚持"三不过夜"迅速处置。凡涉及换届有信访举报的，坚持初核不过夜；凡初核发现线索明显的，坚持立案不过夜；凡问题一经查实的，坚持审理通报不过夜，以铁的纪律和查处"高压网"，实现了换届全过程的风清气正。

第二节　2017 年经济社会发展面临的形势

2017 年，是党的十九大和省第十一次党代会的召开之年，也是新一届县（乡）领导班子实现换届全胜、回报全县人民的履新之年，还是"亲水南部"开创新局面、再上新台阶的发力之年。2017 年，南部县发展面临形势的基本判断是：机遇与挑战并存，机遇大于挑战。

总体来看，全县经济社会面临的是机遇与挑战并存的发展环境，经济发展长期向好的基本面没有改变，特别是国家大力实施"一带一路"等战略，深入推进内陆沿江沿线开发开放，大力支持川陕革命老区振兴和成渝城市群发展，为南部发展创造了有利条件；中央继续实施积极的财政政策和稳健的货币政策，国、省进一步加大脱贫攻坚的支持力度，供给侧结构性改革等政策红利持续释放，为南部发展增添了强劲动力。同时，仍面临经济增速换挡、结构调整阵痛、新旧动能转换等严峻考验，面临周边县市你追我赶、竞相发展的竞争压力，南部县必须敏锐把握发展机遇，积极破解发展难题，不断厚植发展优势，着力补短板、夯基础、促改革、增动能，锐意进取，务实苦干，努力推动南部新一轮发展。

具体来看，应针对"上、中、下"情积极进取。

一是要在吃透"上情"中抓住机遇。"上情"就是宏观经济持续下行的总体态势没有变，党的十九大和省第十一次党代会胜利召开的政治机遇、"十三五"规划全面实施和系列专项规划密集出台的政策机遇十分难得，南部县必须抢抓机遇、乘势而上、创新发展。

二是要在吃透"中情"中直面竞争。"中情"就是区域竞争与日俱增、相互赶超，犹如逆水行舟，不进则退，南部县必须敢于竞争、勇于竞争，在狭路相逢中赢得竞争。

三是要在吃透"下情"中积极作为。"下情"就是综合实力不强、产业结构不优、民生任务繁重的基本县情没有变，南部县必须聚精会神、持之以恒加快发展，以党员干部的辛苦指数不遗余力地换取人民群众的幸福指数。

第三节　2017 年经济社会发展思路、目标与重点

一、发展思路

2017 年是"亲水南部"建设的关键之年，全面贯彻落实国、省、市决策部署，牢固树立并认真践行"五大发展理念"，深入实施省委"三大发展战略"和市委"155 发展战略"，坚持稳中求进工作总基调，始终围绕"十个坚定不移"的决策部署，以提高发展质量和效益为中心，以项目攻坚和脱贫攻坚为主抓手，抢先发力、抢先领跑、抢先突围，为决战决胜全面小康、加快建设"亲水南部"奠定坚实基础。

二、发展目标

地方生产总值增长 7.5%，地方一般公共预算收入增长 7.5%，全社会固定资产投资增长 10%，规模以上工业增加值增长 8.5%，社会消费品零售总额增长 12%，城镇居民人均可支配收入、农村居民人均可支配收入分别增长 8%、9.5%。

三、发展重点

(一) 突出城乡一体抓大建设，让人居环境更美

一是推进城镇功能配套。编制完成城市第五次总规修编和城南片区、老城区控制性规划。制订出台海绵城市建设实施方案，启动海绵城市专项规划及县城水系、绿地、交通等专项规划编制。开工建设江、河、湖、库连通工程，完成满福坝滨江防洪堤、城市应急水源及供水工程建设，配套建设满福坝、火车站、城北新区和定水、大堰等重点场镇市政设施。新建幸福美丽新村 60 个。建成南隆 220 千伏、白云 110 千伏、东坝 35 千伏输变电工程。完成火车站综合停车场及益民广场立体停车场建设，优化新华路、炮台路、滨江路等街区交通设置。积极探索海绵城市建设发展模式，启动 5 条街道和 4 个商住小区海绵化改造，铺设地下管网 21.5 千米，力争纳入海绵城市建设试点。

二是推进交通扩网提速。对接"南充交通三年推进计划"，启动嘉陵江三桥、绕城公路建设，完成定水互通连接线附属工程、火峰隧道工程，新建城市主干道 10 千米，着力拉大城市骨架。完成新世纪广场环形道路改造。启动成巴高速八尔湖互通工程，力促阆 (中) 南 (部) 仪 (陇) 高速公路和顺 (庆) 仪 (陇) 路南部段开工建设，完成定升公路路基铺筑，规划建设县城至大坪骨干道路，升级改造通乡通村联网公路 100 千米，实施渡改桥和危桥加固 5 座，建成青龙嘴大桥、城东客运站，形成更加顺畅通达的交通体系。

三是推进城乡生态共建。强化生态优先、生态打底、生态强县理念，启动滨江生态走廊建设和灵云山、五面山、火峰山等森林公园升级改造。加快实施升钟湖、八尔湖污染治理和琴台河内河修复，完成"两溪"生态修复补水建设。建成 12 个乡镇污水处理厂。建立生态破坏植被恢复补偿制度，治理水土流失 25 平方千米，植树造林 667 公顷，坚决打击乱砍滥伐。深入开展噪声、油烟、扬尘污染及农村生活垃圾等专项治理，坚决

打击乱修乱建、乱拆乱建等行为，持续实施"摆顺、扫干净、不拥堵"和城乡居民素质提升工程，争创省级文明城市，为全国文明城市创建奠定基础。

（二）突出三产联动抓大产业，让经济结构更优

一是推动新型工业集群发展。完善中小微企业孵化园功能配套，完成园区4.8千米道路改造，加快排污管网和智慧园区平台建设。实施"中小企业成长计划"，完成金泰纺织、宏昊铸造等10个项目技改创新，关停10蒸吨以下燃煤锅炉3座。加大中小企业政府采购支持力度，设立企业"过桥基金"，帮助企业解决销售、融资和用工问题，促成福祥电子、多亚电子、度维电子、谷丰机械建成投产，助推新龙源管业、劲楛科技等企业挂牌上市，新培育规模以上企业6户、达到107户，实现销售收入407亿元、工业投资40亿元以上。

二是推动现代农业规模扩张。加快农业结构和区域布局调整，引导土地有序流转，培育家庭农场等新型农业经营主体258个，创建万亩现代农业示范基地5个，建设优质粮油基地2万公顷。支持温氏集团建立繁育推广体系，建成年出栏10万只肉鸡产业园70个、400头以上肉猪产业园90个，带动发展托养农户470户。培育农机示范合作社38个，推广农业机械化耕种2万公顷。拓展脆香甜柚、杂柑等水果基地2 001公顷、核桃干果基地1 334公顷、有机水产基地4 002公顷，新建蔬菜基地334公顷，建设油牡丹、白芨等生态观光农业667公顷，引导龙头企业发展订单生产和农产品精深加工，形成"种养加、贸工农"一体化产业体系。

三是推动第三产业快速崛起。编制完成现代物流发展规划和行业物流专项规划，启动火车站物流园和粮食物流、冷链物流项目建设，引导快递物流企业入园发展，力促车众文化产业园建成营业，亿联、邮政等物流项目挤进"千亿物流产业集群"。做大做强"农村淘宝"产业园和亿联电商产业园，新培育本土电商企业10家以上，推动农特产品、旅游产品上线运行，争创全国电子商务进农村示范县，力争全年实现社会消费品零售总额109.8亿元。启动升钟湖国家级旅游度假区建设，加快八尔湖国家4A级景区创建步伐，办好第九届中国升钟湖钓鱼大赛和第六届莲花节，实现旅游收入45亿元以上。

（三）突出投资拉动抓大项目，让发展后劲更足

一是在项目争取上抢先。积极对接国、省政策和投资方向，精心包装和谋划储备项目500个以上。建立重大项目动态储备机制，提高项目成熟度，完成通用机场、升钟湖优良湖库等项目前期工作。依托工信部、省委政研室、峨影集团、民航飞行学院等帮扶单位，加大衔接汇报力度，力争海绵城市、绕城公路等重大项目进入国、省"盘子"，全年到位项目资金65亿元以上。紧盯央企、名企、行业领军企业和上市公司开展投资促进活动，力争全年签约落地项目12个、到位省外资金50亿元以上。

二是在项目建设上加快。坚持"一个项目、一名领导、一个专班、一套方案、一抓到底"，挂图作战、按图施工、现场验靶、倒逼落实，确保投资量、实物量、工作量"三量齐增"。加快征地拆迁，强化要素保障，强力推进140个重点项目实施，完成投资200亿元以上，确保75个新建项目如期开工，65个项目年内竣工，杜家湾水厂二期、县城江河治理等项目加快推进，力争全年完成全社会固定资产投资308亿元。

三是在项目管理上从严。健全完善政府投资项目监督管理办法，严格执行项目建设

"四项制度"，坚决杜绝暗箱操作和违法转包分包，坚决打击阻工、扰工、强揽工程等违法行为。严格项目变更审批，坚持全过程质量监管和审计跟踪监督。严禁挤占、截留、挪用项目资金，努力把每个项目都建成支撑南部长远发展的优质工程、廉洁工程和人民满意工程。

（四）突出改革创新抓大开放，让内生动力更强

一是深入推进重点改革。加快国家中小城市综合改革试点和撤县建市进程，鼓励民间资本通过特许经营、合作运营等方式，参与基础设施、公共服务设施和生态环境项目建设；建立农村产权评估、抵押担保等配套服务机构。扎实开展第三次全国农业普查工作。全面实施个体工商户"两证整合"登记制度改革。完成县信用联社改制，组建农村商业银行。加快推进户籍制度改革，逐步建立城乡统一的户籍登记制度。深化医药卫生体制改革，加快远程会诊平台建设，全面落实分级诊疗制度。积极推进供给侧结构性改革，探索建立购租并举的住房制度，对棚户区改造和国有土地的房屋征收实行货币化安置，促进房地产市场健康发展。

二是不断扩大开放合作。编制完成融入成渝发展规划，通过缔结友好县区、推进校地合作、开展商会交流等多种形式，拓展合作领域，提升合作水平。推行重大招商项目县级领导包联和"一站式服务"制度，营造重商亲商、开明开放的发展环境。建立县级领导联系商会制度，新筹建南部驻外商会3家。探索建立"总部经济园""归雁经济园"，支持在外乡友企业回迁发展。

三是积极支持创新创业。出台招才引智优惠政策，着力引进一批科技创新、电商发展、法律咨询和城乡规划建设等方面的精英人才。实施创新创业资助工程，鼓励大学生、农村致富能手、外出务工返乡人员自主创业，新增创业主体3 500户，带动城乡就业8 000人以上。加强科技创新引领，鼓励企业建立数字化、智能化管理系统，支持南嘉泵业、聚力机械等企业建立技术研发中心，力争转化科技成果5项、申报专利180件以上，创建高新技术企业1家，争创省级名牌产品1个、著名商标2件。

（五）突出决战决胜抓大攻坚，让脱贫步伐更快

一是努力增加贫困群众收入。紧扣产业扶贫"生命线"、技能培训"支撑线"、政策兜底"保障线"，全面推广"五方联盟"产业发展机制，新建脱贫奔康产业园80个，着力发展村集体经济，辐射带动大面积产业发展；持续抓好"四小工程"，高效推进"三个一培养计划"，培养致富能干人、技术明白人6 000人，新增转移就业3 000人以上；严格落实教育、医疗等扶贫政策，认真对接"两线合一""两项补贴"，确保8 205名贫困人口顺利脱贫。

二是持续改善生产生活条件。围绕村退出、户脱贫标准，健全完善竞争立项、滚动调项机制，精准实施"19个专项扶贫计划"。解决46个贫困村安全饮水问题，实施114个贫困村电网改造升级，完成130个贫困村卫生室、文化室标准化建设。统筹推进农田水利建设，实施土地整理6 470公顷，整治病险水库10座，维修和新建灌区渠系200千米，完成武引二期主体工程，建设高标准农田1 668公顷，确保46个贫困村顺利退出。

三是不断激发脱贫动力。深入开展"五大教育""四好村"创建和"四好"星级示范户评选等活动，消除"等靠要"，杜绝"比看怨"，充分激发贫困群众内生动力。强

化精准脱贫过程管理，完善现场验靶、蹲点督导、正向激励等机制，充分激发"五个一"帮扶力量的最大干劲。借助行业扶贫、定点帮扶等单位力量，充分发挥扶贫协会、慈善总会和商会等社会组织作用，形成人人参与、共同出力的扶贫工作格局，凝聚起脱贫攻坚的强大力量。

（六）突出惠民利民抓大民生，让幸福指数更高

一是强化民生保障。加快推进"五险合一"，积极推动全民参保登记，抓好城镇个体工商户、私营企业参保工作，动态消除"零就业"家庭。帮助建档立卡贫困人口免费参加医保。建成村（社区）残疾人康复站10个，为1 000名残疾人适配辅具2 000件。完成满福坝民政福利中心主体工程。实施棚户区改造550户。开工建设王家水厂，建成满福坝水厂和周家山、轿子山供水调蓄站。

二是促进服务均等。支持南部二中创建省一级示范高中，新建幼儿园5所，建成思源实验学校。深入开展全民健身活动，大力整治以网吧为重点的文化市场，建成群众文化体育活动场地100处。加快县人民医院整体迁建，开工建设妇幼保健院业务综合大楼，完成中医院医技楼建设，新（改）建20个乡镇卫生院业务用房。启动全国敬老模范县创建。做好国防动员、民兵预备役工作，推动档案、气象、科技、妇女儿童等各项事业全面发展。

三是创新社会治理。持续抓好矛盾纠纷排查、重大问题包案化解、领导干部接访等制度，畅通信访渠道。健全隐患排查治理和安全风险防控体系，杜绝较大以上安全生产事故发生。加快推进食品药品安全监管信息化和检验检测体系建设。全面开展"七五"普法，持续抓好青少年法制教育和心理健康教育。深入推进"平安南部"建设，安装"雪亮工程"视频监控点900个，完成县监管中心建设，推进防暴反恐、应急处突和社区警务专业化，严厉打击各类违法犯罪行为，不断提高人民群众安全感，切实维护社会和谐稳定大局。

第二十七章　2016 年西充县经济社会发展情况与 2017 年研究

摘要：2016 年，西充县在强化投资拉动、绿色产业发展、脱贫攻坚等方面取得了较好的效果。2017 年，西充县将在做大现代农业优势、做强新型工业支撑、做热旅游三产增长点、做靓城乡对外形象、做活改革发展动力、做实民生保障工程、全面深化从严治党等方面着力，奋力谱写"加快绿色发展，共建美丽西充"新篇章。

关键词：西充县；2016 年；2017 年；绿色发展

第一节　2016 年经济社会发展情况

2016 年，西充县紧扣中央"四个全面"总体布局、省委"三大发展战略"和市委"155 发展战略"，围绕建设"中国西部现代农业公园"的战略定位，对标换届选举、脱贫攻坚、目标任务"三个决战全胜"，攻坚克难，扎实苦干，经济社会呈现出稳中有升的发展态势。全年实现地方生产总值 110 亿元、同比增长 8%；完成固定资产投资 106.2 亿元、地方公共财政收入 5.27 亿元，同比分别增长 17.8%、10.7%；城乡居民人均可支配收入达到 21 312 元、10 117 元，同比分别增长 8.6%、10.6%。

一、强化投资拉动，项目攻坚跑出新速度

一是项目争取成效明显。编报储备重大项目 532 个、总投资 1 656 亿元，161 个项目、579 亿元投资进入国（省）专项规划"笼子"。成功争取全国三产融合示范县、全国休闲农业与乡村旅游示范县、全省"海绵城市"试点县等国省重大项目 346 个，落实资金 35.4 亿元、同比增长 12.7%。争取国家专项建设基金项目 12 个，到位资金 6.47 亿元。招商引资取得突破。签约太极生物医药谷、龙滩河流域现代农业综合示范区、有机农产品交易所及有机康养中心、宝岛庄园等重大项目 25 个，其中工业项目 9 个，5 亿元以上重大产业项目 5 个，累计到位资金 44.8 亿元，其中工业到位资金 14.9 亿元。

二是项目建设进展顺利。63 个县级重点项目完成投资 61.2 亿元，其中，15 个市级重点项目完成投资 25.7 亿元。百千米百村脱贫攻坚香桃产业园、义兴 110kV 输变电工程等 24 个项目全面完工，射蓬公路（S101）、6 670 公顷柑橘产业带等 39 个项目顺利推

进。成功承办省委十届八次全会和市委五届十三次全会现场会。

二、坚持优势优先，绿色产业实现新发展

一是现代农业高端发展。国家现代农业示范区、国家农业科技园、中法农业科技园、台湾农业合作园、"归雁"返乡农民创业园"五大园区"建设进展顺利，金科、百科智慧农业示范基地投入生产，明和、嘉和兴等8个重点园区产业填充、基础改造全面完成。大力培育特色主导产业，新发展香桃6 670公顷、高产粮油2 001公顷、二荆条辣椒667公顷、充国香薯667公顷。新建有机农产品基地1 334公顷，认证667公顷。新培育省级龙头企业3家、国省级示范专合组织3个。创立"好充食"有机农业区域品牌，成功创建首批"国家农产品质量安全县"。

二是新型工业创新发展。创新驱动发展试验区西充园区建设加快推进，拓展园区面积36万平方米，新建道路2千米、管网5.3千米，多扶生活污水处理厂建成运行，"双创"中心标准化厂房建设进展顺利。缙坤食品、润坤特种设备等5户企业落户园区，展登服饰等13家企业成为外贸出口获权企业。投资15.7亿元实施重大技改项目16个，净增规模以上工业企业5户，规模以上工业增加值同比增长10%。

三是现代服务业特色发展。化凤山文化旅游开发、生态文化旅游产业园加快推进，华严禅境启动建设，成功举办第四届桃花节、品果节。金领·莲花大酒店建成运营，鹭岛湖畔酒店主体完工，城北商业综合体投入使用。"全国电子商务进农村综合示范县"建设深入推进，工作经验在全国推广。预计全年社会消费品零售总额达55.3亿元，同比增长12.6%。

三、加快城乡统筹，城乡面貌展现新变化

一是城市建设管理全面加强。"撤县设区"工作加快推进，全省"海绵城市"试点工作有序开展，县域"多规合一"总体规划编制全面完成。城南田园新区道路景观绿化工程全面完成，城市美化亮化工程初见成效。府南西路一段、青春大道二段、西山路改造即将竣工。多扶创建为全国特色小集镇，仁和镇创建为国家卫生乡镇。省级文明城市创建进入验收阶段。

二是幸福美丽新村建设有序实施。太平李子湾新农村综合体完成主体工程，16个新村聚居点建设、64个旧村落整体改造全面完成。

三是基础配套不断完善。积极落实"南推计划"，绵西高速公路、射蓬公路、旅游快速通道加快建设，改造通乡公路8条，新建通村公路173千米。九龙潭水库蓄水运行，升钟二期西充段建设快速推进，群德分支渠节水改造工程全面完工，整治病险水库6座。生态环境不断改善。全国生态文明示范工程试点县建设深入推进，西充河流域污染源综合治理成果持续巩固，建成9个乡镇污水处理站，治理水土流失35平方千米。扎实开展环境保护"四大"专项行动，创建省级生态乡镇23个，森林覆盖率达45.6%。

四、全力决战决胜，脱贫攻坚取得新突破

一是动态完善脱贫规划。对接省委"3+10"政策组合拳，全面编制完成产业、交通、水利等14个行业扶贫规划和行业部门项目整合方案，做到脱贫工作有的放矢、按图施工。

二是狠抓"五大脱贫攻坚工程"。"六大脱贫奔康产业园"建设加快推进，探索创新了支部主导、能人主导、专合主导、大户主导、龙头主导"五大产业扶贫模式"。20个贫困村实现"摘帽"、8 290名贫困人口成功脱贫，以最优等次通过脱贫攻坚省级验收考核。

三是不断强化工作保障。落实财政专项扶贫资金3 600万元，整合项目资金3.2亿元扶持贫困村发展。层层压实"五个一"帮扶责任，全覆盖开展蹲点督导，全面实行县级领导一周一调度，乡镇党委书记、乡镇长和贫困村第一书记、支部书记每日一调度工作机制。

五、致力共建共享，民生事业再上新台阶

一是民生工程深入实施。全力办好20件民生大事和11件民生实事，新增城镇就业6 857人。老公安局片区等14个棚户区改造、城北新区等5个公租房建设加快推进，改造农村危房4 420户，地质灾害治理和避险搬迁工作全面完成。残疾人康复中心启动建设，社会福利院老年养护楼基本建成，双洛等3所乡镇敬老院投入使用。

二是社会事业全面进步。西充中学多扶校区建成使用，完成薄弱学校改造项目27个、学前教育项目4个。妇幼保健院及疾控中心迁建项目主体工程竣工，新改建乡镇卫生院4所、村卫生室60个，县人民医院升级为国家三级乙等综合医院。新建农家文化大院15个。

三是大局保持安全稳定。深入推进依法治县，扎实开展"七五"普法、"法律七进"和社会治安"双百"整治行动，强力整治信访、社会治安、市场经济三大秩序。全面加强重点领域安全监管，扎实开展安全生产大排查大整治，无重特大安全事故发生。

六、激活动力源泉，改革开放取得新成效

一是改革创新步伐加快。积极开展产权抵押融资试点，设立了农村产权抵押融资风险基金，搭建了县、乡、村二级联网的农村产权流转交易平台，成为全国农村承包土地经营权抵押贷款试点县。多扶、义兴等扩权强镇试点纵深推进，探索下放行政审批、行政执法、行政管理等权力203项。不动产统一登记改革试点、公务用车改革全面完成，"三证合一"登记制度改革、"营改增"扩面政策全面落实。积极推行公立性医疗机构药房托管制度，大力实施分级诊疗制度，成为全省综合医改示范县。

二是对外交流合作成效显著。与西南科技大学、西华师范大学建立战略合作关系，正在积极开展与德国、以色列、韩国槐山县等在有机农业方面的交流合作，积极实施中德合作土地整治和新村建设项目。

三是创业创新势头良好。"631"创业行动计划加快实施，建成返乡农民工创业孵化基地、高校毕业生创业孵化园 17 个。支持重点企业与西南大学、绵阳九院等高校和科研院所建立"产学研"联盟，培育通光光缆等创新型企业 6 户，创新创业主体有效激活。

四是发展环境不断优化。新一轮行政审批制度改革深入推进，182 项行政审批项目对接全面完成。深化正风肃纪专项治理，强力整治"庸懒散浮拖"等不良习气，行政效能明显提升。

七、严明纪律规矩，从严治党成为新常态

一是换届选举取得全胜。始终把党的领导贯穿换届选举全过程，成立以县委书记为组长的县乡领导班子换届工作领导小组，对换届选举全程主导、全程把关、全程纪实。建立县级领导联系乡镇换届制度，厘清"五个责任主体"职责清单，按照"四必谈"的要求，实现谈心谈话全覆盖。组织全县党员干部认真学习"一片一书"，组建 6 个换届风气督导组和 1 个违反换届纪律查处组，全面开展换届风气专项督查。县党代会、人代会、政协会实现了全胜的目标，组织提名人选均实现满票当选，44 个乡镇党委、人大、政府换届选举组织提名人选实现高票满票当选。

二是思想政治建设全面加强。"两学一做"学习教育深入开展，组织专题学习讨论 5 次，及时观看《镜鉴》《警钟》等警示教育片。县委中心组集中开展理论学习 15 次，全县上下扎实开展争创学习型领导班子、学习型党支部、学习型干部活动。

三是干部队伍建设全面加强。坚持县乡党组织书记"双向述职"、党建工作专项述职和"三级联述联评联考"等制度，党建工作责任体系不断健全。县委、县政府班子成员不定期对分管（联系）领域单位负责人开展约谈。配强配齐乡镇领导班子，提拔任用"四类人员"44 人。分批次对副科级领导干部、贫困村第一书记、村支部书记等进行培训，党员干部队伍整体素质明显提升。

四是党风廉政建设全面加强。严格落实党风廉政建设"两个责任"清单纪实工作制，规范"三重一大"制度，强化权力运行全程监管，开展村级财务专项清理、涉农资金专项巡察。建立"一案双查"制度，加大违纪违规行为查处力度，全年县检察院立案侦查职务犯罪案 14 件 14 人，县纪委立案 89 件，100 人给予党纪政纪处分，4 人移送司法机关。积极开展党风廉政建设社会满意度测评，被评为全省党风廉政建设先进集体。

2016 年，西充的工作虽然取得了一定成绩，但仍存在主要经济指标增速放缓、投资难以保持高位增长、工业经济支撑后劲不足、要素保障压力较大等问题。

第二节　2017 年经济社会发展面临的形势

西充县发展面临的基本形势总结起来是机遇与挑战并存、机遇大于挑战，未来发展大有可期、大有可为。

一、审视基本县情，必须正视"四个没有根本改变"的发展现状

一是基础差、底子薄、总量小的基本现状没有根本改变，打赢脱贫攻坚战、决战全胜全面小康的任务艰巨。二是发展水平不高、发展不平衡、产业结构不优的主要矛盾没有根本改变，实现发展速度与发展质量同步提升的压力巨大。三是开放程度不够、大项目支撑乏力的发展短板没有根本改变，推进西充超常发展、后发赶超的动力不足。四是新常态下利益诉求多样、矛盾复杂交织的潜在考验没有根本改变，促进社会和谐、维护安定团结的要求迫切。

二、纵观发展大势，必须抢抓"三个重大利好"的战略机遇

一是宏观政策机遇利好。随着"一带一路"、新一轮西部大开发等重大战略深入实施，西充相继被纳入《长江经济带发展规划》《成渝城市群发展规划》《川陕革命老区振兴发展规划》，更有利于西充融入区域发展、争取国、省支持。

二是绿色发展前景利好。随着国、省、市推进绿色发展系列重大部署的贯彻落实，西充一贯坚持的绿色发展道路与国、省、市精神高度契合、前景广阔，更有利于西充抢抓政策红利、厚植发展优势。

三是区域发展机遇利好。随着市委实施"155 发展战略"，南西一体化加快推进，西充正成为南充建设"成渝第二城"的重要战略板块，更有利于西充在更高平台集聚要素资源、开辟发展空间。

三、把握阶段特征，必须释放"三大比较优势"的强劲动能

一是绿色产业更具竞争力。西充构建的绿色产业体系，与市场需求深度对接，抢占了产业高端，一大批"国字号"金字招牌纷纷花落西充，极大提升了核心竞争力和对外影响力，支撑县域发展的引擎作用愈加凸显。

二是区位条件更具集聚力。由"高速公路—国省干线—乡村道路"构建的内联外畅、高效便捷的交通网络，极大改善了西充的基础条件，融入更大区域发展的区位优势更加突出、发展空间更加广阔。

三是党心民心更具凝聚力。随着从严管党治吏、依法治县、民生改善的深入推进，全县上下人心思进、人心思干蔚然成风，共谋发展、共促跨越的信心决心汇聚成为加快发展的强大力量。

第三节 2017 年经济社会发展思路、目标与重点

一、发展思路

西充县将全面贯彻党的十八大和十八届三中、四中、五中、六中全会精神，深入学习贯彻习近平总书记系列重要讲话精神，全面落实省委十届八次、九次全会和市第六次党代会、市委六届二次全会暨经济工作会议、市"两会"精神，紧扣市委"155 发展战

略"，紧紧围绕建设"中国西部现代农业公园"的战略定位，牢牢把握"稳中求进、进中求快、快中求好"的总基调，突出"高于全国、高于全省、高于全市"的目标，突出"大干、苦干、实干"的主题，突出"项目建设、改革开放、脱贫奔康"攻坚战的重点，始终保持绿色发展、特色发展、科学发展的战略定力，奋力谱写"加快绿色发展、共建美丽西充"新篇章。

二、发展目标

2017年，西充县地方生产总值增速的保底指标为8.2%、奋斗目标为8.5%，地方一般公共预算收入增速的保底指标为11%、奋斗目标为13.9%，力争全社会固定资产投资、社会消费品零售总额、规模以上工业增加值同比分别增长20%、12.5%、10%以上，城乡居民人均可支配收入分别增长8.8%、10.1%以上。

三、发展重点

（一）做大现代农业优势，打造"辐射全国的有机食品供给地"

一是做强有机农业。制定有机产品生产加工地方标准，完善有机农产品质量监管体系，建成亚洲有机农业研发中心。新建有机农产品基地667公顷，新认证334公顷，完成复评认证2 001公顷。着力建设有机农产品交易集散、亚洲研发、科技创新、价格发布、标准制定"五大中心"，打造"中国有机食品第一县"。

二是强化园区带动。加快推进国家现代农业示范区、国家农业科技园、龙滩河等特色园区建设，完成台湾农业合作园核心区建设，提升明和农博园、桐子河等园区品质和效益，建成5个粮经万亩亿元示范区，加快建设南充"现代农业千亿产业集群"核心基地。

三是壮大特色产业。启动温氏集团30万头生猪一体化项目建设，加快推进6 670公顷柑橘产业带、现代蚕桑资源综合开发循环利用基地、桃博园等项目建设，加快填充香桃产业带，新发展3 335公顷柑橘、667公顷二荆条辣椒、667公顷充国香薯、334公顷高效蚕桑、1 334公顷木本油科和5 000头种猪场3个、1 000头生猪规模家庭农场100个。

四是完善经营体系。积极培育龙头企业、专合组织、家庭农场等新型经营主体。深化特色农业保险、农业风险防控等机制创新，促进农民收入持续稳定增长。

五是创新品牌营销。新培育知名、著名商标5件，精心筹办"国际有机运动联盟亚洲有机大会"，大力提升西充"好充食"有机农业区域品牌影响力。

（二）做强新型工业支撑，打造"示范全省的绿色工业集聚地"

一是搭建绿色工业发展平台。加快创新驱动试验区西充园区建设，完成"双创中心"建设，新增33.35公顷场平，建成2.6万平方米标准化厂房，启动农产品加工产业园建设。

二是推进主导产业集群发展。大力发展农产品精深加工、汽车汽配、生物医药、保健饮品等重点产业，规划建设专用汽车产业园，启动太极生物医药谷、通光光缆二期、明大东方椹酒基地等项目建设，打造"中国西部保健酒、养生酒、生态酒基地"。改造提升丝纺服装、烟花爆竹等传统产业。培育壮大重点企业。引导天盛竹业、九天真空、久盛通信等优势企业上市发展，支持星河科技、旷达汽车内饰等骨干企业做大做强。支持中小微企业"专精特新"发展，投资17亿元完成13个技改创新项目，净增3家规模以上工业企业。认真落实《县级领导服务重点工业企业制度》，为企业提供全程服务、优质服务。

三是强化政策保障激励。研究制定鼓励或促进企业上市挂牌等直接融资的若干政策，落实降成本政策措施，鼓励企业开发具有市场竞争力的新产品、创建本土品牌。发挥中小企业应急转贷资金、"园保贷"平台作用，提高企业直接融资比重。

（三）做热旅游三产增长点，打造"享誉西部的全域旅游目的地"

一是大力发展乡村旅游业。积极融入成渝南大旅游圈，精心打造有机品鉴游环线等精品旅游线路，启动华严禅境、百福寺森林公园、花溪里景区等项目建设，完成蚕华山村省级乡村旅游示范点、嘉禾兴"川北水乡"建设，提升张澜故居内涵，支持中国有机生活公园创建国家4A级旅游景区，策划开展"春季赏花、夏季品果、秋季户外运动、冬季美食品鉴"等系列活动，提升旅游服务质量和品质，建设"有山有水、有田有家、有园有景"的最美乡村旅游目的地，打造国家全域旅游示范区。

二是积极发展健康养老业。加快川东北（南充）康养中心等项目建设，完成养老服务中心、老年病医院主体工程，创建国家健康产业示范基地，打造中国长寿之乡。

三是繁荣发展商贸物流业。加快实施国家电子商务进农村、建材家居物流园、现代粮食物流园、农产品交易中心等重大项目，完成城北农贸市场建设，打造北部新城商贸新中心，提升商贸服务档次和水平。推进"全企入网、全民触网、电商示范"三大工程，完成县级电商物流配送中心升级改造，强化"线上线下"互动，推动实体商业创新转型。落实房地产新政，实行棚户区改造货币化安置，逐步消化房地产市场存量。大力发展现代物流、信息消费、金融保险等新兴业态，充分激发城乡消费活力。

（四）做靓城乡对外形象，打造"成渝第二城的城市后花园"

一是加快推进城镇建设。推动"撤县设区"取得突破。完善重点区域控制性详规编制，建成"多规合一"信息平台。加快"海绵城市""智慧城市""两河两山两湖两园"和天宝西路高架桥等重大项目建设，完成府南西路、洗笔路、西山路等建设和改造，完善县城老城区、北部新城、城南田园新区、多扶新区基础配套，实施绿化美化亮化工程，持续开展城市管理十大专项治理，提升城市功能和品位。抢抓"百镇建设试点行动"机遇，加快多扶、义兴、太平、双凤等重点集镇建设，着力打造凤鸣有机康养小镇、古楼乡村旅游示范镇等带动型特色集镇。

二是加快推进幸福美丽新村建设。突出"微田园、生态化、乡土性"，坚持因地制宜、产村相融、以人为本，加快14个新村聚居点建设，改造26个旧村落，完成青龙"严家大院"等传统村落修缮保护。

三是加快推进基础设施建设。积极对接"南充交通三年推进计划"，谋划建设南西轻轨、西顺嘉快速通道、西蓬一级公路，加快推进绵西高速、射蓬公路、旅游快速通道建设，启动环城北线、成德南高速鸣龙互通、九龙潭环湖路、乡村马拉松道路建设。新建农村公路103.8千米，改善提升通村公路27.4千米，新建村道公路（含精准扶贫道路）249.3千米，建成园区道路58.3千米，加快推进乡村桥梁建设和改造，构建川东北次级交通枢纽。谋划实施"引嘉入西"工程，完成升钟二期西充段主体工程、升钟水库灌区续建与节水改造项目建设，启动海贝水库建设和芦溪河、西河防洪治理工程，建设青龙湖（双洛）供水工程、农村分散集中供水工程42处，打造水利化县。新建高标准农田333.5公顷，整理土地5 269公顷，新增城乡建设用地66.7公顷以上。

四是加快推进生态文明建设。深化国家生态保护与建设示范区、国家生态文明示范县建设，开展大规模绿化山川行动，实施"天保"二期、森林抚育工程，继续实施森林禁伐，推进百里乡村绿道建设，力争森林覆盖率达到46.2%以上。加快推进"四河"治理和病险水库整治，推进重点领域节能降耗，完成城市垃圾中转站建设，强力整治工地扬尘、露天焚烧秸秆垃圾等重点污染源，持续巩固西充河流域污染源综合治理成果，打造西充河生态景观长廊，积极创建全省生态县。

（五）做活改革发展动力，打造"对接成渝的创业乐园"

一是深化重点领域改革。深化"放管服"改革，健全行政权力、政府责任、投资负面"三个清单"。扎实开展农村产权制度改革，完善农村产权交易、价值评估和信用评定体系。有序推进农村金融改革，力争实现金融服务"村村通"。加快推进财税体制改革，健全产业发展投资"拨改投"、财政金融互动等政策体系。深化国资国企改革，开展混合所有制经济试点。深入推进投融资体制改革，创新PPP、投资补助、以资抵债、资产证券化等投融资方式，积极争取政策性金融贷款支持。统筹推进医药卫生体制、司法体制等重点改革任务。

二是全面扩大开放合作。狠抓项目争取，精心谋划一批战略性、基础性重大投资项目，全力争取棚户区改造、高院水库、地下综合管廊、康养小镇建设等重点项目，力争全年落实国、省资金34亿元以上。突出招大引强，树立"大开放、大合作、大招商"理念，加快搭建开放平台，积极参加"西博会""中外知名企业四川行"等重大招商活动，大力开展农产品精深加工、汽车汽配、生物医药、保健酒饮等重点产业专题招商，力争全年新签约项目15个，招引5亿元以上重大项目4个，招商引资到位资金44亿元以上。深化区域合作，积极开展与法国、以色列、韩国等国家和中国台湾地区的合作，加强与友好市县交流，形成全域全程全面开放的新格局。

三是深入推进大众创业万众创新。建好创新驱动试验区、中法农业科技园等创新创业平台，支持重点企业与高校、科研院所建立"产学研"联盟、大学生实训基地和创业孵化基地，积极发展众创、众包、众扶、众筹等创新创业模式。壮大创新创业队伍，积极引进领军人才、专业技术人才、创新创业团队，实施大学生创业引领计划和"归雁"计划，争创省级农业创新创业示范县。

（六）做实民生保障工程，打造"惠及全民的幸福家园"

一是全力实施脱贫攻坚。整合脱贫攻坚力量，编制实施交通、水利、电力、通信等各类专项扶贫年度计划，深入开展精准扶贫"三挂钩"活动，全面落实驻村帮扶"五个一"工作机制，整合企业家协会、扶贫开发协会等社会力量参与脱贫攻坚。统筹实施脱贫工程，抓好贫困村产业、经营主体培育，建好"六大脱贫奔康产业园"，新建柑橘基地1 000公顷、香桃基地333.5公顷；夯实贫困村发展基础，加快推进村道公路、产业路建设和电网升级改造；改善贫困人口居住条件，完成1 113户易地扶贫搬迁任务；扎实抓好就业增收，确保有劳动力的贫困家庭至少有一人就业；加大重大疾病和低保家庭、残疾人等困难群体救助扶持力度。健全脱贫退出机制和脱贫后扶机制，完善脱贫工作绩效考核办法，确保34个贫困村整体脱贫、7 835人脱贫解困。加强扶贫资金监管审计，确保扶贫资金使用安全、规范、有效。

二是全力办好民生实事。深入实施"十大民生工程"，加快推动老凤沟、化凤山、滨河路等棚户区改造，建成公租房1 646套，改造农村危房3 000户，解决3万人饮水安全巩固提升问题，新增城镇就业6 000人以上。统筹推进城乡一体社保体系建设，实施全民参保登记计划，落实统一的城乡医疗保险制度，全面开展居民大病医疗保险工作。进一步完善社会救助体系，完成残疾人康复中心建设，启动放心粮应急网点建设，开展综合养老服务改革试点工作，启动全省第五轮敬老模范县创建工作，新建城乡社区日间照料中心6个。全力提升公共服务水平。大力促进教育公平、优质发展，做好义务教育均衡发展督导评估迎检工作，加快县城公立幼儿园、城南小学建设，改造薄弱学校13所，支持张澜职校打造川东北职教基地。大力实施"全民健康保障计划"，完成妇幼保健院及疾控中心综合楼迁建工程，新改建乡镇卫生院4所。推动文化事业繁荣发展，完善公共文化服务基础设施，扎实开展群众文化活动，丰富群众精神文化生活。

三是全力深化依法治县。扎实开展"七五"普法，深化"法律七进"，提高全民法治意识。深化"平安西充"建设，实施"雪亮工程"，健全立体化、信息化治安防控体系，严厉打击各类违法犯罪行为。畅通规范信访渠道，建立完善网上信访制度，正确引导网络舆情，积极化解信访积案。实施最严格的食品药品安全监管，创建全国食品安全放心县，深入开展道路交通、消防、烟花爆竹等安全专项整治，杜绝重特大安全生产事故，确保社会大局稳定。

（七）全面深化从严治党，提升党建科学化水平

一是加强思想政治建设。切实加强意识形态工作的领导，加强各类宣传思想文化阵地管理。强化党员干部思想理论武装，加强党委（党组）中心组学习，高质量开好"两学一做"学习教育专题民主生活会。加强党员干部日常教育培训，科学制订干部培训计划。

二是加强基层组织建设。健全和完善党建工作责任体系，探索"大党委"等管理模式。扎实抓好村（社区）"两委"换届，选优配强基层带头人。加强组织建设薄弱环节建设，加大在工业园区、农业园区、农业社会化组织等领域建立党组织的力度。

三是加强干部队伍建设。明确用人导向，认真贯彻落实"好干部"标准和省委"三重"导向，打造一支政治坚定、实绩突出、群众公认、清正廉洁的干部队伍。推进干部人事制度改革，统筹推进机关基层双向交流、重要岗位定期交流、中层干部轮岗交流和后备干部培养交流。加强干部日常监督管理，研究制定《西充县推进科级领导干部能上能下实施意见》，健全12380电话举报、短信举报、网上举报、信访举报"四位一体"的举报网络。

四是加强人才队伍建设。对接市委"嘉陵江英才工程"，建立完善人才激励机制和创新型人才培养模式。

　　五是加强党风廉政建设。严格落实党风廉政建设"两个责任"，完善述责述廉、签字背书、约谈提醒等机制，深化派驻监督和巡察监督。保持反腐高压态势，切实把纪律和规矩放在前面，综合运用党纪处分、组织处理等手段，坚决打击违纪违法行为。全力整治侵害群众利益问题，坚持查处侵害群众利益的不正之风和腐败问题。加强工作作风建设。严格执行"快、实、细、严"的工作要求，增强工作的执行力和实效性。深入开展"走基层"活动，扎实开展机关党组织和党员到社区"双报到"，促进党员干部常态化联系服务群众，以优良的作风提升社会满意度。

第二十八章　2016年仪陇县经济社会发展情况与2017年研究

摘要： 2016年，仪陇县在项目推动、脱贫攻坚、优化产业结构等方面取得了较大进步。2017年，仪陇县将实施项目攻坚、决战全胜脱贫攻坚、培育产业、抓好社会事业等方面发力，加快推进实力仪陇、绿色仪陇、幸福仪陇建设，确保2020年同步实现全面小康。

关键词： 仪陇县；"两德"故里；项目攻坚；脱贫摘帽

第一节　2016年经济社会发展情况

2016年，面对宏观经济增速放缓的不利局面，仪陇县保持定力、攻坚克难、专注发展，仪陇经济运行稳中向好、稳中有进，顺利实现了"十三五"经济社会发展良好开局。2016年实现地区生产总值165亿元，占计划的97.1%、同比增长7.7%；固定资产投资143亿元，占计划的102.1%、同比增长9.7%；地方一般公共预算收入完成6.35亿元，占计划的101.6%、同比增长8.8%；社会消费品零售总额完成77亿元，占计划的100.1%、同比增长12%；城镇、农村居民人均可支配收入分别达到26 554元、9 965元，占计划的96.9%、98.6%，同比增长8.5%、10.1%。

一、着力项目推动，投资拉动成效显著

（一）项目储备质效好

深入解读国、省"十三五"规划及各专项规划，紧扣国省投资投向，共储备2016—2018三年滚动投资项目1 153个，规划总投资1 286亿元；概算总投资75.1亿元的63个重大项目前期工作快速推进，其中国道G245仪陇段升级改造、金城110kV输变电站等40个项目完成审批。

（二）项目争引力度大

牢牢把握省委主要领导定点联系仪陇、朱德同志诞辰130周年等有利机遇，共争取易地扶贫搬迁、小城镇（中心村）电网改造等国省项目236个，到位各类资金44.8亿元，占计划的112.8%，同比增长10.1%（其中：建设性资金16.74亿元、占计划的

122%；非建设性资金 28.06 亿元、占计划的 115%）。

（三）项目推进速度快

始终坚持把项目建设作为带动全局发展的重要抓手，全力克服多种要素制约和实际困难，定责加压、严督勤查，抢时推进朱德故里 5A 景区创建、工业园区基础及配套设施、金松湖城市综合体、土门至五福公路等 120 个重点项目，累计完成投资 78 亿元、占计划的 101.7%。其中马鞍客家风情园、宏德驾驶考试中心等 49 个项目超目标进度。

二、全面实施脱贫攻坚，小康进程稳步迈进

（一）脱贫任务全面明确

按照"八步工作法"，抓实入户调查、群众评议、信息比对、对象审核等关键环节，扎实开展建档立卡"回头看"工作，全面精准锁定 285 个贫困村、2.53 万贫困户、7.95 万贫困人口。围绕"四年集中攻坚、一年巩固提升、同步全面小康"的总体部署，确定了 2016 年退出 60 个贫困村、减贫 20 880 人，启动 82 个贫困村脱贫项目建设的目标任务。高标准落实帮扶工作"五个一"要求，进一步充实帮扶干部、农业科技人员等帮扶力量，全县帮扶单位达 162 个、驻村农技人员达 301 名，实现帮扶力量"全覆盖"。

（二）精准帮扶措施有力

整合各类资金 10.99 亿元，围绕村退出、户脱贫的具体标准，精准到村、到户帮扶措施，顺利实现全年脱贫目标。加大基础设施建设力度，全年新建通村水泥路 200 千米，整治（新建）山坪塘 135 处、蓄水池 134 口、石河堰 26 座，新建渠道 39.2 千米、泵站 11 座、整治渠道 39.48 千米；实施易地扶贫搬迁 6 049 人、建档立卡贫困农户危房改造 2 913 户。建立新型经营主体与贫困户之间的利益联结机制，引导新型经营主体与贫困群众共建"脱贫奔康农民产业园" 53 个；引进温氏、新希望、中味食品、蓉药集团等 7 家国、省农业产业化龙头企业入驻园区，发展生猪托养和订单农业，带动 6 800 余户贫困户，实现户年均增收 1.2 万元以上。广泛开展劳动技能培训，采取"定点培训、分类指导、入户讲解"等方式，培训增强贫困户劳动技能；统一印发《驻村帮扶工作手册》《种养业实用技术手册》《林业产业周年历》等资料，开通扶贫便民热线，提升干部帮扶和群众脱贫能力。

（三）示范引领成效显著

不断加大脱贫攻坚督查力度，先后对 60 个拟退出贫困村开展专项检查，并以简报形式逐村通报。注重脱贫攻坚经验总结，成立产业党小组、发展扶贫资金互助社、"四个加"利益联结机制等典型做法，先后被中央电视台和省级主流媒体报道。建立脱贫攻坚微信群，在线解释政策、研究问题、分享经验，加强乡镇、部门之间的学习交流；开通"仪陇扶贫"微信订阅号，及时推送工作动态、典型做法，为全县脱贫攻坚提供参考。扎实开展"遵法守法、习惯养成、感恩奋进"三大主题教育活动，目前已在拟退出的 60 个村全面铺开，村风民貌大幅改观。

三、优化产业结构，经济实力稳步提升

（一）工业经济平稳发展

始终坚持"工业强县"战略，全力夯实工业发展基础，河西工业园兴业大道、规划三路相继通车，博文街延长线、规划二路路面铺筑全面完工；西阳坝、磨子坝棚改项目主体建设有序推进；国德塑业、九州通药业投产运行，家丰时装一期工程主体完工。招引总部经济企业 2 家，回引"归雁"企业 11 家，解决就业 3 200 余人；成功签约陕西海升果业、南牧机械、阳光凯迪成功等龙头企业；与广州欣迪等 10 个企业初步达成投资意向。按政策兑现 24 家企业税收奖补资金和奖励扶持资金 1 870 万元，帮助园区企业招聘员工 2 000 余人，企业发展后劲进一步增强。预计全年规模以上工业企业实现销售收入 160 亿元、占计划的 97.6%、同比增长 4.6%，增加值增速达 10.2%。

（二）农业经济持续增长

不断巩固传统农业产业发展，全力抓好特色农业示范创建。建设粮油高产示范片、优质水稻订单基地、优质油菜基地 3.34 万公顷，粮食、油料、商品蔬菜产量分别达 49.8 万吨、6.3 万吨、35 万吨，增幅分别达 1.8%、0.5%、6%，先后两次获省政府"粮食丰收杯"表彰。温氏集团年产 10 万头仔猪的福临种猪场建设快速推进，带动发展千头育肥猪托养场 302 户；成功招引新希望集团年产 20 万头生猪项目落户仪陇；预计全县年出栏生猪 100.8 万头。按照"公司+基地+农户"模式，引导九威阁中药饮片厂、蓉药集团等龙头企业建中药材标准化生产基地 1 067 公顷，种植中药材 2 068 公顷。新增土地流转 800 公顷，培育农民专业合作社 49 个、家庭农场 69 家。规划建设百里现代农业产业长廊，初步实现农业产业绿色规模发展。

（三）第三产业提档升级

大力培育德龙广场、巴黎名都等 3 家商业综合体，建成龙桥、合作等乡镇农贸市场；组织企业参加"第五届中国（广州）国际食品食材展览会""川货全国行·广州站"等展销促销活动；建成"互联网+"产业园并投入运营，30 余家电商企业入驻，"德乡仪陇"特色馆和微商城、仪陇好资源 APP 正式上线，成功申报国家电子商务进农村综合示范县；启动 57 个乡镇电商运营和物流配送站点、300 个村级电商驿站建设，挖掘包装 100 余种本土农特产品上线营销。朱德故里景区成功创建为 5A 级旅游景区，在全国红色旅游景区中的示范引领作用进一步提升；启动安溪潮村 3A 级乡村旅游景区创建；全县接待游客 475 万人、实现旅游收入 36.5 亿元，分别同比增长 21.8%、11.9%。金融信贷积极稳健，全县金融机构存款余额 280 亿元、较年初增加 45.8 亿元，增长 19.6%，贷款余额 115 亿元，较年初增加 16.6 亿元，增长 17%。

四、坚持夯实基础，城乡面貌持续改善

（一）县城建设积极推进

城东滨江大道北段等 5 条市政道路、老君山公园等 2 个城市公园、老政府片区等 6 个保障性安居工程全面启动实施，完成投资约 8 亿元；新政镇 220kV 变电站 10kV 出线电缆地埋管道全面竣工，城东农贸市场、四星级数字影院（人防宣教中心）完成土石

方施工，两宫路周边环境整治项目完成工程量 50%，县城配套设施日趋完善。扎实开展清洁卫生、步行街管理、户外广告等专项整治，依托数字化城市管理平台强化实时监管，打造望云路等示范街区，城区面貌大幅改善，成功挤入"全省宜居县城建设试点县"。

（二）村镇建设稳步实施

完成金城镇建设路、西环路、瑞泉路总长 5.2 千米场镇道路升级改造和金粟书岩景观打造、东环路文化墙建设，完成马鞍镇客家民俗风情园主体工程建设和总长 3.5 千米的大湾路、南海路道路改造，"百镇建设试点镇"形象进一步提升；全面完成马鞍、日兴、周河等 12 个场镇的污水处理站建设，有序推进金城污水处理工程及污水管网改造工程建设，启动三河、大寅、柴井等 11 个乡镇 52.6 千米污水管网建设。新政供水二期、金城供水工程主体基本完工。幸福美丽新村和新农村连片示范县建设进展顺利，新政镇安溪潮新村建设全面完工，马鞍镇南海新村综合体景观配套设施建设有序推进，光华乡枣子沟等 51 个幸福美丽新村初步建成。

（三）基础条件不断改善

巴南广高速公路及马鞍连接线建成通车，汉巴南铁路纳入国家《中长期铁路网规划》；阆仪营高速公路列入"南推"方案，国道 G245 仪陇段升级改造工程已开工建设，原省道 S101、S203 线仪陇段升级改造全面完成并投入使用，土门至五福公路快速推进，完成 50 千米县乡公路大中修。水源保障不断优化，油房沟水库枢纽工程基本完工，七一水库进入主体施工阶段，思德水库灌区配套工程正快速推进，全面完成小型农田水利重点县建设项目。实施土地整理项目 11 个共 4 002 公顷，建成高标准农田 3 602 公顷。森林覆盖率及活木蓄积量双增，分别达 37.3%、460 万立方米。

五、坚持民生优先，社会事业协调发展

（一）民生保障日趋完善

投资 21.5 亿元实施"十大民生工程"和"二十件民生大事"项目 131 个；全县新增城镇就业 6 780 人、占计划的 111%，城镇失业人员再就业 1 120 人，城镇登记失业率控制在 4.3% 以内；五项社会保险累计参保 95.6 万人次、征集基金 8.66 亿元；272 名残疾军人和 1.1 万名农村籍重点优抚对象免费纳入医疗保险，实施大病医疗救助 94 365 人次、临时救助 1 900 人次，发放救助资金 2 200 万元；完成马鞍等 5 所敬老院建设，县老年服务中心养护楼主体工程一期建设有序推进。

（二）教育卫生持续发展

深入实施"三名"工程，全县普通高考本科上线 1 863 人，其中重本 440 人、一般本科 1 423 人，本科上线总人数居全市第三，本科上线增长人数、增长比率、重点本科增长人数均居全市第一，创仪陇县高考历史最好成绩；宏德中学成功创建为省二级示范高中，县城职业高中建设正按计划有序推进，光华小学校舍升级改造完成，金太阳幼儿园成功创建为省示范园；全面落实贫困学生资助政策，共落实助学金 2 720 万元、资助学生 14 300 人。县人民医院金城院区综合楼全面竣工，21 个乡镇卫生院服务体系建设项目正在实施；全面落实医疗扶贫政策，建档立卡贫困户县内住院治疗经报销和救助后实现零自付；大力推行分级诊疗制度，急慢分治的就医格局初步形成。

（三）文体事业蓬勃开展

光华乡等 2 个综合文化站、新政安溪潮村等 7 个村级文化阵地示范点、48 个村文化室、195 个农民体育健身工程先后建成。成功承办纪念朱德同志诞辰 130 周年"军旗下的歌声"大型交响合唱音乐会，先后开展"离堆欢歌"等大型文艺演出 8 场、川剧折子戏 7 场、"送文化下乡" 20 场次、县城千人民俗踏街游行和张思德同志诞辰 101 周年纪念活动；协办全国女子排球精英赛等重大赛事 4 场，为市民带来丰富的体育文化盛宴。

（四）社会秩序平安稳定

严格落实社会稳定风险评估，预防化解各类风险 560 余起、排查调解矛盾纠纷 1 072 起；持续开展"打侵财、扫毒害、护民生"专项行动，破获侵财类刑事案件 177 件、经济类犯罪案件 11 件，抓获网上逃犯 38 人，查处行政案件 1 043 件，有效提高了打防管控成效。坚持"党政同责、一岗双责"的原则，持续保持"打非治违"高压态势，成功摘掉"安全生产重点监控县"帽子，扭转安全生产被动局面，人民群众安全感不断提升。

在国民经济和社会发展取得明显成效的同时，县域经济社会发展仍面临着一些困难和问题。从周边环境来看，西充、蓬安撤县设区融入主城发展，南部撤县建市、阆南营蓬均已开通动车，区位优势更加突出，区域竞争日趋激烈。从自身情况来看，基础差、底子薄、欠发达仍然是仪陇最大的县情，发展不足、发展水平不高仍然是仪陇最大的实际，经济总量小、人均占有量低仍然是仪陇最大的问题，贫困人口多、贫困范围广、贫困程度深仍是脱贫攻坚和县域经济社会发展面临的最大挑战。

第二节　2017 年经济社会发展面临的形势

总结光辉历程，展望美好未来，需精准研判形势、冷静分析劣势、充分发挥优势，思深方益远，谋定而后动。

一、深研宏观大势，形势逼人

一是全球经济慢中有变。受贸易保护主义抬头、经济逆全球化趋势加剧、欧元区政治经济困局等影响，全球经济仍处于国际金融危机后的深度调整期；特朗普新政、英国脱欧谈判、意法大选，以及可能随时引发的地缘冲突和区域突发事件，更增加了 2017 年世界经济的不确定性，全球经济"慢"步增长之路仍将继续。但是，随着跨境电商、工业物联网等的发展，一些新工业革命成果正在对供给端渗透和扩展，世界经济也在发生一些新的变化。

二是国内经济跌中趋稳。我国经济发展进入新常态后，经济增速换挡、结构调整阵痛、新旧动能转换三重因素叠加，产能过剩和需求结构升级矛盾突出，楼市、车市、股市等重要市场稳中收紧，各类风险隐患日趋增多和显现，经济发展 L 形走向大有愈演愈烈之势。据国家发改委预测，2016 年国内生产总值增速 6.7% 左右，继续保持在经济增长的合理区间，与年初预期目标基本持平，仅比 2015 年低 0.2 个百分点，增速下滑通道开始收窄（2015 年 6.9%、2014 年 7.4%）。

三是区域竞争你追我赶。随着城市圈、城市带、城市群等概念的不断拓展，高铁、机场、码头等基础建设的不断推进，区域之间的竞争更趋"白热化"。纵观全国"十强县"，"辽宁现象"淡化，"苏北速度"分化，"中三角崛起"强化，资源型城市开始没落，交通枢纽城市不断更迭。分析省内形势，龙泉驿仅凭汽车产业连续 3 年稳居"十强县"榜首，全省"十强县"2015 年地区生产总值县均 543.4 亿元，是全省平均水平的 3.7 倍。

二、反思自身现状，落后迫人

一是脱贫攻坚任务艰巨。贫困和落后仍然是仪陇面临的主要矛盾，全县还有贫困人口 37 661 人、贫困村 230 个，大部分贫困群众居住在边远山区，是贫中之贫、困中之困，是最难啃的"硬骨头"，要实现 2017 年如期脱贫摘帽目标，不仅要投入巨大的人力物力，更需要超强的坚韧和超常的付出。

二是经济指标完成困难。2016 年仪陇县地区生产总值、规模以上企业增加值的增速同比下降 0.3、0.1 个百分点，一般预算收入仅刚好完成目标；环顾四周，地区生产总值总量分别比靠前的顺庆、南部低了 135 亿元、115 亿元，比其后的营山、高坪仅高出 15 亿元、28 亿元且增速分别低 0.1 个、0.4 个百分点，可谓"标兵"渐远、"追兵"更近。2017 年市下达仪陇县地区生产总值总量增长 7.6%、规模以上企业增加值增长 9.7%、固定资产投资增长 13%、一般预算收入增长 11.5%（且税收收入占比不得低于 64.4%），而受"营改增"后地方留存锐减（原增值税地方留存 67.5%，2016 年 5 月 1 日调整后仅 32.5%）、税收结构比例不尽科学（非税占比 39.4%，税收占比 60.6%，其中增值税仅占 50.14%、企业所得税占比达 39.6% 且主要是金融和建筑业）、土地出让收益断崖式下跌（2016 年仅 6 600 万元）、新招引落地企业短期内不能产生税收（增值税进项税抵扣）等因素影响，稍有不慎，仪陇县就难以完成市定目标。

三是发展支撑相对乏力。横看南充 9 县市区，唯有仪陇县不通铁路、没有一寸一级公路，县内交通圈等级低，航运水码头基本为零，矿藏资源严重匮乏，工业企业"两头在外"，农业转型进程缓慢，弯道超车动能不足，跳起摸高基础不高。而西充、蓬安撤县设区融入主城区一体发展，并启动轨道交通规划，计划主城区人口达 200 万人，强大的"虹吸效应"必然影响仪陇县发展。加之党的十九大召开后省委主要领导是否继续联系仪陇县、脱贫后国家倾斜政策是否改变等情况未知，一旦仪陇推进重大项目的机遇期丧失，发展将更加艰难，差距将愈拉愈大。

四是社会形象亟待提升。有些部门行政执法互相推诿，行政审批互为前提；个别单位负责人开明、开放、开拓意识不强，既缺乏往上跑的激情和办法，又缺乏落实政策的精神和举措，在填报项目进度时"留一手"，故意拉长前期工作、土石方施工时间以减少工作被动和压力；个别干部"有权任性"，优亲厚友、雁过拔毛等现象还一定程度存在；个别群众蛮不讲理、强买强卖、非法阻工，严重影响项目推进。

三、深挖发展机遇，前景诱人

凡事具有两面性，有"危"必有"机"。在正视困难和挑战的同时也要看到，当下仪陇也面临着多重机遇叠加、多项利好交织的又一"窗口期"。

一是从政策取向来看。国家大力实施"一带一路"、西部大开发和川陕革命老区振兴、成渝城市群发展规划，中央经济工作会议明确继续实施积极的财政政策和稳健的货币政策；省委经济工作会议指出将扎实抓好"项目年"、宜居宜业县城建设、农业农村改革、脱贫攻坚和民生实事等十大工作；市委更是要求全市各级各部门厉兵秣马、调兵遣将、排兵布阵，坚决保持"三个高于"的稳中求进总基调（主要经济指标增速高于全国、高于全省、高于2016年），坚决实现"三大突破"的跳起摸高总目标（地区生产总值突破1 700亿元、固定资产投资突破1 700亿元、一般公共预算收入突破100亿元），坚决打赢"三场必胜"的攻坚克难总体战（打赢脱贫摘帽攻坚战、项目建设攻坚战、改革开放攻坚战）。这些都为仪陇县争取支持、借力发展创造了有利条件。

二是从政治优势来看。仪陇是"两德"故里、革命老区，政治优势得天独厚，特别是随着朱德故里5A景区的成功创建，"仪陇名片"含金量极大提升，"两德"故里"磁场效应"开启加速模式，慕名而来的各级领导、各界客商越来越多，"资金找项目"现象更为频繁；加之仪陇县是省委东明书记、南充市委宋朝华书记脱贫攻坚定点联系县，省、市两级支持力度前所未有、有目共睹。

三是从发展积淀来看。近年来，仪陇县始终遵循"量力而行、尽力而为，适度超前、不摆摊子"的发展总基调，上下一心、埋头苦干，全县经济社会得以持续较快发展，交通区位劣势明显改善，现代新兴产业初具规模，城镇发展空间不断拓展，市场消费潜力日益突出。

第三节　2017年经济社会发展思路、目标与重点

一、发展思路

2017年仪陇县谋定后动，抓住机遇，积极应对挑战，以党的十八大和十八届三中、四中、五中、六中全会精神和习近平总书记系列重要讲话精神为指导，牢固树立和贯彻落实新发展理念，全面落实中央"四个全面"战略布局、省委"三大发展战略"和市委"155发展战略"，紧扣建设革命老区经济强县和争创全省脱贫攻坚示范县目标定位，继续坚持"量力而行、尽力而为、适度超前、不摆摊子"的发展总基调，以脱贫攻坚为统揽，以项目推动为抓手，以基础建设、城乡统筹、产业培育、民生改善、深化改革、依法治县和党的建设为重点，加快推进实力仪陇、绿色仪陇、幸福仪陇建设，确保2020年同步实现全面小康。

二、发展目标

实现地区生产总值175亿元、固定资产投资168亿元、地方一般公共预算收入7.1

亿元、城镇居民人均可支配收入 28 838 元、农村居民人均可支配收入 10 962 元，同比分别增长 8%、15%、11.1%、8.6%、10% 以上。

三、发展重点

（一）大力实施项目攻坚，不断拓展发展后劲

一是精心谋储项目。积极对接国、省"十三五"规划、成渝城市群发展规划、川陕革命老区振兴发展规划及各个专项规划，在重点领域精心谋划储备一批投资额度大、带动能力强、发展后劲足的重大项目，积极配合省、市做好汉巴南铁路、亭子口水库渠系配套等项目前期工作，主动抓好顺（庆）仪（陇）一级公路、天成山旅游区等 118 个重大项目的前期工作，其中完成宏德体育运动中心、丁氏庄园客家风情半边街等 41 个项目审批。

二是积极争引项目。科学研判国、省经济工作重点和投资投向，继续抢抓省委主要领导定点联系仪陇的有利契机，力争全年到位国、省资金 42 亿元以上，其中建设性资金 15 亿元以上。充分借助交通改善带来的区位优势，积极承接沿海及成渝地区产业转移，招强引优、择商选资，力争全年招引重大项目 12 个以上，吸引资金达 20 亿元。

三是加速建设项目。始终坚持挂图作战、倒排工期、勤督严查，不断强化土地、资金等要素保障，全力推进阆仪营高速公路、国道 G245 仪陇段升级改造、县城滨江大道、职业高级中学等重大项目建设，力争实施重大项目 150 个以上、完成年度投资 93.8 亿元，其中市级重点项目 21 个、年度投资 48.6 亿元。

（二）决战全胜脱贫攻坚，顺利实现脱贫摘帽

一是围绕目标精准施策。紧盯年度脱贫 2.08 万人，退出 130 个贫困村、贫困县"摘帽"的目标任务，紧盯住房保障，加快易地扶贫搬迁和危房改造进度，确保当年脱贫建房户住房补助政策全覆盖；紧盯吃穿保障，全力抓好技能培训、推荐务工、两线合一、到户项目建设等，使贫困户有长期稳定收入来源；紧盯教育保障，全面落实贫困家庭学生在校教育补贴政策，建立健全辍学监测帮扶机制，确保贫困家庭学生不因贫辍学；紧盯医疗保障，全面落实"三增加、两取消""九免两补"等医疗扶贫政策；紧盯基础保障，大力实施贫困村水利设施、通村硬化路、网络线路等基础设施建设，配套规范齐备的卫生室、文化室，扎实开展"四好幸福新村"创建活动，确保年内分别建成省级、市级、县级"四好幸福新村"130 个、150 个、200 个。

二是创新机制补齐短板。按照以点连线、以线促面、整体推进的思路，大力实施以安溪潮、险岩、雷家坝为核心的"三大组团"扶贫示范点，以新马线、金马线、仪北线为重点的"三大连片"扶贫示范带，以温氏、海升为支撑的扶贫示范产业建设，辐射带动脱贫奔康产业园和全县扶贫产业整体发展，逐步解决贫困村无立村产业或产业发展缓慢的短板。按照"财政投入、量化资产、按股分红、收益保底"的模式，在所有贫困村开展财政资金股权量化，增加集体经济组织收益；通过财政补贴、社员自筹、社会捐赠相结合的方式，新发展村级扶贫互助社 35 家，探索村集体资金入股互助社，以此解决无集体经济收入或集体经济收入途径单一的短板。创新扶贫小额信贷用途范围，打捆使用产业周转金，将信贷资金、信用借款入股专业合作社、业主大户，探索扶贫资金使用新模式，最大程度发挥资金效益，以此补齐惠民政策落实落地的短板。

三是探索经验树立标杆。大力推进"四好村"创建工作，深入开展以"遵法守法、习惯养成、感恩奋进"为主题的群众教育活动和"四好农户"评选活动，培养群众的法纪观念、良好习惯和感恩意识；建立健全脱贫后扶机制，加大跟踪回访和持续帮扶力度，防止已脱贫户返贫。深入总结脱贫攻坚典型做法，探索形成更多的"仪陇经验"，争做全省脱贫攻坚的示范和标杆。

（三）持之以恒培育产业，促进经济快速发展

一是做大做强工业经济。积极打造工业发展平台，稳步推进光华拓展区建设，基本形成"三横四纵"园区道路骨架；不断完善园区水、电、气、视、讯等配套设施，为企业入驻创造良好条件并着力降低企业运行成本；快速推进西阳坝、磨子坝棚户区改造；统筹落实技能培训、就业补贴、公租住房、子女入学等配套措施，探索建立企业用工稳工长效机制；建设园区商业服务中心，基本满足企业员工餐饮购物、休闲娱乐需求。不断壮大工业经济总量，九威阁药业完成设备安装并试生产，国德塑业、家丰时装建成投产，鼓励渝源电器开拓汽车充电桩电容线圈市场，明华制衣增加成衣生产线，启动南牧机械、美乐佳服饰厂房建设；通过嫁接重组盘活运转困难企业。

二是加快推进农业现代化。全面完成油房沟水库和七一水库枢纽工程建设，快速推进思德水库响水支渠等灌区配套工程，启动九湾水库工程，完成跃进等 10 座病险水库整治；依托土地整理、农业综合开发等项目，新增耕地 193 公顷，建成高标准农田 3 669 公顷。稳定全县粮油播面，创建粮油高产示范片 10 005 公顷，发展加工型蔬菜订单生产基地 2 001 公顷；加快海升集团万亩标准化果园建设。依托温氏集团发展生猪产业，力争年出栏生猪 101 万头，稳步推进牛、羊、小家禽适度规模养殖。探索森林康养产业路径，新发展核桃 333.5 公顷、花椒 333.5 公顷。发展多种形式的适度规模经营，新增流转土地 2 001 公顷，培育专业合作社 30 个、发展家庭农场 60 家。

三是积极鼓励三产发展。进一步完善城乡商贸体系，打造县城滨江大道北段城市商业综合体，推进周河、义门等 5 个乡镇农贸市场改扩建，激活城乡消费市场；大力推进"互联网+"产业发展，建成 57 个乡镇电商物流服务站、200 个村级电商服务点，力争网络交易额增长 30% 以上。以朱德故里 5A 级景区为核心，加快全国红色旅游示范区创建，加大马鞍红军街和柏杨湖休闲旅游度假区招商力度；协同发展农业旅游观光、农耕体验等特色乡村旅游，启动建设亮垭户外拓展训练基地，创建安溪潮 3A 级乡村旅游景区，初步构建全域旅游发展格局；主动融入川渝旅游大环线，联合开发"重庆—广安—仪陇—巴中"旅游精品线路。加大涉农企业、业主大户等信贷支持力度，积极争取扶贫再贷款和支小再贷款指标，定期开展非法集资查处专项行动，营造良好的金融生态环境。

（四）加快统筹协调发展，全力改善城乡面貌

一是持续抓好县城建设。加快"北拓、西进"步伐，进一步拉大城市骨架并优化城市规划布局。高标准完成县城海绵城市等 4 个专项规划编制，推进河西滨江大道、灵官庙组团 1、3 号路、度门组团 1 号等 7 条 12 千米城市道路建设，加快四星级影院（人防宣教中心）、城东农贸市场等重点项目实施，启动城东停车场、城北公交车站建设和

金松湖周边高档商住小区开发，不断提升城市品位；依托数字化城管平台，进一步规范市容秩序，全面优化城市环境，确保顺利通过省级卫生县城复审。

二是统筹推进镇村建设。围绕"特色旅游名镇"建设目标，高起点编制好马鞍镇项目规划，并适时启动马鞍南海路、大湾路南段建筑风貌整治；全面完成观紫等11个乡镇污水管网工程，启动回春等8个乡镇污水处理设施建设；完成立山等5个场镇市政工程；加快推进幸福美丽新村、新农村连片示范县建设，高质量完成马鞍南海新村综合体建设和国道G245沿线拆迁户新村聚居点规划设计，完成周河镇斑竹村等12个村的环境综合治理。

三是努力改善基础条件。围绕"三化"交通目标，借力"南推"计划实施，争取顺庆至仪陇一级公路年内进场建设，力促阆仪营高速公路尽早开工，启动省道S205永乐至营山法堂升级改造，不断提升出境大通道畅通能力；加快推进国道G245仪陇段和土门至五福公路建设，完成复兴至碑垭、二道至新城等7条65.4千米县乡公路大中修，新建通村水泥路400千米。加快城乡供水一体化进程，全面完成县城供水二期、金城镇供水工程和14条管网延伸工程。扎实抓好小城镇（中心村）和农村电网升级改造，启动金城110kV、永光35kV输变电站建设。抢抓"绿化全川"行动契机，加大人工造林、森林抚育和封山育林力度，抓好"天保"二期和公益林管护，确保森林覆盖率达到38%以上。稳步推进渠江流域控制单元水环境综合治理和城乡污水处理厂（站）网一体PPP项目实施，规范乡镇生活垃圾收运处置运营管理，完成年度主要污染物减排任务，辖区流域水体质量逐步改善。

（五）全力抓好社会事业，提升群众幸福指数

一是大力发展教科文卫。坚持义务教育均衡发展，稳步推进校点布局调整，启动县城新建高中、城东小学前期工作，加快仪陇职业高级中学、渔田幼儿园建设；继续巩固"三名工程"成效，提高教师职业素养和能力，提升教育教学质量。启动县人民医院度门院区一期工程、中医治未病中心建设，标准化改造4个乡镇卫生院、113个村级卫生室；争创二级甲等疾控中心，通过全国农村中医药工作先进县复评；落实"全面二孩"政策，促进人口均衡发展。扎实开展送文化下乡、农村公益电影放映等惠农文化活动，积极承办重大文体赛事活动。

二是强化社会民生保障。认真实施省、市下达的各项民生工程，继续办好"十件实事"；大力开展劳动技能培训，抓好高校毕业生、农民工等重点群体创业帮扶，争取新增城镇就业6 000人以上；做好五项社会保险参保扩面，累计参保人数达到160万人次、征收基金10亿元。加快养老服务中心建设，新建柴井、大仪敬老院，落实城乡低保、五保供养、优抚对象、孤儿救助标准调整政策，为残疾人提供"量体裁衣"式个性化服务，进一步提高城乡居民社会保障水平。

三是努力维护安全稳定。严格落实安全生产主体责任，密切监控和排除道路交通、建筑施工等重点领域安全隐患，不断夯实安全生产基层基础，成功创建土门、度门省级安全社区。深入实施"七五"普法，扎实开展"法律七进"活动，营造全民知法守法浓厚氛围。全面推进"平安仪陇"建设，严厉打击违法犯罪活动，努力提高人民群众安全感。

第二十九章　2016年营山县经济社会发展情况与2017年研究

摘要：2016年，营山县通过坚持城乡统筹、产业强县、改革创新、共建共享等"四个坚持"，发展基础持续优化，发展后劲持续增强，发展活力持续迸发，民生改善持续发力。2017年，营山县将着力推进项目攻坚、产业融合、绿色发展、改革创新、民生改善等"五个推进"。

关键词：营山县；良好开局；"五个推进"

第一节　2016年经济社会发展情况

2016年，营山县坚持稳中求进、好中求快，克难奋进、主动作为，全县经济社会平稳健康发展，实现了"十三五"规划良好开局，为决战决胜全面小康奠定了坚实基础。全年实现地区生产总值153亿元，增长8%；地方一般公共预算收入6.09亿元，增长10%；全社会固定资产投资113亿元，增长28%；社会消费品零售总额78.7亿元，增长12.3%；城镇居民人均可支配收入20 540元，增长8.5%；农村居民人均可支配收入11 250元，增长10%。

一、坚持城乡统筹，发展基础持续优化

（一）城乡建设不断加强

一是强化规划引领。完成县城第五次总体规划修编和城市新中心等片区控制性规划及城市设计，城市控制性规划覆盖率达95%以上；完成绿地系统、城市地下综合管廊、停车场建设3个专项规划，实施太蓬、普岭等8个乡镇规划编制，城乡规划进入科学化、规范化、法制化轨道。

二是强化功能完善。县城一环路建成通车，建成芙蓉大道一期、新营渠路东延长线等城市道路，完成北坝街、白塔加油站片区等破损道路及管网改造，巴南广高速东连接线路基本成型，打通5条城市断头道路，"外成环、内成网"的城市交通体系初步形成；建成车辆管理所，城市新中心水景广场、奥体中心、绿地公园加快建设，滨河公园、西城体育公园、汽车客运枢纽站等项目启动建设，嘉陵江引水工程高位水池和取水头部进场道路开工建设，主体工程挂网招标，绿水河应急补水工程加快推进。

三是强化城乡治理。以创建国家卫生县城、省级园林县城为抓手，深入推进城乡环境综合治理，大力整治占道经营、车辆乱停、垃圾乱堆、"两违"建设等城市乱象和突出问题，加快实施南门河综合治理、兴隆山垃圾场封场、城乡生活垃圾压缩转运等项目，完成北部新城绿化亮化，成功创建为省级环境优美示范县。

（二）交通建设快速推进

营达高速、营仪阆高速、G244和S101营山段等54个项目纳入"南推计划"，计划投资91.4亿元；开行营山始发重庆动车，巴南广高速全线通车，营达高速开工建设。完成黄渡至老林、县城至南桥等3条道路大修改造，灵鹫至清源、沿码至小蓬桑园道路加快建设，新店至琵琶、星火至西桥等15条道路开工建设，顺蓬营一级公路、巴南广高速蓼叶互通至太蓬山景区快速通道前期工作加快推进。建成通村水泥路和产业道路566千米、森林通道31千米，安装波形护栏156千米，实施渡改桥22座。

（三）生态保护日益加强

天然林保护、退耕还林、水土流失综合治理等重点生态工程深入推进，全县森林覆盖率达36.8%；实施消水河、流江河、黄渡河流域环境污染综合治理，新建乡镇污水处理厂6个；实施骆市镇等6个乡镇集中式饮用水源保护工程，开展重点流域水环境生态补偿跨界断面监测，主要河流出境断面水质逐步改善；大力实施生态县细胞工程建设，消水、回龙等17个乡镇创建为省级生态乡镇；深入推进畜禽养殖综合治理，依法取缔河道网箱养鱼82个，综合整治禁养区内养殖场21家；积极开展"蓝天行动"，全年空气质量优良天数达到229天；加强环境监测和监察执法，圆满完成节能减排任务。

二、坚持产业强县，发展后劲持续增强

（一）工业经济强劲发展

围绕融入重庆配套发展，强力推进重庆配套产业园建设，新平整工业用地53.36公顷，建成4条2.5千米区间道路，新拓展园区面积50公顷，工业集中区创建省级经济开发区纳入国家目录。围绕机械汽配、装备制造、电子电气、农产品加工四大主导产业，成功招引欧若拉光电、鸿益电子等5家企业入驻园区，德华电气、盛美模具等工业企业加快建设，黑豹王滤液等企业建成投产，全县规模以上工业企业达49户。围绕培育壮大骨干支柱企业，大力支持五四公司、奥龙铸造、顺发机械等企业实施技改项目16项，完成技改投资11亿元。全县规模以上工业企业累计实现销售收入205亿元，规模以上工业增加值同比增长9.8%。

（二）现代农业快速发展

全力推进双百羊果产业环线建设，建成万亩核心示范区，全县增养营山黑山羊3.5万只、规模发展核桃2 001公顷。加快推进万亩花椒产业园、万亩莲藕产业园、万亩油橄榄产业园等特色产业基地建设，新发展珍稀林木、中药材等特色产业3 735公顷，全县粮油总产量达42万吨。完成金鸡沟水库枢纽工程导流洞和坝体基础工程，整治病险水库14座，整理土地3 268公顷，建成高标准农田1 334公顷。引进培育铖宇、山润等龙头企业5家，新发展农民专业合作社147个、家庭农场106家，新流转土地733.7公

项，全县绿色、有机农产品达 20 个。

（三）第三产业蓬勃发展

泰合现代商贸城、亿联建材家居五金城、欧玛特生活广场全面运营，城南现代物流园加快建设，天府臻信粮油等物流企业相继入驻。大力实施"互联网+"行动计划，法堂乡大田村等 8 个村建成"兴农易站"电子商务平台，全县电子商务交易额达 14.3 亿元。积极推进促消费、稳增长，成功举办燕京美食啤酒节、营山黑山羊美食节等活动，全县限上商贸企业和规模以上服务业企业达到 124 户。房地产业持续健康发展，出售住宅 4 971 套、非住宅 1 851 套，实现土地出让收入 5.2 亿元。乐山市商业银行营山支行挂牌运营，银行业金融机构新增贷款余额 8.8 亿元。加快编制全县旅游总体规划、乡村旅游总体规划和望龙湖·龙王寨旅游度假区规划，清水湖国家湿地公园湿地大道开工建设。全年接待游客 325.1 万人次，实现旅游收入 29.2 亿元。

三、坚持改革创新，发展活力持续迸发

（一）深化改革取得新突破

大力推进简政放权、放管结合、优化服务，骆市镇扩权强镇试点深入推进，下放事权、财权、人权 87 项；成立不动产登记局、农业产业化服务中心、营渝投促服务中心，完成城乡基本医疗保险管理体制改革和公务用车制度改革。加快财税体制改革，深化国地税合作，"营改增"试点扩围全面推进；稳步推进商事制度改革，实行"先照后证""五证合一、一照一码"，精简工商登记前置审批 40 项；出台促进房地产健康发展、推进供给侧结构性改革等政策措施，经济增长保持在合理区间；创新政府债务置换、政府购买服务等融资方式，筹集政府性建设资金 46.2 亿元。基本完成农村"七权"确权颁证工作，积极开展农村土地流转收益保证贷款试点。

（二）开放合作取得新成效

以承接成渝产业转移为重点，以重庆垫江县、经开区等友好区县为纽带，成功举办"营山·重庆推介会"，积极参加"西博会""农博会""渝洽会""C21 论坛"等投资促进活动，成功招引中广核风电、精丰机械、华庄道桥机械等项目 15 个，签约资金 54.2 亿元，与中铁八局、太极集团、福建明辉集团等知名企业签订战略合作协议。成功举办四川自行车联赛暨一环路骑游赛等活动，营山知名度和影响力进一步提高。

（三）创新创业取得新进展

持续推进大众创业、万众创新，新增省级大学生创业园 2 个、市级返乡农民工创业园 2 个，重庆奔梦、欧若拉光电、鸿益电子入驻小微企业孵化园。创业支持政策全面落实，新增创业贷款 500 万元，发放创业补贴 117 万元，帮助 168 人实现创业梦。支持润丰肉食品、深达生物等企业与省内外科研院校开展校企合作，通旺农牧与省畜科院、营渔水产与省水产研究所建立起"产学研"合作关系，永程电子创建为国家高新技术企业，顺宇制造创建为省级技术中心，全县新增国家专利 152 项。

四、坚持共建共享，民生改善持续发力

（一）脱贫攻坚首战全胜

聚焦"两不愁、三保障、四个好"目标，以前所未有的力度推进"五个一批"等脱贫攻坚措施到村到户、落地落实，如期实现 33 个贫困村退出、18 293 名贫困人口脱贫，全县贫困发生率下降到 4.24%。贫困村基础条件全面改善，建设扶贫新村 35 个，新建村道水泥路 190 千米，整治和新建塘池堰 298 口，建成 33 个村级公共服务中心。贫困户保障措施全面落实，低保政策兜底 4 197 人，大病救助 2 378 人，新建、改建住房 6 637 户（其中易地扶贫搬迁 1 476 户、地质灾害避险搬迁 200 户），饮水安全、生活用电、宽带网络实现全覆盖。产业扶贫初见成效，新建脱贫奔康产业园 33 个，培育专业合作社 51 个；落实扶贫小额信贷 1 亿元，新发展种植业 800 公顷、畜禽养殖 27.5 万头（只），实现贫困户劳动力转移就业 2 800 人。库区扶贫全面推进，新建幸福水库环湖路 17.8 千米、聚居点 15 个，完成 11 个贫困村饮水安全提质增效，新发展核桃、珍稀林木、花椒等产业 467 公顷。

（二）公共服务更加完善

一是教育事业均衡发展。西城实验学校一期完成主体工程，城守一小分校等 5 所城区学校完成前期工作；加快农村义务教育薄弱学校改造，新改扩建校舍 2.1 万平方米；"三免一补"、农村义务教育学生营养改善计划和教育资助政策全面落实，70 506 名学生直接受益；全县高考本科上线 1 642 人。

二是医疗卫生计生事业快速发展。中医医院分院一期工程全面竣工，县人民医院分院、妇幼保健院分院建设加快推进，新改扩建乡镇卫生院 2 个；推进基本公共卫生服务均衡化，城乡居民医疗保险参保率达 99.6%。

三是文化体育事业健康发展。县文化中心前期工作加快推进，新建村级综合文化活动室 215 个、农民体育健身工程 95 个，在 143 个村实施"视听乡村"工程；"三馆一站"免费开放，放映公益电影 7 884 场次；全民健身活动蓬勃开展，参加市五运会取得优异成绩。

四是其他社会事业发展良好。工会、青年、妇女、儿童、残疾人、国防动员、人防、应急管理、新闻、网络安全和信息化、红十字会、商会、档案、地方志、气象、邮政、民族、宗教、外事台侨、招生、老龄、关心下一代等工作全面进步。

（三）社会保障更加有力

全面完成"十大民生工程"和 20 件民生实事。启动全民参保登记试点，"五大保险"应保尽保，发放各类保障资金 13.97 亿元；开展社会救助 118 万人次，发放各类救助资金 2.47 亿元；新增城镇就业 6 181 人，登记失业率控制在 4.2% 以内；实施 6 000 户棚户区改造、8 393 户农村危房改造，解决了 3.1 万农村人口饮水安全问题，完成 52 个村农村电网升级改造；新建敬老院 3 个，残疾人康复托养中心、老年养护楼、区域食品检测中心等项目加快建设。

（四）社会管理更加精细

深入推进"平安营山"建设，初步建成"大数据"服务指挥中心，城乡社区网格

化服务管理体系更加完善，"两清"工作名列全市前茅；扎实开展"打侵财、扫毒害、护民生""双百"整治等专项行动，严重暴力犯罪大幅下降，命案发生率历史最低，社会认同度、群众满意度大幅提升。建立健全"党政同责、一岗双责、失职追责"的安全生产责任体系，建成安全生产信息平台，扎实开展交通运输、食品药品、消防等重点领域"打非治违"专项行动，全县安全生产形势持续稳定；扎实推进安全社区建设，渌井镇、丰产乡成功创建为四川省安全社区。加大矛盾纠纷和不稳定因素排查调处力度，妥善处置了一批信访积案，31 件省、市挂牌案件全部办结，社会大局和谐稳定。

第二节　2017 年经济社会发展面临的形势

当前，营山正处于跨越赶超的关键时期，既要爬坡又要赶路，犹如逆水行舟，不进则退。面对经济发展新常态，既要正确看待问题，也要冷静应对挑战，更要准确把握机遇。只要能在把握大趋势中捕捉大机遇，就一定能在顺应新常态中谋求新发展。

一、多重困难交织，务必积极应对挑战

（一）从宏观形势来看

国内外环境依然错综复杂，世界经济仍处于缓慢复苏过程，国内经济转型发展的任务十分艰巨，产能过剩和需求结构升级矛盾突出，各类隐性风险逐渐显性化，目前仍将面临经济增速换挡、结构调整阵痛、新旧动能转换的严峻考验。

（二）从区域竞争来看

营山县经济发展面临"三大挑战"：

一是经济总量不大。营山县人口占全市的 13%，但经济总量只占全市的 9.3%，在 6 县（市）当中地区生产总值比南部低 123.9 亿元，比阆中低 36.5 亿元，比仪陇低 12.3 亿元，仅比蓬安高 11.9 亿元。

二是产业实力不强。一方面，传统产业占经济总量的比重大，且农产品精深加工能力不足，创新能力不强，缺乏龙头企业；机械铸造业虽有一定基础，但产值不高，技改压力大。另一方面，战略性新兴产业发展缓慢，未形成明显的经济效益，产生的增加值不足经济总量的 1%；营利性服务业和金融业等产业对县域经济尚未形成强有力的支撑。

三是发展动力不足。2016 年，营山县固定资产投资增速虽然位居全市前列，但整体回落明显，比 2015 年下降 10 个百分点；实体经济散而小，面临融资难、用工难、投资难、创新难、盈利难等诸多考验，集群化、规模化发展能力较差；非税收入增长难以为继，刚性支出和民生支出持续增加，财政收支矛盾十分突出。这些挑战和考验，需要拿出更大的魄力、更强的决心、更实的举措，冷静应对，积极作为，切实加以解决。

二、多项利好叠加，务必抢抓发展机遇

（一）从战略布局来看

国家大力实施"一带一路"战略，深入推进内陆沿江沿边沿线开发开放，大力支持川陕革命老区振兴和成渝城市群发展，这都为营山发挥地缘优势、借力高点起步创造了有利条件。省委经济工作会议提出，深化拓展多点多极支撑发展战略，持续用力激活县域经济发展潜力，为营山加快发展提供了重大契机。

（二）从政策取向来看

2017年国家将继续坚持稳中求进的工作总基调，实施积极的财政政策和稳健的货币政策，并重点在推进供给侧结构性改革、降低企业税费负担、保障民生兜底三个方面发力。同时，国、省将进一步加大对脱贫攻坚的支持力度，有利于营山县更好争取上级支持、争取政策资金，加快补齐发展短板。

（三）从改革力度来看

中央将进一步深化供给侧结构性改革和国资国企、财税金融等重点领域改革，持续释放改革红利；省委将全面改革创新作为引领我省"十三五"发展的"一号工程"，系统推进全面创新改革试验，这有利于营山把握机遇，培育经济增长引擎，加快实现由要素驱动为主向创新驱动为主转变。

三、多元支撑并存，务必提振发展信心

（一）从产业支撑来看

一是工业方面。随着德华电气、欧度车业等企业的建成投产，楚玛风电、顺发机械等企业的技改升级，全年可新增规模以上工业企业8户，实现工业销售收入230亿元以上。

二是农业方面。随着现代农业、有机农业的蓬勃发展，万亩花椒产业园、万亩莲藕产业园、万亩油橄榄产业园等"万亩亿元"产业基地的加快建设，第一产业增加值预计增长3.5%。

三是第三产业方面。随着旅游业、传统商贸转型升级和现代物流、电子商务等新业态不断发展，预计可拉动地区生产总值增长2个百分点。

（二）从投资拉动来看

随着项目攻坚的深入推进，全县重大项目投资有望超过100亿元，将带动全社会固定资产投资突破130亿元，投资对经济增长的拉动作用将进一步凸显。

（三）从交通区位来看

随着"一铁四高"高速通道、"一环两翼"快捷通道以及国、省干道等重大交通项目相继建成，川东北交通次枢纽初步形成，后发优势日益凸显，为全县经济增长奠定了坚实的基础。

第三节　2017年经济社会发展的目标与重点

2017年是新一届政府的开局之年，是决战决胜全面小康、加快建设有影响力的山水田园城市和川渝合作示范县的关键之年。营山县将坚定发展目标，突出五大重点。

一、发展目标

营山县坚持产业融合、生态宜居、文化铸魂，统筹做好稳增长、调结构、促改革、扩开放、惠民生各项工作，高举高打抓发展，跳起摸高促跨越。综合考虑各方面因素，2017年全县经济社会发展的主要预期目标为：地区生产总值增长8%左右，全社会固定资产投资增长12%左右，地方一般公共预算收入增长8%左右，规模以上工业增加值增长9%，社会消费品零售总额增长12%，城镇、农村居民人均可支配收入分别增长8%、10%。

二、发展重点

围绕上述目标任务，将重点抓好"五个推进"。

（一）推进项目攻坚，夯实县域发展基础

一是大力谋划项目。深入研究国、省政策和投资方向，主动对接国家重大投资工程包、重点专项规划、三年滚动投资计划和全市"五大板块重大工程项目"，重点在机械汽配、生物医药、商贸物流、旅游康养等领域，谋划现代农业加工园、重庆配套产业园等重大产业项目10个；在城建、交通、水利、通信等领域，谋划基础设施建设项目36个；在生态环保、教科文卫等领域，谋划水环境治理及生态修复、文化创意产业园等重大民生项目12个。加大国、省项目争取力度，力争县人民医院肿瘤诊疗中心、棚户区改造等30个重大项目进入国、省"笼子"，到位资金18.5亿元以上。坚持重点储备项目动态调整，确保全县项目动态储备总量保持在1 000亿元以上。

二是大力推进项目。坚持挂帅出征、挂图作战，完善重点项目"四个一"推进机制和问题会商制度，严格按照时间表、任务书、路线图有序推进项目；坚持每月挂牌通报，季度拉练评比，力争西城体育公园、滨河公园等项目建成投运，嘉陵江引水工程、金鸡沟水库等项目加快推进，顺蓬营一级公路、民政福利园等项目开工建设，城市规划展览馆、城市水环境治理等项目启动建设。

三是大力保障项目。加大项目投入，通过出让土地、盘活财政存量资金等方式，筹措政府性建设资金50亿元以上；大力推行债务金融置换、政府购买服务等融资模式，实现政策性融资6.5亿元以上，撬动社会投资130亿元以上。强化用地保障，积极争取用地指标，加大征地拆迁和土地整理力度，盘活存量土地，力争全年提供项目用地267公顷以上。优化项目服务，开辟重大项目、重点企业政务服务"绿色通道"，开展项目建设环境治理行动，不断提升项目服务效率和水平。

（二）推进产业融合，构建现代产业体系

一是超常规发展新型工业。营山的未来在产业，产业的希望在工业，必须毫不动摇地坚持工业强县，推动工业集约集群发展。以前所未有的力度融入重庆配套发展。致力建设成渝经济区机械汽配和电子信息产业配套基地，实施大企业大集团培育计划，围绕机械汽配、装备制造、电子电气、农产品加工四大主导产业，瞄准成渝知名集团和上市企业，推进协作配套和嫁接改造，新建一批配套项目和集团分公司。以前所未有的力度推进园区建设。加快以重庆配套产业园为重点的工业集中区建设，平整工业用地33.35

公顷以上，建成南一环东延线 II 段等 4 条区间道路，园区面积拓展至 6 平方千米，成功创建为省级经济开发区；加快推进精丰机械、欧度车业等 5 个重点工业项目建设，德华电气、盛美模具等企业建成投产。以前所未有的力度扶持企业发展。全面落实流动资金贷款贴息、市场开拓奖、企业应急转贷等优惠政策，推动一批重点企业振兴渡困、转型发展；突出信息技术与制造业深度融合，大力支持楚玛风电、顺发机械等企业实施技术改造，完成投资 12 亿元，推动制造业向中高端迈进。全年新增规模以上工业企业 5 户，实现工业销售收入 226 亿元。

二是突破性发展第三产业。致力建设面向成渝、服务川东北的商贸物流副中心，提升发展生产性服务业、生活性服务业两个支撑产业，突出发展现代商贸物流、生态康养旅游两个核心产业，力争服务业增加值占地区生产总值的比重达到 26.5%。加快发展新兴业态。深入实施"互联网+"行动计划，大力发展电子商务、信息产业等新兴服务业态，新增电商企业 5 家，实现电商销售收入 15 亿元以上。加快发展商贸物流。推进泰合现代商贸城、亿联建材家居五金城、欧玛特广场业态创新，加快现代物流园基础设施建设，建成粮油物流园、农产品冷链物流园，力争招引 2 家以上知名物流企业入驻，大力发展冷链、粮油、钢材等物流业态，着力打造川东北重要物流集散基地。加快发展旅游产业。建成清水湖国家湿地公园湿地大道和林泽景观，实施太蓬山景区提升工程，开工建设蓼叶互通至太蓬山旅游快速通道和芙蓉山景区环山道路；完成新店千坵村、茶盘罐坪村等 6 个旅游扶贫村和济川、东升、骆市乡村旅游示范园区景观打造，积极筹办南充市第九届乡村旅游文化节；精心组织 2017 营山黑山羊美食节、啤酒节、汽摩赛、四川自行车联赛等重大节会，进一步扩大营山知名度和影响力。

三是规模化发展现代农业。致力建设成渝优质农产品供给基地，全面推行"种养循环"生态发展模式，大力发展营山黑山羊、生猪、核桃、中药材四大特色产业，形成种养加一体化、产供销全链条的融合发展新模式，助推农业"接二连三"发展，积极争创四川省现代农业示范县。加快建设产业基地。加快建设双百羊果产业环线，新建营山黑山羊标准养殖场 50 个，全县年出栏肉羊 50 万只，新建优质核桃基地 1 000.5 公顷；建成嘉实花椒、温氏生猪一体化养殖等一批"万亩亿元"产业基地，新建中药材、花椒、油橄榄等产业基地 2 001 公顷以上，提升万亩血橙园等特色产业基地；发展优质水稻 13 340 公顷、双低油菜 6 670 公顷，实现粮油总产量 42 万吨。夯实农业发展基础。完成金鸡沟水库枢纽工程建设，整治病险水库 13 座，新建产业道路 82.5 千米、渠系 70千米、高标准农田 667 公顷，完成土地整理 6 337 公顷，农业机械化水平提高 5 个百分点。发展新型经营主体。支持铖宇、好运来等企业创建为省市农业龙头企业，新发展各类专合组织、业主大户 180 个（户），招引广东江南市场、龙胜腾达藕业等知名企业落户营山；加快县乡农村产权交易中心建设，新增流转土地 667 公顷。强化农业品牌建设。以"三品一标"为方向，持续推进农业标准化生产，加快完善农产品质量监管体系，全力做响营山黑山羊、营山红油等特色品牌。

（三）推进绿色发展，建设生态宜居家园

一是更加注重规划引领。坚持生产空间、生活空间、生态空间"三生合一"，坚持城市形态、城市业态、城市文态"三态合一"，统筹完善县域总体规划和土地利用总体规划，加快编制县城交通专项规划、巴南广高速东连接线景观工程规划和"一环两翼"开发建设规划，完成四喜、木顶等 8 个乡镇总体规划，着力构建生产空间集约高效、生活空间宜居适度、生态空间山清水秀的城镇发展新格局。强化规划的刚性约束，从严审查项目规划设计方案，严格规划执行，严肃查处违规建设行为，切实维护规划的权威性和严肃性。

二是更加注重城乡建设。做美城市新形象。全面完成水景广场、奥体中心建设，高标准建设城市规划展览馆，努力把城市新中心建成营山的会客厅，把城市规划展览馆、奥体中心建成营山的新地标。增强城市新功能。加快推进芙蓉大道二段、兴隆北路北段和永安大道东段等城市道路建设和芙蓉大道城市综合管廊建设，实施环城路、银光大道、新民路、磨子街等破损道路及管网改造，巴南广高速东连接线建成通车；加快建设嘉陵江引水工程，完成城北、城西、城南三大片区棚户区改造，建成汽车客运枢纽站。增添城市新景观。建成北门河河堤及截污干管四期工程，完成南门河水环境治理及老旧院落整治，实施一环路、白塔公园北侧景观工程，启动西月湖片区绿廊建设。建设城乡新通道。深入实施交通建设"南推计划"，加快推进营达高速征地拆迁和营仪阆高速前期工作，开工建设顺蓬营一级公路；完成蓼叶至高码等 8 条道路提升改造，加快推进普岭至悦中等 21 条道路改扩建，完成仪陇永乐至营山法堂等 8 条道路建设前期工作；新建通村水泥路 400 千米，实施 18 座渡改桥工程，建成 100 千米道路安保工程。统筹建设新农村。扎实抓好"百镇建设试点行动"，全力支持骆市、小桥、回龙等重点小城镇建设；因地制宜推进山水田林房综合治理，合理布局新村聚居点，建设 60 个幸福美丽新村。

三是更加注重城乡治理。按照"摆顺、扫干净、不拥堵"的总体要求，深化城市管理体制改革，巩固提升社区网格化管理水平；深入推进城乡环境综合治理，突出抓好背街小巷、农贸市场等重点区域环境改善，强力整治"两违""五乱"、三轮车非法营运等城市顽疾，持续加强"三线"及农村生活垃圾治理，不断改善人居环境；统筹推进道路建设、照明系统、景观打造和沿线建筑立面改造，完成景阳大道、南北干道—芙蓉大道一段、绥安大道—外西街—正西街、文林路—模范街 4 条标美示范街建设，加快云凤街片区特色街区建设，成功创建为国家卫生县城和省级园林县城。

四是更加注重生态保护。加快编制生态全域规划，严守生态保护红线。开展"绿化行动"，精心打造"西城体育公园—西月湖公园—湿地公园—白塔公园—芙蓉山景区"城市生态走廊、生态园区，加快城市立体绿化、邮票绿地、绿道绿廊建设，统筹推进植树造林、退耕还林、山水保护等生态工程，形成青山为屏、河流为带、绿地相连、园城一体的城市生态绿化体系，积极创建省级生态县。开展"蓝天行动"，以改善环境质量为核心，认真开展第二次全国污染源普查，深入推进工业废气、汽车尾气、扬尘污染和秸秆焚烧治理，持续改善空气质量。开展"碧水行动"，新建 19 个乡镇污水处理厂，加快建设城西污水处理厂、城市污水处理厂二期及一期提标改造工程；加强城乡饮用水源保护，实施好中小河流域治理项目，取缔河道内网箱养鱼，确保出境断面水质稳定达标。开展"净土行动"，健全土壤环境监测体系，扎实抓好农村面源污染、土壤重金属污染和规模化畜禽养殖限期治理，完成兴隆山垃圾场封场和城乡生活垃圾压缩转运项目建设，让人民群众享受绿色环境、呼吸新鲜空气、喝上干净水、吃上放心食品。

（四）推进改革创新，激发发展动力活力

一是向创新创业要动能。积极培育创新主体，鼓励企业技术、产品和运营模式创新；加快建设营山创新驱动发展试验区，创建市级返乡农民工创业园区2个；积极发展桥梁孵化器，大力支持大学生创新创业，鼓励开展校企合作，建立"产学研"联盟；积极实施"归雁计划"，吸引一批优秀企业家、返乡农民工回乡创业；充分发挥金融创新的助推作用，推动科技金融产业融合发展；积极利用"互联网+"，大力发展众创、众包、众扶、众筹等新模式，掀起大众创业、万众创新新高潮。

二是向深化改革要红利。深化行政管理体制改革，积极推动简政放权、放管结合、扩权强镇；推进供销社综合改革，加快建设农业社会化服务体系和城乡居民生活服务综合平台。深化供给侧结构性改革，全面推行棚改货币化安置，有效释放居民购房需求；进一步减税降费，加大贷款贴息、担保力度，不断降低企业制度性、外在性、经营性成本，全面落实小微企业优惠政策，稳妥处置"僵尸企业"；推进非居民用电价格改革，力争实现全省同网同价；积极争取国家置换债券、国家专项建设基金，全力化解政府存量债务。深化农村产权制度改革，推进农村产权抵押融资和农村集体资产股份合作制改革，完善农村产权交易机制，加快构建新型农业经营体系。

三是向开放合作要出路。运用好开放平台，主动融入成渝、服务成渝，依托成渝友好区县、营山商会、营渝投促服务中心等平台，积极参加西博会、科博会、中外知名企业四川行等投资推介活动，全方位承接长三角、珠三角、京津冀等发达地区产业转移。建设好投资洼地，完善投资促进优惠政策，优化投资环境，跟踪明辉机电、劲达物流等重点招商企业，力争全年招商引资签约项目14个，到位资金44亿元。招引好优势企业，大力开展园区招商、产业链招商、产业集群招商，加强与吉利、太极、中广核等知名企业的互利合作。发展好民营经济，鼓励个体工商户升级为私营企业，全年新增民营企业60户。

（五）推进民生改善，提升群众幸福指数

一是精准实施脱贫攻坚。紧紧围绕"两不愁、三保障、四个好"目标，加快实施"五个一批"到村到户项目，全力破解瓶颈、补齐短板，实现60个贫困村退出、16 160名贫困人口脱贫。新建贫困村村道水泥路271.8千米，整治和新建塘池堰427口、渠系60千米，实施2 389户住房改造和33个村电网升级改造，建成村级公共服务中心60个，饮水安全、教育医疗、宽带网络实现全覆盖。深入推进产业扶贫，建设脱贫奔康产业园60个，培育农民专合社80个，落实扶贫小额信贷1.4亿元，开展就业培训2 000人次，实现贫困户劳动力转移就业2 000人、人均增收900元以上。坚持扶贫先扶志，实行"五个一"驻村帮扶、领导干部进村入户蹲点调研督导工作机制，引导贫困群众从"要我脱贫"向"我要脱贫"转变。

二是大力发展社会事业。繁荣发展文化事业。大力弘扬尚文厚德、勤劳坚韧、开明开放的城市精神，大力开展"国学五进""全民读书月"等系列活动，充分运用传统媒体和新兴媒体，讲好营山故事，传递营山声音；积极打造文化名片，开工建设县文化中心，建成白塔耕读文化主题公园等城市文化节点，充分展示营山形象；大力实施市民素质提升工程，积极开展"最美营山人""最美家庭""文明市民""十大孝星"等评选活动，引导市民讲文明话、办文明事、做文明人，积极争创省级文明城市；全面完成"视听乡村"工程，新建119个村级综合文化活动室、35个农民体育健身工程，积极筹办县第八届运动会等体育赛事；加强文物古迹保护，做好非物质文化遗产的挖掘、保护和传承。优先发展教育事业。西城实验学校建成投入使用，城守一小分校、云凤实验学校分校、机关幼儿园分园等城区学校加快建设，完成星火中学、绿水小学等22所薄弱学校改造。大力发展卫计事业。加快建设县人民医院分院、妇幼保健院分院、疾控中心和卫生执法大队业务用房，新改扩建22个乡镇卫生院、117个村卫生室；坚持计划生育基本国策，全面实施一对夫妇可生育两个孩子政策。统筹做好工会、青年、妇女、儿童、残疾人、国防动员、人防、应急管理、新闻、网络安全和信息化、红十字会、商会、档案、地方志、气象、邮政、民族、宗教、外事台侨、招生、老龄、关心下一代等工作。

三是切实加强社会保障。全面实施"十大民生工程"和20件民生实事，地方公共财政支出用于民生的比重提高到65%以上。实施更加积极的就业政策，实现城镇新增就业6100人，城镇登记失业率控制在4.4%以内。实施全民参保计划，推进机关事业单位养老保险制度改革。大力加强社会救灾、救济、救助体系建设，不断提高城乡最低生活保障水平。严格执行工资指导线制度，落实最低工资标准调整机制，规范企业用工管理，建立规范有序的劳动关系。大力实施百姓安居工程，综合整治20个棚户区老旧院落，完成1800户棚户区改造。加快推进三星110千伏输变电站建设，解决4万农村人口饮水安全问题。

四是创新社会治理方式。深入推进"七五"普法，不断提升干部群众法律素养；扎实开展信访"三无"创建活动，落实领导干部接访、下访和包案化解信访问题机制，引导群众合理合法表达诉求。健全公共安全体系，深入推进"平安营山"建设，推行重大事项社会稳定风险评估，加快推进安全生产监管体系、安全社区和食品安全放心城市建设，强化食品药品、水陆交通、建筑施工、寄递物流等重点领域安全监管，坚决遏制较大以上安全生产事故发生；建成"大数据"服务指挥中心，创新完善的立体化社会治安防控体系，全面加强社会治安综合治理，依法严厉打击各类犯罪活动。

第三十章　2016 年蓬安县经济社会发展情况与 2017 年研究

摘要：2016 年，蓬安县经济发展稳中有进、三次产业稳步壮大、重点改革措施有力。2017 年，蓬安县将以项目攻坚为抓手、以生态旅游为龙头、以机械汽配为主导、以产村相融为目标、以同城发展为契机、以改革创新为动力、以人民幸福为追求，全面抓好相关工作。

关键词：蓬安县；稳中有进；项目攻坚；生态旅游

第一节　2016 年经济社会发展情况

2016 年，蓬安县紧扣"建设嘉陵江畔大美公园城市、打造成渝第二城绿色主题生态功能区"的奋斗目标，以"三个决战全胜"为抓手，砥砺奋进，攻坚克难，完成了年初确定的主要目标任务，实现了"十三五"良好开局。

一、经济发展情况

（一）经济指标稳中有进

全年实现地区生产总值 139.5 亿元、增长 7.8%，完成地方一般公共预算收入 5.4 亿元、增长 18.9%，全社会固定资产投资完成 132.5 亿元、增长 17.5%，社会消费品零售总额 52.1 亿元、增长 12.5%，规模以上工业增加值增长 9.8%，城乡居民人均可支配收入分别达到 20 156 元、12 700 元，增长 8.8% 和 10.3%。

（二）三次产业稳步壮大

一是工业提质增效。加快实施工业园区扩园工程，园区面积拓展至 7 平方千米。实施跃镁镁业、特驱饲料等重点技改项目 9 个，新增规模以上工业企业 7 户。全年实现工业销售产值 300 亿元、增长 12.6%。

二是农业规模拓展。围绕农业产业"一园四带"布局，新增农民专合组织 105 个，带动全年出栏生猪 63.1 万头、出产水果 10.4 万千克、产茧 120 万千克。

三是三产日益繁荣。启动相如湖旅游度假区建设，积极完善白牛渡江、周子古镇等景区景点配套设施。全年接待游客 317 万人次，实现旅游收入 28.8 亿元。邻你、赛克斯·摩尔等大型超市入驻蓬安，亿联国际商贸城建成主体工程，电影院、星级酒店等市场主体蓬勃发展。

（三）重点改革措施有力

扎实推进供给侧结构性改革，减少企业用电、用气等各类成本4 518万元；制定200元/平方米的购房刺激政策，推行货币化安置模式，房地产市场较为稳定，商品房库存全市最少。农村产权制度改革稳步推进，商事制度改革深入实施，国资国企、行政审批、公共资源交易、扩权强镇试点等方面的改革持续深化。

（四）项目攻坚有序推进

围绕国、省"十三五"规划和各类专项规划，53个项目挤进国、省规划"笼子"、总投资226.8亿元。加大国、省项目资金争取力度，全年到位42.5亿元。积极参加西博会、C21论坛等投资促进活动，成功招引优质产业项目22个、协议引资49.5亿元。通过项目拉练、黄牌警告、末位述职等措施，促进新建项目早开工、在建项目早竣工，全年完成重点项目投资58.3亿元。

二、社会发展情况

（一）城乡发展步伐加快

县城建成区面积拓展至15平方千米，城镇化率达到38.3%。建筑面积72万平方米的凤凰生态公园投入使用，住宿、餐饮、娱乐、购物等配套设施进一步完善，凤凰新城已具规模。强力开展城市管理"百日整治"行动，新增城市免费停车位300余个，城市管理水平明显提高。巴南广高速福德连接线建成通车。整治省道203线、204线大中修25千米。新建通村水泥路244千米。建成新村聚居点29个，配套建设村级公共服务活动中心55个，筹集农村廉租房439套。加强土地开发整理，新增耕地227公顷，建成高标准农田2 668公顷。统筹实施中央财政小农水、大深沟渠系改造等项目，整治病险水库5座，改造、新建渠道160千米，治理水土流失16.3平方千米，新增和改善有效灌面1 267公顷。

（二）脱贫攻坚成效显著

推动55个贫困村成功出列、1.73万贫困群众如期脱贫，率先摘掉贫困县帽子。积极探索新办法、新举措，形成了脱贫攻坚责任清单、"三卡"工作法（帮扶明白卡、项目进度卡、驻村考勤卡）、脱贫动态信息"二维码"管理等一批行之有效的经验做法。坚持短期脱贫与长效增收相结合，深入实施"三大增收计划"，加快推进产业扶贫"三百工程"，贫困群众稳定收入超过3 100元，"十三五"期间的2 586户、7 754人易地扶贫搬迁已全部完成住房建设，实施农村危房改造4 984户、"五改三建"2 153户，55个贫困村全部通上水泥路，农村安全饮水覆盖率达100%。

（三）民生保障扎实有效

十大民生工程、20件民生实事全面完成，县财政民生支出占比达80.5%。城乡居民人均可支配收入20 156元、12 700元，同比分别增长8.8%和10.3%。城镇新增就业7 497人。深入推进素质教育，县域义务教育均衡发展工作顺利通过省级督导评估。改造提升17个乡镇卫生院，县残疾人康复和托养中心投入使用。加强低保救助和临时困难救济，发放救济救助资金 3.3 亿元。

（四）社会环境和谐稳定

健全领导包案、接访和机关干部下访制度，县城规划区房地产"两证"办理遗留问题等一批信访老案积案得到妥善解决。加强安全生产隐患整治和全域监管，杜绝了重大安全生产事故发生。组织实施"双百整治"专项行动，依法严厉打击各类违法犯罪行为。深入开展"七五普法"，全面推进依法治县，及时妥善化解各类矛盾纠纷，人民群众安全感进一步提高。

第二节　2017 年经济社会发展面临的形势

统筹考虑宏观形势和各方面条件，抢抓机遇、找准重点，努力推动县域经济平稳较快发展。

一、从宏观形势看，挑战与机遇交织

（一）国内外环境错综复杂

当前，国际地缘政治风险加大，英国意外"脱欧"、特朗普赢得美国大选、意大利修宪公投被否等"黑天鹅"事件接连发生，难民危机和恐怖主义等多重挑战导致欧元区阴云密布，世界经济不确定性因素不断增多。国内经济转型发展的任务十分艰巨，产能过剩和需求结构升级矛盾突出，在新旧增长点拉锯式转换中，经济短期波动性会显著增强，各方面的风险因素会叠加显现，蓬安仍将面临经济增速换挡、结构调整阵痛、新旧动能转换的严峻考验。

（二）多重利好政策交汇叠加

中央明确提出引领经济持续健康发展的一系列政策措施，将继续实施积极的财政政策和稳健的货币政策，并更加注重深化改革创新和开放合作；省委将全面改革创新作为引领四川"十三五"发展的"一号工程"，系统推进全面创新改革试验，有利于蓬安更好地向改革要红利、向开放要活力、向创新要动力。同时，国家深入实施"一带一路"、长江经济带等发展战略，大力支持川陕革命老区振兴；东部沿海地区劳动力优势不再、土地要素成本攀升，传统产业向中西部地区梯度转移步伐加快；四川深化拓展多点多极支撑发展战略，将着力激活县域经济发展潜力；南充全力建设"成渝第二城"，强势推动"155 发展战略"，有利于蓬安加快转型升级、实现又好又快发展。

二、从区域竞争看，压力与潜力并存

（一）竞相发展态势激烈

2016 年前三季度，蓬安县地区生产总值总量和增速均排在南充全市第 6 位，在 3 个类区县中排在第 2 位，处于全市中等偏下水平。据测算，2016 年，继续领跑全市的顺庆、南部，地区生产总值分别突破 300 亿元、280 亿元；位于中间方阵的阆中、仪陇、营山，地区生产总值分别达到 190 亿元、165 亿元、150 亿元；紧随蓬安（139.5 亿元）

之后的高坪、嘉陵、西充的地区生产总值分别达到137亿元、134亿元、107亿元。总的来说，领先者与蓬安的差距正在拉大，追赶者加速赶超的势头越来越猛，发展如逆水行舟、不进则退。

（二）蓬安发展优势凸显

蓬安位于长江经济带和成渝城市群双重国家战略交汇区域，同时接受成都、重庆两个超大城市的辐射带动，有利于蓬安在更大范围、更宽领域、更高层次集聚要素资源、推动开放合作。南充打造"成渝第二城"，必将加快南西蓬一体化发展步伐，迅速扩大城市规模、做大产业体量，有利于早日与南充主城区实现区域融合、联动发展。同时，与其他县（市、区）相比，蓬安最大的特色、最大的优势是得天独厚的自然资源、山清水秀的生态环境和厚重的文化积淀，特别是蓬安有相如故城、爱情文化、牛资源这三张"特色牌"，绿色发展空间广阔、动能强劲，有利于蓬安率先突破重围、实现错位崛起。

三、从蓬安实际看，问题与希望同在

（一）县域经济发展的问题短板仍然突出

蓬安县三次产业仍处于工业化中期特征的"橄榄型"模式，2016年，农业占比为26.7%，高于全市5个百分点；第二产业占比虽为46.5%，但占大头的工业产业提速增长动力不强，工业企业大多位于微笑曲线中段位置、产品附加值较低；第三产业比重提升不快、仅为26.8%，占比低于全市3.3个百分点，三次产业结构不优。2016年的工业投资和民间投资一定程度下滑，项目建设进度受脱贫摘帽影响有所放缓，1~11月全社会固定资产投资增速和全市排位同时下降，经济增长动力不足。城市规模不大、承载力不强，配套设施亟须完善，常住人口城镇化率分别低于全省、全市10.5个百分点和6.7个百分点，城市建设速度不快。

（二）实现跨越赶超的支撑条件较为充分

问题短板虽然突出，发展信心不可动摇。经过多年打基础、聚潜能，蓬安步入厚积薄发新阶段，发展环境持续优化，区位条件大幅改善，产业规模逐步扩大，物流电商、康养文化等新的经济增长点正在形成，县域经济发展的支撑点在增多、支撑力在增强，完全有基础、有条件在新的起点上做大经济总量"加快赶"、提升发展质量"抓紧转"，实现转型更好发展、后发高点起步。同时，县第十三次党代会确立了"加快建设嘉陵江畔大美公园城市、打造成渝第二城绿色主题生态功能区"的奋斗目标，这既是立足县情、纵观全市的科学研判，更是提升综合实力、实现率先突破的战略抉择，蓬安发展方向更加明确、发展路径更加清晰、发展定位更加精准，必将进一步凝聚人心思上、人心思进、人心思干的强大合力，必将切实引领蓬安跳起摸高、奋发作为、跨越赶超。

第三节　2017年经济社会发展思路、目标与重点

2017年是机遇与挑战并存、希望与困难交织、动力与压力同在的一年。2017年，

是新一届政府的开局之年，是实现县第十三次党代会宏伟目标的奠基之年。蓬安县坚定发展思路，突出发展重点，努力实现既定目标。

一、发展思路

全面贯彻党的十八届六中全会、中央经济工作会和省委十届九次全会、省委经济工作会议精神，全面落实市第六次党代会和市委六届二次全会暨经济工作会议各项决策部署，始终保持专注发展、转型发展、特色发展的战略定力，自觉适应把握引领经济发展新常态，深入实施"三大工程"，扎实做好稳增长、促改革、调结构、惠民生、防风险各项工作，确保全年地区生产总值增长8%以上，全社会固定资产投资增长15%以上，地方一般公共预算收入增长12%以上，为加快建设嘉陵江畔大美公园城市、打造成渝第二城绿色生态主题功能区奠定坚实基础。

二、发展目标

地区生产总值增长8%左右，全社会固定资产投资增长15%，地方一般公共预算收入增长8%，社会消费品零售总额增长12%，规模以上工业增加值增长9.8%，城乡居民人均可支配收入分别增长9%和10.5%，常住人口城镇化率提高2个百分点。

三、发展重点

（一）以项目攻坚为抓手，保持投资较快增长

一是求准求精谋划项目。紧扣国、省投资方向和重点，围绕"1135"工程、基础建设和民生需求，精准谋划、精细包装一批大项目、好项目，力争嘉陵江流域综合治理、亭子口水库蓬安灌区、旅游资源路等项目挤进国、省"笼子"。坚持动态管理，及时充实重点项目，确保投资亿元以上的储备项目不低于100个。

二是用心用情争取项目。指令性下达年度国、省资金争取任务，勤汇报、诚拜访、紧跟踪，千方百计赢得上级政策倾斜和支持，全力争取现代畜牧业重点县、养老服务中心等产业项目，全力争取清溪河水环境治理、农村公路改造提升等基础设施项目，全力争取小城镇棚户区改造、城市停车场等民生项目，力争全年到位资金40亿元以上。

三是借势借力招引项目。始终保持招商引资高位态势，敏锐捕捉"三类500强"、央企及上市公司投资意向，充分发挥在外乡友、异地商会的桥梁纽带作用，积极参加珠洽会、西博会等重大投资促进活动，广泛开展专题招商、蹲点招商、代理招商，力争全年招引机械汽配、健康养老、文化旅游等产业项目10个、到位资金40亿元以上。严查"中梗阻"，重处"吃拿卡要"，持续开展投资软环境整治，营造重商、亲商、安商、暖商的良好氛围，让投资企业进得来、留得住、长得大。

四是高质高效建设项目。成立专门负责项目前期工作的代建中心，提升前期工作效率。每两月开展一次项目现场拉练，严格执行"流动红旗"和"黄牌警告"制度，挂帅出征、挂图作战、挂责问效，推动农产品电商冷链物流园、综合档案馆等项目及早开工，推动城市污水处理厂技改扩能、马回人小电站增效扩容改造等项目加快实施，推动亿联国际商贸城、中医院门诊综合楼等项目年内建成，确保84个年度重点项目完成投

资 72 亿元以上。

（二）以生态旅游为龙头，带动三产提档升级

一是提升景区品质。保护开发相如故城，启动建设相如湖旅游度假区核心景点，优化提升漫滩湿地公园，全面建成游客接待中心。精心打好"爱情牌"，开工建设爱情主题小镇。深度挖掘"牛资源"，加快建设斗牛场、牛王庙、牛文化长廊等百牛渡江景区节点。开发嘉陵江水上游乐项目，规划建设沿江观光栈道。实施一桥至观牛岭沿江两岸亮化美化工程，打造嘉陵江上最美夜景。

二是完善旅游要素。建成既可观江景、又可品美食的桑梓火锅公园，做优河舒豆腐、嘉陵江河鲜等特色餐饮。新建生态园林和相如湖 2 个五星级酒店，增强旅游接待能力。规划兴建旅游环线，及早实现主要景区景点互联互通。加快建设恒丰国际广场，建成华联国际商贸城，深度开发蓬州锦绣、渡江牛肉等特色旅游商品，着力推动商旅融合发展。

三是强化宣传营销。设计城市形象标志，提炼旅游推广用语，制作城市宣传短片，扩大蓬安旅游影响力。深度挖掘相如文化，改编摄制《相如长歌》影视剧；加大旅游"走出去"营销力度，在成都、重庆、西安等重点城市开展推介宣传，提升蓬安旅游知名度。邀请国内知名婚恋节目和户外真人秀走进蓬安，办好"七夕爱情文化节""嘉陵江放牛节"等特色节庆活动，吸引更多游客、汇聚更多人气。

（三）以机械汽配为主导，发展壮大新型工业

一是夯实承接平台。坚持"稳步扩园、科学建园"，新拓展园区 1 平方千米，整理工业用地 80 公顷，同步完成"九通一平"，增强园区承载能力。按照市政道路标准改造提升国道 244 线园区段，实施雷家坝道路、管网工程，建成河舒河防洪堤和 2.5 万平方米标准化厂房，完善园区功能。及时清退签约两年未开工、未按约定时间建成和环保设施限期整改不达标的企业，提高园区土地集约节约利用水平。

二是做强支柱产业。坚持招引企业和本土企业并重，督促宁靓钢构、镱发不锈钢等新入园企业建成投产，新增规模以上工业企业 5 户，培育工业新量。深化嘉宝汽车、跃镁镁业等企业与重庆长安、北汽银翔、宗申集团的战略合作，推动斯创格汽配、旭阳塑料等企业配套南充吉利汽车，优化工业存量。实施佳美食品、惠农机械等 10 个重点技改扩能项目，壮大工业增量。力争全年规模以上工业企业实现销售收入 330 亿元。

三是加强协调服务。认真落实"三联制度""一企一策"解决企业发展中的困难和问题。开展降低实体经济企业成本行动，严格清理和规范涉企收费，切实减轻企业负担。用好工业发展专项资金和应急转贷资金，建立"助保金"风险基金池，解决企业融资难、融资贵问题。定期举办专场招聘会，订单式培训产业工人，保障企业用工需求。加快原材料基地建设，强化水、电、气、油、运等生产要素调度，促进企业正常生产经营。

（四）以产村相融为目标，着力打造美丽新村

一是培育农业特色产业。加快建设 100 平方千米现代农业示范园，重点打造 50 平方千米核心区。在相如、锦屏等乡镇新栽优质柑橘 1 334 公顷，在长梁、利溪等乡镇发展无公害蔬菜 1 334 公顷，在罗家、碧溪等乡镇建设标准化畜禽养殖小区 10 个，在杨

家、新河等乡镇建成经济林果基地 1 334 公顷，在龙蚕、新园等乡镇新建果桑基地 133.4 公顷，在睦坝、金溪等乡镇实施粮油高产创建 16 675 公顷。以旅游环线、国省干道、嘉陵江沿线乡镇为重点，规划 10 个生态农庄，年内建成 3 个。积极发展无公害农产品、绿色食品和有机食品，做响中坝萝卜、石孔贡米等特色农产品品牌。大力推进"互联网+农业"，争创国家级电子商务进农村综合示范县。

二是改善农村基础条件。规划建设河舒镇燕山村等一批幸福美丽新村，因地制宜实施"五改三建"。加强土地开发整理，建成高标准农田 4 336 公顷。开工建设田家沟小（一）型水库，整治小（二）型病险水库 5 座，新建小微水利设施 30 处，新增和改善有效灌面 1 067 公顷，治理水土流失 16.3 平方千米。

三是聚焦聚力脱贫攻坚。深入实施精准扶贫、精准脱贫方略，加快脱贫攻坚步伐，确保全年脱贫 59 个村 7 584 人。积极培育新型农业经营主体，大力建设脱贫奔康产业园，推广代耕代种、联产承包、股权量化等带动模式，实现村村有产业、户户有项目、人人能增收。开展环境卫生、不良习气、村容村貌"三大整治"，评选遵纪守法、尊老爱幼、邻里互助、文明风尚、勤劳致富"五星"示范户，力争全年创建省级"四好村" 70 个、市级"四好村" 20 个。

（五）以同城发展为契机，加快建设宜居城镇

一是大力构建快捷通道。抓紧开展高（坪）蓬（安）大道和西（充）蓬（安）快道前期工作。全力争取建设阆（中）达（州）高速徐家至白玉连接线。强力推进绕城北路和凤凰大桥西延线工程，打通城市外环线。加快建设总投资 22 亿元的顺蓬营一级公路蓬安段，把全长 6.2 千米的燕山大道建成标美路，全面完成省道 206 线蓬安段大修。实施县乡道公路改善工程，完成拟退出贫困村通村硬化路建设，优化提升县乡村三级交通网络。

二是努力补齐城建短板。完成城市风貌设计和锦屏新区控规修编。规划建设锦屏新区 3 条主干道，基本建成凤凰新城东大街、滨河北路延长线，进一步拉大城市骨架。新建轿顶山、笔架山公园，加快建设相如文化公园二期工程，建成凤凰生态公园停车场，进一步完善城市功能。优化原丝绸厂片区空间布局，整体拆除老县医院，畅通笔架山公园进出道路；完成清溪桥头节点打造；拓宽文化街、嘉陵西路尾端，疏通凤凰大道至建设路、棉麻路至嘉陵第一桑梓景区等交通卡口，进一步提升老城区品质。开工新建文体中心城市地标，加快实施一品天下·蓬安会客厅项目，进一步优化城市形象。

三是强力规范城市管理。加快"智慧城市"建设，发挥数字城管和天网工程作用，推动城市管理精细化、信息化、智能化。完善城市管理机制，巩固提升社区网格化管理水平，促进城市管理向社区延伸。加强城市综合执法，花大力气整治市容市貌、规范交通秩序，让城市"摆顺、扫干净、不拥堵"，确保顺利通过省级卫生城市复审。

（六）以改革创新为动力，不断积蓄发展后劲

一是深入推进改革开放。继续开展农业和农村体制改革，健全农村产权流转交易市场体系。深化经济体制改革，大力推行政府购买社会化服务。深入推进徐家镇扩权强镇试点。牢固树立开放意识，加快全方位融入重庆步伐，巩固提升与长三角、珠三角等发达地区的交流合作，借梯上楼、借船出海、借力发展。

二是促进大众创新创业。搭建中小企业创新服务平台，鼓励有条件的企业与高等院校、科研院所合建技术研发中心；加强与四川农业大学的校地合作，稳步推进全市唯一的农村改革暨精准脱贫试验示范区建设。大力实施"归雁计划"，吸引在外乡友返乡创业；广泛开展种植养殖、电子商务、小型餐饮等专题创业培训，提高创业成功率。深入实施"嘉陵江英才工程"，引进一批行业领军人才、实用技术人才和创业团队，壮大创新创业队伍。

三是强化财税金融管理。大力培植财源，扶持优势产业、骨干企业，培育新的税收增长点。构建税收共治格局，强化非税收入征管，有序出让一批国有建设用地，力争财政收入稳步增长。灵活运用BLT、EPC、PPP等模式，创新融资方式，拓宽融资渠道，吸纳更多的社会资本投入基础设施建设和公共服务领域。引导金融机构加大信贷投放，创新金融产品，全力支持实体经济发展。

（七）以人民幸福为追求，持续改善民计民生

一是倾力办好民生实事。实施更加积极的就业政策，确保城镇新增就业6 500人。大力引进优质教育资源新办民营品牌学校，规划建设职教中心，新建、改建城乡幼儿园6所，改造薄弱学校12所；全面推进义务教育公办学校标准化建设，逐步取消不符合条件的乡镇民办教学点。整合锦屏卫生院资源，新建县第二人民医院；高起点规划、高品质建设占地100.05公顷的康养产业园，建成县疾控中心卫生检验大楼，改扩建乡镇卫生院5个。推进木桥河、清溪河片区城市棚户区改造。实施地质灾害避让搬迁30户。新建渡改人行桥9座、乡镇客运港湾站10个。建成城乡农贸市场4个。完成133个村电网升级改造。

二是统筹发展社会事业。深入推进素质教育，争创全国义务教育发展基本均衡县。启动全民参保登记计划，逐步实现"五险"统征。完善各类困难群体救助机制，提升城乡低保和五保供养水平。推进县人民医院创建三级乙等医院。继续办好全民健身运动会。统筹抓好统计、修志、保密、人防、邮政、妇女、儿童、老龄、残疾人、人口计生、民族宗教、外事侨务对台等工作。

三是全面加强环境保护。实行最严格的嘉陵江生态保护制度，逐步取缔金溪电站至马回电站之间的砂石开采点，有序关闭沿江畜禽养殖场，建成乡镇污水处理厂8个，保护好一江清水。实施天然林保护、退耕还林工程，植树造林4 002公顷。着力加强饮用水源地保护，综合整治扬尘粉尘污染，科学治理工业污染，有效控制农村面源污染，推动生态环境持续好转。

四是提高社会治理水平。强化系统治理、依法治理、综合治理和源头治理，不断改进社会治理方式。扎实推进"七五"普法。完善信访调解机制，落实领导包案责任，妥善解决征地拆迁和城市建设中的突出遗留问题；引导群众依法有序表达合理诉求，严厉打击非法阻工和各类非访行为。整合防汛抗旱、地灾避让等应急资源，建立全覆盖、一体化的应急指挥中心，提升综合应急救援能力。全面落实安全生产责任制，深入开展隐患"大排查、快整治、严执法"行动，坚决杜绝重特大安全生产事故发生。以实战化的标准推进维稳处突、刑事侦查、社区警务、巡警处警"四个专业化"建设，全面降低发案率、提高破案率，创建最平安城市，不断增强人民群众的安全感。

后　记

　　本书是四川省社会科学院与南充市战略合作的重要成果之一，是在中共南充市委、市政府及各职能部门、9个县（市、区）最新研究成果的基础上编撰形成的。课题负责人：蓝定香（四川省社会科学院经济研究所所长，研究员）。本书主编是蓝定香（同前）、沈一凡（中共南充市委秘书长）；副主编是池瑞瑞（四川省社会科学院经济研究所助理研究员）、李洪君（中共南充市委副秘书长、市委政研室主任、市委改革办常务副主任）、王晋（四川省社会科学院经济研究所副研究员）。各章主要编撰者：蓝定香编撰第一章；池瑞瑞编撰第二章、第二十二章～第三十章；池瑞瑞、李佳鸿共同编撰第七章；王晋编撰第三章；李雪编撰第四章、第五章；刘波编撰第六章、第八章；蒲田田编撰第九章、第十章；谢晓婷编撰第十一章、第十二章；蒲田田、谢晓婷共同编撰第十三章；费俊俊、秦陈荣、吴茜、曹义超共同编撰第十四章～第十六章；李伟编撰第十七章～第二十一章。在各章编撰者中，除李伟（四川旅游学院教师）、李佳鸿（成都工业职业技术学院教师）外，其余均为四川省社会科学院人员。全书由蓝定香、池瑞瑞、王晋统稿，中共南充市委政研室做了大量的资料收集整理、书稿修改和审定工作。四川省社会科学院科研组织处廖冲绪处长做了较多沟通协调工作。

　　由于编撰时间仓促及受编撰人员知识结构所限，本书难免存在问题甚至错误，敬请读者批评指正。

本书编写组

2017 年 6 月